Liberal Arts Education in the West:
Past and Present

西方博雅教育的历史生成与当代传承

王毓红 冯斯我 著

科学出版社
北京

内 容 简 介

西方博雅教育是一门古老的、具有浓厚人文主义色彩和教育实践品质的、以教化人为目的的学问或学科。19世纪以来，随着自然科学的迅猛发展，人们以"人文学"称呼博雅教育，并把它与自然科学、人文科学、社会科学并列，将其视作一个由多种学科构成的、跨学科的学科群。然而，国内外关于博雅教育的论著较为缺乏，国内关于它的术语、概念尚未统一，国外关于它的具体研究对象也不明确。基于此，本书以剖析"博雅教育""人文学"这两个贯穿整个西方乃至人类文明史的关键词为切入点，集中探究了西方博雅教育的历史生成与当代建构问题。

本书既是以博雅教育为核心的教育领域的专业书籍，也是该领域的一般读物，适合任何对西方文化，特别是西方哲学、教育和艺术感兴趣的读者阅读，同时也可作为相关学科的教辅材料。

图书在版编目（CIP）数据

西方博雅教育的历史生成与当代传承 / 王毓红，冯斯我著. --北京：科学出版社，2025.5. --ISBN 978-7-03-081903-1

Ⅰ.G649.1

中国国家版本馆 CIP 数据核字第 2025ZH5015 号

责任编辑：孙文影　冯雅萌 / 责任校对：杨　然
责任印制：徐晓晨 / 封面设计：润一文化

科学出版社 出版
北京东黄城根北街 16 号
邮政编码：100717
http://www.sciencep.com
北京建宏印刷有限公司印刷
科学出版社发行　各地新华书店经销

*

2025 年 5 月第 一 版　开本：720×1000　B5
2025 年 5 月第一次印刷　印张：20
字数：380 000
定价：139.00 元
（如有印装质量问题，我社负责调换）

我们说一个自由的人是为自己活着，不是为伺候别人而活着；哲学也是一样，它是唯一的一门自由的学问，因为它是为了它自己而存在。

——亚里士多德

前　言

　　博雅教育贯穿整个西方文明史。它源自两河文明的"自由人教育"，与古希腊罗马时期的"自由艺术"（liberal arts）、"通识教育"（enkyklios paideia）、"七艺"（seven liberal arts）和"人性学问"（humane studies），15世纪意大利文艺复兴时期的"人文教育"（studia humanitatis，常被译作"人性学问"）、"人文学"（humanitas），以及19世纪以来的"人文学"（humanities）、美国"自由教育"（liberal education）、"通识教育"（general education）一脉相承，是一门具有浓厚人文主义色彩和教育实践品质的、以教化人为目的的学问或学科。19世纪以来，自然科学迅猛发展，人们以"人文学"称呼"博雅教育"，并把它与自然科学、人文科学、社会科学并列，将其视作一个由多种学科构成的、跨学科的学科群。

　　西方博雅教育关涉深广的社会历史文化内涵，几乎与人类文明共存，它的生成是全世界各国人民共同努力的结果，其间经历了一个漫长的起源、发展、演变、构建的过程。从两河文明至今，尽管名称发生了变化，但是其基本思想、观念、内涵、特质及实践一脉相承，源远流长，在整个人类文化发展过程中的各个重要历史时期占据着十分显著的地位，发挥着无可替代的巨大作用。本书从不同学科、不同领域立论，在广阔的世界历史文化视域，打破国家、民族、文化和学科界限，主要糅合哲学、教育学、历史、考古学等学科的最新成果，从多种角度，运用不同方法对西方博雅教育进行综合性、整体性的跨学科研究。

　　除导论和结语外，全书分为上、下两编，每编各五章，共十章。上编以西方文化中的关键词"博雅教育"为切入点，追本溯源，主要聚焦19世纪之前的西方博雅教育思想及其实践，在爬梳西方博雅教育思想及其实践的起源、发展和建构历程的基础上，全面、系统、深入地分析了它出现的原因，阐释了它的特质、功能和意义。下编以西方文化中的关键词"人文学"为切入点，考镜源流，主要聚焦19世纪以来的西方博雅教育思想及其实践，厘清西方博雅教育思想及其实践，在西方当代传承的基础上，进一步深入剖析了西方博雅教育的本质及其在自然科学、社会科学的冲击下所发生的解构、重构和再构现象，阐释了其在各个历史发展阶段的特殊内涵与特征，以及其贯穿历史始终的一些基本特质，揭示了古老的西方博雅教育在以美国为代表的当代社会中的地位、功能和意义。

  融多元文化、多学科于一体的西方博雅教育，本质上是全人类历史文化的珍贵遗产。在构建人类命运共同体的当今社会，本书的面世具有理论与实践双重价值：本书对全球化时代构建具有中国特色的博雅教育话语体系具有重要的理论参鉴价值，并对中国当代素质教育或通识教育的实施具有重要的实践应用价值。

目　　录

前言
导论 ··· 1

上　编
历史生成：19世纪之前西方博雅教育思想及其实践

第一章　原始渊源：两河文明自由人教育 ························· 21
 第一节　苏美尔人 ··· 22
 第二节　神的仆人 ··· 28
 第三节　人的神性 ··· 32
 第四节　文化人 ··· 36
 第五节　自由人 ··· 41
 小结 ··· 45

第二章　智者技艺：拯救不朽灵魂 ······························· 46
 第一节　教化的人 ··· 47
 第二节　净化灵魂 ··· 49
 第三节　实践哲学 ··· 54
 第四节　认识自己 ··· 59
 第五节　人性学问 ··· 64
 小结 ··· 79

第三章　热爱自己：古罗马时期的自由艺术 ······················· 81
 第一节　追求智慧 ··· 82
 第二节　理性能力 ··· 88
 第三节　自由意志 ··· 91

第四节	通识教育	98
第五节	内在的我	100
小结		111

第四章　学科建构：15世纪意大利人文教育 ……………………… 112

第一节	七艺与大学教育	113
第二节	古代文化再生	120
第三节	人文教育兴起	133
第四节	多元文化身份	146
第五节	自我救赎	150
小结		159

第五章　文化力量：博雅教育—惯性 ………………………………… 161

第一节	理性人文学者	162
第二节	自我化与无我化	166
第三节	教育改革与实践	174
第四节	人文教育的传播	180
第五节	新文化模式	185
小结		190

下　编
当代传承：19世纪以来西方博雅教育思想及其实践

第六章　名异实同：六种博雅教育 ……………………………………… 195

第一节	人性与教育	196
第二节	综合性与书本化	199
第三节	人的教育与非实用性	203
第四节	悠闲的贵族教育	206
第五节	跨学科博雅教育	210
小结		213

第七章　分离与重组：学科嬗变 ………………………………………… 214

第一节	自然科学与精神科学	215

目 录

    第二节   文化科学和自然科学 ······ 217

    第三节   符号形式与人类文化 ······ 220

    第四节   人文科学与科学 ······ 224

    第五节   科学与学科 ······ 226

    小结 ······ 232

第八章　解构与重构：西方持续的经典论辩 ······ 233

    第一节   人文学与自然科学 ······ 234

    第二节   新工具与新科学 ······ 237

    第三节   科学文化与文学艺术 ······ 239

    第四节   文化学说 ······ 245

    第五节   理想人的教育 ······ 247

    小结 ······ 250

第九章　回归基本：传承与扬弃 ······ 252

    第一节   美国通识教育 ······ 253

    第二节   自由教育与人文学 ······ 257

    第三节   自由艺术与人文学 ······ 260

    第四节   文化群与个人文化 ······ 265

    第五节   多元一体 ······ 270

    小结 ······ 276

第十章　交叉与融合：四大学科群 ······ 277

    第一节   超学科群 ······ 278

    第二节   人文学的特质 ······ 282

    第三节   整体人文学 ······ 288

    第四节   被遮蔽的科学 ······ 292

    第五节   全球人文学教育 ······ 296

    小结 ······ 304

结语 ······ 305

后记 ······ 307

导 论

一、突出重提西方博雅教育的必要性

(一) 缺席的书写

西方学术界普遍认为，作为一个知识体系的建立，19世纪以来，西方语境中人们普遍使用的三个术语"liberal arts""liberal education""humanities"（前两个常被译作"自由艺术"、"自由艺术教育"或"博雅教育"，最后一个常被译作"人文学"）所指内涵基本相同，都起源于15世纪诞生于意大利文艺复兴时期的"humanitas"或"studia humanitatis"（二者常被译作"人文学"或"人性学问"、"人文教育"），其内涵是指"humanist"（"人文学者"）研究以古希腊罗马文学为核心的人类文化遗产的学问及其教育实践。它们与古希腊罗马时期的"enkyklios paideia""general education""seven liberal arts"（前两个常被译作"通识教育"，最后一个常被译作"七艺"）等，都是西方传统文化里的核心关键词。[①]我们仔细考察这些关键词可以发现，虽然名称不同，但无论是就其历史生成与演变而言，还是就其基本所指而言，它们之间都存在着一脉相承的血缘联系。浩如烟海的文献资料证明：目前我们所使用的术语或概念"博雅教育"是舶来品。19世纪以前，英语世界与之对应的、比较常见的术语有8个，即"liberal arts""liberal education""liberal arts education""seven liberal arts""egkuklios paideia""general education""studia humanitatis""humanitas"。19世纪以后，西方人又发明了一个新的术语——"humanities"，并常常以此指称上述术语所表示的基本内涵。例如，人们经常把"liberal arts"或"humanities"与"nature sciences"（自然科学）或"humane sciences"（人文科学）和"social sciences"（社会科学）放在一起论述，在国外尤其是欧美国家中，"liberal arts"或"humanities"指"学院或研究院设置的学科之一，特别是在美国的综合性大学"[②]。因此，若追本溯源的话，我们对目前中文语境中的术语或概念"博雅教育"的考镜源流，其实也是对19世纪以来英语世界广为人们所使用

[①] 这是本书研究的最终结论。由于原始文献资料中使用的都是某个具体历史时期特有的术语，为了还原其在各个历史时期的本来面目，使论证更有说服力，同时为行文方便，本书依据所述时期及其谈及的内容使用这些术语，而不是统一译作"博雅教育"。

[②] 中美联合编审委员会：《简明不列颠百科全书》(6)，中国大百科全书出版社1986年版，第760页。

的关键词"humanities"的溯源。

1. 学术论著缺乏

与浩如烟海的西方有关自然科学、人文科学和社会科学的论著，以及专门论述文学、艺术、哲学等其他学科的著作相比，国外直接以"liberal arts"或"humanities"为标题的学术专著非常少，其中相比较而言，用得比较多的是"humanities"[①]。例如，荷兰学者任博德认为，尽管休厄尔于1837年就著有三卷本的《科学史》，20世纪后期出现了许多关于人文科学史、社会科学史的著作，但迄今为止，已经被书写的、为数不多的历史都是人文学里各个分支学科的历史，如语言学史、文学史、文学理论史、史学史等，而非作为整体学科群的人文学的历史。于是，通过对国外相关研究历史及其现状的描述分析，任博德认为人文学是被遗忘的科学："在内容与时代两方面，人文学通史依旧'曝光不足'，这一点日渐引人注目。因为19世纪以降，科学史已然被书写，最近，社会科学通史也得到了研究。换言之，从一种历史编纂学的观点来看，人文学的历史是因其缺席而引人注目的。"[②]

总体来看，在英语世界，与"liberal arts"经常互换使用的语词主要有"liberal education""humanities"；与"humanities"相关的语词主要有"humanitic research""humanitic education"，二者往往涉及高等教育。事实上，书名里直接冠以或包含"liberal arts"或"humanities"的西方书籍大多是由高校教师尤其是美国高校教师编写的高校教材。[③]目前在欧美学术界和教育界享有很高声誉的、书名里包含"humanities"一词的著作有10部，即雅各布斯（Jacobus）的《人文学：价值的演变》（*Humanities: The Evolution of Values*），威特（Witt）、布朗（Brown）和顿巴（Dunbar）等的《人文学：文化的根与持续性》（*The Humanities: Cultural Roots and Continuities*），拉姆（Lamm）和克劳斯（Cross）的《西方文化中的人文学：寻求人的价值》（*The Humanities in Western Culture: A Search for Human Values*），费洛（Fiero）的《人文学的坐标》（*Landmarks in Humanities*），马修斯（Matthews）和普拉特（Platt）的《西方人文学》（*The Western Humanities*），卡宁汉姆（Cunningham）和赖希（Reich）的《文化与价值：人文学审视》（*Culture and Values: A Survey of the Humanitiess*），

[①] 关于"humanities"，笔者已有专论，本部分仅概言之，许多问题不展开论述，详见拙作《国内外"Humanities"研究的现状及存在的问题》，《湘南学院学报》2014年第1期。

[②] 〔荷兰〕任博德：《人文学的历史：被遗忘的科学》，徐德林译，北京大学出版社2017年版，第3页。

[③] 一些书名里直接出现"Art"（艺术）一词的多卷本书籍，也大都是高等学校博雅教育的教材，如美国学者理查德·加纳罗（Janaro）和特尔玛·阿特休勒（Altshuler）合著的《做人的艺术》（*The Art of Being Human*）。

马丁（Martin）和雅各布斯的《艺术人文学》(*The Humanities through the Arts*)，亚当斯（Adams）的《人文学探析：西方的创造和文化》(*Exploring the Humanities: Creativity and Culture in the West*)，本顿（Benton）和狄燕妮（DiYanni）的《艺术与文化：人文学导论》(*Arts and Culture: An Introduction to the Humanities*)，以及布莱贝格（Bleiberg）主编的《穿越时空的艺术与人文学》(*Art and Humanities through the Eras*)。它们都是20世纪中叶左右首次出版发行，并且一直沿用至今的欧美高校教材，其发行量极大，被再版多次并被译为多种文字，如《艺术人文学》被美国40个州，以及哥伦比亚大学等260余所大学作为教材使用[1]，1975年首次出版至2024年再版了7次[2]。这些著作供各高校相关专业的学生上课使用，是文学艺术系、历史系、哲学系等文科学生，以及选修人文课程的理工科学生的教材。

2. 术语、概念混乱

近些年来，随着西方博雅教育的全球化，汉语语境中最初常被译作"自由艺术""自由教育"的"liberal arts""liberal education"都被译作"博雅教育"。而19世纪以来，西方常被人们直接用来指称"liberal arts"或"liberal education""general education"（通识教育）的"humanities"一词主要有五种译法，即"人文""人文学科""人文科学""人文学""大学文科"。[3]有时，根据上下语境，人们也把它译为"人文知识""文史"等。[4]翻译的多样化还突出表现在即使是同一个翻译者，其对同一本英文著作里出现的"humanities"一词也采取了不同的翻译法。在均把书名里的"humanities"译为"人文"的同时，包慧怡和黄少婷把马丁、雅各布斯合著的《艺术人文学》中第一章、第十五章里的"humanities"分别译为"人文学""人

---

[1] Martin F D, Jacobus L A. The Humanities through the Arts. New York: McGraw-Hill, 2004, 3.

[2] 即1975年版、1978年版、1983年版、1991年版、2004年版、2019年版和2024年版。

[3] 例如，毛保诠把卡宁汉姆和赖希的《文化与价值：人文学审视》里的"humanities"译为"人文"（卡宁汉姆、赖希：世界人文简史——文化与价值，毛保诠译，中国青年出版社2005年版）。《辞海》中的"人文科学"词条云："人文科学"源于拉丁文"humanitas"，意即人性、教养（辞海编辑委员会：《辞海（缩印本）》，上海辞书出版社1980年版，第305页）。彭永捷在《当前人文学科专业人才培养中的几个问题》（发表于《上海交通大学学报（哲学社会科学版）》2004年第3期）一文里把"人文学科"英译作"humanities"。舒予把加纳罗和阿特休勒合著的《做人的艺术》正文里的"humanities"都译作"人文学"（〔美〕理查德·加纳罗、〔美〕特尔玛·阿特休勒：《艺术：让人成为人》，舒予译，北京大学出版社2007年版）。《简明不列颠百科全书》里的"liberal arts"即被译作"大学文科"（中美联合编审委员会：《简明不列颠百科全书》（2），中国大百科全书出版社1986年版，第409页）。

[4] 例如，卢明华、计秋枫和郑安光把马修斯（也译作马休兹）和普拉特的《西方人文学》里的"humanities"翻译为"人文知识"（〔美〕罗伊·T.马休兹、〔美〕德维特·普拉特：《西方人文读本》，卢明华、计秋枫、郑安光译，东方出版社2007年版）。葛兆光在《预流、立场与方法——追寻文史研究的新视野》（《复旦学报（社会科学版）》2007年第2期）一文里把"文史"英译作"humanities"。

文学科"①；张月和王宪生把拉姆的《西方文化中的人文学：寻求人的价值》的书名、导论里的"humanities"分别译为"人文""人文学"②；卢明华、计秋枫和郑安光则把马修斯、普拉特合著的《西方人文学》正文里的"humanities"译为"人文知识"③。"人文"、"人文知识"和"文史"的译法表明有些人只将其作为一般的名词性术语，"人文学科"、"人文学"和"人文科学"的译法则表明人们是在学科意义上翻译或使用它们。后者更符合西方人的用法，如《简明不列颠百科全书》、《世界百科全书词典》(Lexicon Universal Encyclopedia)里都把"人文学"（humanities）视作与自然科学、人文科学、社会科学一样的相对独立的知识领域。④《简明不列颠百科全书》明确指出："人文学科是那些既非自然科学也非社会科学的学科的总和。一般认为人文学科是构成一种独特的知识，即关于人类价值和精神表现的人文主义的学科。"⑤

在汉语语境中，人们对"humanities"理解的差异性主要源于人们对有关学科概念的一些惯用说法。人们通常把与自然科学相对的都称为科学：或者自然科学、人文社会科学并提，或者自然科学、人文科学、社会科学并称。其中以前者最为普遍。《哲学研究》编辑部于1998年12月15日召开了"人文、社会科学和价值"座谈会。会上有些学者对把与自然科学、社会科学并列的"humanities"译作"人文科学"提出异议，认为这种称呼强调了"humanities"与一般科学的相同之处，容易使人忽视它自身的性质，建议将其译为"人文学"，并呼吁建立一门独特的"humanities"学科。然而，时至今日，严格来说，英语语境中与自然科学、人文科学、社会科学并列的人文学（humanities）在我国依然没有明确地独立出来。西方人所说的人文学里的一些范畴通常被包含在人文社会科学里面。人们常常把"人文学"混同于"人文科学"，这在很大程度上是翻译的缘故，也就是说，是译者把二者等同起来。尽管我国在翻译时通常把"人文社会科学"译作"the humanities and social sciences"，但我们不可把它们拆分为英语语境中的"人文学"（humanities）和"社会科学"（social sciences）来理解。这是因为当我国把国外的"人文学""社

---

① 〔美〕F. 大卫·马丁、〔美〕李·A. 雅各布斯：《艺术和人文：艺术导论》，包慧怡、黄少婷译，上海社会科学院出版社2007年版。

② 〔美〕罗伯特·C. 拉姆：《西方人文史》，张月、王宪生译，百花文艺出版社2005年版。

③ 〔美〕罗伊·T. 马休兹、〔美〕德维·普拉特：《西方人文读本》，卢明华、计秋枫、郑安光译，东方出版社2007年版。

④ 中美联合编审委员会：《简明不列颠百科全书》(6)，中国大百科全书出版社1986年版，第760页；Lexicon Universal Encyclopedia. Vol.10. New York: Lexicon Publications, 1987, 347.

⑤ 中美联合编审委员会：《简明不列颠百科全书》(6)，中国大百科全书出版社1986年版，第760页。

会科学"合并为一个与自然科学相对的科学时,已经把它们视作一个不可分割的、相对完整的统一整体了。

3. 理解的差异性

与鲜有直接冠以"人文学"的论著相比,国内直接以"人文科学""人文社会科学"为标题的论著铺天盖地。它们中的大部分是在 20 世纪 90 年代后期教育部倡导高校开展素质教育、人文教育的大背景下,由各高校组织人力编写的高校教材。其中,有些论述的具体对象是哲学、历史学、文学、艺术、经济学、社会学、政治学和法学,如吴鹏森、房列曙主编的《人文社会科学基础》;有些是哲学、伦理学、美学、艺术学、汉语语言学、文学、史学、宗教学以及中西文化的交流与会通,如叶孟理、李锐主编的《人文科学概论》;有些则是以经济学、社会学、政治学为核心的社会科学,以及以哲学、文学、艺术科学为核心的人文科学的总论,如欧阳康主编的《人文社会科学哲学》。至于在仍沿用西方"humanities"意义的论著中,人们一般将其译作"人文学"。这里主要有两种情形:①有些人完全沿用欧美学界有关"humanities"的概念来谈论素质教育、人文教育,如杜维明的《人文学与知识社会——兼谈美国大学的通识教育》[1]和陈平原的《当代中国的"人文学"》[2],也有人按照欧美人文学的观念来编写教材,如作为大学通识教育丛书、我国台湾地区罗凤珠编的《人文学导论》[3]。②不在西方"humanities"的意义上使用它。尽管国内不少大学开设了以"humanities"命名的院系专业,但是,其所指往往与西方文化里的"humanities"大相径庭,如东南大学"医学人文学"(the medical humanities)指的是一个新兴医学与人文的交叉学科。实际上,国内许多学者是在"人文科学""人文学科"缩写的意义上使用"人文学"一词的,而且,他们都是在谈论其他问题时使用"人文学"这个语词,而不关涉学科意义上的"人文学"本身。

总之,术语、概念混乱和专题性研究缺乏是国内外关于博雅教育或人文学研究的现状及其存在的问题。虽然博雅教育、人文学都是西方语境中人们普遍使用的术语,但是,以它们为对象的专题性研究基本上是以高校教材这一形式呈现出来的。伴随着全球一体化进程,特别是中国教育界大力强调素质教育,20 世纪后期以来,"博雅教育""人文学"成为国内人们较多使用的术语。然而,由于缺乏对它们的了解,特别是翻译带来了术语的不统一问题,国内鲜有学科或学问意义上的西方博雅教育或人文学方面的专题研究。

---

[1] 杜维明:《人文学与知识社会——兼谈美国大学的通识教育》,《开放时代》2005 年第 2 期。
[2] 陈平原:《当代中国的"人文学"》,《云梦学刊》2010 年第 6 期。
[3] 罗凤珠:《人文学导论》,台湾正中书局 1996 年版。

（二）两种概念

从当代以美国为代表的西方人对"liberal arts""liberal education""general education""humanities"的具体使用情况来看，这些词基本指的是两种概念：一种是学科划分领域的概念；另一种是知识领域的概念。然而，即使是在第二种概念上，当代西方学者对"humanities"的认识也不统一。事实上，历史上人们对它的争辩与歧义基本上表现在这一个方面。《简明不列颠百科全书》《世界百科全书词典》有关它的专门词条都是："humanities"是那些既非自然科学也非社会科学的学科的总和。[①]然而，这个"总和"是由哪些具体学科门类构成的？或者说，"humanities"研究的范畴是什么？若把各种各样的说法归纳起来，大体可以分为狭义人文学和广义人文学两种。

1. 狭义人文学

西方常见的是狭义的观点，即把"humanities"的领域限定在以文学艺术为核心的个别学科内。例如，哈佛委员会于1945年发布的报告《自由社会中的通识教育》(General Education a Free Society: Report of Harvard Committee，国内也将其译为《哈佛通识教育红皮书》)中把通识教育里的课程分为"humanities"、社会科学和自然科学三大类。中学通识教育里的"humanities"包括英语、外语和艺术类三门课程，而哈佛大学通识教育里的"humanities"包括文学、哲学、美术和音乐四门课程。[②]著有人文学专著的拉姆、加纳罗和阿特休勒也持此观点。拉姆认为"整体人文学"(integrated humanities)包括文学、绘画、音乐、雕塑、摄影、建筑以及电影和哲学学科[③]；加纳罗和阿特休勒所说的"人文学"(humanities)基本包括神话、文学、美术、音乐、戏剧、舞台剧、电影和电视等艺术门类[④]。任博德所说的"人文学"包括的学科有语言学、历史编纂学、语文学、音乐学、艺术理论、逻辑学、修辞学和诗学。[⑤]

2. 广义人文学

当代西方社会同时存在三种非常广义的关于"humanities"说法。第一种认为，除了包括文学和艺术，"humanities"还包括考古学或教育学、宗教学等学科。

[①] 中美联合编审委员会：《简明不列颠百科全书》(6)，中国大百科全书出版社1986年版，第760页；Lexicon Universal Encyclopedia. Vol.10. New York: Lexicon Publications, 1987, 348.

[②] 哈佛委员会：《哈佛通识教育红皮书》，李曼丽译，北京大学出版社2010年版，第3页。

[③] Lamm R C, Cross N. The Humanities in Western Culture: A Search for Human Values. New York: McGraw-Hill Company, 1996, 7.

[④] Janaro R, Altshuler T. The Art of Being Human. New York: Pearson Education, Inc., 2004, 1-5.

[⑤] 〔荷兰〕任博德：《人文学的历史：被遗忘的科学》，徐德林译，北京大学出版社2017年版，第2页。

例如，帕特顿（Patton）和蕾妮（Renee）把"humanities"与自然科学、工程技术科学和社会科学并提，认为"humanities"包括文学、美术、音乐、语言学、考古学、历史学和教育学。①日本人也大多是在包括历史学、哲学和宗教学科在内的、比较广义的层面上使用"humanities"一词。例如，京都大学文学部"humanities"的课程设置里不仅有文学、哲学、佛学、文化学、历史学、语言学、宗教学，还有社会学、地理学、伦理学和心理学等属于社会科学范畴的学科。第二种认为"humanities"指的是人类文明史上的道德价值和文化成就。例如，美国马修斯和普拉特《西方人文学》里的"humanities"主要包括两个领域的文化表达：其一是思想观念，如哲学、历史、宗教、科学等；其二是文化作品，如艺术、音乐、戏剧、文学和电影等。费洛在《西方人文主义传统》（*The Humanistic Tradition*）一书前言里明确把"humanities"等同于人类历史上那些创造性的文化遗产。②第三种直接继承西方古老博雅教育传统，把"humanities"等同于"liberal arts"。持这种观点的人们所说的人文学或自由艺术，除了包括人文科学外，还包括自然科学、社会科学的内容。例如，哈佛大学的通识教育包括自然科学、社会科学和人文科学的内容。《哈佛通识教育红皮书》指出：从自由艺术教育的根本含义"适于或有助于造就自由人"这一意义上，通识教育和自由艺术教育的目标是相同的，自由艺术教育可以被看作通识教育的早期阶段，它们本质相同，程度有所差别。③

从当代西方人文学演变发展的趋势来看，广义人文学的说法越来越普遍。换言之，"humanities"的所指内涵越来越广。例如，马丁和雅各布斯在《艺术人文学》第一章"人文学概论"里明确指出：目前，一切异于数学及其他科学的人类创造研究都属于"humanities"的范畴。④有些人甚至把自然科学也包括到人文学领域，如亚当斯的《西方人文学探析：西方的创造和文化》里包括人类文化的各个组成部分，诸如创造性的艺术、改变历史进程的发明、有世界意义的事件、科学发现、宗教信仰和神话以及哲学观点等。他在该书的前言里明确指出："humanities"正如术语所暗示的，是关于人类独有的——我们的艺术、文学、科学和文明。⑤

3. 广狭文学概念

这里特别值得指出的是，尽管广义、狭义的"humanities"范畴中都包括文学，

---

① Patton P C, Renee A. Computing in the Humanities. New York: D. C. Heath & Company, 1981, 1-2.
② Fiero G K. The Humanistic Tradition. New York: McGraw-Hill Company, 2002, 3.
③ 哈佛委员会：《哈佛通识教育红皮书》，李曼丽译，北京大学出版社2010年版，第4页。
④ Martin F D, Jacobus L A. The Humanities through the Arts. New York: McGraw-Hill Company, 2004, 3-4.
⑤ Adams L S. Exploring the Humanities: Creativity and Culture in the West. Upper Saddle River: Pearson Prentice Hall, 2005, 3.

但它在不同人那里的具体含义不同，主要可以分为两种。一种人使用的是非常广义的文学概念，如拉姆和克劳斯所说的"文学"包括古希腊历史著作、柏拉图哲学著作，卡宁汉姆和赖希所说的"文学"包括奥古斯丁（Augustinus）的《忏悔录》、萨特的哲学论文等。除以《理想国》《沉思录》为代表的西方经典论著外，马修斯和普拉特所说的"文学"还包括以古埃及《阿蒙尼姆普教谕》为代表的警句、智慧文、古埃及刻写在墓室中的铭文，以及各种各样的传说、神话和民间故事。与之相反，另一种人使用的是非常狭义的文学概念。他们所说的"文学"指的是亚里士多德（Aristotle）开创的，西方传统上以诗歌、小说、戏剧、史诗为代表的，非实用性的纯文学作品，如雅各布斯、马丁等的作品。相比较而言，另一种持广义文学概念的人占大多数。

4. 文学艺术

尽管西方存在着广义、狭义的"humanities"概念及其各自范畴中文学概念的指称对象，但二者都把文学艺术作为"humanities"重要的（甚至唯一的）研究对象（兼以哲学、历史）。有些人甚至在著作的名称里直接把"humanities"与"art"（艺术）二者并提，如马丁、雅各布斯和布莱贝格。而西方那些名称里包含"art"（艺术）一词的著作，有相当一部分探讨的对象和研究的内容是"humanities"，如加纳罗和阿特休勒的《做人的艺术》，虽然从标题来看，该著作似乎是谈艺术的，但全书目录里的三个部分的标题里都包含"humanities"一词，它们分别探讨了"humanities"的含义、作为学科的"humanities"，以及"humanities"的主题。[①]除文学艺术之外，关于"humanities"是否还包括语言学、哲学、历史，抑或宗教、考古学、法学，以及其他具有人文主义内容和运用人文主义方法的社会科学方面，西方研究者众说纷纭。例如，虽然书名分别为《艺术人文学》《穿越时空的艺术与人文学》，但是马丁和雅各布斯书中所谈及的其实都是艺术诸领域，如绘画、雕塑、建筑、文学、摄影、电影、音乐和舞蹈，而布莱贝格书中所涉及的主要包括建筑与设计、舞蹈、时尚、文学、音乐、戏剧、视觉艺术、哲学和宗教。加纳罗和阿特休勒的《做人的艺术》亦是如此。他们在该书第二部分谈及作为学科的"humanities"时，其所论述的内容涉及神话、文学、艺术、音乐、戏剧、舞台剧、电影、电视。[②]于是，一系列问题出现了：在已有"literature""art"两个术语后，

[①] Janaro R, Altshuler T. The Art of Being Human. New York: Pearson Education, Inc., 2004, 3.

[②] Janaro R, Altshuler T. The Art of Being Human. New York: Pearson Education, Inc., 2004, 9. 他们所说的"人文学科"里包括"神话"，并指出与人文学里的其他学科相比，神话对于我们思考存在和感受影响更具有渗透力。据此，加纳罗和阿特休勒在该书里还提出了"民间人文学"（folk humanities）的说法。

导　论

西方人为什么要用"humanities"统称文学和艺术？人们依据什么把文学、艺术、哲学、历史、宗教等众多学科组合起来？"humanities"的指称对象究竟是什么？

（三）界限不明

国外关于"humanities"研究存在的主要问题是缺乏对学科意义上"humanities"自身的界定及其特质的认识。人们或者把由文学、艺术、哲学、历史等众多学科组成的学科群，或者把包括文学、音乐、雕塑、绘画等在内的艺术各门类，作为"humanities"的研究对象，而不告诉我们为什么——为什么他们要把这些相对独立的学科门类视作一个整体，并冠之以一个统一的概念术语"humanities"？它们之间内在的联系究竟是什么？20世纪后期，美国历史学家克莱（Crane）曾明确把"humanities"与古希腊罗马的"自由人教育"或"自由艺术"等同，认为"大多数人对 humanities 的现状和前景有所担心的一个原因，是我们还没有完全积极地掌握它的界限"[①]。总体来看，"humanities"模糊的界限集中体现在以下三个方面。

1. 教育实践特征

就历史事实而言，人文学与其他学科相区别的一个显著特征是教育。19世纪以来，欧美人所说的"humanities"始终与教育密不可分，并且，这种教育的目的是培养公民参与公共事务所必备的重要品质。美国国家人文基金会所说的"humanities"里的11门学科，构成了美国和西方世界中学与大学学院课程的重要内容，它们有一个共同关注点，即都集中在人类文明的道德价值和文化成就方面。古希腊术语"enkyklios paideia"的意思就是"general education"（通识教育）[②]，它影响了古罗马有关"humanitas"（人性）的观念。文艺复兴时期的人文主义者强调现实学习的价值，特别是古希腊罗马文学、哲学和历史的学习，鼓励人心身和谐发展，而不带任何物质回报和实用目的。当代西方学界公认：作为独立的知识领域，"humanities"正式诞生于15世纪的意大利，只不过那时人们称其为"人文教育"或"人性学问"。目前，以美国为代表的欧美的正规学校和教育在人文学的品质保证及范围方面更加多样化。人文学，有时指"自由艺术"，曾经是中等学校的核心课程，但后来因过分强调职业教育和实际训练有所削弱。在有些学校，历史类课程几乎被取消。然而，人文学在大学学院里依然被视作自由教育的核心课程。例如，以哈佛大学为代表的欧美特别是美国高校的通识教育便以人文学、社会科学、自然

---

① Crane R S. The Idea of the Humanities and Other Essays Critical and Historical. Chicago: University of Chicago Press, 1967, 4.

② Jaeger W. Paideia: The Ideals of Greek Culture. Oxford: Basil Blackwell, 1939, 32.

科学三大类为基本范畴。有些学校把人文学或艺术与人文学作为课程开设，如芝加哥大学的6门通识教育课程里，排在第一的就是"人文学"。马丁和雅各布斯的著作《艺术人文学》被制作为电视节目①，有些学校，如北亚利桑那大学甚至把"人文学"作为一个传统专业开设，并规定该专业学习的主要课程包括非英语的一门外语、艺术和文学。除课堂外，随着网络信息技术的高度发展，电影、戏剧和一些电视节目、博物馆等也积极开展人文学的继续教育。

2. 具体研究对象的不确定性

"humanities"作为一门课程或专业，表明了"humanities"一词在西方的普遍性。它是人们熟知的、非常普通的一个词。也许正是因为太常见、太熟悉了，人们往往把它当作一个无须论证的语词或概念，直接拿来使用。即使在那些以"humanities"为标题的著作里，对"humanities"只字未提的作者占绝大多数。英语语境中，作为学科的"humanities"的具体研究对象的不确定性、有关它的专题性研究的匮乏，以及它以课程、专业形式在中等或高等学校里出现，都反映了人们对"humanities"自身特性认识的多样性。"一般认为humanities构成一种独特的知识，即关于人类价值和精神表现的人文主义的学科。"②然而，畅销欧美高校的那些直接以"humanities"为题的教材大多与多卷本、大部头的西方或世界文明/文化史无异。而且，它们基本上是程式化的著作，主要集中体现在以下四个方面。

第一，以整个西方甚至人类历史上各个时期的重要文化遗产为内容。除包括从古希腊至当代西方文化外，有些还涉及伊斯兰文化及非洲、亚洲的文化，这些文化正和西方思想发生着前所未有的冲撞。文化多元的特点使得这些著作都将西方文化放在一个更大、更全球化的框架中来审视。例如，拉姆和克劳斯在《西方文化中的人文学：寻求人的价值》一书的前言部分声称：为了更好地理解我们为何以现有的方式存在于世，我们的研究内容集中于我们的文化遗产——从美索不达米亚文明、古埃及文明、古希腊文明、古罗马文明直至当今时代的文化。③任博德的《人文学的历史：被遗忘的科学》在全球文化视域下检视人文学的历史，除西方文化外，他提到比较多的东方文化是中国、印度、阿拉伯文化。

第二，作者的研究思路基本都是将文化成就放在其历史背景中加以考察，展

---

① 由公共电视网（KOCE-TV）同海岸社区学院（Coast Community College District）出品，海岸社区学院发行，包括30档时长约半小时的节目。Martin F D, Jacobus L A. The Humanities through the Arts. New York: McGraw-Hill, 2004, 3.

② Lexicon Universal Encyclopedia. Vol.10. New York: Lexicon Publications, 1987, 347.

③ Lamm R C, Cross N. The Humanities in Western Culture: A Search for Human Values. Des Moines: William C Brown Publication, 1992, 3.

示物质条件以及每个时期的政治、社会和经济事件如何影响文化成就的产生。上述 10 部教材的作者大多在书的前言部分声称：该著作就是对有关西方文明的演进及其在美国文化中的地位的考察。每章第一部分大多是首先论述各个时期的物质状况以及历史、政治、经济和社会发展等重要问题，然后再描述和分析这一时期的文化成就。任博德的著作中虽然每一章都按照学科，即语文学、历史编纂学、语言学、逻辑学、音乐学、艺术理论、修辞学、诗学进行论述，舍弃了对每一历史时期社会历史文化的泛论，但是，整体上，他以人类历史文化进程为框架，他所说的"humanities"涵盖了从公元前 600 年—公元 2000 年这段时期，关涉中国、印度、阿拉伯世界、非洲、美国等。

第三，作者基本上按编年史方法编纂，从古至今，致力于清晰地展现西方文化中最关键和最重要的一些界标。在前面提到的目前欧美比较经典、畅销的 10 部博雅教育教材里，作者基本上是沿着两河文明—古希腊古罗马文明—中世纪文艺复兴—17 至 18 世纪—19 世纪—20 世纪至今的整体框架展开写的。也正是因为其编年缀事，国内不少学者把国外明确命名为"humanities"的著作译作"史"。

第四，以文学艺术为核心。尽管作者基本上是按编年史方法编纂的，但是，与一般世界或西方史不同的是，它们谈论的重点是从古至今各个时代的文学和艺术诸门类。历史上各个时代的政治、经济和文化，或者只是作为与之相关的历史背景被叙述，或者只是为了更好地阐释各个时期的文学、艺术作品而被描述。例如，威特、布朗、顿巴等的《人文学：文化的根与持续性》与费洛的《西方人文主义传统》这两部人文学专题教材，都以人类创造性文化遗产，即文学、哲学、历史、建筑、视觉艺术、音乐和舞蹈等为主要的论述对象。

3. 文化或文明史的架构

多卷本的教材形式，全球化的眼光，以整个人类为研究对象，按编年史（从史前史到 21 世纪初历史）方法编撰，这些编撰模式体现了作者以整个人类文化遗产为内容，在世界历史文化的宏大背景下考察各个历史时期文化艺术作品的理念。这是现当代以来以美国为代表的西方的博雅教育著作的基本特征。以美国密歇根州立大学马修斯和普拉特教授合著的美国高校经典博雅教育教材《西方人文学》的总体框架为例，该书共 21 章，各章的标题依次是"史前文明与近东文明"、"爱琴海文明"、"古希腊文明"（包括第 3 章和第 4 章），"古罗马文明"、"犹太教与基督教的兴起"、"罗马晚期、拜占庭和中世纪早期西方诸文明"、"伊斯兰世界（630—1517 年）"、"中世纪鼎盛时期"、"中世纪晚期（1300—1500 年）"、"早期文艺复兴"、"文艺复兴鼎盛时期与早期装饰主义（1494—1564 年）"、"北方文艺复兴与人文主义、宗教改革与晚期装饰主义（1500—1603年）"、"巴洛克时代（1600—1715年）"（包括第14章和第15章），"理性时代（1700—1789年）"、"革命、复辟及其文化反应（1760—1830年）"、"资产阶级的胜利（1830—1871年）"、"早期现代主义时代（1871—1914年）"、"大众时代和现代主义的鼎盛时期（1914—1945年）"、"忧虑的时代及其影响（1945—2004年）"。[①]这些标题显示了该书所论述内容之广博。作者几乎展示了西方整个经济、社会、政治、科学、哲学、宗教、军事、文学、艺术等的历史。除此之外，也存在个别采用类似断代史写法的著作。一些作者直接以某一特定历史时期为论述目标，如在由美国戴维森（Davidson）等编写的大学教材《当代人文学》(*The Humanities in Contemporary Life*)里，通过分析20世纪初至20世纪60年代的文学、哲学和艺术（音乐、建筑、绘画），作者探讨了那个时代的价值观。[②]然而，对这类著作的阅读非但没有消解我们已有的有关"humanities"的种种疑惑，反而在某种程度上更加强化了它们："humanities"指述的是西方传统的博雅教育吗？抑或它包含在教育学里面吗？它是文学史和艺术史吗？或者它是包括文学、哲学、宗教、历史等学科在内的文明史、艺术史吗？如果不是，那么，当代西方人文学为什么主要表现为一门以文学艺术为核心的人类文明史？为什么它为自己明确规定的任务是研究那些有价值的人类精神文化的历史？它的具体研究对象为什么都是人类精神文化史上的某一个阶段？西方语境中"humanities"的本质究竟是什么？"人文学""人文科学""人文学科"的边界在哪里？"humanities"与西方古老的博雅教育或通识教育有什么关系？等等。这些都是需要我们深思并亟待解决的问题。特别是在大力倡导全球一体化、构建人类命运共同体的今天，了解并传承历史悠久的博雅教育或整体人文学显得尤为迫切。

二、厘清西方博雅教育的双重任务

研究对象的名称及其概念所指的多重复杂性和不确定性决定了本书的一个基本任务，即考证"humanities"。于是，整个西方乃至人类文明史的考镜源流便不可避免地被卷入，编年史自然成为一个基本思路。然而，本书并没有仅仅停留在历史性的展示层面：本书不是西方文明史或哲学史、教育史的重复，甚至也不是人文学史，本质上本书是对西方人文学的一种哲学反思。哲学家思考的是实体的本原、原

---

① Matthews R T, Platt F D. The Western Humanities. New York: McGraw-Hill Company, 2007, 1-4.

② Davidson R F, Herndon S, Reaver J R, et al. The Humanities in Contemporary Life. New York: Henry Holt & Company, 1960, 4.

因。我们寻求的是存在物的本原和原因，很显然，这些事物是作为存在而存在的。因为一切思想以及包含某种思想的学问都是或者较为严密地，或者较为松散地研究本原和原因。而思想或学问的本原，或者是心灵或理智，或者是技术，或者是某种潜能，它们都在创制者之中。于是，承载着人类思想的、与西方"humanities"有关的一些重要的物质化文本，特别是文学作品或创作者便成为我们解析的对象。据此，我们不仅考察文学如何与物质条件相联系，还探究在每一个特定时代渗透到艺术和文学表达中的共有主题、期望和观念。因为一个时代的创造性成就总是反映一种共同的视野，即使这种视野在当时还得不到众人明确的认识。因此，每个时代都拥有一种可以通过文学记载分析出来的独特眼界。在这一过程中，笔者采取的具体步骤有二：首先，按历史顺序爬梳、整理、研究史料，从而形成对西方"humanities"本质的基本认识；其次，基于自己对西方"humanities"已有的基本认识，以及所发现的一系列问题，特别是所形成的见解、思想，重新筛选史料、解析文本和历史现象。前者采用的基本是归纳法，后者采用的是演绎法；前者实际形成的是隐文本（即读书札记），后者实际形成的是显文本（即本书）。因此，最终形成的显文本体例虽然可以被视作西方"humanities"史，但是，且不说它整体以一条基本思想贯穿，就是其中的每一部分，即每个历史阶段，都既包括历时性的描述，也包括共时性的阐释。二者均基于笔者隐文本中对西方"humanities"的先见。

无论是隐文本还是显文本，本书研究的双重任务都体现在两方面：一是采用史论结合的历史比较方法，即以对西方博雅教育的一以贯之的基本认识统摄西方文化乃至世界文明史，纲举目张，厘清西方博雅教育的历史生成和当代传承；二是采用遵循共时性逻辑的思辨法，立足于物质化文本分析，厘定西方博雅教育思想及其实践的特质、功能和意义。二者便构成了本书的基本内容，从历史时间来看，本书具体包括以下六部分。

第一部分在世界文明发展的进程中，以苏美尔人为个案，运用校勘考证和历史比较的方法，在广阔的世界历史文化视域，通过对大量考古和历史文献资料的辑录、考校与分析，追寻学科意义上的西方博雅教育的渊源，勾勒其发展演变的过程，认为西方博雅教育关涉深广的社会历史文化内涵。从认识论角度来看，西方博雅教育与人类的认识过程密切相关，与人类自身的繁衍、进化和发展息息相关。现当代考古发掘证明，世界最早的文明之一是苏美尔人在两河流域创造的，他们是人类文明的先驱，也是人类文化的最早创造者之一。两河文明对整个人类的影响集中体现在政治制度体例和观念、法律传统、宗教、教育和文学艺术等方面。文艺复兴时期西方语境中"人文教育"或"人性学问"的原始渊源为两河文明的"人性"观念以及自由人教育思想。西方博雅教育的基本价值观念是由世界最早文明的创造者苏美尔人奠定的。

第二部分主要以苏格拉底（Socrates）、柏拉图（Plato）和爱比克泰德（Epictetus）为个案，立足于文本分析，在剖析大量古希腊经典论著的基础上，综合运用文献学、阐释学、哲学、教育学等学科领域的知识和方法，深入探究了学科意义上西方博雅教育的建构，认为虽然两河文明是西方博雅教育生成的热土，但是，在人类历史上，最广泛直接吸收两河文明博雅教育思想和观念，并把它们传入西方文化的是古希腊人。以苏格拉底、柏拉图、亚里士多德和爱比克泰德为代表的古希腊人在继承两河文明博雅教育思想及其实践的同时，前赴后继，继往开来，或者以身作则，或者进一步在理论上系统、完善并建构博雅教育。西方博雅教育根植于古希腊人关于自由人的观念，尤其是柏拉图有关自由类型人教育的思想奠定了整个西方博雅教育思想及其实践的基础。

第三部分主要以西塞罗（Cicero）、塞涅卡（Seneca）、奥勒良（Aurelianus）、普罗提诺（Plotinus）、波爱修斯（Boethius）、昆体良（Marcus Fabius Quintilian）和奥古斯丁为个案，立足于细读文本，通过对他们有关自由人、自由人教育、人性和认识自己等思想的解析，深入探讨古罗马人和早期基督教对古老西方博雅教育思想及其实践的继承与发扬，认为西塞罗是古希腊自由艺术教育的集大成者，其比较全面、系统地继承了两河文明延伸至古希腊文明的博雅教育传统，这突出体现在提倡自由人教育、美德与理性方面，而自我救赎则是古罗马人对从传统西方博雅教育思想中认识自己内涵的进一步拓展。昆体良比较早地明确提到了"自由艺术"和"通识或全面教育"，并指出了二者之间的关系。而早期基督教博雅教育对奥古斯丁之后的西方博雅教育的影响极其深远：一方面，奥古斯丁继承了自两河文明、古希腊延伸至古罗马时代的博雅教育思想；另一方面，他将自己对基督教思想的深刻领悟融入已有的博雅教育思想，从而使古老的人文学思想焕发出新的生命力，特别是他开创了祈祷式"独语"这一自我内省的话语方式。

第四部分从世界历史视域，主要以彼特拉克（Francis Petrarch）、歌德（Johann Wolfgang von Goethe）为个案，通过对中世纪七艺、古代文化的再生、多元文化的碰撞、15世纪意大利人文教育或人性学问的兴起、欧洲各国人文教育、理性人文主义等历史现象的描述分析，在阐释诞生于意大利文艺复兴时期的人文教育对西方历史文化所产生的巨大而深远的影响的基础上，探讨了文艺复兴时期人文教育的正式兴起与发展，阐明此历史时期"世界文学""整体人性""相互影响"等思想观念对西方当代博雅教育思想及其实践建构的重大意义，认为文艺复兴时期的人文学者相信并渴望古代先哲关于"人中心"的追问，15世纪左右，他们以"studia humanitatis"命名他们的"新学问"。该学问以人文主义思想为指导，以恢复古希腊罗马文化为己任，以七艺为基础，本质上与西方古老的自由人教育无异。在认识自己、超越世俗物质利益、追求美德和永恒，以及大力倡导并实践人文学教育方面，以彼特拉克为代表的人文学者与以柏拉图为代表的传统博雅教育者如出一辙。人文教育的兴起并非一种短时期的活动，它在以法国、英国和德国为代表的欧洲国家延续了3个多世纪。其间，许多比较重大的历史事件，如宗教改革、17世纪的古典主义、18世纪的新古典主义、启蒙运动对人文学科的建构影响深远，而彼时最深刻的思想包含在歌德的著作里。他以文学艺术为主要话题所论述的理性人文主义思想，强调将自己融入世界或民族、国家、时代、文化等集体之中来认识自己、拯救自己，进一步完善并丰富了西方传统博雅教育思想。

第五部分主要以西方各个历史时期名目众多的自由人教育，特别是美国博雅教育为个案，通过对狄尔泰（Wilhelm Dilthey）、李凯尔特（Von Heinrich Rickert）、卡西尔（Ernst Cassirer）、皮亚杰（Jean Piaget）等，以及赫胥黎（Thomas Henry Huxley）、阿诺德（Matthew Arnold）、巴拉德（Edward Goodwin Ballard）等有关文学、科学、文化、博雅教育、自由艺术、人文学、人文学科、自然科学和社会科学等问题的分析阐释，探讨了19世纪以来，以话语体系构建为核心的西方古老博雅教育在现当代的传承，进一步揭示了西方博雅思想及其实践的特质，认为人们特别是欧美人现在普遍使用的"人文学"一词指的是15世纪文艺复兴时期兴起于意大利的人性学问或人文教育，虽然具体名称略有变化，但是两河文明的自由人教育与自由人类型教育，以柏拉图和西塞罗为代表的古希腊罗马的人性的学问（或自由类型人教育、自由艺术），中世纪的七艺，以及15世纪意大利的人文教育或人性学问，与19世纪以来的人文学一脉相承，其所指内涵基本相同，并且呈现出7个鲜明特征——整体性、组合性、书本化、文学性、教育性、非实用性、贵族性。自然科学的迅猛发展，促使人们重新思考西方博雅教育的学科属性。其中，狄尔泰、李凯尔特、卡西尔和皮亚杰的相关研究最具代表性。从我们今天所说的学科意义上，他们分别提出并阐述了与西方古老的博雅教育特别是自然科学相对的"精神科学""文化科学""科学与艺术""人文科学"等新的学科群概念，从不同角度对传统博雅教育或人文学进行了扩容，使其更适合现当代社会的发展。于是，尽管在关于人类本性、普遍价值、教育理念及实践方面，西方博雅教育保持着自己固有的传统，维系着一些亘古不变的基本思想和原则，但是，随着时代的推移，其中的一些所指内涵发生了变化。而这一切成绩的取得与人们的不懈追寻与探究密不可分。

第六部分主要通过对19世纪、20世纪分别以阿诺德和赫胥黎、斯诺（Charles Percy Snow）等为代表的两次关于科学与文化的论辩的分析，特别是以美国现当代博雅教育实践为个案，阐明西方博雅教育是一门实践性很强的科学。自诞生以来，人类就以神的儿女自诩，不断在现实生活实践中提升自己，成就自己。正是在这个意义上，博雅教育与人类共存。在数千年漫长的历史进程中，博雅教育的生成是全世界各国各民族人民努力的结果，是人类重要的文化遗产。而随着19世纪世界主义思潮、20世纪以来的全球化理念，博雅教育思想更加深入人心，以培养自由人为最高目的的传统博雅教育亦遍及全球。然而，与欧洲相比，美国人对西方传统博雅教育的传承是一种"扬弃"的过程——没有因循守旧，人们批判性地分析并反思着它的内容、意义、价值，甚至质疑它的公正性等，从而在继承优秀文化传统的同时，不断地对它进行修正、补充、完善。总体来看，当代西方学者都在继承传统博雅教育的基础上，力图重新构建属于自己时代，特别是适应时代变化的博雅教育或自由艺术话语体系。人文学不过是博雅教育或通识教育、自由教育的另一种称呼而已。它与自然科学、人文科学、社会科学逐渐成为四个不同的学科群。其中，人文学主要在历史生成时间、内容和目的三个方面与人文科学不同，与此同时，古老的西方传统人文学与其他三大学科群在具体内容、探索方式等方面一直存在着多方面的联系。

总之，针对国内外尤其是国外学者目前对西方传统博雅教育思想及其实践的研究主要存在的三个问题，即把博雅教育混同于人类文明史（或文化史、文学艺术史）、把人类文化价值观念作为研究的目标，以及把博雅教育简单等同于人文教育，本书立足于"原始以表末"（《文心雕龙·序志》）的基本原则，主要采用历史方法追溯西方博雅教育起源、发展、演变的过程，以此确定演变发展中的西方博雅教育的历史场域，判断各个时期西方博雅教育的历史价值。这样，历史的陈述就为认识论打下了基础，避免了单纯用僵硬的认识论假设解答问题，而以贯穿西方博雅教育在整个人类文明中的历史演变过程来回答。与此同时，本书竭力避免遮蔽式研究，即把对西方博雅教育的研究或探讨淹没在整个人类文化或文学艺术史、教育实践或教育史之中。基于博雅教育是以人类优秀文化遗产为内容，培养有一定文化、具有良好道德品行的全面发展的人的一门综合性学问或学科群的认识，本书以考绎两河文明的"自由人"为核心关键词，串起了整个西方文明史，亦解开了蒙在古老西方博雅教育脸上的重重面纱，从而对西方博雅教育思想及其实践进行了凸显式研究，目的是廓清西方博雅教育问题：还原它的渊源、生成、建构、解构、重构、再构的历史，揭示它的特质，并在一定程度上为它提供认识论意义上的哲学基础。当然，本书研究的终极目的是接过前人的接力棒，继续传承全人类珍贵文化遗产——博雅教育，让人类拥有一个更加美好的未来。事实上，这是我们继续前行的历史使命。整个西方博雅教育生成演变发展的历史已充分证明："已发生的事也就是将要发生的事；已完成了的事也就是将要去做的事。"[①]因为很显然：要是人们不知道自己已走过的路程，何以知道自己将去何方？要是人们不清楚自己的过去，又何能明白现在？事实上，昔日的往事是从不被丢弃的，只不过是被扩展、完成，最终被超越而已。[②]

---

① 为《旧约全书》作者埃克尔萨斯特斯（Ecclesastes）的传道书语。
② 〔美〕威廉·弗莱明：《艺术和思想》，吴江译，上海人民美术出版社2000年版，第1页。

上 编

历史生成：19世纪之前西方博雅教育思想及其实践

第一章　原始渊源：两河文明自由人教育
第二章　智者技艺：拯救不朽灵魂
第三章　热爱自己：古罗马时期自由艺术
第四章　学科建构：15世纪意大利人文教育
第五章　文化力量：博雅教育一惯性

第一章　原始渊源：两河文明自由人教育

尽管概念内涵明晰不足、名称众多、指称对象多元，但是，西方博雅教育聚焦的核心对象是人。这决定了我们必须从追问人，即人之为人入手，才能深入理解它。希腊文指称"人""男人"的语词都是"ἄνθρωπος"。柏拉图指出：这个名称曾经是一个句子，现在成了一个名词。字母 ă 被省略了，最后一个音节上的锐音变成了抑音。"人"这个词表明，其他动物从来不考察、考虑或探究它们看到的东西，只有人不仅看，还考虑和探究他们所看到的事物。因此，在所有动物中，只有人可以被正确地称作"人"，这个词的意思就是"探究所看到的东西"。[①]以柏拉图为代表的古希腊人对人本质的这种理解至今发人深省。若我们接着进一步追问：人类最初探究的东西是什么？是他所看到的周围客观世界，还是人？大量考古发掘和文献资料证实：从发生学上来说，人类最初探究的或者想努力弄明白的是他所看到的客观世界。因此，并非"有人类就有人文学"。[②]"人文学"产生的根本原因在于人类审视世界方位的转变：什么时候人类开始追问人、探索自己如何活着，什么时候人文学或博雅教育思想便产生了。这经历了一个漫长的历史过程。本章，我们拟以两河流域人类的最初文明为个案，探颐索隐，钩深致远，追问人类最初在发生学意义上所探究的东西，探究西方博雅教育思想观念及其实践的原始渊源。

---

① Plato. Cratylus. Loeb Classical Library Plato Ⅳ. Cambridge: Harvard University Press, 1926, 80.
② Jacobus L A. Humanities: The Evolution of Values. New York: McGraw-Hill Company, 1986, 6.

第一节　苏美尔人

考古发现证明，苏美尔人建立了人类较早的文明。从发掘出的城市遗址、出土的大量文物，我们看到了早期人类较高水平的物质生活；从绘画、建筑尤其是苏美尔楔形文字和古埃及象形铭文，我们知道了他们丰富多彩的精神世界。从金字塔铭文，我们不难推测古埃及人在公元前3000年完全可能拥有一种高度发展的书面文学。然而不幸的是，它们被大量写在易腐坏的纸莎草纸上，想恢复它们，以充分证明古埃及文学几乎是不可能的。与之相反，迄今为止，考古学家发掘出了大量刻制在泥板上的楔形文字资料，它们以书面文本的形式保存着苏美尔人的文化。因此，本节拟以苏美尔文明为个案，从制作与传承、早期文明、楔形文字与学校教育三个方面，考察以苏美尔人为代表的人类最初的文化传承行为及其功能意义。

一、制作与传承

制造工具是人类与其他动物最根本、最显著的区别。考古学家、人类学家、史学家正是依据此，追溯到了地球上人类较早的足迹，确立了较早的人类文化——奥尔多旺文化（Oldowan Culture）。[①]最早在坦桑尼亚山谷，后来在北自阿尔及利亚、南到南非的整个非洲大陆，考古学家不仅发现了200万或300万年前被智人简单敲砸的石块、石核，而且追踪到了它们演变发展的痕迹：从层层覆盖的厚厚沉淀物里，可以看到这些粗略加工过的石砾怎样随着时间的推移，逐步被改进为简单的手斧。于是，人类有了以制造工具为标志的第一个历史时期——旧石器时期。各种石器，诸如削刮器、钻孔器、刀、标枪、飞石等被制作出来。距今约5万年前的尼安德特人已经群居于洞穴中，他们使用火，惯于用右手。而出现于大约2.5万—5万年以前的欧洲人不仅会制作石片类精致的石器、集体狩猎，而且会驯化动物、在洞穴壁上画图、在骨头和鹿角上雕刻小型形象。

男女老少居住在同一个洞穴里、集体狩猎对人类的繁衍发展意义重大，这使某个人因偶然的机遇或聪明才智发明的制作某种石器的技艺有了传承的可能性，不至于因为他的死亡而消失。这种传承的渠道有两个，即模仿和传授。它们有可能发生在成人之间、成人与未成年人之间或未成年人之间。永远无法还原过去，也许使我们不能准确地知道远古人们之间技艺的传承究竟是如何进行的，但是，人类自身

---

① Lamm R C, Cross N. The Humanities in Western Culture: A Search for Human Values. Des Moines: William C Brown Publication, 1992, 34.

在地球上的延续发展以及不断改进的石器，尤其是旧石器晚期出现的绘画、雕刻、骨针以及有浮雕和刻线的骨器，都使我们对人们之间存在着传承关系这一点确信不疑。以法国、西班牙北部洞穴绘画为代表的原始艺术表明，旧石器晚期人的绘画本身有一个由简单粗略到复杂精细演变发展的过程，即由最简单的涂抹到运用透视、缩小配景方法生动逼真地再现形象，由只画动物形象到绘制优美精致的人形象，由随意的圆圈、一横一竖到使用黑、褐、红、黄、白等颜料渲染，某些绘画、雕刻作品技艺高超。

如果说一代代地制作工具、构筑居住环境使人类的生存繁衍有了保障，极大地促进了人类智力的发展的话，那么，一代代不断地绘画、雕刻则拓展了人类心灵的空间，丰富了人类的情感。大量考古发掘现场证明，旧石器时期出现了程度不同的葬礼：较后期的尼安德特人对一些死者进行安葬，即把死者按一定姿势放置而不是随便堆放。与之相比，旧石器晚期人们比较普遍地实行墓葬，他们埋葬死者，有时还在死者尸体上涂抹颜色并放置陪葬品。而位于人迹罕至的隐秘位置或幽暗洞穴中的绘画、雕刻则似乎提醒我们，它们并不是一般意义上的艺术作品，也许是旧石器时期人类膜拜的对象。

人类能够制作石器、骨器工具，创作绘画，雕刻作品以及举行某种礼仪，正是凭借此，人类跟与之共存的象、虎、野牛、鹿等其他动物之间拉开了距离——人类不再只是一种适应自然世界的物种学、生物学意义上的存在，而是能创造出其他东西并使之传承的创造性的精神存在。与一般动物相比，人类有自己创造的物质、精神产品。这些产品中的某些一旦被创造出来便被人们普遍接受并代代口耳相传，它们便有了自身不断被改进、演变发展的历史。而凝结着人类汗水和智慧的这些产品也就成了人类自身不断进化和演变发展的实物证明。于是，人类有了自己的过去、自己的历史。他们生活在某个特定的当下，更生活在某种特定的历史传统中。

人类的历史传统保存在人类历代创造性的产品中。从某种意义上说，正是制作产品技艺的代代传承使人类得以生存、延续，并且生活得更好。20世纪以来的美索不达米亚地区考古发掘资料证明：公元前8000年左右，这里的居民开始定居下来，并逐步制造出了更加复杂、精致、多样的生活工具，如带手柄的斧、陶器、铜器等，开始驯养羊、牛等家畜，种植小麦、大麦等。欧贝德遗址证据表明：这里农业丰足，灌溉开始出现。除实用性器物外，欧贝德人还创作了大量程式化小雕像。此类小塑像具有蜥蜴状面孔，其中最具典型的是哺乳母亲的大半身赤陶塑像。塑像是用来崇拜的。神庙是城市中心，神学在日常生活占据重要位置。欧贝德时期居民点埃里都有12座神庙叠建于同一处。另外，人们发明了用实物记事的方法。例如，苏美尔人用于记录商品交易的几何形小型陶质信物，以及用于传递某种信息、类似后代印章与印纹的、饰有简单图案的石头或陶片。约公元前3300年，苏美尔人进一步发展出用信物的刻画取代信物本身的方法，信物上面记录粮食、啤酒、牲畜等基本货物的具体数量。从此，人类几乎完全脱离了动物界，步入了以狩猎、耕种为主要生活方式的新石器时期。

很显然，若没有某种学习、世代传承，以及丰富的情感和精神世界，很难想象历史上这一切的存在。当然，并不是所有人都拥有健壮的身体、勇猛的胆量，和驯化动物、播种土地的技术，以及高超的制造工具、绘画与雕刻技艺。群居在一起的特定人群中，总有一些人在某个方面优于其他人，人与人之间由此开始出现等级区别。人类最初如何有秩序地群居在一起并和睦相处、共同繁荣发展？他们创造了哪些物质和精神文明？两河流域的考古发现回答了这些问题。

二、早期文明

大约3500年前，苏美尔人创造了世界上较早的文明。当地球上大部分居民尚蜗居于洞穴中，靠采集果腹时，苏美尔人已用土砖建成了一座有数千人口的城市。城市居民步入由宗教和政界上层人物统治的、等级鲜明的社会。从公元前2800年开始，王位任期逐渐趋向长期化，并最终演变成为世袭制。这种由早期苏美尔人始创的、重大事件须经议会表决的民主制度被保存下来，影响了日后两河流域的所有国家。早期美索不达米亚地区的人口可大体划分为两类，即以放牧为主的流动牧人和以农耕为主的定居农民。他们之间经常发生侵占土地、掠夺财物的战争。阿卡德时期，萨尔贡（Sargon）是一个成功的竞争者、新的闪米特王朝的创建者。他凭借过人的才智和勇气，建立了一座新的阿卡德城市，并最终统一了整个苏美尔平原。早王朝时期，城市的统治者似乎没有绝对的权力，许多重大事情由公民大会决定。例如，在世界第一部史诗《吉尔伽美什史诗》（The Epic of Gilgamish Text）里，吉尔伽美什想打仗，必须获得民众的赞同。而且，这一时期有年长者大会和青年人大会，法律是统治者的重要手段。[1]公元前18世纪中叶出现了著名的《汉谟拉比法典》。萨尔贡的孙子纳拉姆-辛（Naram-Sin）是第一位僭取神位的国王，他将寺庙和国家权力集于一身，其后的绝大多数统治者[2]也步其后尘。

农业是苏美尔的一项主要产业，就像农村中的农民一样，大量的市镇居民主要

---

[1] Thompson R C. The Epic of Gilgamish Text. Oxford: Clarendon Press, 1930, 34.
[2] 除乌尔第三王朝的第一位统治者乌尔纳木以外。

第一章 原始渊源：两河文明自由人教育

从事土地耕种和畜牧饲养。人们创造了巨大的灌溉工程并建造了雄伟的建筑物，懂得灌溉土地，种植大麦、小麦、扁豆、鹰嘴豆、枣椰、洋葱和大蒜等，以及饲养猪、牛、羊等。与之相适应，犁、锄、长柄锹和燧石镰等农业工具，以及编织篮子和席子等副业也出现了。人们居住在有门窗、庭院的房屋里，房子内常有井和蓄水池。城市里有高大坚固的城堡、宫殿、大型市场、公共集会场所、带有较小单元的大型围场和地区礼拜堂等建筑，以及边墙、排泄污水和地面积水的下水道等公共设施。城郊有陶工作坊、窑区以及燧石制作区。商业兴盛，乌鲁克遗址各层发现的早期泥板文献记录的内容中有80%是关于商品交易方面的。①

物质生活的繁荣发展与人们丰富多彩的情感生活、精神生活密不可分。已发掘的墓葬、出土遗物里用于装饰楼梯和家具的镶嵌工艺品、青铜或天然金银合金制品、各种精致陶器，以及手拉手、手搭肩亲密相拥的夫妇雕像，特别是有暗示主人身份的私人印章，清理耳朵、鼻孔的美容工具等的存在都表明了这一点。稍晚的文书记载暗示了人与人之间交往频繁，宴饮、唱歌是所有公共或私人庆典的重要组成部分，庆典上人们喝啤酒、枣椰酒，吃羊、猪、鱼以及各种蔬菜和水果等，有时也进行角力比赛以助兴。两河文明的文学成就很高。用楔形文字书写在12块泥板上的史诗《吉尔伽美什史诗》比《荷马史诗》早2000多年。

苏美尔人精神生活的支柱是信仰。现存苏美尔人的各种雕像主要是女神护卫天使或魔鬼像。与原始人类一样，苏美尔人笃信万物有灵，并虚构出了一个与人类社会相仿的神的世界。例如，空气神恩利尔，爱情和战争女神伊斯塔尔。神也有自己的故乡，如月神南纳的故乡是乌尔，天神安努的故乡是乌鲁克。神创造并统治着人类社会。苏美尔神话中最初的城市由安神创建。考古学家在苏美尔城镇发掘出的寺庙和金字形神塔遗址表明，苏美尔人精神生活的重心是对神的信仰。而与宗教信仰有关的庙宇建筑物、雕刻、徽章，以及各式各样的大小镶嵌圆筒印鉴等制品，都昭示着两河文明辉煌的艺术成就。

三、楔形文字与学校教育

实际上，且不说技术精湛的手艺人的技艺不是一蹴而就的，就是各种专业技术的存在与发展，也都有漫长而全面的职业训练过程。随着时间的推移，根据从各个时期的王朝发掘出来的印章可知，一方面，整体上，雕像制作变得越来越精致且风格多样化；另一方面，后期雕像明显继承了前期的传统。人类早期文明之所以能代

---

① 〔美〕斯蒂芬·伯特曼：《探寻美索不达米亚文明》，秋叶译，商务印书馆2009年版，第24页。

代相承下来，一个重要原因是文字出现。

考古学家发现了 500—600 块年代可上溯到公元前 3300 年的小型泥板，上面印有象形图和符号。它们大多是用于经济领域的实物文字。一些挂在谷物或其他农产品货袋上的小型牌板，类似于今天海运货船上的标签。这些牌板上刻有简化的图案，用来标明货袋所装物品的材质、数量。其中象形图表示涉及的货物，较深的坑和印记表示数量。不少加盖了圆筒印章的泥板文书记录了人员和货物的情况，提及了商业活动、会议情况及家养牲畜的头数。这数百份象形图和符号是反映公元前 4000 年末乌鲁克人生活的文本。鱼、枣椰、牲畜对乌鲁克经济很重要。泥板上表示羊、牛、谷物、犁、钉子、斧头、神庙、人头和人脚等的象形图揭示了乌鲁克人的日常生活。加盖印章的泥板上有大量表示船只、车辆的符号，以及代表琵琶、竖琴的符号。许多小黏土符号可能用作记录交易或税款，其形状表示某一特定的物品，大小则用于表示数量，如用于记录交易情况的土球，交易双方先在土球柔软的黏土表面压上记号，再把它们放入球内，万一发生纠纷，可打开土球仔细检查其内的记号。后来，苏美尔人开始把多个象形图和符号结合起来表达复杂意思，如将代表头和碗的符号结合起来表示动词"吃"。尽管象形图的含义没有变化，但其形状却渐渐格式化并变得抽象。这些象形图和符号用芦苇或木头制成的书写工具书写，留下的印记形如楔子，因此被称为楔形文字，其英文"cuneiform"依照拉丁语"楔子"一词发展而来。标准的楔形文字符号词汇丰富，不仅用于表述东西或概念，还用于表示声音。

两河文明的重要现象之一是学校的建立。有记载的最早的学校是由古代苏美尔人发展起来的，时间大约在楔形文字发明后不久。楔形文字是一种相当完善、复杂、成熟的文字体系，总共使用了超过 700 个不同的符号。其本身的相对系统性、复杂性和独立性，以及其在生活中的重要性，决定了书写楔形文字是一项需要接受长期专业培训才能掌握的技能。它最早可能是在家族之间流传的一个漫长而全面的职业训练过程，后来，随着社会上人们对读书人需求的增加，苏美尔人建立了专门培养抄写员的学校。乌鲁克、乌尔、尼普尔等城市都设有私人非公众、自愿非义务和选择非普及性的"泥板屋"学校。在公元前 2500 年第一批真正的学校的考古遗迹中，至少有两所是依王室法令要求建立的。在公元前 2500 年—公元前 2000 年，大量关于学校系统运作的遗物被保留下来，其他证据也以成百上千块楔形泥板的形式表现出来。例如，20 世纪和 21 世纪之交，尼普尔出土了数千块泥板文书，涉及内容庞杂、丰富，包括学校教育、规章制度、自然科学、数学、法律和医学等。已整理出来的、苏美尔人刻写在板上的楔形文字记录了乌尔国王舒尔吉（Shulgi）

建立抄写员学校、培训书吏的情况。这种培养书吏的学校被称为"泥板屋"。"泥板屋"在苏美尔语中被称作"埃杜巴"（edubba），在阿卡德语中被称作"比贴投批"（bit tuppi）。它被设置在寺庙里，因为大量刻在泥板上的楔形文字是从神庙中发掘出来。书写在美索不达米亚受限制。虽然有女书写者的证据，但书写这种职业在很大程度上是男性专有的。学员年龄为十几岁，学费高。学员大多来自统治阶层或富商阶层的家庭，如乌尔纳姆之子舒尔吉国王就曾在那里接受教育。泥板屋培训书吏的过程大致包括初期、中期和后期三个阶段。初期的培训内容主要包括从黏土中做出泥板的形状、切削笔尖并学会用笔尖写出清晰的楔形文字，以及反复练习、辨别并大声背诵这些文字等。中期的培训内容主要是研究语言，包括拼写和语法。在阿卡德征服苏美尔后，书吏不得不学习使用两种语言，因而也意味着书吏要学习阿卡德本地语和古典的苏美尔语（有时要借助双语字典）。后期的培训内容是学习不同的文学形式，主要通过反复抄写不同模式的作品来完成。这种课程也包括数学和技术词汇课程，涉及医学、天文学和工程等领域。[①]这是每位书吏都必须掌握的。学员们在学校学习的语言是苏美尔语。高年级学生的学习内容还包括区别巴比伦语和亚述语方言，以及学习其他语种（如胡里语和埃及语）等。

泥板屋学校培养的学生能力主要包括辨认基本的楔形文字的字义、读写技巧（商业记录、书写和阅读契约、写信、背诵祷词和咒语）、计数（测量土地地皮产量、估计建造宫殿所需的砖块数），以及掌握法律、天文学、地理学、矿物学、动物学、植物学、医学、工程和建筑等专业的基础知识。语言学习是最重要的。学生们必须把握苏美尔语和阿卡德语中的每一个细微之处。初学者从最基本的音节发音练习开始，进而学习书写、朗诵，直到可以记住数百个文字符号和上千个苏美尔-阿卡德词汇为止。这种学习严酷、枯燥、重复、沉闷。学员一个月只有三天假和三天宗教活动的时间，其余均是上课时间。从初学者到六年级的学生，他们不仅有大量课堂练习，而且有家庭作业。教师会严格管理、督导学生，学生时时有被教师或学兄鞭挞的危险。[②]

尽管如此，人们依然对泥板屋怀有崇敬仰慕，因为在它高高的城墙内教育和培训出来的是擅长书写的、有文化的书吏。这些书吏不仅是识字的熟练抄写员，而且是直接的统治者，或者是与最高统治者打交道的官僚，或者是某一行业的专家。他们中有统治者、占卜家和预言家，有处理法律等政府事务的国家行政人员，有记录

---

① 〔美〕斯蒂芬·伯特曼：《探寻美索不达米亚文明》，秋叶译，商务印书馆2009年版，第222页。
② Cunningham L, Reich J. Culture and Values: A Survey of the Humanities. Wandsworth: Cengage Learning, 2010, 37.

商业活动的会计、出纳等,也有擅长书写,主要在宫殿、神庙中担任秘书、档案整理、材料记录、谱写圣歌、编撰史诗等工作的文人学士。女抄写员极少。从供调研员和天文学家的抄写员使用的词典、科学和数学方面的记述,以及国家文件和私人信件均以"说给××"或"说给我主国王"的语词开头,我们可以推知:当时社会上的绝大多数人是文盲,最高统治者也不例外,识字且有文化修养的抄写员的社会地位一定很高。美国史学家伯特曼认为,"在美索不达米亚古代社会,最重要的人就是书吏"[1]。巴比伦一个形容书写的故事里有"书写乃口才之母,艺术之父"之说。[2]学校的建立对于人类文明意义非凡。它所培养的一批批书吏是人类文明的传播者。人类文明演变发展的历史事实亦充分证明:正是由于楔形文字的使用,人类才拥有了文字记载的历史,人类早期文明才能够比较全面和准确地为21世纪的我们所还原与了解。书写保持了人类文明的延续性,它"是将现在与过去的智慧及其教育和灵感力量连接起来的链环。通过复制多份美索不达米亚的文学作品,古代的书写者——如同欧洲中世纪时代的那些僧侣们——将一份珍贵的文学遗产保存下来,并让这种文学遗产能为后来的世世代代所了解"[3]。因此,传承文化是人类生存繁衍的重要方式。两河流域以苏美尔为代表的早期人类发展演变的历史证明:自诞生以来,人类的进化、发展在很大程度上不在于每个民族、每个时期的人们创造了什么,而在于他们保存了哪种历史传统,继承了前代什么。

综上所述,制作与传承是人类两项最基本的生存能力。楔形文字的发明,以及与之相关的培养抄写员的学校的建立,是古代苏美尔人的壮举,大大推动了人类文明的进程。

第二节 神 的 仆 人

人类最早的物质和精神文明为西方博雅教育的生成奠定了基础,两河流域由此成为西方博雅教育生成的热土。"思维与存在是同一的。"[4]作为一种会思考、创造并传承的物种,人类最初在发生学意义上探究的东西到底是什么?每个历史时期人类所探究的都是同一样东西吗?本节,笔者从追问人类最初所探究的东西入手,基于现存大量楔形文字资料和考古发现,主要通过对神话、智慧文等文学作品

---

[1] 〔美〕斯蒂芬·伯特曼:《探寻美索不达米亚文明》,秋叶译,商务印书馆2009年版,第222页。
[2] Matthews R T, Platt F D. The Western Humanities. New York: McGraw-Hill Company, 2007, 45.
[3] 〔美〕斯蒂芬·伯特曼:《探寻美索不达米亚文明》,秋叶译,商务印书馆2009年版,第223页。
[4] 《古希腊罗马哲学》,北京大学哲学系外国哲学史教研室编译,商务印书馆1961年版,第51页。

的分析，探讨以苏美尔人为代表的早期人类关于生存、存在特别是人的认识。①

一、神的世界

考古学家从人类文明发源地美索不达米亚地区发掘的大量楔形文字资料以铁证如山的事实强有力地证明：大约公元前 3000 年，苏美尔人首先探究的不是人，而是宇宙及客观物质世界。他们视客观物质世界为"神"。这里所说的"神"基本上是指各种客观自然现象和物种，如月亮、太阳、天、地、空气、水、山、羊、牛、植物等。苏美尔人给它们取了名字，殚精竭虑地探究它们的产生、演变、功能和特点等，不断以哲学家的口吻追问它们是从哪里来的、怎么产生的、做了些什么等。总之，一切决定着他们生存、死亡的客观自然现象都是苏美尔人最初的认识对象。这一点在现存关于苏美尔人的早期文学作品中都有非常充分的描写。尼普尔寺庙的泥板屋出土了用苏美尔文字编写于公元前 2000 年的人类最古老的文学目录，以及写于公元前 3500 年—公元前 2000 年的一些神话。文学目录被刻制在两块泥板上，主要包括 7 首圣歌、5 个史诗故事、3 个神话、4 个哀歌、2 个智慧文。其中神话主要被刻制在 3000 块泥板上，包括关于宇宙有序组织的最初草图的 9 个相对完整的故事。除文学目录里的两个智慧文外，这些文本描述的对象基本上是客观物质世界，探究的主题是宇宙万物的起源，主要观点有四，即永恒的原始海、作为整体的天地神化生了空气神恩利尔统摄万物、恩利尔创造了世界和具有创生能力的创造物、人的创造位于整个宇宙创生链条的后面。苏美尔人认为原始海安凯是宇宙起源、第一原因和原动力，它生了包括天（即安）、地（即凯）在内的宇宙山神。而往来于天地之间的空气神恩利尔斩断了联结天、地的纽带，把天地分离，于是有了天神和地神。恩利尔还创造了包括月亮神、白天神、水神、锄头神等神邸，以及植物、动物、器物等，被苏美尔人构想为宇宙的国王、众神的父亲和所有土地的国王，负责所有生产尤其是人和牲畜的生产。②

在这个宇宙万物创生系统中，有两点非常引人瞩目：①它是有先后次序的，即宇宙的出现、神的出现和人的出现。②空气具有十分重要的地位。由于它分开了天、地，万物的存在才有了可能。因此，如果说原始海是一个形而上的抽象理念，即苏美尔人宇宙创生思维的逻辑起点的话，那么，空气就是一个形而下的具体物质，即

---

① 关于此以及本节的许多内容，作者已有专论，兹不展开论述，见拙作《神·人·自由人：西方博雅教育思想探源》，《宁夏师范学院学报》2018 年第 6 期。

② Kramer S N. Sumerian Mythology: A Study of Spiritual and Literary Achievement in the Third Millennium B.C. Philadelphia: University of Pennsylvania Press, 1972, 19-26. 本章关于苏美尔人的情况，均引自该出处，如不详注，兹不赘注。

苏美尔人能真切感觉到并用于思考的现实存在。苏美尔人常常以"伟大的建造者"称呼在大地上建立起富饶文明的空气神恩利尔。

二、人的附属性

在神统摄的世界里，人所处的地位卑微。苏美尔人在这些最早文本里绝少提及人，只是在有关牲口和谷物创造的记载里间接提到了人的创造。相反，他们把天、地、月亮，甚至锄头、犁、黄牛等都尊为神，大量讲述它们的故事。我们从不少文本中可以看到人出现在许多动植物和城市之后，如在空气神恩利尔和妻子尼丽尔以及月亮神伊南娜去尼普尔城朝拜的文字记载里，尼普尔和乌尔城已经完全建立，动植物繁荣，而人类似乎还不存在。苏美尔人有关造人的说法更明确地证明了这一点。在一篇相对独立完整的文本里，作者一开头便反复申说众神制作面包的困难，然后提到化生万物的母亲原始海暗示水神恩凯创造神的仆人。于是，水神恩凯便同大地母亲用黏土反复实验，最终创造了人，并赐予人说话。人一创造出来，原始海、大地母和水神恩凯便规定人服侍神的命运，诸如让众神吃上面包、喝上洁白的羊奶和穿上服装，以及女人为神织布做衣服等，即把神从烦琐的生活劳作中解放出来。[①]

显然，在苏美尔人的观念里，先存在一个无人的世界，其中有很多城市，城市里有房屋、羊、牛、驴、棕榈树等丰富的动植物，空气神、天神、地神、月亮神、太阳神等分别守护着每个城市；然后，神根据自己的需要创造了自己的奴隶——人。尽管在后来两河流域文化中一些关于创造人的故事里，人们抬高了人的地位，但是，人依然是神的仆人。据巴比伦史诗与神话《吉尔伽美什史诗》记载：众神开会后决定要造人，而造人的目的是让人承担原来诸神的工作。让每一个贤人、每一个愚人像大麦般从大地自然萌生的目的是要让他们把锄头和筐拿在手中，让诸神承担的工作成为人的工作，让人像不变的星一般永远地、不分昼夜地对诸神虔诚、祭祀，把诸神的家修得与圣殿相称，等等。[②]

三、祭祀诸神

跻身在一个神统摄的世界，认识神、祭拜神、适应并服从神是苏美尔人生

[①] 美国亚述学家克莱默把破损的两块泥板合成一块，破译后取名为"造人"。据此"造人"故事记载：刚开始是大地母亲一人造了六种无性别的人，后来是水神自己造人，但失败了，这部分泥板文本破碎厉害，无法看清。详见 Kramer S N. Sumerian Mythology: A Study of Spiritual and Literary Achievement in the Third Millennium B.C. Philadelphia: University of Pennsylvania Press, 1972, 71-73.

[②] Thompson R C. The Epic of Gilgamish Text. Oxford: Clarendon Press, 1930. 本章所引《吉尔伽美什史诗》语均出自此。

活的重心。他们构想了一个神的世界。这些神名目繁多,有天、地、太阳、各种动植物、死亡等,它们都有各自的名字、房屋(寺庙)和故乡,以及象征物等。苏美尔人认为神创造并统治着包括人在内的宇宙万物,而神造人的目的,除了包括让人承担原来诸神的工作外,还包括让他们虔诚地祭祀诸神。因此,两河流域的人们活着的一个重要目的就是祭祀。无论是国王还是百姓,所有人的主要生活都是祭拜神。两河流域人们的祭祀活动名目繁多且被日常生活化。人们每天都祈祷献祭,特别是面临死亡等一些特殊事情的时候,他们往往前往死亡等神所在地的寺庙祭拜。而且,人们每年、每天祭祀的神不同,如公元前3200年大概是祭拜神灵安和女神伊南娜的,巴比伦新年为期11天的庆典活动主要是祭祀创世神马尔杜克的。

可以说,懂得为自己建造房屋并定居下来的时候,人类就为神灵修建了简单的居所。艾瑞都发掘得最早、简陋的神庙在地下深埋了17个世纪,与最早的人类居所(大约修建于公元前5000年—公元前4000年)只相差一个世纪。随着社会发展,后期神庙的规模越来越大,内部结构也有所改变,但总体来看,两河流域神庙在城市所处位置、神庙内部结构和供桌都已经标准化。而且,无论哪个时期,无论城市规模有多大,整个城市里最重要、最中心、最宏大的建筑一定是神庙。欧贝德遗址证据表明,城市中心是神庙,居民点埃里都有12座神庙叠建于同一处。绘制在泥板上的公元前1300年的尼普尔地图也表明,金字形神塔位于城市广场,占地面积大。社会生活中最尊贵、最富有的地方和阶层都与神庙密不可分。由经营者和供奉者维持的神庙几乎就像国中之国,养活着大量承担着不同工作的普通百姓。他们中有些是抄写员,负责记录祭祀的仪式、每个人献祭的东西;有些是管理者,负责照管庙宇复杂的商业事宜并管理农田等。两河流域文化中大量刻在泥板上的楔形文字,以及各种类型的雕刻、绘画等作品几乎都出自寺庙区,与神庙祭祀活动分不开。楔形文字、雕刻、绘画等作品都是祭祀者用来供奉神的。

四、敬献国王

历代国王通常由擅长不同类型占卜的祭司担当。此外,国王还负责建造神庙。现存雕像里有扛砖建庙的拉伽什统治者乌尔南什。于是,人类社会中最早的祭司制度开始出现,擅长不同类型占卜的专门的祭司阶层开始形成。他们用梦来预测事件,从自然现象,如鸟的飞翔特别是献祭动物的内脏看征兆,预测未来。许多统治者在生前生后都被奉为神灵。即使本人不是祭司,他们也总是设法与神灵或寺庙有着千丝万缕的联系，以便取信于民。例如，萨尔贡把女儿埃妮迪乌娜任命为高级祭司。乌尔国王舒尔吉标榜自己是神，该王朝最后三个国王也沿袭这一传统。在乌尔第三王朝时期第一位统治者乌尔纳木的所有铭刻中，他都称自己是神的仆从。正是这些自称是神的仆人、掌握祭祀的人逐渐统治整个国家，开启了历史上的王朝时期。例如，萨尔贡孙子纳拉姆-辛是第一位僭取神位的国王。他将寺庙和国家权力集于一身。这样，国王不仅变成了神，而且是行政、军事首领和最高审判官及高级祭司。因此，从公元前第三千纪中期开始，出现了一些对神授国王本人的敬献。在这种对现实世界中活生生人的崇拜过程中，人类逐渐开始对自身有了比较深入的认识。于是，他们便将审视、探究以神为核心的外部世界的目光转向了人。

综上所述，截至目前的大量考古发现、出土的楔形文字文献资料表明，以苏美尔人为代表的早期人类生活在一个自己建构的神的世界里。神是人的主宰、人是神的仆人的观念深入人心，崇拜神、祭祀神是人生活的重心。

第三节 人的神性

关于两河文明的篇幅较大、比较直接和集中地体现早期人类丰富精神世界的是史诗。根据苏美尔人楔形文字遗留下来的文献资料和神话传说，巴比伦时期人们撰写了一部英雄史诗——《吉尔伽美什史诗》。尽管产生于公元前 19 世纪—公元前 16 世纪，但是，该史诗所描述的却是公元前 2800 年前后苏美尔人的故事。因此，该史诗反映的其实是人类早期的精神世界。我们从中可以发现早期人类对人的来源、本质和价值等方面的探究。本节，笔者拟聚焦《吉尔伽美什史诗》里有关人与神相通、人要学习，以及传承文化等方面内容的描述分析，探讨人类最早对人的追问。

一、人与神相通

在人类社会漫长的演变发展过程中，人类逐步从崇拜、敬畏神，为祭神而活着，转变到崇拜、敬畏神，但为人而活着。神与人的二元关系发生了变化。它们不再相互对立，而是相辅相成，你中有我，我中有你。《吉尔伽美什史诗》主要通过人诞生的过程，以及对吉尔伽美什的容貌、性格、品质、行为、事迹等的描述，比较集中地揭示了早期人类关于人特性的五个基本认识，即人是神的后代、人具有神性、人的某些品德比神高贵、人有自由意志以及人即神。两

第一章　原始渊源：两河文明自由人教育

河流域人们普遍认为人是神的后代。早期苏美尔人认为人是神用黏土做的。根据《吉尔伽美什史诗》，我们了解到神是人的祖先，人与神之间血脉相连。史诗称神斩杀两名制作器具的神——木工神和拉木伽神，用他们的血来造人。吉尔伽美什的名字出现在早期巴比伦国王的名单里。据《吉尔伽美什史诗》记载：吉尔伽美什的母亲是女神妮萨，父亲是利尔利亚。吉尔伽美什三分之二是神，三分之一是人。[①]因此，如同古希腊神话一样，远在两河文明早期，人类就已经认识到神有人的某些特性，同样人也有神的某些特性。人具有神性在《吉尔伽美什史诗》里有非常具体的描写。例如，神在用血创造吉尔伽美什的同时赋予他神一样的外貌，赐给他无可匹敌的武器。太阳神舍马什授予他俊美的面庞，大力神塑造了他9尺[②]的宽胸、11尺的身材，身形如同野牛一般，掌管天气的神阿达德赐给他堂堂风采。他手执武器的气概无人可比，能唤起民众的热情。不仅如此，人在某些方面做得比神还要好。例如，《吉尔伽美什史诗》里的女神伊斯塔尔并不完美，她善恶不分，滋事好斗，贪恋世俗爱情。与之相反，吉尔伽美什虔诚友善，每天都举行祭奠，护佑朋友恩奇都。伊斯塔尔爱慕吉尔伽美什，表示愿意嫁给他，可吉尔伽美什历数她的恶德和所做的蠢事，不愿娶她。于是，他们大打出手，太阳神庇护吉尔伽美什取得了胜利。

人具有自由意志，这是两河流域以苏美尔人为代表的早期人类对人最深刻的洞见。据《吉尔伽美什史诗》记载：神创造吉尔伽美什时告诉他，做人就是享受现世物质生活。然而，吉尔伽美什不满足于此，他更追求精神上的超越、生命的永恒。史诗里有很重要的一节，即"吉尔伽美什与恩奇都"。它主要讲述了朋友恩奇都死亡后，吉尔伽美什探究生命永恒的故事。英国亚述学家汤普森认为："在有这样哲学图案的早期故事里，探索生命的永恒这个观念是没有位置的。然而，毫无疑问，古代闪族文本中存在着这部分内容。"[③]该故事的价值就在于它向我们充分证明了几乎在人类诞生后不久，人作为一个独立个体人的自由意识就得以彰显。尽管神明确告知吉尔伽美什，人必有一死，无法与神一样不朽，做人就是声色犬马、吃喝玩乐，但是，吉尔伽美什相信生命掌握在人自己的手里，以为民除害、献身沙场为荣，认为这样可以名扬身显、千古永标英名。[④]拥有神的某些属性并且具有自由意识的吉尔伽美什，很早就被两河流域人们当作神一样崇拜。在一系列有关巫术、预兆文

---

① Thompson R C. The Epic of Gilgamish Text. Oxford: Clarendon Press, 1930, 9.
② 1尺≈0.33米。
③ Thompson R C. The Epic of Gilgamish Text. Oxford: Clarendon Press, 1930, 8.
④ Thompson R C. The Epic of Gilgamish Text. Oxford: Clarendon Press, 1930, 34.

本，以及包括祈祷者的楔形文字里，他均被作为神提到。[1]在《吉尔伽美什史诗》里，吉尔伽美什后来也被人们视作神。

二、人要学习

20世纪60年代后期，考古学家在叙利亚公元前3000年的王宫废墟里发现了2万块泥板文书和残片。埃卜拉遗址挖出大量陶器碎片，它们来自14个文化层。许多泥板文书上密密麻麻写满文字，其中绝大多数是古迦南语（又名埃卜拉语）。而泥板文书中苏美尔语-埃卜拉语词汇表，以及楔形文字本身的难度表明，读书写字是一项需要专业培训才能掌握的技能。有一则苏美尔谜语写道："未睁开眼的人进去，大睁着眼的人出来。"[2]其谜底就是泥板屋"埃杜巴"。在绝大多数人是文盲的社会里，这个隐喻形象地说明了学习对于人的重要性。它不是可有可无的，而是一个健全人所必需的。它不是外在于人的身外之物，而是内在于人，即是人自身本质属性的一部分。事实上，那些可能设在寺庙内的，可能培养出政治家、学者、书吏、占卜家、预言家和诗人等的泥板屋"埃杜巴"后来都成为社会文化的中心。

正是由于学习特别是专门学习机构泥板屋"埃杜巴"及其所培养出来的人文学者的出现，人类才有了真正用文字记载的历史。晚期泥板资料记载表明，随着抄写员识字数量的增多和抄写技能的提高，他们能传递的信息越来越多，如出现了记载早期王朝时代一些国王的名字和业绩的历史、献祭类铭文，以及文学作品、私人信件。尽管时间流逝、历史更替，但是，作为人类早期文明最丰硕的成果——泥板屋"埃杜巴"学校却代代相传，绵延不绝。公元前2000年，巴比伦与亚述帝国兴起，大量的发明创造和律法文书不断涌现，其中大部分使用的是阿卡德语，因为苏美尔语在过去几世纪消失了，不过苏美尔人建造的学校却依旧蓬勃发展，师生们早已换成巴比伦人，但开设的主要课程仍是致力于苏美尔典籍的研究。事实上，我们今天所能得到的苏美尔文献，几乎都是当时巴比伦学者留下的手抄复制品。

三、传承文化

文化传承是人与动物的本质区别之一。两河流域人类早期文明历史进程亦充分证明：正是由于尊重传统、因循相因，人类文明才得以绵延不绝。苏美尔人统治两河流域的时间长达1500年。公元前2000年，苏美尔人的政治实体不复存在，取

---

[1] Kramer S N. Sumerian Mythology: A Study of Spiritual and Literary Achievement in the Third Millennium B.C. Philadelphia: University of Pennsylvania Press, 1972, 10.

[2] Jacobus L A. Humanities: The Evolution of Values. New York: McGraw-Hill Company, 1986, 132.

第一章 原始渊源：两河文明自由人教育

代它的是一个来自西部的游牧民族闪族部落亚摩利人建立的政权。"苏美尔语言限定在学校和神庙中研习朗诵时才会被使用，这样的状况一直维持到耶稣诞生之日。"[①]然而，苏美尔文化却被后来历代国君所继承。在接下来的千百年间，相继崛起的两河流域政权，包括当时最辉煌的巴比伦帝国和以亚述城为基地的强大的亚述帝国，都声称自己是苏美尔遗产的继承人。苏美尔时代后，巴比伦和亚述先后成为两河流域的霸主，苏美尔时期大部分的宗教信仰和祭祀礼仪都被保留了下来，许多帝王在行为方式上遵循旧习、模仿古人。例如，尼布甲尼撒死后，公元前555年，王权传到拿波尼度手里。拿波尼度坚持苏美尔文化传统，其宗教活动中充满了对古代习俗的赞美。在一则铭文里，他明确宣布：他将按照古老建筑原貌重建庙宇，"一分不多，一分不少"[②]。亚述人阿苏纳舍帕二世如同两个世纪前的提格拉兹·庇勒瑟一世一样，率军冲出两河流域，直抵地中海沿岸。他在腓尼基城边的海水中洗去剑上的血迹，以夸耀他攻陷腓尼基的显赫功绩。

从各方面来看，苏美尔之后的文学、艺术、宗教信仰以及生活方式等在很大程度上深受苏美尔文化的影响。从汉谟拉比时期甚至更早开始，大部分文学作品采用阿卡德文书写，但作品的形式与内容、主题与情节，以及风格韵味、人物主角等都是苏美尔时期遗留下来的。用阿卡德文书写的《吉尔伽美什史诗》中的所有故事几乎都来自早期的苏美尔神话传说，甚至其中提到的伍锡皮施提穆故事也有类似的苏美尔传奇版本。到尼布甲尼撒时期，据巴比伦发现的大量楔形文记录，有些商业账目带有的修正备忘录采用了实用性强、使用便捷的亚拉姆语。随着亚拉姆语的书写方式在商人中普及，它在口语中也取代了阿卡德语，成为该地区国际贸易和外交的混合方言。然而，尽管商人学会了亚拉姆语，商业交易也很快接受了这种语言，但是，受过教育的巴比伦人和神庙的抄写员一直抵制改换新的书写方式。他们坚持传统，保留楔形文字，使古老学识得以保存。其实，苏美尔文明向巴比伦文明的过渡代表了两河流域文明的延续，尤其是巴比伦和亚述的教室中仍讲授苏美尔的文学传说，使苏美尔文明延续了几个世纪。

综上所述，从现存文本《吉尔伽美什史诗》、大量楔形文字遗存，我们可以对以苏美尔人为代表的早期人类的社会物质文化生活，尤其是人的精神生活、思想观念有比较全面、深入的了解。其中，他们关于人的神性、自由意志的基本认识，特别是学校教育的创立，以及优秀文化遗产的继承，都对西方乃至整个人类文明影响深远。

---

① 〔美〕克莱默：《文明摇篮》，时代生活图书公司编，苏耀成译，中国言实出版社2004年版，第39页。
② 〔美〕戴尔·布朗：《苏美尔：伊甸园的城市》，王淑芳译，广西人民出版社2002年版，第122页。

第四节 文 化 人

与一般动物不同，具备神性、学习和传承特质的人类不可抗拒地生活在自己所创造的历史文化传统中。人是历史传统的产物。当人类好奇的目光由外部世界转向人类自身内部世界时，他们在看到自身特性的同时也看到了传统，即延续至今的过去时代人们的社会制度、思想观念、文化、艺术、习俗等。因此，他们所探究的人类既是一种活在当下的现实存在，也是一种曾经的存在。并且，正是在对过去人类遗留历史文化的探究和理解的过程中，人类明白了当下存在的价值。本节，我们拟从保存传统、文化层与文化遗址、优秀传统文化的吸收与输出，以及文化连续体四个方面，全面、系统、深入地考察两河流域人们对优秀传统文化的传承，进一步探讨人的本质。

一、保存传统

在两河文明里，学校的建立对于人类文明意义非凡。学校所培养的一批批书吏是人类文明的传播者，他们撰写了大量楔形文字文献。图书馆也是两河文明里重要的文化现象。有关楔形文字最重要的发现是亚述巴尼拔图书馆，这座图书馆是在公元前7世纪，由亚述国王阿苏巴尼拨下令修建的。阿苏班尼帕尊崇古代文化，酷爱典籍。他命信使、书吏和官员到处搜集图书，尤其是文明发达程度较高的苏美尔和阿卡德地区的图书，并建立了以自己名字命名的图书馆。该图书馆藏有2万多块各式各样的泥板和碎片，上面刻着苏美尔和阿卡德两种文字，其内容涉及文学、宗教、医学、符咒、信函、天文地理、辞典编纂等。人们现已收集楔形文字泥板达50多万块，它们原封不动地保存了大量泥板文本。[1]有些泥板内容被用当时流行的楔形小字抄录了下来。在抄录泥板的过程中，工作人员或在原文毁坏的地方留下空白，或添加有自己的注释，还对部分文献资料进行了程度不同的改写。

古代许多重要的文化典籍，诸如王朝世袭表、史事札记、赦令，以及以《吉尔伽美什史诗》为代表的神话故事就这样被一代又一代的人们以书写文本的形式保存了下来。这些被历代精心保存下来的楔形文字文本记载了人类生活的方方面面。其中包括由苏美尔国王乌尔纳姆（Ur-Nammu）制定的最早的法典《乌

---

[1] Thompson R C. The Epic of Gilgamish Text. Oxford: Clarendon Press, 1930, 3.

第一章　原始渊源：两河文明自由人教育

尔纳姆法典》，比巴比伦的《汉谟拉比法典》早了 300 多年，比以色列的《摩西律法》更是早了千年以上。苏美尔时代之后，巴比伦和亚述先后成为两河流域的霸主，其保留了苏美尔时期大部分的宗教信仰、祭祀礼仪和文学作品。"从文化方面来说……苏美尔时期的神，仍然和过去一样在受到人们的顶礼膜拜，只是有的神灵在亚摩利人进驻后，被人们用闪族语重新命名而已。巴比伦主神马杜克，取代了原苏美尔众神之首恩利尔，但这些都只是细微的差别，而且发生在汉谟拉比时代之后；文学上的古老神话传说仍旧保持原有风貌，建筑的革新就更少了。"[1]除以文字书写的文本形式保留古代文化传统外，人们还竭尽全力把一些用坚固材质铸成的器物、雕像等保存了下来。于是，我们看到了两河文明里的另一重要现象——博物馆。几乎历代都建立了类似我们今天的博物馆。例如，考古学家在乌尔神庙最高女祭司住所地板下发现一些约有 700—1600 年历史的物品，包括一块约公元前 1400 年的喀西特界碑、一尊雕像的残片和一块奉献给神的石碑。古希腊史学家希罗多德（Herodotus）记述公元前 5 世纪时，居鲁士大帝的孙子薛西斯（Xerxes）从埃萨吉拉运走了马尔杜克（Marduk）巨大的金像。[2]

二、文化层与文化遗址

当然，早期人类保存传统文化最强有力的证据就是 20 世纪以来考古学家发现的文化层和文化遗址。1946 年，在伊拉克文物局的帮助下，考古学家对埃里都金字形神塔遗迹进行了首次重要发掘，发现历代人们对神庙进行了重建。当神庙建筑物在经过两三代后不可避免地开始损坏时，苏美尔人仅仅是在其旧址上建起新的建筑物。在乌鲁克一处神庙旧址，考古学家挖了不下 18 个文化层才挖到处女地，并发现神庙最初的建筑者是公元前 3000 年苏美尔人的祖先。依据这 18 个文化层，考古学家发现苏美尔城市的变革用了两三千年的时间。其间，苏美尔人文化之前的欧贝德文化，以及与苏美尔文化有联系的萨迈拉文化，三种文化之间存在着某种交流。每个文化层、文化遗址出土的文物更是进一步昭示了早期人类对传统文化的继承与革新的历程。例如，埃里都金字形神塔遗迹各个文化层出土的陶器碎片或陶器承载了人类有文字记载之前的历史。考古学家不仅据此确定了两河流域前后相连的文化年代及其种类，而且很容易把握到人类早期制陶业的演变历程，以及物质文明发展的程度：公元前 6000 年早期，制陶已成为一个行业，陶器上经常绘有装饰

---

[1] 〔美〕克莱默：《文明摇篮》，时代生活图书公司编，苏耀成译，中国言实出版社 2004 年版，第 42 页。
[2] 〔美〕斯蒂芬·伯特曼：《探寻美索不达米亚文明》，秋叶译，商务印书馆 2009 年版，第 34 页。

图案。公元前5000年时期,陶工开始使用陶轮生产出规格更统一、陶壁更薄的器皿。公元前4000年时期,转速更快的陶轮使得批量生产的简单陶器数量激增。而乌鲁克遗址中保存在祭室里的绝大多数人物雕像是按照固定程式生产的,如程式化的面部、几何图形的躯干。程式化的形式一定是长期约定俗成的。这从另一方面面证明了某种制作技艺的传承性。

三、优秀传统文化的吸收与输出

两河流域学校、博物馆、文化层、文化遗址出土物等的发现强有力地证明了人类文明的代代相因,揭示了人与动物最根本的区别:创造并传承优秀历史文化传统。这种创造和传承源自人的一个基本能力,即输出和吸收各种优秀文化。美国东方学者奥姆斯特德认为,"崇拜民族遥远的过去,是古代东方后期独有的特征"[①]。其实,后来人,无论是东方人还是西方人,都非常敬仰前人,尤其是距离他们较远的古人。亚里士多德曾明确指出:当时古希腊人"最受尊崇的东西乃是最古老的东西"[②]。人类早期历史进程的演变也证明:一个民族的强大与兴盛与其对外来特别是古代优秀文化的吸收息息相关。对住在特定洞穴、靠某个固定水源生存的早期人类来说,有限的居住和生存环境已经不能满足逐渐增加的人口需求,他们必须不断拓展领地才能生存下去。事实上,自公元前6000年在美索不达米亚南部定居下来,人类就不断通过战争、商贸等活动扩大自己的地盘。例如,苏美尔早期王朝末期,萨尔贡成功地将整个苏美尔平原统一,并第一次尝试在苏美尔之外扩展霸权。公元前2291年左右,萨尔贡之孙纳拉姆-辛成为君主,在纳拉姆-辛统治的37年里,其大部分时间在美索不达米亚边境或更远的地区作战。伴随着战争的是文化的广泛传播与传承。而且,文化之间的传承方式不是单纯地自上而下的,即下一代传承上一代的,很多时候,它的传播方式是平行的,即不同文化之间的相互影响和渗透。这突出体现在以下两个方面。

(一)吸收融合

两河文明本身是两种或两种以上民族文化之间相互影响、交融的结果。最初在两河流域南部定居的是乌博地安人。大约公元前5000年末,原来居住在西部叙利亚沙漠及阿拉伯半岛的一些闪米特游牧部落便开始通过和平迁移或抢掠,逐步地渗入乌博地安人的居住地。两者的文化逐渐融合,由此开创了一个全新的伟大

---
① 〔美〕A.T.奥姆斯特德:《波斯帝国史》,李铁匠、顾国梅译,上海三联书店2010年版,第5页。
② 《古希腊罗马哲学》,北京大学哲学系外国哲学史教研室编译,商务印书馆1961年版,第5页。

时代——真正的人类文明的奠基时代。后来两河文明的繁荣发展,更是离不开对其他民族文化的吸收与融合。20世纪70年代中期,意大利考古学家在叙利亚的考古发现证明:苏美尔泥板屋学校教师制成的、供人学习的"单词表"在两河流域几乎每个重要遗址,甚至安纳托利亚、伊朗和巴勒斯坦都能见到,两河流域和古埃及等地流行用楔形文字书写文档的做法,当时的许多文档都是用作为国际通行语的阿卡德文书写的。同一时期的一些其他民族,如希提人和胡里安人,也借鉴并改进了楔形字母来发展他们本族的语言。共有30个符号的楔形字母表的出土表明,通行西方世界的字母在那时已经诞生。[①]

(二)影响深远

两河流域文化对以古希腊文化、古埃及文化、印度河谷文化和阿拉伯文化为代表的世界其他文化的影响深远。早在公元前第三千纪中期,口头苏美尔语减少。大约公元前1800年,苏美尔语完全不被讲了,变成了一种礼仪性的、学术性的语言,就如同欧洲中世纪的拉丁语一样。然而,拥有很强表达功能的苏美尔人楔形文字被延续使用了千年之久。以阿卡德语、古波斯语和埃兰语为代表的后代很多语言的书面形式都是楔形文。这些语言文字对古希腊语产生了深远影响。埃及出土的历史文献资料说明了两河流域与埃及的外交往来。埃及新王国时期三种类型的学校本质上与两河流域的相似。印度河谷文化也与苏美尔文化相似,其中伊朗或波斯受两河流域文化影响的痕迹明显。古代波斯的阿拉米特王国许多生活中的细节方面颇具两河流域特色,就连阿拉米特一位主要神灵的名字都是用苏美尔语命名的。此外,阿拉米特还广泛推行楔形文字教育,开设了许多文化课程。[②]

历史经验证明:选择并吸收优秀传统文化,常常可以拯救一个濒危的民族。例如,公元前8世纪,希腊人意识到世界末日即将到来,最终选择与吸收了周围国家优秀的传统文化。他们采用腓尼基人所使用的字母,创立了希腊字母。公元前5世纪,古希腊全盛时期的哲学、科学、文学和艺术等方面的成就,都与古希腊人有意识地继承两河流域优秀传统文化密切相关。

四、文化连续体

人类文化是一个连续的统一体。"如果一种文化不再用文字表达出来,如果这

[①] 〔美〕克莱默:《文明摇篮》,时代生活图书公司编,苏耀成译,中国言实出版社2004年版,第21页。
[②] 〔美〕戴尔·布朗:《波斯人:帝国的主人》,王淑芳译,华夏出版社2002年版,第56页。

种文化再也听不到过去的指导性话语,或者再也不向未来说起过去的教导,那么连接链将会不可挽回地遭到破坏。"[1]培养书吏、传承典籍、建博物馆等,说明古代两河流域人们清醒地意识到他们的文明核心深处是一个重要的连续统一体。在这个连续统一体中,不仅过去、现在和将来是有机联系在一起的,而且地球上的人类都是有机联系的整体。两河流域人们这种深刻的历史意识,感染、影响了以埃及、印度、伊朗、波斯、希腊、罗马为代表的世界上的其他古代早期国家。他们都把两河文明作为人类灿烂的历史文化遗产予以继承与发扬,从而使人类有了一个悠久的、相对完整和统一的历史。除东方外,以古希腊、罗马、希伯来为代表的早期民族比较全面、系统地传承了两河流域人类早期优秀的文化传统,特别是宗教信仰,以及宗教仪式、祭祀礼节等,都被古代世界的各个国家不断继承并效仿。尽管古希腊与两河流域并没有直接的交往,但是,由于迈锡尼时代的古希腊与两河流域有密切的政治往来和商业往来,古希腊人多方面延续了以苏美尔文化传统为代表的两河文明。希腊格言文学、挽歌、神话、寓言等体裁与两河流域的如出一辙。两河流域的竖琴、七弦琴等,在古希腊音乐里也很常见。

由以上论述可以看出,两河文明并不是一蹴而就的,而是生活在两河流域的人们世世代代,在继承前人文化遗产的基础上,不断推陈出新,勇于开拓,融合吸收其他优秀历史文化传统的结果。人类文明发展史证明,传承优秀历史文化是人类进步的根本原因。经过欧洲中世纪的黑暗时代,直到文艺复兴和18世纪启蒙运动时期,两河流域都一直保持着卓越地位。尽管西方文艺复兴的基础是许多伟大的古希腊和古罗马文本,但是,由于具有抄写传统的两河文明中保留了这些文本,可以说,是两河文明推动了文艺复兴的产生。14—16世纪欧洲的文艺复兴重新唤起了人们对古典学的兴趣。与欧洲中世纪和文艺复兴时期拉丁语所达到的地位一样,苏美尔语也为人们沿用多年。18世纪启蒙运动时期,好探索、钻研的风气刺激人们去了解《圣经》中所提及的国度的实际情况。欧洲大批探险家、考古学家等前往两河流域进行考察、发掘,使两河流域历史、文化为世界知晓。因此,若以今天的眼光审视,除古希腊文明外,古希伯来文明是西方文明的另一个重要源头,它也深受两河文明影响。事实上,西方世界所保存的两河流域文化观念基本上经由古希腊、古希伯来文化延续下来,"在几乎一切古文化甚至我们今天的文化中都留下了不可磨灭的痕迹"[2]。可以毫不夸张地说,至今人类在地球上生存繁衍的一些基本因素和生活模式是苏美尔人奠定的。

---

[1] 〔美〕斯蒂芬·伯特曼:《探寻美索不达米亚文明》,秋叶译,商务印书馆2009年版,第457页。
[2] 〔美〕克莱默:《文明摇篮》,时代生活图书公司编,苏耀成译,中国言实出版社2004年版,第7页。

第五节 自 由 人

对两河文明演进的历史考察表明：随着人类历史进程的不断推进，人类审视世界的方位发生了变化，即逐渐由探究以神为核心的外部物质世界，转移到探究以人、传统文化为核心的人的世界、人的历史，再到每个个体的人。若细分起来，人们的探究过程中还有一个中间过渡环节，即对某一类人或某个阶层人的特质的探究。本节，我们拟从手艺人、两种教育入手，集中分析两河的学校教育及其特质、功能和意义。

一、手艺人

除在泥板屋学校接受过专门训练和教育的书吏阶层外，苏美尔社会还有另一类自由人，即拥有一技之长且为自己工作的专业人士。苏美尔社会皇家墓地、王朝、宗教组织、农业、商贸、复杂多样建筑、精美珠宝首饰、武器、器皿、鱼钩、鱼刀、文字等的存在说明，明确的社会等级、劳动分工现象开始出现，已经有部分人从自给自足的渔猎和种植活动中解放出来，从事交换、制陶和金属加工业，或在政府机构从事行政、神职工作。文献资料也表明，拥有可与寺庙匹敌的庞大门道、精致公共用房的基什遗址 A 殿可能是行政机构。世俗统治者及其妻子都拥有这样的建筑。公元前第三千纪晚期，乌尔城既有宽敞、布局、内设极好的平房，也有小型简陋的房子。公元前第三千纪中期，富有的中等阶层人数增多。一般的专业人员、小官吏似乎都拥有可随其带入墓穴的珠宝和圆柱印章。人们因个人的才能、所从事的工作和在社会中所处的地位等而有所区别，农民、工匠、武士、渔夫、文书、乐师、木匠、制造匠、纺织工和铁匠等阶层存在。从乌尔第三王朝末起，抄写员、商人、祭司、占卜者、商人及各种熟练手艺人等出现在泥板文书记录中，如"nag-gar"代表工匠或木匠，"sanga""sab-gal""simug-gal"分别代表祭司、牧人首领和铁匠首领。人们不仅熟练掌握了生产大量物质产品的技艺，主要包括焊接、镶嵌、雕刻、建造巨大建筑物拱门、拱顶和圆顶，以及各种形式的模制、粒化、嵌丝式景泰蓝和使用金线等一系列装饰技艺，而且在物质产品中增加了个性化的情感色彩。[①]这突出表现在，对于同一类人工制品，有些很粗糙、量多，有些则很精致、量少。前者是大批量生产的实用性生产工具或日用品，后者则是专业熟练的手艺人为满足特殊需

---

① 〔英〕哈里特·克劳福德：《神秘的苏美尔人》，张文立译，浙江人民出版社2000年版，第154-156页。

求而制作的作品。这些作品风格多样，有典雅简洁的、饰有凹槽的金质平底杯，有精巧妩媚的、饰有小型金质动物像的普阿比青金石王冠，体现了手艺人个人的审美品位。人类历史上最早出现的这些凭高超手艺谋生的手艺人往往是为自己工作的自由人。他们创造了大量即使用今天的眼光看都是高超艺术精品的作品，如写实风格的圆雕人像、用浮雕手法制成的刻有向女神伊南娜献祭场面的乌鲁克瓶等。

大量自由人及其个性化人工制品的出现，表明社会上已经有许多人意识到自我存在的价值。例如，在萨尔贡二世位于豪尔萨巴德的宫殿墙基中发现一块石板，上面的铭文明确写道："我按照自己的爱好，用象牙、枫木、黄杨木、桑木、杉木以及阿月浑子木修建了宫殿，用白石雕刻的动物装饰宫门，谁要是毁坏了我用双手创造的宫殿，就让伟大的神灵亚述尔将他和他的后代统统消灭。"①而私人印章、个人雕像的大量存在也说明了这一点。早期苏美尔雕像主要有两类：一是神像；二是个人像。后者是一些富有的专业人员和小吏为自己定做的塑像，它们通常被放在祈祷捐赠者福祉的寺庙里，代表自己时刻在寺庙里服侍神、祈求神保佑。这些雕像形态大小差别不大，均呈祈祷状，却神情迥异，它们是祈祷者自己虔诚祈祷的写照。地位高的统治者往往在神庙里建有自己的神室，如一则铭文保存着尼布甲尼撒自己的记录，他在神庙里建了神室，宣称"我用炫目的金子，令那墙像太阳一样闪闪发光，我用青金石和雪花石膏覆盖了整个庙宇的内部"②。至于"我是谁？我从哪里来？我是怎么来的"等，也是两河流域人们思考、探究的问题。例如，在一首讲述一个人从出生起就承受各种无端苦难的诗歌里，这位被神遗弃的人所思考的问题就是世事无常、生命短暂："昨天才刚刚诞生，今天已悄然离去/昙花一现的辉煌，转眼间荡然无存/一时间的欢娱歌唱，突然间黯然无声/从黎明到黄昏，心情起起落落/饥肠辘辘的时候，形同枯槁/酒足饭饱以后，意气风发/当一切事情都如愿后，人们更渴望升入天堂/一旦惨遭逆境，就甘愿堕落到地狱。"③而《吉尔伽美什史诗》里吉尔伽美什寻找长生不老秘方的做法是两河文明文学作品中常见的一种题材。

二、两种教育

两河文明的自由人主要有两种：一种是通过泥板屋学校培训出来的、识字的书吏；另一种是通过长期专门训练培育出来的、某个行业的专业人士，他们不一定识字，却掌握了某种技艺。两者都是基于教育而产生的，只不过用我们今天的话来说，

---

① 〔美〕戴尔·布朗：《苏美尔伊甸园的城市》，王淑芳译，广西人民出版社 2002 年版，第 137 页。
② 〔美〕戴尔·布朗：《美索不达米亚：强有力的国王》，李旭影等译，华夏出版社 2002 年版，第 158 页。
③ 〔美〕克莱默：《文明摇篮》，时代生活图书公司编，苏耀成译，中国言实出版社 2004 年版，第 235 页。

第一章　原始渊源：两河文明自由人教育

前者接受的教育是一种非实用性的一般教育，后者接受的教育是一种实用性的职业教育。从两河文明来看，这两种教育都起源于原始社会。美国著名教育史家孟禄持有"教育起源于无意识模仿"说，按他的观点，原始社会就存在着教育。"其教育形式最简单，但是在这早期阶段的教育过程中，却完全具备了它在最高发展阶段所有的基本特征……所运用的教育方法整个说来是简单的无意识的模仿，仅仅在原始生活的最高阶段，即从野蛮人阶段过渡到我们称之为文明时代的文化阶段，教育的方法才出现了。"[①] 从两河流域考古发掘的原始社会大量遗址，我们不难推知：原始社会人们获取教育的渠道是家庭或氏族。其教育有两种：一是人们为了满足基本生存需要所进行的生活实践训练，包括如何制作物体，如打猎用的石器、造房子等；二是人们为了满足基本精神需要所进行的生存技能学习，包括知道什么是神、禁忌，怎样祭奠神、克服内心恐惧，以及如何记住过去发生的重要事情等。如果说前者是一种实践教育的话，那么，后者就是一种开发人们阐释欲望的理论教育；如果说前者是为了更好地满足人们的物质生活的话，那么，后者就是为了更好地丰富人们的精神生活。而原始社会普遍存在的万物有灵思想，以及早期苏美尔人的神观念表明：最原初的宗教、哲学、文学、科学等是融为一体的。换言之，实践教育与理论教育从它们诞生之日起，就不可分割地联系在一起，二者没有先后之别，不是说先有了实践教育，后才有理论教育。我们只是为了认识的需要，人为地区分出了原始社会里的这两种教育。事实上，这两种教育在人类最早的学校教育里同时存在。

总的来看，泥板屋实施的是一种职业教育。它培育的是职业书写者，其教学方法基本上是反复练习。学生从学校毕业后所从事的工作基本上与书写分不开，诸如抄写文件、记录交易过程、草拟合同、维持财产清单记录、记录口述内容等。然而，由于泥板屋学校设置在寺庙里，祭祀、祈祷是学生们的主要任务，加之他们所学习、抄写的楔形文字文本里有大量神学、哲学、文学等方面的内容，因此，泥板屋学校以识字、抄写为主要教学内容的职业教育不可避免地也会涉及理论教育。例如，受两河流域文化影响的埃及早期教育也以训练学生书写技艺为主要教育目的，但是，随着学生年龄的不断增长，教师会逐渐增加或变更教学内容，如教授医学、数学、测量、天文学等自然科学知识，法律、哲学、宗教、伦理等社会科学，文学、绘画、舞蹈、音乐等艺术领域知识[②]，特别是要求学生抄录那些关于神与人正确言行的字

---

① 夏之莲：《外国教育发展史料选粹》上，北京师范大学出版社1999年版，第5-6页。
② 〔美〕S.E. 佛罗斯特：《西方教育的历史和哲学基础》，吴元训等译，华夏出版社1987年版，第66-67页。

句,强调要按中王朝时期的"古典"格式来写。这类字句大多以谚语形式被保存下来,例如:

  勿以牙还牙,公正对待你的敌人,行善事,一辈子做个善良的人。
  到那些古代遗址四处走走,看看普通人和伟大人的头颅。哪颗头颅的主人曾生前行善,那颗头颅的主人曾生前作恶。
  敬畏上帝,不做坏事不会招致你的毁灭。
  新娘,你怎样对待你婆婆,妇女们日后也要同样对待你。
  如果你攻占了敌人的天地,敌人就会来夺取你的田地。
  温文有礼地对待你的敌人,就像对待一个使用多年的旧火炉。①

  很显然,这都是有关人性教育的道德戒律。实际上,人类历史上与"humanities"密切相关的"humanity"(人性)一词,不仅首次出现在早期苏美尔的文献中,而且出现在那些专门涉及教育目的的文献中。例如,一位心灰意冷的书吏在给他儿子的信中写道:"因为你并不尊重自己的人性,我的心都碎了。"②这里所说的"自己的人性"不是指人先天秉有的天性(即神的赐予),也不是家庭或家族长期熏陶的习性,而是指个人的文化修养,它是学校长期系统教育的结果。一个学生对他的校长说:"我一直就像小狗一样,直到您打开了我的双眼。您在我身体里制造了人性。"③很显然,此处的"人性"指的是人通过后天的识字、学习,以及对古代所遗留下来的各种知识的掌握,所获得的一种非生物或动物意义上的东西。它是人更高一级的属性。从这个意义上说,伴随着高度自律的持久练习,通过对往昔的尊重、学习的敬畏,以及服务于自我的根本信仰,以苏美尔为代表的两河流域泥板屋学校教育还为学生灌输着我们必须称之为"人性"的东西。因此,尽管从本质上说是一种职业教育,但是,它所达到的最高目标其实是对人性情感和行为的培养。实际上,无论是早期还是现在,无论是刻意还是无意,这样的人性教育在任何学校教育中都不可避免地存在着。这就是说,我们无法把它从职业教育中剔除出去。

  综上所述,以书吏、手艺人为代表的自由人的出现,不仅彰显了两河文明中教育在人的成长,特别是人性的培养过程中的价值和意义,而且突出了其在人类社会生活中的重要地位。历史事实亦证明,贯穿西方乃至整个人类文明史的博雅教育的源头正是两河流域的自由人教育。

---

① Jacobus L A. Humanities: The Evolution of Values. New York: McGraw-Hill Company, 1986, 67.
② 〔美〕斯蒂芬·伯特曼:《探寻美索不达米亚文明》,秋叶译,商务印书馆 2009 年版,第 462 页。
③ 〔美〕斯蒂芬·伯特曼:《探寻美索不达米亚文明》,秋叶译,商务印书馆 2009 年版,第 462 页。

第一章　原始渊源：两河文明自由人教育

小　结

　　作为一种历史现象，博雅教育的存在几乎与人类历史一样久远。它的产生与人类对自身的关注和深刻认识密切相关。自诞生以来，人类就不仅仅是一种被动地适应环绕着他们的世界的动物，同时也是一种积极创造事物，并使之传承的精神存在者。他们以探究的目光既审视着环绕着他们的外部世界，又审视着自己的内心世界。他们最早审视世界的方位是神。在他们看来，外在的宇宙物质世界包括人在内的世间万物都是神创造的，神是世界的中心和主宰，人微弱如尘土。随着人类历史进程的不断演变发展，人类逐渐认识到人也是一种可以创造众多事物并使之千古流传下去的智慧之物。两河流域人们对人的认识有一个发展演变的过程。在不同时代、不同民族，人们对人的认识往往有所不同。总的来看，在苏美尔文化传统里，人与神是完全不同的两种存在。神至高无上，先于人存在，人是神用黏土做的卑微仆人。而在后来的巴比伦文化传统里，人的地位提高了。巴比伦人认为神用自己的血创造了人，人不仅部分具有神性，而且在某些方面比神高尚。而基于人具有神性的认识，两河流域人们意识到人也是能够像神一样创造出事物并使之得以流传的智慧物种。人所独具的拥有文字、学习和承传的能力，使人类自觉到传统的力量。人不是一种孤立、单一的现实存在，而是秉承着某种文化传统的、具有人性的存在，是一种个性化的自由人。两河文明奠定了人类文明的基础，而人类文明之所以绵延至今，则部分因为后来人对两河流域文化遗产的继承。诚如亚述学家、楔形文字权威克莱默所说："古代文学对我们文明中更精神的方面行使着最深刻影响"，"苏美尔文学中有关人文学的基础和基本价值对于我们的重要性十分明显"。[①]

[①] Kramer S N. Sumerian Mythology: A Study of Spiritual and Literary Achievement in the Third Millennium B.C. Philadelphia: University of Pennsylvania Press, 1972, 20.

第二章　智者技艺：拯救不朽灵魂

虽然美索不达米亚和古埃及提供了人类成功的文明模式，但西方人普遍认为古希腊才是他们自己能够认同的第一个博雅教育或人文学传统。例如，马修斯和普拉特在《西方人文学》里明确指出："从本质上来说，希腊人通过他们的人本意识和文化成就，为西方文明奠定了基础。在希腊，文化的繁荣时期被称作古典时期。'古典'意味着'最佳'或'卓绝'，西方传统的评价是，希腊文化实际上是整个人文学史上的最高阶段。"[1]实际上，这是贯穿几乎所有西方学者编著的有关博雅教育或人文学论著里的基本观点。并且，人们对古希腊文学的追溯又总是从智者苏格拉底开始。苏格拉底是神所看重的人。哈赖丰有一回在德尔斐神庙当着许多人的面向神求问关于他的事的时候，阿波罗的回答是：没有比苏格拉底更自由、更正义、更能自制的人了。[2]"苏格拉底的个性对他同时代人，尤其是柏拉图影响深远。如果没有苏格拉底的言传身教，柏拉图也许不会成为一个哲学家。"[3]古希腊历史上一个著名的审判就是关于苏格拉底的。雅典人要判处苏格拉底死刑，起诉苏格拉底的有三个人，即代表雅典政治家和手艺人的阿尼图斯、代表诗人的美勒托，以及代表公众演说家的莱康。他们在对苏格拉底的起诉书里列举了两个罪状，即不尊重神、教唆青年。两者关涉历史文化的继承、宗教信仰、人的教育等问题。显然，古希腊人非常看重这些问题，而这些问题同样是两河流域人们生活中的重大问题。本章，笔者拟以此为切入点，聚焦以苏格拉底、柏拉图、亚里士多德、爱比克泰德代表的古希腊智者，通过对他们相关论著的比较分析，在阐明古希腊人对教化的人、净化灵魂、实践哲学、认识自己和人性学问等问题的探究的基础上，阐释以柏拉图为核心的古希腊人的人性学问。

---

[1] Matthews R T, Platt F D. The Western Humanities. New York: McGraw-Hill Company, 2007, 31.
[2]〔古希腊〕色诺芬：《回忆苏格拉底》，吴永泉译，商务印书馆1984年版，第191页。
[3]〔英〕泰勒：《众说苏格拉底》，欧阳谦译，外语教学与研究出版社2007年版，第1页。

第一节 教 化 的 人

历代人们都有着远古的情结。正是这种传统的代代相因，人类才绵延不绝。古希腊人也如此，他们比较全面地继承了两河流域文化遗产，既探究生存于其中的自然物质世界，也注重挖掘人的内心世界。本节，笔者拟在分析与论述古希腊人有关两河流域文化遗产、古希腊历史文化、异域文化的借鉴与继承等的基础上，从神是万物的尺度、人是万物的尺度两个方面，全面、系统、深入地剖析古希腊人继承两河文明中有关人的本质及其制造人性的思想观念，同时对这种思想观念进行更深入和系统的补充、发展与完善。

一、文化人

在与其他国家、民族人的比较过程中，古希腊人清醒地意识到自己历史文化的短暂。据柏拉图记载，梭伦曾去埃及一座叫"赛斯"的大城市，赛斯人崇拜与雅典娜女神一样的女神奈斯，自称与雅典人有血缘关系。梭伦向当地最精通古代事务的祭司请教，发现自己以及其他希腊人在这方面可以说是一无所知。埃及祭司告诉梭伦：生活在9000年以前的古希腊公民的法律和最著名的业绩都继承了两河流域的古人。[1]历史事实也充分证明：古希腊与古埃及文化之间存在着相通之处。它们都保存着远古文化的遗存。以舞蹈、绘画和音乐等为例，柏拉图在《法篇》中更进一步论证说明通过法律、规章制度等手段，古希腊人使历史上一些古老优秀的传统文化得以代代相传。[2]因此，与两河文明一样，文化人的观念在古希腊深入人心。柏拉图曾感叹道："我们的能力不足以知道或讲述其他神祇的起源，所以我们只好接受古人的传说，他们说自己是诸神的后裔。"[3]德谟克利特（Democritus）亦认为，"阿那克萨戈拉关于太阳和月亮的意见不是自己的，而是把古人已有的理论据为己有"[4]。在根据赫西俄德（Hesiod）神谱追溯人类起源后[5]，苏格拉底认为，贤明的古人在他们所著的书中留下宝贵的遗产，如果能汲取其中好的东西，我们会收获很大。[6]柏拉图也认为，人的心灵要受知识启迪。这里所说的"知识"指的就是古

---

[1]〔古希腊〕柏拉图：《柏拉图全集》第3卷，王晓朝译，人民出版社2003年版，第273-275页。
[2]〔古希腊〕柏拉图：《柏拉图全集》第3卷，王晓朝译，人民出版社2003年版，第403页。
[3]〔古希腊〕柏拉图：《柏拉图全集》第3卷，王晓朝译，人民出版社2003年版，第291页。
[4]《古希腊罗马哲学》，北京大学哲学系外国哲学史教研室编译，商务印书馆1961年版，第93页。
[5]〔古希腊〕柏拉图：《柏拉图全集》第4卷，王晓朝译，人民出版社2003年版，第16页。
[6]〔古希腊〕色诺芬：《回忆苏格拉底》，吴永泉译，商务印书馆1984年版，第37页。

代的历史文化。识字、能学习古代文化的人被柏拉图称为有教化的人，反之则是没有教化的人，如他批评那些"对古时候发生的事情一无所知""不懂文字、缺乏教化的人"。①亚里士多德著作里所说的"文化"的基本义也是古代历史文化。他比较早地从能学习并传承文化的角度给人下定义，认为人在本性上是一种文明的动物的说法，这是就人的本质特性而言的。"特性不表示事物的本质，只是属于事物，而且它的逆命题也能成立。例如，人的一个特性是能学习文化，如果甲是一个人，那他是能学习文化的；反过来也可以说，如果甲是能学习文化的，那他就是一个人。"②显然，在亚里士多德看来，人之所以为人，就在于人"能学习文化"。换言之，人的本质属性是"能学习文化"。

二、人是万物的尺度

古希腊许多有关诸神的思想和观念都可以追溯到古老的两河流域文化。③亚里士多德指出："我们从祖先处继承下来的一个传统理论是：万物都来源于神，也由神构成，如果离开了他的庇护，没有一个自然物在本性上是自足的。"④柏拉图感慨道"神是万物的尺度"。这个古代的说法里所包含的真理胜过人们所说的"人是万物的尺度"。它意味着每个人都必须刻意成为神的追随者，即过光荣、有益、享有幸福的生活。⑤这种生活要求人们既要身体力行行善，又要不失时机地、适宜地借助于祈祷、献祭等多种崇拜方式取悦神，与上苍交流。于是，祭祀、祈愿、还愿、占卜等一系列宗教活动和仪式，构成了人们日常生活里的重要内容。无论何时何地，人们都会为大小事情祷告神明。普通百姓如此，神的后裔、国王、勇士、哲学家等亦如此。即便是在战争期间，古希腊人也献祭。

然而，古希腊人审视世界的方位不是单一的，而是多元的，他们同时生活在现实人的世界里。人从哪里来的、人与神有什么关系、人活着有什么意义等，这些也是他们关注的重要问题。他们喜欢沿用古代人的一种说法，即神是万物的尺度。因为这种说法意味着人与神之间关系密切。柏拉图认为，这种说法基于古代的一个原

---

① 〔古希腊〕柏拉图：《柏拉图全集》第3卷，王晓朝译，人民出版社2003年版，第274页。
② 〔古希腊〕亚里士多德：《亚里士多德全集》第1卷，苗力田主编，中国人民大学出版社1990年版，第439、357页。
③ 本节许多内容，笔者已有专论，兹不赘述，见拙作《传统·神·人：古希腊博雅教育思想解读》，《宁夏师范学院学报》2019年第8期。
④ 〔古希腊〕亚里士多德：《亚里士多德全集》第2卷，苗力田主编，中国人民大学出版社1991年版，第621页。
⑤ 〔古希腊〕柏拉图：《柏拉图全集》第3卷，王晓朝译，人民出版社2003年版，第476页。

则，即有特定尺度的事物同类相亲。因为没有特定尺度的事物既不能相互亲爱，也不会得到那些有尺度的事物的爱，人必须尽力成为神一样的人。[①]而在探索人自身的特质时，古希腊人往往把人与动物相比较，明确意识到人的优越性，并强调人的智慧和相对独立性。苏格拉底宣称他"奔走于世上，服从着神的意志，来搜寻并探求任何人的智慧"[②]。"人的智慧"也就意味着人是一个小世界，具有独立于神、其他动物的相对独立性。因此，公元前5世纪，普罗泰戈拉（Protagoras）旗帜鲜明地提出"人是万物的尺度，是存在的事物存在的尺度，也是不存在的事物不存在的尺度"[③]。古希腊人认为他说出了一种非常重要的关于知识的学说。因为人是万物的尺度，所以这个意义上的人与神无别。于是，古希腊社会出现了一种现象，即由对神的崇拜转到对杰出人的崇拜，包括崇拜他们的言论等，如柏拉图在《普罗泰戈拉篇》中谈论到的七贤，《荷马史诗》中塑造的英雄人物阿喀琉斯、俄底修斯等。

纵观人类历史，"促使大部分现代时期与古希腊联结在一起的事物，乃是希腊人的人文观，因为是希腊人最早把人置于宇宙的中心位置"[④]。古代近东诸文化把目光聚焦在神祇和神一般的统治者身上，而很少关注人类的努力。与此相反，希腊人不再把凡人看作听凭神祇随意戏弄的对象。男人和女人在万物结构中占据重要位置，他们被认为多少能够控制自己的命运，并对自己的行动负有某些道义责任。因此，从本质上来说，古希腊人通过对人性高度关注的人本意识，"为大多数西方文明的发展奠定了一种合理完备的基础，建构了一个理性的、充满活力的、极富于人性意味的文明，这一文明注重个体的价值以及每一个人追求完美的权利"[⑤]，"在希腊，个体至高无上，因为个人的成就是衡量万物的尺度"[⑥]。

第二节 净化灵魂

古希腊早期哲学家最关心的是自然界的问题。他们想知道宇宙是如何形成、如何运作以及如何终结的。以苏格拉底为代表的一些先行者率先身体力行，较早

---

① 〔古希腊〕柏拉图：《柏拉图全集》第3卷，王晓朝译，人民出版社2003年版，第476页。
② 《古希腊罗马哲学》，北京大学哲学系外国哲学史教研室编译，商务印书馆1961年版，第149页。
③ 《古希腊罗马哲学》，北京大学哲学系外国哲学史教研室编译，商务印书馆1961年版，第133页。
④ Matthews R T, Platt F D. The Western Humanities. New York: McGraw-Hill Company, 2007, 21.
⑤ Lamm R C, Cross N. The Humanities in Western Culture: A Search for Human Values. New York: McGraw-Hill Company, 1996, 227.
⑥ Matthews R T, Platt F D. The Western Humanities. New York: McGraw-Hill Company, 2007, 124.

完成了从神到人探究的转变，专注于净化人的灵魂。本节，笔者通过对大量文本的细读，围绕古希腊哲学家关于灵魂与美德、哲学与智慧、自由人的知识，以及滋养灵魂的教育等问题的相关论述阐述之。

一、灵魂与美德

灵魂是古希腊人关于人的一个重要观念。他们一方面把灵魂视作身体的主宰，认为灵魂不朽，另一方面认为灵魂中有美德与邪恶的区别。例如，古希腊哲学家毕达哥拉斯（Pythagoras）把人的灵魂分为三个部分，即表象、心灵和生气，并指出：动物有表象与生气，只有人有心灵。人身上最有力的部分是灵魂，灵魂可善可恶。人有了好的灵魂便是幸福的。[1]柏拉图进一步解释道：神按自己的意愿造就灵魂。灵魂是不可见的，分有理性与和谐，是用最优秀的理智造成的，具有永恒的性质，是被造物中最优秀的。[2]苏格拉底也有"灵魂是身体的指挥者"、滋养"灵魂的粮食是知识"之说。[3]知识和智慧被古希腊人视作人生最重要的东西。基于人类不仅在智力上优于其他动物，而且也只有人类才有正义和宗教的认识，柏拉图曾将是否寻求知识、有无真正的心灵交流作为人与动物的区别，他进一步议论道：一切通过身体渗入心灵的印象是人和动物一生下来都能感知到的东西，而对它们的存在和有用性的反思却是后来才有的，要通过漫长的、困难的教育过程才能出现。这种教育的目的就是"净化灵魂"，即"从灵魂中消除邪恶"（"净化就是保存好的，抛弃坏的"）。[4]而对于灵魂中的美德，柏拉图认为它指的就是智慧、节制、勇敢、正义和虔诚。毕达哥拉斯也议论道："美德乃是一种和谐，正如健康、全善和神一样。"[5]与之相对的邪恶，柏拉图认为有两种：一种一般称作罪恶，它显然是灵魂的疾病；还有一种称作无知。他进一步解释道："所谓无知只不过是趋向真理的心灵脱离常规，理智的过程迷入歧途"，"以为自己知道，而实际上并不知道，这是理智所犯全部错误的最大根源"[6]，这就是被称作愚蠢的无知。于是，摆脱无知就成为古希腊人孜孜以求的梦想，一批致力于探究使人摆脱愚蠢、富有智慧的专业人士——哲学家出现了。柏拉图认为智慧是唯一关于它自身和其他学问的学问。人们学习它的最终目的不是从事某一职业赚钱，而是

---

[1] 《古希腊罗马哲学》，北京大学哲学系外国哲学史教研室编译，商务印书馆1961年版，第35-36页。
[2] 〔古希腊〕柏拉图：《柏拉图全集》第3卷，王晓朝译，人民出版社2003年版，第287页。
[3] 《古希腊罗马哲学》，北京大学哲学系外国哲学史教研室编译，商务印书馆1961年版，第169页。
[4] 〔古希腊〕柏拉图：《柏拉图全集》第1卷，王晓朝译，人民出版社2002年版，第261页。
[5] 《古希腊罗马哲学》，北京大学哲学系外国哲学史教研室编译，商务印书馆1961年版，第36页。
[6] 〔古希腊〕柏拉图：《柏拉图全集》第3卷，王晓朝译，人民出版社2003年版，第21页。

使灵魂从身体中解脱和分离出来，成为具有人性的自由人。①

二、哲学与智慧

研究智慧的学问就是哲学。在《形而上学》里，亚里士多德进一步把能使人的灵魂从身体中解脱和分离出来、成为具有人性的自由人的智慧学问称为最神圣、最光荣的学术——哲学，要获得这样的知识也许是超乎人类的能力的。从许多方面想，人类的本性是在缧绁之中的认识，如若人们为了摆脱无知而进行哲学思考，那么，很显然他们是为了知而追求知识，并不以某种实用为目的的。②而且，古希腊人认为这种学习是没有年龄、时间限制的，"年轻人和老年人都应该研究哲学"③，因为"年纪大本身并不会带来智慧"④。伊壁鸠鲁曾谆谆告诫人们说："一个人在年轻时不要放弃对哲学的研究，也不要到老年时厌倦于研究。对于灵魂的健全而言，任何年龄都不会太迟或太早。说研究哲学的时候尚未来到或者已经过去，就如同说幸福的时刻尚未来到或者不再出现一样。因此，老年人和年轻人都应该研究哲学。这样，前者虽然年老，但由于过去所获得的幸运而在善良的事物中保持年轻；后者虽然年轻，却由于对将来的事情不再畏惧，因而同时是年老的。因此，我们必须关心给我们带来幸福的事物。有了它们，我们便就有了一切，缺少了它们，我们就要尽一切努力去获得。"⑤作为知识的智慧，哲学这门神圣、自由、光荣的学术研究的就是灵魂中的美德。苏格拉底明确宣称："美德即知识。"⑥古希腊哲学家艾修斯（Aetius）援引斯多葛学派的观点，详细论证了智慧、哲学和美德之间的关系，他说："智慧是关于人的事物及神的事物的知识，哲学便是企图产生那样知识的艺术实践。他们说适合于这一目的的唯一艺术，以及一切艺术中最高的艺术，乃是美德，三种美德附属于总的德性：物理的、伦理的与逻辑的。因此哲学也有三部分，就是物理学、伦理学与逻辑学。当我们考察宇宙同它所包含的东西时，便是物理学；从事考虑人的生活时，便是伦理学；当考虑理性时，便是逻辑学，或叫作辩证法。"⑦柏拉图认为神赐给我们

---

① 〔古希腊〕柏拉图：《柏拉图全集》第1卷，王晓朝译，人民出版社2002年版，第153页。
② 〔古希腊〕亚里士多德：《形而上学》，吴寿彭译，商务印书馆1997年版，第5、6、21页。
③ 《古希腊罗马哲学》，北京大学哲学系外国哲学史教研室编译，商务印书馆1961年版，第365页。
④ 〔古希腊〕柏拉图：《柏拉图全集》第1卷，王晓朝译，人民出版社2002年版，第179页。
⑤ Laertius D. Live of Eminent Philosophers. The Loeb Classical Library. Cambridge: Harvard University Press, 1930, 71.
⑥ 《古希腊罗马哲学》，北京大学哲学系外国哲学史教研室编译，商务印书馆1961年版，第163页。
⑦ 《古希腊罗马哲学》，北京大学哲学系外国哲学史教研室编译，商务印书馆1961年版，第371页。

的最确定、最优秀的药物就是知识。因此，研究这种知识的哲学是诸神赐予或将赐予凡人的恩惠中最大的一种。①

三、自由人的知识

亚里士多德在《形而上学》中提出：从早期和古希腊哲学家的历史看，哲学并不是一门生产知识。人们追求智慧是为了求知，而不是为了实用。"因为只是在生活福利所必需的东西有了保证的时候，人们才开始寻求这类知识。所以很明显，我们追求这种知识并不是为了什么别的好处。我们说一个自由的人是为自己活着，不是为伺候别人而活着。"②这意味着自由人摆脱了生存的奔波。诚如 18 世纪上半叶法国启蒙思想家孟德斯鸠所指出的：在希腊的城市，尤其是在那些以战争为主要目的的城市，一切可以获得金钱的工作和职业都被认为是自由人所不应当做的。色诺芬（Xenophon）说："大多数的工艺使从事那种工艺的人的身体败坏；他们不得不坐在阴暗或靠近火的地方。无论对于朋友或是对于国家他们都没有空闲时间。只是因为一些民主国家腐化了，所以手艺人才得成为自由人。我们从亚里士多德知道这点。他主张，一个好的共和国绝不应该把城市的权力给手艺人。"③

古希腊人所说的这种寻找智慧、摆脱愚蠢、成为自由人的哲学，与古希腊人有关人的观念有关。人被主要区分为三种，即人/神、自由人/奴隶、好人/坏人。在谈到战争时，赫拉克利特说："战争是万物之父，也是万物之王。它使得一些人成为神，使一些人成为人，使一些人成为奴隶，使一些人成为自由人。"④而以净化人的灵魂为使命的哲学，所培养出来的就是具有美德、知识的好人，换言之，也就是自由人或君子。除驳斥外，他们所学习的内容或曰具体课程还有音乐、诗歌，以及包括语法和修辞在内的语言等。⑤然而，他们并不是把音乐、语言等作为实用工具，还将其作为真正意义上的人所应该受到的教育来学习。换言之，他们把这些当作净化灵魂的手段，而非单纯谋生的技能。以音乐为例，"缪斯将和谐赐给艺术的爱好者，不是像人们现在所想象的那样为了获得非理性的快乐，而是为了用它来矫正灵魂内在运动的无序，帮助我们进入和谐一致的状态。她们把节奏赐给我们的原因也

---

① 〔古希腊〕柏拉图：《柏拉图全集》第 3 卷，王晓朝译，人民出版社 2003 年版，第 347、298 页。
② 《西方哲学原著选读》上卷，北京大学哲学系外国哲学史教研室编译，商务印书馆 1981 年版，第 119 页。
③ 〔法〕孟德斯鸠：《论法的精神》上，张雁深译，商务印书馆 1961 年版，第 38-39 页。
④ 《古希腊罗马哲学》，北京大学哲学系外国哲学史教研室编译，商务印书馆 1961 年版，第 23 页。
⑤ 关于此，柏拉图在《理想国》里有明确论述，下面一节有专论，兹不赘述。

一样，一般说来人的行为总是不守规矩的，不光彩的，而节奏可以帮助我们克服这些缺点"[1]。正是在这个意义上，以苏格拉底为代表的一些古希腊人认为，自由人的知识是一切学问中最重要的。[2]

四、滋养灵魂的教育

与亚里士多德不同，柏拉图更多地阐述了滋养灵魂的教育问题。与两河文明中神造人说不同的是，柏拉图认为宙斯把尊敬和正义分给了所有人。他指出：宙斯曾命令赫尔墨斯让他们每人都有一份道德。如果只有少数人分享道德，就像分享技艺那样，那么，城市就决不能存在。而且，在赋予人尊敬和正义美德的同时，柏拉图指出：宙斯让赫尔墨斯替他为人类立下了一条法律，即如果有人不能获得这两种美德，那么应当把他处死，因为这种人是国家的祸害。[3]据此，与苏格拉底一样，柏拉图认为寻求知识、接受教育是人与动物的本质区别。他曾明确论证指出："一切通过身体渗入心灵的印象是人和动物一生下来都能感知到的东西，而对它们的存在和有用性的反思却是后来才有的，要通过漫长的、困难的教育过程才能出现。"[4]因为"居于可朽形体内的灵魂最初是没有理智的……如果在此过程中伴有正确的教养或教育，那么这个理性的存在物就成为健康的、完善的人，免受一切疾病中最大的疾患（指愚昧），但若他拒绝教育，那么他将终生瘸腿走路，最后还将带着不完善的无用之身返归冥土"[5]。

更进一步，柏拉图把有益于灵魂的教育等同于神对人的教育。他论证道："诸神是人们的统治者和教师。人类一来到世界就接受教育"[6]，"教育是上苍恩赐给人类的最高幸福，最优秀的人所接受的恩赐最多"[7]。从灵魂不朽角度，柏拉图认为：当生命再次轮回时，不是神决定每个人的命运，是人自己选择命运。人要献身于获得知识的教育，使他的灵魂拥有自制、良善、勇敢、自由、真理，从而不朽。这是每个人都宁可轻视别的学习而应当首先关心寻师访友，请他们指导辨别善的生活和恶的生活，选取尽可能最善的生活的原因。[8]这里所说的"师""友"当然是指那

---

[1] 〔古希腊〕柏拉图：《柏拉图全集》第3卷，王晓朝译，人民出版社2003年版，第299页。
[2] 〔古希腊〕柏拉图：《柏拉图全集》第3卷，王晓朝译，人民出版社2003年版，第58页。
[3] 〔古希腊〕柏拉图：《柏拉图全集》第1卷，王晓朝译，人民出版社2002年版，第443页。
[4] 〔古希腊〕柏拉图：《柏拉图全集》第2卷，王晓朝译，人民出版社2003年版，第713页。
[5] 〔古希腊〕柏拉图：《柏拉图全集》第3卷，王晓朝译，人民出版社2003年版，第295-296页。
[6] 〔古希腊〕柏拉图：《柏拉图全集》第1卷，王晓朝译，人民出版社2002年版，第263页。
[7] 〔古希腊〕柏拉图：《柏拉图全集》第3卷，王晓朝译，人民出版社2003年版，第389-390页。
[8] 〔古希腊〕柏拉图：《理想国》，郭斌和、张竹明译，商务印书馆1986年版，第422-423页。

些爱智者、正义者,"最善的生活"当然是指最正义、节制、勇敢、理性的生活。依柏拉图之见,生活中最宝贵的事情并非保存生命,而是"使自己彻底变成善的,并且只要活着就要保持这种善"①。

总之,以苏格拉底、柏拉图和亚里士多德为代表的古希腊哲学家认为人最重要的是灵魂。灵魂有善恶、正邪、智愚等区别。自由教育或哲学学习能净化心灵,使人拥有善良、正义、智慧、高贵的灵魂,从而成为有教养的人。

第三节 实践哲学

古希腊人所说的这种以探究知识、培养美德、净化灵魂为崇高目的的非实用性学问——"哲学",或称"自由的学问""自由人的知识""教育",就是我们今天所说的"博雅教育"或"人文学"。其目的就是使人成为具有神圣灵魂、智慧的自由人。而实践此哲学或从事这种教育的便是智者。本节,笔者拟以被柏拉图称为博雅教育第一人的苏格拉底为切入点,通过对以他为代表的古希腊智者及其相关论述和实践的分析,阐述古希腊时期博雅教育的相关思想及实践。

一、智者苏格拉底

苏格拉底的伟大之处在于,他是比较早开始致力于探究并实践人生存意义的哲学家。他肯定人类的智慧,追问什么使人有善恶之分、社会生活中人们应当如何行事,并强调教育人,使其拥有美德。最重要的是,他质疑自身行为,认为一个人只有完全认识自己,才能评判别人。因此,以苏格拉底为代表的哲学家特别是"人是万物的尺度"的思想观念的出现,意味着古希腊人审视世界方位的转变,即由神向人的转变。检察官判处苏格拉底死刑的理由之一是他不敬神。可是,"从来没有人看见过苏格拉底做什么不敬虔的事,或者说什么亵渎神明的话"②。实际上,苏格拉底只不过"并不像其他大多数哲学家那样,辩论事物的本性,推想智者们所称的宇宙是怎样产生的,天上所有的物体是通过什么必然规律而形成的。相反,他总是力图证明那些宁愿思考这类题目的人是愚妄的"③。苏格拉底认为人们首先要知

---

① 〔古希腊〕柏拉图:《柏拉图全集》第3卷,王晓朝译,人民出版社2003年版,第465页。
② 〔古希腊〕色诺芬:《回忆苏格拉底》,吴永泉译,商务印书馆1984年版,第4页。
③ 〔古希腊〕色诺芬:《回忆苏格拉底》,吴永泉译,商务印书馆1984年版,第4页。

道、了解和探究的不是天上事物，而应该是人类事务。谈到他本人，"他时常就一些关于人类的问题作一些辩论，考究什么事是敬虔的，什么事是不敬虔的；什么是适当的，什么是不适当的；什么是正义的，什么是非正义的；什么是精神健全的，什么是精神不健全的；什么是坚忍，什么是懦怯；什么是国家，什么是政治家的风度；什么是统治人民的政府，以及善于统治人民的人应当具有什么品格；还有一些别的问题，他认为凡精通这些问题的人就是有价值配受尊重的人，至于那些不懂这些问题的人，可以正当地把他们看为并不比奴隶强多少"①。至于"好的生活是什么""正义是什么"，苏格拉底声称自己什么也不知道。可见，苏格拉底的智慧就在于他认识到了自己的无知。他是一位与学生共同探讨人生问题的伟大教师，论辩是他的基本手段，目的是引导人们思考自身。当检察官审问他时，苏格拉底辩解道："你只注意尽力获取金钱，以及名声和荣誉，而不注意或思考真理、理智和灵魂的完善，难道你不感到可耻吗？""我把自己所有的时间都花在试探和劝导你们上，不论老少，使你们首要的、第一位关注的不是你们的身体或职业，而是你们灵魂的最高幸福。""只要我还有生命和能力，我将永远不停止实践哲学，对你们进行规劝，向我遇到的每一个阐明真理。"②因此，依据苏格拉底的生活实践，柏拉图认为他是博雅教育的实践者——智者，是古希腊专职文化和美德方面的教育的第一人。③

二、善的获取

智者这个称号里包含着的是懂得智慧的事情的人④，是"唯一掌握这门辩证法学问的"人⑤，因此，"托付给智者的是灵魂。智者是批发或零售灵魂的粮食的人"⑥。"智者"不过是"哲学家""教育家"的代名词而已。因此，古希腊人普遍认为智者职业与教育相似，是一种可以被称为"智术"的技艺。"'技艺'一词的希腊语为'τέχνη'，最确切的翻译是'勤于追求完美的努力'。"⑦从事这种职业的人有多种外观，如猎取年轻富豪子弟的猎人，以及出售可以作为灵魂营养的知识的商人等，他们在生活中以多种形象出现，如政治家、哲学家等。希波克拉底称自己是一名智者和教育家。苏格拉底甚至直接把这种具有仁慈正义、监察人类行为秩序的人称作神。柏拉图

---

① 〔古希腊〕色诺芬：《回忆苏格拉底》，吴永泉译，商务印书馆1984年版，第5页。
② 〔古希腊〕柏拉图：《柏拉图全集》第1卷，王晓朝译，人民出版社2002年版，第18页。
③ 《古希腊罗马哲学》，北京大学哲学系外国哲学史教研室编译：商务印书馆1961年版，第129页。
④ 《古希腊罗马哲学》，北京大学哲学系外国哲学史教研室编译：商务印书馆1961年版，第128页。
⑤ 《古希腊罗马哲学》，北京大学哲学系外国哲学史教研室编译：商务印书馆1961年版，第58页。
⑥ 《古希腊罗马哲学》，北京大学哲学系外国哲学史教研室编译：商务印书馆1961年版，第129页。
⑦ Matthews R T, Platt F D. The Western Humanities. New York: McGraw-Hill Company, 2007, 214.

亦如此，他论证指出："诸神是人们的统治者和教师。人类一来到世界就接受教育。"①这种教育"从智慧中引申出这三种德性：很好的思想，很好的说话，很好的行动"②。而基于"教养是有教养人的第二个太阳"的认识，柏拉图直接把智者的教育等同于神对人的教育，认为"要想成为有教养的人，就应当应用自然的禀赋和实践；此外还宜于从少年时就开始学习"，"因为学习可以使你的精神增强"，"灵魂因为学习和注意而得到启迪、改善和保持"。③显然，柏拉图所说的这种"教育""学习"就是博雅教育或人文教育，即以尊敬和正义为核心的道德教育。

古希腊教育的一个显著特征是认识到了博雅教育的重要性。例如，第欧根尼死后，人们用青铜像纪念他，上面刻着这样的诗句：时间甚至可以使青铜变老，但你的荣耀，第欧根尼，任何永恒都不能摧毁；因为只有你，向凡人指出了自足之训和生活的最易之道。女哲学家希帕基亚在辩论中反驳道：正是充分考虑到自己，她抛弃织纺梳妆，与丈夫四处流浪，探究哲学，从而把更多时间花于教育，而不是浪费在织机上。④亚里士多德高度赞扬这种关注自我、人如何生存的教育。在他看来，教育孩子的教师比仅仅只把孩子生出来的父母更值得尊敬，这样的教师就是智者。因为教育就是善的获取，是造就好人的方式，一旦被造就出来，这样的人就会高尚地生活，教育的总和与本质实际上就是正确的训练，手段就是驳斥，即通过对人的言语进行盘问，使他信服自己的意见中有矛盾的地方，然后通过辩证法指出他们自相矛盾之处，把他从巨大的偏见和苛刻的想法中拯救出来。⑤柏拉图亦明确论证道：尽管都是以传授知识教育人为目的，但是，与一般教育相比，智者教育人的目的不是把他训练、培养成一个掌握了某个专门领域特殊技艺的雕刻家、画家、木匠、体育家、诗人、教师、预言者、音乐家、医生、律师等，而是传授给他关于灵魂、语言、美德的知识，消除他的愚蠢。因此，智者是驳斥这种技艺的实施者，可以使人雄辩地谈论他所学会的东西，并使人从谈话中受到教育。其中，驳斥是最伟大、最主要的净化。⑥亚里士多德更进一步打比方说：受过教育的人与没受过教育的人的差异，"就像活人不同于死人一样"⑦。

---

① 〔古希腊〕柏拉图：《柏拉图全集》第 3 卷，王晓朝译，人民出版社 2003 年版，第 263 页。
② 《古希腊罗马哲学》，北京大学哲学系外国哲学史教研室编译，商务印书馆 1961 年版，第 107 页。
③ 〔古希腊〕柏拉图：《柏拉图全集》第 3 卷，王晓朝译，人民出版社 2003 年版，第 263 页。
④ 此处关于第欧根尼、希帕基亚的论述，见 Laertius D. Live of Eminent Philosophers. The Loeb Classical Library. Cambridge: Harvard University Press, 1930, 373, 421.
⑤ 〔古希腊〕柏拉图：《柏拉图全集》第 3 卷，王晓朝译，人民出版社 2003 年版，第 398、386、389 页。
⑥ 〔古希腊〕柏拉图：《柏拉图全集》第 3 卷，王晓朝译，人民出版社 2003 年版，第 22-23 页。
⑦ Laertius D. Live of Eminent Philosophers. The Loeb Classical Library. Cambridge: Harvard University Press, 1930, 213.

三、改善道德的教师

古希腊人敬神，认为神所赐予人的一切都是美好的。德谟克利特指出："神灵永远给人一切好的东西。他们从来不给人坏的、有害的和无用的东西。是人们自己，由于自己的盲目和无知，去迎接这些坏东西的。"[1]一首讽刺诗批驳"荷马和赫西阿德把人间认为是无耻丑行的一切都加在神灵身上：偷盗、奸淫、彼此欺诈"[2]的行为。从这个意义上来说，作为"唯一能改善道德的教师"的智者[3]的最高使命，其实就是使人回归原初神所赋予人的美好人性上。换言之，智者传授给人的技艺不只是让他活着，而是如何活着和如何活得有价值。当别人要救被判死刑的苏格拉底时，他拒绝了，并说："真正重要的事情不是活着，而是活得好。"而"活得好与活得高尚、活得正当是一回事"，因为在他看来，真正的人应当漠视能活多久这个问题，他不应当如此迷恋活命，而应当相信"没有人能够逃脱他的命运，他应当把诸如此类的事留给神，而去考虑其他问题，一个人应当以什么方式度过他的一生才是最好的"。[4]而这也是人与动物的最大区别。

亚里士多德认为"求知识是人的天性"[5]。人是一种求知并懂得反思的动物。因此，这种教育从根本上说就是改变一个人。德谟克利特说："本性和教育有某些方面相似：教育很可以改变一个人，但这样做了它就创造了一种第二本性。"[6]这里所说的"教育"指的就是古希腊人所说的"政治科学方面"的教育，也就是现在所说的人文教育。德谟克利特进一步解释说：这种"教育"是极重要的。它是教育人从事那种人能借以实现最伟大、最美的事物的工作。[7]古希腊承担此项工作的都是智者。普罗泰戈拉承认自己是一个智者，是一个人民的教师。他认为"智者具体学习到的东西：这就是私人事务以及公共事务中的智慧。他会学到把自己的家庭处理得井井有条，能够在国家的事务方面作最好的发言和活动"[8]。苏格拉底总是在那些青年们进行高尚的学习和训练的地方消磨时光，并认为把时间花在对人进行道德训诫上，教给人政治的艺术，把人教成良好的公民，正是他所从事的职业[9]，而

---

[1]《古希腊罗马哲学》，北京大学哲学系外国哲学史教研室编译，商务印书馆1961年版，第113页。
[2]《古希腊罗马哲学》，北京大学哲学系外国哲学史教研室编译，商务印书馆1961年版，第46页。
[3]〔古希腊〕柏拉图：《柏拉图全集》第1卷，王晓朝译，人民出版社2002年版，第177页。
[4]〔古希腊〕柏拉图：《柏拉图全集》第1卷，王晓朝译，人民出版社2002年版，第18页。
[5]〔古希腊〕亚里士多德：《形而上学》，吴寿彭译，商务印书馆1997年版，第1页。
[6]《古希腊罗马哲学》，北京大学哲学系外国哲学史教研室编译，商务印书馆1961年版，第107页。
[7]《古希腊罗马哲学》，北京大学哲学系外国哲学史教研室编译，商务印书馆1961年版，第104页。
[8]《古希腊罗马哲学》，北京大学哲学系外国哲学史教研室编译，商务印书馆1961年版，第132页。
[9]〔古希腊〕柏拉图：《柏拉图全集》第1卷，王晓朝译，人民出版社2002年版，第170、26页。

"按照自愿接受的原则照料人的是政治家的技艺"①。事实也证明：苏格拉底仁爱、无私，检察官对苏格拉底的指控是错误的，他并没有败坏青年，"因为他的全部教训都是劝诫他们不要犯罪并勉励他们培养自制和各种德行"②。

四、一种古老的技艺

  智者所从事的这种博雅教育，并非古希腊人首创。其源头可以追溯到以"泥板屋"为代表的两河流域文化。虽然柏拉图把苏格拉底称作从事这种实践活动的第一人，但是，作为一种特殊的职业③，智者在人类历史上早已存在。希波克拉底论证后指出："智者的技艺是一种古老的技艺。"④"事实上，这个职业却是一门古老的行当。它往上可以追溯到荷马、赫西俄德，不仅包括诗人，而且也包括医生、田径教练和乐师，然而，这些人却隐藏在他们的技术专长背后，普罗塔戈拉第一个公开把自身展现为一个教育家"⑤，即一个智者。希波克拉底把古希腊人的"杰出"（aretē）⑥概念转化为一种可传授的技术或知识，以培养优秀的人为目的。而根据苏格拉底从事这种教育被判刑，我们可以推知，即便是在苏格拉底的时代，这种以劝说为主，一心想让人特别是青年从他的谈话中受到教育的人文教育，并非被大众所认可。柏拉图明确解释道："因为这样的行为会引起各种形式的妒忌和敌意，乃至成为阴谋的对象。"⑦于是，古希腊社会早期大多数智者在从事这种博雅教育时，都以某种技艺作为掩护来躲避怨恨，例如，诗歌之于荷马（Homer）、赫西俄德和西摩尼得斯（Simonides of Ceos），宗教祭仪和预言之于奥菲斯（Orpheus）和穆赛乌斯（Musaeus），体育之于伊克库斯（Ikkos）和希罗狄库（Herodikos），音乐之于阿伽索克莱斯（Agathocles）和皮索克勒德（Pythocleides）。尽管冒着被怨恨甚至处死的危险，但是，以苏格拉底为代表的古希腊人明确意识到他们的时代最需要的不是体育、军事，而是有关人心灵方面的知识，目的是净化人的灵魂。⑧事实上，古希

---

① 〔古希腊〕柏拉图：《柏拉图全集》第 3 卷，王晓朝译，人民出版社 2003 年版，第 117 页。
② 〔古希腊〕色诺芬：《回忆苏格拉底》，吴永泉译，商务印书馆 1984 年版，第 6 页。
③ 《古希腊罗马哲学》，北京大学哲学系外国哲学史教研室编译，商务印书馆 1961 年版，第 113 页。
④ 〔古希腊〕柏拉图：《柏拉图全集》第 1 卷，王晓朝译，人民出版社 2002 年版，第 437 页。
⑤ 〔美〕卡恩：《作为知识的德性》，见刘小枫：《谁来教育老师：<普罗塔戈拉>发微》，蒋鹏译，华夏出版社 2015 年版，第 1-65 页。因音译不同，本书对"普罗塔戈拉""普罗泰戈拉"不做统一。
⑥ 笔者认为学界一般把古希腊语词 "aretē" 英译为 "virtue"、汉译为 "德性" 不妥，应该译为 "杰出" 或 "优异"，因为以普罗泰戈拉、苏格拉底、柏拉图为代表的古希腊人是从个人出发的，强调个体的完善，与伦理道德无关。
⑦ 〔古希腊〕柏拉图：《柏拉图全集》第 1 卷，王晓朝译，人民出版社 2002 年版，第 437 页。
⑧ 〔古希腊〕柏拉图：《柏拉图全集》第 1 卷，王晓朝译，人民出版社 2002 年版，第 177 页。

腊社会一个特殊的职业——智者的出现，与古希腊人有关灵魂的善恶、灵魂中的美德以及灵魂的启迪、改善和保持等思想观念密切相关。这也造就了人类历史上最早一批智者或博雅教育者、人文学者，诸如普罗泰戈拉、第欧根尼、苏格拉底、柏拉图、亚里士多德等，他们"给最高尚的人留下一个真正的人的生活的传说"[①]。

综上所述，以苏格拉底为代表的古希腊的智者或教育家、哲学家，在继承两河文明自由人教育的基础上，较早地论述并实践了博雅教育思想，成为人类历史上最早一批博雅教育者。他们的思想和实践充分表明，古希腊人所说的"自由的学问"或"哲学""自由人的知识"的本质是教育，而不是一种单纯的思想或观念。

第四节　认识自己

通过对人的神性、自由意志、人是万物的尺度的认识，特别是在接受博雅教育后，古希腊人最终发现了人与人之间的不同，以及每一个个体人之间的差异。其实，使人反观自身、认识自己正是古希腊博雅教育的精髓。苏格拉底自身的哲学实践及其所孜孜以求的"关于人本身"[②]的教育宗旨就是认识自己。古希腊德尔斐神庙上的著名铭文"认识你自己"道出了古希腊人对自我认识的深切渴望。本节，笔者拟以古希腊人相关论述和实践哲学为中心，通过对寻找自我、自知之明、节制与自制、避免自爱等观点的分析，阐释古希腊人关于"认识自己"的思想观念。

一、寻找自我

马修斯和普拉特认为：古希腊人文主义对于西方文明最重要的贡献就是以爱质疑、好探究为其显著特征的怀疑精神。[③]而他们探究的重心是自己。古希腊人认为"认识你自己"是海洋之神阿波罗刻在德尔斐神庙上的神谕，它被用作这位神对进入庙宇者的欢迎词，警示人们认识神、敬拜神的目的是反观自身，认识自己。因为神在创造人时并非赋予每个人同样的能力，对每个不同人的认识促使了古希腊人对自身、自我的反思与认识。他们发现，"人的性格就是他的守护神"，"人人都秉赋着认识自己的能力和思想的能力"。[④]人在幼年时，"自我

---

① 〔古罗马〕琉善：《琉善哲学文选》，罗念生等译，商务印书馆1980年版，第6页。
② 〔古希腊〕柏拉图：《柏拉图全集》第1卷，王晓朝译，人民出版社2002年版，第162-165页。
③ Matthews R T, Platt F D. The Western Humanities. New York: McGraw-Hill Company, 2007, 117.
④ 《古希腊罗马哲学》，北京大学哲学系外国哲学史教研室编译，商务印书馆1961年版，第6、29页。

指挥能力是最低的"①。赫拉克利特曾声称："我寻找过我自己。"②柏拉图亦明确指出："一切爱好学习的人都必须思考他们自己"，"我确实期待在好人中间找到我自己"。③许多人相信自己的才能，明白自己真正需要什么、依靠什么。柏拉图在《法篇》中举例指出："一个有技艺的人需要我们提到过的某种偶然性，但他也非常明白自己要祈求什么样的运气，除了他自己的技艺外，他不需要进一步依赖任何东西。"④这意味着忽视一切外在客观物质条件，个体的意愿、兴趣、爱好、个性和才能等应受到他人的尊重。关于这一点，荷马的《伊利亚特》里有许多描写，阿伽门农告诉阿喀琉斯："你可按自己的意愿，挑选你的伙伴，择取志愿者中最好的一位，不要贪图虚名，忽视优才，择用劣品。不要顾及地位、注重出身，哪怕他是更有权势的王贵。"⑤

净化灵魂的博雅教育的目的就是使人认识自己。诚如苏格拉底所说：任何人在受了这种"教育获得知识以后，不可能再变成无知的"⑥。而对于无知，古希腊人认为就是不认识自己。柏拉图对此明确指出："无知，或我们称为愚蠢的状态，是一种坏事……一般来说，它是一种恶，其名字源于某种心灵状态。我还要说它是恶这个属中的一种，它的意思正好与德尔斐神庙的那句铭文（认识你自己）相反……就是不认识你自己。"⑦苏格拉底进一步把不认识自己分成自己在财富方面比实际情况还要富有、自己的身体比实际上更高大英俊、自己德行极高三种情况，其中属于第三种情况的人更多。于是，在他看来，找一个帮助自己掌握认识自己知识的教师对于每个人至关重要。在与尼昔亚斯谈论有关他儿子的教育问题时，苏格拉底告诫他要更加密切地关注自己，并指出我们每个人都应当为我们自己找一位最好的教师。首先是为自己找，我们确实需要一位教师；然后是为年轻人找，无论代价有多大。我们要把我们自己的教育和年轻人的教育放在一起。⑧因为在他看来，所谓善恶，本质上指的就是一个人能否统治自己。那些有能力统治自己的人是善的，而那些没有能力统治自己的人则是恶的。苏格拉底自称是一个能指挥自己的、拥有关于"人的智慧"的智者，

---

① 〔古希腊〕柏拉图：《柏拉图全集》第 3 卷，王晓朝译，人民出版社 2003 年版，第 392 页。
② 《古希腊罗马哲学》，北京大学哲学系外国哲学史教研室编译，商务印书馆 1961 年版，第 28 页。
③ 〔古希腊〕柏拉图：《柏拉图全集》第 1 卷，王晓朝译，人民出版社 2002 年版，第 64、59 页。
④ 〔古希腊〕柏拉图：《柏拉图全集》第 3 卷，王晓朝译，人民出版社 2003 年版，第 467 页。
⑤ 〔古希腊〕荷马：《伊利亚特》，陈中梅译，花城出版社 1994 年版，第 226 页。
⑥ 〔古希腊〕色诺芬：《回忆苏格拉底》，吴永泉译，商务印书馆 1984 年版，第 10 页。
⑦ 〔古希腊〕柏拉图：《柏拉图全集》第 3 卷，王晓朝译，人民出版社 2003 年版，第 235 页。
⑧ Plato. Laws. Loeb Classical Library Plato Ⅹ. Boston: Harvard University Press, 1926, 12.

而对自然科学、探究外部世界感到疲惫。于是，苏格拉底实践哲学的基本内容是寻找自我、认识自我、控制自我。[1]

二、自知之明

古希腊哲学家色诺芬认为，苏格拉底"常以赞许的心情引用如下的诗句：'按照自己的力量献祭给神圣的不朽的神明'。他还常说这句诗是对人的一个很好的忠告：无论是对朋友，对旅客或在人生的其他关系上，都应量力行事"[2]。于是，当有人不知道如何改善自己处境时，苏格拉底首先问他是否到过德尔斐，是否看到在其庙墙上刻的"认识你自己"几个字，是否对这几个字进行过思考，是否察看过自己是怎样的人。[3]苏格拉底对"认识你自己"的理解其实就是人要有"自知之明"，即一个人认识到自己作为人的用处何在，知道自己的能力。至于认识自己的好处，苏格拉底认为有许多，其中最重要的有两点：①避免遭受很多的祸患。苏格拉底认为"因为那些认识自己的人，知道什么事对于自己合适，并且能够分辨，自己能做什么，不能做什么，而且由于做自己所懂得的事就得到了自己所需要的东西，从而繁荣昌盛，不做自己所不懂的事就不至于犯错误，从而避免祸患"[4]。②具有识别人的能力。苏格拉底认为，有"自知之明"的人，"能够鉴别别人，通过和别人交往，获得幸福，避免祸患"[5]。因此，苏格拉底穷其一生所追求的就是认识他自己。他知道自己所需要的是什么，也知道自己所做的是什么，更知道与之交往的人是怎样的人，如何与他们相处。"就这样，苏格拉底通过自己的言论和行为，使那些和他在一起的人生活得更为虔诚，更有节制"，从而成为比较正义的人。[6]

三、节制与自制

基于"灵魂比身体更珍贵，如果有人在灵魂上得了许多难以治愈的疾病，那么这样的人的生命是没有价值的"这一认识[7]，苏格拉底明确指出：哲学"是一门关于人本身的学问"[8]。这种实践哲学探究灵魂的知识，关涉人的幸福与否。当波

---

[1] 〔古希腊〕柏拉图：《柏拉图全集》第1卷，王晓朝译，人民出版社2002年版，第106页。
[2] 〔古希腊〕色诺芬：《回忆苏格拉底》，吴永泉译，商务印书馆1984年版，第23页。
[3] 〔古希腊〕色诺芬：《回忆苏格拉底》，吴永泉译，商务印书馆1984年版，第149页。
[4] 〔古希腊〕色诺芬：《回忆苏格拉底》，吴永泉译，商务印书馆1984年版，第149-150页。
[5] 〔古希腊〕色诺芬：《回忆苏格拉底》，吴永泉译，商务印书馆1984年版，第150页。
[6] 〔古希腊〕色诺芬：《回忆苏格拉底》，吴永泉译，商务印书馆1984年版，第161、169页。
[7] 〔古希腊〕柏拉图：《柏拉图全集》第1卷，王晓朝译，人民出版社2002年版，第407页。
[8] 〔古希腊〕柏拉图：《柏拉图全集》第1卷，王晓朝译，人民出版社2002年版，第162-165页。

卢斯让苏格拉底判断马其顿统治者阿凯劳斯是否幸福时，苏格拉底说他不能做出判断，因为他不知道阿凯劳斯的教育状况和他是否正义。苏格拉底进一步解释道："我把那些高尚、善良的男男女女称作幸福，把那些邪恶、卑贱的人称作不幸的。"[1] 因为一个人的幸福，完全依赖于他所拥有的有关好坏方面的知识。而这种关于好坏的、能使人幸福的知识，苏格拉底认为并非人天生的或自然而然拥有的，必须通过学习和接受智者教育才能获得。他一生所奉献给人们的正是这种教育。鼓励人们努力学习哲学，是苏格拉底经常做的事。他告诫克里托"不要做你一定不能做的事。别为那些实践哲学的人担心，无论他们是好是坏，只要能认真仔细地考察事物本身……如谚语所说，让'你自己和你的家人'鼓足勇气去追求它，实践它"[2]，因为这种实践哲学探究的一项重要内容是节制。

古希腊人所说的认识自己，本质上指的就是节制或自制。苏格拉底从反面论证了这一问题。他认为一个不能自制的人，"最大的害处是不仅毁坏自己的家庭，而且还毁坏自己的身体和灵魂"[3]。这种既损己又害人的人是远离智慧的。于是，苏格拉底比较早地明确把自制与智慧联系起来加以论述，指出"自制是人的一个光荣而有价值的美德"，是"一切德行的基础"[4]，是衡量一个人是否是"自由人"的准绳。苏格拉底就是一个自制力极强的人。他"不仅是一个最能严格控制他的激情和嗜欲的人，而且也是一个最能经得起冷、热和各种艰苦劳动的人。此外，他还是一个非常惯于勤俭生活的人"[5]。古希腊哲学家克里底亚（Critias）则比较早地明确把认识自己与智慧联系起来论述，他指出：智慧就是关于我们知道什么和不知道什么的知识。它不是关于医学、制鞋，以及用铜、羊毛、木头或其他任何材料进行制作等的知识，而是关于学问的学问，支配着其他学问，具体而言，就是关于认识自己、心灵修养方面的好的知识。他进一步论证说："并非按照知识去生活使人行为正确和幸福，甚至也不是关于所有学问的知识，而是只有一种知识使人行为正确和幸福，这就是关于好坏的知识。"[6] 依克里底亚之见，"拥有这门学问或知道自己的知识的人会变得像他拥有的知识一样，这就好比拥有敏捷的人是敏捷的，拥有美的人是美的，拥有知识的人能认识。以同样的方式，拥有认识自我的知识的人会认识他

---

[1] 〔古希腊〕柏拉图：《柏拉图全集》第 1 卷，王晓朝译，人民出版社 2002 年版，第 350 页。
[2] 〔古希腊〕柏拉图：《柏拉图全集》第 4 卷，王晓朝译，人民出版社 2003 年版，第 55 页。
[3] 〔古希腊〕色诺芬：《回忆苏格拉底》，吴永泉译，商务印书馆 1984 年版，第 33 页。
[4] 〔古希腊〕色诺芬：《回忆苏格拉底》，吴永泉译，商务印书馆 1984 年版，第 33、170 页。
[5] 〔古希腊〕色诺芬：《回忆苏格拉底》，吴永泉译，商务印书馆 1984 年版，第 7 页。
[6] 〔古希腊〕柏拉图：《柏拉图全集》第 1 卷，王晓朝译，人民出版社 2002 年版，第 407 页。

自己"①。普罗泰戈拉亦明确宣称："做自己的主人是一种智慧。"②苏格拉底则用"智慧"指代与身体相对的心灵，并明确引经据典论证道：一切知识如果离开了正义和美德，都可以被看作一种欺诈而不是一种智慧，真正的人就是能认识自己的人。③

四、避免自爱

在认识自己这一问题上，与强调节制与自制，或者把二者等同不同，柏拉图更多地论述了二者与"自爱"的关系。他认为，人应当把幸福全部或尽可能地建立在自身基础上，而不是依赖他人或听凭命运摆布。这样的人是最能适应生活的，是节制的、勇敢的、聪明的。无论他的财产来而复去，他的子女得而复失，他都会记住那句格言"悲喜勿过度"，因为他依靠的是他自己。④这里，柏拉图所说的"节制"指的就是约束我们的欲望。他进一步论证指出：人是身体和心灵的结构。身体用爱、欲望、恐惧，以及各种想象和大量的胡说充斥我们，结果使得我们实际上根本没有任何机会进行思考，成为侍奉身体的奴隶。所以，接受智者教育、认识自己就是净化心灵，即尽可能使灵魂与身体分离，使之习惯于脱离与身体的所有接触，集中精力，在可能的情况下，在现在和将来，拥有自己独立的居所，摆脱身体的桎梏。⑤很显然，此意义上的"节制"其实就是自制。"自制"与"自爱"完全不同。柏拉图认为一切都要有法度，否则，过分相信自己、依靠自己就会走向它的反面——盲目自爱。在《法篇》中，柏拉图曾引用古希腊格言"每个人都天然地是他自己的朋友"议论道：强烈的依赖自我事实上是我们每个人的种种恶行的永久源泉。可以算得上是伟大的人既不关注自我，又不在乎自己的附属物，而是关注正义，这种正义与其说表现在他自己的行为中，倒不如说表现在他人的行为中。所以，柏拉图告诫人们要竭力避免自爱。⑥

总之，"认识你自己"体现了以苏格拉底、柏拉图为代表的古希腊人对自我的探究。围绕着寻找自我、自知之明、节制与自制、避免自爱，他们深入探究或以身作则，探究并实践了自由人教育。历史事实亦充分证明：以苏格拉底为代表的古希腊智者教育或博雅教育的终极目标是培养出能认识自我的人。

---

① 〔古希腊〕柏拉图：《柏拉图全集》第 1 卷，王晓朝译，人民出版社 2002 年版，第 157 页。
② 〔古希腊〕柏拉图：《柏拉图全集》第 1 卷，王晓朝译，人民出版社 2002 年版，第 484 页。
③ 〔古希腊〕柏拉图：《柏拉图全集》第 1 卷，王晓朝译，人民出版社 2002 年版，第 66 页。
④ 〔古希腊〕柏拉图：《柏拉图全集》第 1 卷，王晓朝译，人民出版社 2002 年版，第 272-273 页。
⑤ 〔古希腊〕柏拉图：《柏拉图全集》第 1 卷，王晓朝译，人民出版社 2002 年版，第 60-66 页。
⑥ 〔古希腊〕柏拉图：《柏拉图全集》第 3 卷，王晓朝译，人民出版社 2003 年版，第 491 页。

第五节 人性学问

　　拉斐尔（Raffaello Santi）著名绘画《雅典学院》经常给人以误导：人们通常以为与一手指地的亚里士多德相反，一手指天的柏拉图是唯心主义哲学家，重视理念世界，轻视现实世界。然而，通过对柏拉图著作的研读及对其生活实践的考察，我们改变了这种成见：现实人是柏拉图的基本话题，平易近人的谈话是他的基本表述方式。当涉及宇宙或世界本原问题时，他常打断对方并指出：谈论宇宙有序运行所产生的所有物种将是一件永无止境的任务，但是，我们可以探明人类最初自发生活的历史原因。只关注人，因为我们必须继续解释关于人在伊甸园中生活这个传说的起源。[①]基于"一个人该怎样采取正当的方式来生活"并不是一件小事，而是一件大事的认识，除个别篇章涉及有关宇宙和神祇的起源、相、存在、时间等抽象问题外[②]，柏拉图著作的论述对象是人，即现实生活中活生生的人。他所说的美、善、恶、知识、智慧、快乐、技艺等前面都要加一个定语，即人的善、恶、快乐、技艺等。与苏格拉底一样，他绝少空洞地追问什么是人、人是从哪里来的等，而是在实际生活中探索如何做人、做什么样的人。至于人能活多久的问题，他也漠视，认为没有人能避免死亡的命运，这是神的意旨。一个人应当考虑的是以什么方式才能最好地度过他被给定的一生[③]，走什么样的路才能使人一生过得最有意义，一言以蔽之，什么是真正的人的生活？人应当过什么样的生活？并且，与苏格拉底一样，柏拉图也是博雅教育实践的较早拓荒者。公元前388年，他创办了名为"学园"的学校，并亲自为许多人授课，该学园在整个古代世界的影响巨大，在他死后，这类学校也办了好几百年。该学园中，亚里士多德是他最著名的学生。亚里士多德于公元前335年在雅典建立了一所同样名为"学园"的学校。他著名的学生是亚历山大，无论征服了亚洲的哪些地方，他大多按照希腊的模式建立城邦。[④]包括博雅教育在内的古希腊文化的世界性传播，也与之分不开。在延续了将近两个世纪的希腊化时代[⑤]，希腊语是世界通用的语言。因此，苏格拉底开启

[①] Plato. The Statesman. Loeb Classical Library Plato Ⅷ. Boston: Harvard University Press, 1925, 67. 本节以下引柏拉图《政治家》中语，如不详注，均出自此。

[②] Plato. The Statesman. Loeb Classical Library Plato Ⅷ. Boston: Harvard University Press, 1925, 68.

[③] Plato. Gorgias. Loeb Classical Library Plato Ⅲ. Boston: Harvard University Press, 1925, 12. 本节以下引柏拉图《高尔吉亚》中语，如不详注，均出自此。

[④] 大致建立了70个，其中有10多个以他的名字命名。

[⑤] "希腊化"由"Hellene"这个词而得名，意思为"希腊的"。

的古希腊人关于人本身的学问包括思想和实践两部分内容，且这两部分内容均为柏拉图所坚守。事实上，在古希腊博雅教育思想建构过程中，柏拉图是一个集大成者。一方面，他全面继承并且实践了以苏格拉底为代表的古希腊关于人本身的学问；另一方面，他将其发扬光大、推陈出新，使其进一步系统化、完善化，从而成为西方博雅教育的真正建构者。本节，笔者拟聚焦于柏拉图著作，爬梳并整合其相关论述、观点，通过对它们进行细致入微的分析，比较全面、深入地阐述柏拉图的博雅教育思想及其价值和意义。①

一、人之为人

做人的问题是柏拉图代表作《理想国》的主旨，也是他整个哲学的探索中心。要知道如何做人，必须知道人是什么。与古希腊其他哲学家不同，柏拉图比较早地从生物学、生理学、心理学意义上的人的角度，聚焦于人身体内部，通过对其结构、基本类型、肉体、感情、心灵等的解析，探讨了人之为人的要义。

（一）人的心灵

柏拉图不是从外部追寻，而是从人自身内在结构出发剖析人的特质。他认为，人由外在可见的身体（或肉体）和内在不可见的心灵（或灵魂）两部分构成。其中，心灵之于人非常重要，它统摄并承载着身体的整个本性，是一种赋予人呼吸和旺盛生命力的运动性的力量。②人应该为自己心灵的和谐而协调自己的身体，不应该把生活的志趣放在身体的习惯和锻炼方面或把身体的健康作为自己的主要目标，不应把寻求强壮、健康或美的方法放在首要的地位，除非这些事情有益于自制精神。③在《高尔吉亚》篇中，柏拉图也告诫年轻人：一个健康的身体，必须从治疗心灵开始，心灵是最根本的。④倘若心灵得了严重的疾病，这样的人的生命是没有价值的。因此，柏拉图论人，实际上论述的就是人的心灵。他自称"考察和探索人的心灵"是他一生首要的任务。⑤在《理想国》里，他把人的心灵分为爱智（或爱学）、爱胜（或爱敬）和爱利（或爱钱、欲望）三个部分，并指出：爱智部分竭力想学习有关事物真理的知识，最不关心钱财和荣誉。爱胜部分是人用

---

① 本节不少内容，笔者已经有专论，不赘述，见拙作《不朽灵魂的拯救者：柏拉图自由人教育思想解读》，《教育史研究》2015 年第 4 期。
② Plato. Cratylus. Loeb Classical Library Plato Ⅳ. Boston: Harvard University Press, 1926, 83.
③ Plato. Republic. Loeb Classical Library Plato Ⅵ. Boston: Harvard University Press, 1935, 23.
④ Plato. Charmides. Loeb Classical Library Plato Ⅻ. Boston: Harvard University Press, 1927, 43.
⑤ Plato. The Apology. Loeb Classical Library Plato Ⅰ. Boston: Harvard University Press, 1914, 13.

来发泄愤怒的，关乎人的优越感、胜利和名誉；爱利部分总是与各种欲望、实际利益有关，它的内部结构比较复杂，所以，我们难以用一个简单而合适的词来统括它，只能用其中一个最强烈的主要成分来命名它。譬如我们可以根据它强烈的关于饮食和爱的欲望以及各种连带的欲望，称之为"欲望"部分，也可以根据金钱是满足这类欲望的主要手段这一点，称之为"爱钱"部分，更可以根据它的快乐和爱集中在"利益"上，称之为"爱利"部分。

人心灵里的这三个部分并不处于一个平面，而是像台阶一样有着高低或上下之别。柏拉图在《理想国》里以三角形为喻，按需要程度把它们依次划分为高、中、低三个等级，即位于底部的食物和性等基本需要、位于中间的爱利（或爱胜）需要和位于顶端的爱智需要，并在人与动物的比较过程中认为最低层次的需要服从最高层次的需要，或者说，最高层次的需要统领最低层次的需要。否则，假如一个人只是为了满足身体的需要或者感觉敏锐、勇敢、斗得胜而活着，那他就与动物没有区别：他们没有真正的快乐和智慧，他们的眼睛不是真正看着上面，而是像牲畜吃草一样只向下看。由于不能满足需要，他们还像牲畜用犄角和蹄爪互相顶撞一样使用武器互相残杀。特洛伊英雄们为海伦厮杀的原因就在于，他们不假思考、不顾理性地追求荣誉、胜利或意气，而他们的爱荣誉、爱胜利和意气的满足能导致嫉妒、强制和愤慨。因此，柏拉图得出的结论是：如果爱利和爱胜的欲望遵循知识和推理的引导，只选择和追求智慧所指向的快乐，那么它们所得到的快乐就会是它们所能得到的快乐中最真的快乐。这里，柏拉图把心灵的三个部分与人的快乐联系在一起，并进一步阐释道：人的心灵中的这三个部分在每个人心里所占的比例不同。在一些人的心灵里是这部分在统治着，在另一些人的心灵里却是那两部分之一在统治着。[1]

（二）人的基本类型

依据爱智、爱胜和爱利三部分在心灵中所占的比例，柏拉图在《理想国》里把人分为三种基本类型，即哲学家或爱智者、爱胜者和爱利者。这三种人有三种不同的生活和快乐：爱智者会认为知道真理、永远献身研究真理的生活和快乐最有价值；爱利者会断言，和利益比起来，受尊敬的快乐和学习的快乐是无价值的；而爱胜者会把金钱带来的快乐视为卑鄙，把学问带来的快乐视为无聊的瞎扯。柏拉图认为，这三种人的三种生活和三种快乐之间的区别不在于哪

---

[1] Plato. Republic. Loeb Classical Library Plato Ⅵ. Boston: Harvard University Press, 1935, 137.

第二章　智者技艺：拯救不朽灵魂

一种较为可敬或可耻，哪一种较善或较恶，而在于哪一种确实比较快乐或摆脱了痛苦。他以经验、知识和推理为标准，断言爱智者的快乐是最真实的快乐，居于首位。因为三种人中，这种人的经验最丰富，对所有三种快乐有最多的经验，所以最有资格评判三种快乐。对于另外两种快乐，爱智者从小就少不了体验，但爱利者却不一定能体验到学习事物本质的那种快乐，即使他想这么做，也不容易做到，爱胜者也是如此。许多人都能体验到受尊敬的快乐，但是看到事物本质的快乐，除了爱智者外，别的人是得不到的。而且，爱智者也是唯一有知识且能将之与经验结合在一起的人。柏拉图解释说：因为"当有知识的人说自己的生活最快乐时，他的话是最可靠的"[1]。推理是爱智者的工具，因此他们也可被称作爱推理者。爱胜者的快乐居于第二位，因为以战士为典型的这种人的生活和快乐更接近于爱智者的生活和快乐。爱利者的生活和快乐居于最后。

柏拉图之所以说爱智者的快乐是最真实的快乐，是因为与易变、易朽的物质，以及如过眼烟云的名利相比，人的智慧、理性等是永恒的，因而也是最真实、最实在的。也就是说，心灵三个部分中"保证身体需要的那一类事物是不如保证心灵需要的那一类事物真实和实在的"[2]，身体同样不如心灵真实和实在，爱胜者和爱利者所追求的名誉和财富亦如此。如果一个人只是为了满足身体的需要或者感觉敏锐、勇敢、争斗而活着，那么他与动物就没有区别。

（三）人心灵的塑像

柏拉图认为，心灵的三部分中，只有爱智部分是人独有的，其他两部分，即爱胜和爱利部分，是动物也具备的。为说明此，柏拉图特意按古代传说中生来具有多种天性的塑像，塑造了一个人心灵的塑像。这个塑像有着人形外壳（外观上看纯粹是一个人的像），但实际上是怪兽、狮子和人三个形象合而为一的联合体。其中，怪兽是一种很复杂的多头的兽类。它长有狂野之兽的头，也有温驯之兽的头，头还可以随意变换且能随意长出来，它的形状最大，狮子次之，人更次之。很明显，只有驾驭了怪兽和狮子，人才能成为人。如果放纵多头怪兽和狮子，让人忍饥受渴直到变得十分虚弱，以致前两者可以对人为所欲为而无须顾忌，那么，人将不存在。因此，柏拉图把我们心灵内部的人性部分（或人形象）称作神性部分，认为它是美好的，包含一切美德。与之相反，他把其中的怪兽和狮子形象，即对应于爱利的欲望部分和爱胜的激情部分称作野性或兽性部分，并指出它们是最不神圣

---

[1] Plato. Republic. Loeb Classical Library Plato Ⅵ. Boston: Harvard University Press, 1935, 145.
[2] 〔古希腊〕柏拉图：《理想国》，郭斌和、张竹明译，商务印书馆1986年版，第375页。

的、最可憎的部分。他说："所谓美好的和可敬的事物乃是那些能使我们天性中的兽性部分受制于人性部分（或可更确切地说受制于神性部分）的事物，而丑恶和卑下的事物乃是那些使我们天性中的温驯部分受奴役于野性部分的事物。"[1]据此，柏拉图把人分为正义与非正义两种，并指出"正义是心灵的德性，不正义是心灵的邪恶"，一个能以人性战胜兽性的人就是一个正义之人，反之，通过自我放纵或者做任何卑劣的事情以获得更多的金钱和权力而使自己变得更坏的人是不正义之人。[2]

（四）心灵和谐的秩序状态

柏拉图构建的心灵塑像本质上是一个生动形象的比喻。人、狮子和怪兽形象分别比喻的是人的智慧、激情和各种欲望，它们分别对应于心灵中的爱智、爱胜和爱利部分。在柏拉图看来，一个人要拥有人形象，或者说成为人的前提条件就是他能掌控自己心灵里的怪兽和狮子，即以理智驾驭欲望和激情。换言之，成为正义之人或拥有正义心灵的正确做法并不是完全消除怪兽和狮子形象（事实上这是做不到的），而是引导、协调它们，使它们成为自己的一部分并和睦相处。柏拉图举例指出：放纵受到谴责是由于它给了我们内部的多头怪兽以太多的自由，固执和暴躁受到谴责是因为它使得我们内部的狮性力量太强大了，奢侈和柔弱受到谴责是因为它们使狮性减弱直至它变成懒散和懦弱。柏拉图形象地比喻道："当一个人使自己的狮性，即激情，受制于暴民般的怪兽野性，并为了钱财和无法控制的兽欲之故，迫使狮子从小就学着忍受各种侮辱，结果长大成了一只猴子而不是一只狮子，这时人们不是要谴责这个人谄媚卑鄙吗？"[3]因此，要成为正义之人，"我们的一切行为言论应当是为了让我们内部的人性能够完全主宰整个人，管好那个多头怪兽，像一个农夫栽培浇灌禾苗而铲除野草一样。他还要把狮性变成自己的盟友，一视同仁地照顾好大家的利益，使各个成分之间和睦相处，从而促进它们生长"[4]。这样，在爱智部分的引导下，整个心灵内部没有纷争，三个部分各司其职，在其他各部分起作用的同时，享受着自己特有的快乐，享受着最善的和各自范围内最真的快乐。心灵整体所达到的这种和谐的秩序状态是十分难能可贵的，正是它使人成为真正意义上的正义之人。通过体

---

[1] Plato. Republic. Loeb Classical Library Plato Ⅴ. Boston: Harvard University Press, 1930, 46.
[2] Plato. Republic. Loeb Classical Library Plato Ⅴ. Boston: Harvard University Press, 1930, 32, 47.
[3] Plato. Republic. Loeb Classical Library Plato Ⅴ. Boston: Harvard University Press, 1930, 46.
[4] Plato. Republic. Loeb Classical Library Plato Ⅴ. Boston: Harvard University Press, 1930, 46.

育锻炼,虽然"人的身体在得到了力和美(和健康结合在一起)时,也能达到一种可贵的状态,但心灵的这种状态比身体的这种状态更为可贵得多,就像心灵比身体可贵得多一样"①。

总之,聚焦于心灵整体的和谐,在人与动物的比较中,柏拉图揭示了两者之间的联系和区别:爱胜和爱利部分为两者共有,爱智部分为人独有。正是爱智的存在使人成为人,也使人比动物更接近神。

二、如何成为人

人如何能以人性战胜兽性,获得统摄欲望和激情的力量,从而使"自己的心灵尽可能处在最佳状态"②呢?换言之,与动物一样,天性中就有兽性部分的人如何管理并控制好内部的许多野兽,从而有别于动物,成为一个自己内部有神圣管理原则的最好的人呢?柏拉图认为最好的途径就是学习。

(一)开发心灵中的人性部分

柏拉图在《理想国》里解释说:正义是智慧与善,而不正义是愚昧无知。如果说饥渴是身体空缺的一种常态的话,那么,无知就是心灵的空缺;如果说水、饮料、食物能填补身体的空缺的话,那么,理性、知识和美德就可以填补心灵的空缺。而人们获得充实心灵的更真实、可靠、实在的渠道就是学习。古希腊人实际上在两种意义上使用"学习"这个词:第一种是某人起初对某件事情没有知识,后来得到了知识;第二种是某个已经对某事物拥有知识的人使用这种知识来考察他要做的或要谈论的相同事情。柏拉图在《泰阿泰德篇》中所说的"学习"指的就是第二种,并阐释道:这种学习和实践具有运动的性质,灵魂通过它们获得了知识,得到了改善。③因此,柏拉图把心灵中的人性部分或爱智部分称作人用来学习的部分,并指出:为避免无知之罚,人要向有智慧的人学习。柏拉图本人就是如此。他在狄奥尼修的学园里学会识字,然后在斗士阿里斯通门下学习体操。④苏格拉底死后,他多处拜访求教,追随德奥多罗学习数学。他还去过"埃及求教那些解释神意的人"⑤,

---

① Plato. Republic. Loeb Classical Library Plato Ⅴ. Boston: Harvard University Press, 1930, 46, 47.
② Plato. Cratylus. Loeb Classical Library Plato Ⅳ. Boston: Harvard University Press, 1926, 76.
③ Plato. Theaetetus. Loeb Classical Library Plato Ⅶ. Boston: Harvard University Press, 1921, 32.
④ Laertius D. Lives of Eminent Philosophers. Loeb Classical Library. Boston: Harvard University Press, 1925, 134.
⑤ Laertius D. Lives of Eminent Philosophers. Loeb Classical Library. Boston: Harvard University Press, 1925, 235.

擅长修辞学和演说术，是一个拥有动人声音的演说家。他的散文优美得就像雅致的乐曲。①显然，柏拉图全面学习的目的不是仅仅成为一个掌握了某种技艺的人，而是成为一个正义之人或好人。

这样真正好的教育，在古希腊早已存在。考古和文学文本证据表明：至少公元前5世纪初，古希腊就存在着为孩子教育而设立的专门学校，这类学校主要讲授三门课：音乐、文学和体操。柏拉图在《理想国》里举例指出：它的主要途径就是用体操锻炼身体，用音乐陶冶心灵。"体操"是指广义的保养身体方面的体育锻炼；"音乐"实际上指的是广义的文学艺术，主要包括故事，即"赫西俄德、荷马以及其他诗人所讲的故事"②。这种文学也包括我们现在所说的狭义的哲学、音乐。因为古希腊最早的文学形式——史诗是配乐的，主要用于吟唱，诉诸人们的听觉。它们服务于人的激情和对知识的热爱，这基本上不是为了心灵和身体，而是通过一定程度的放松，使人的这两部分达到和谐，即"用美好的言语和教导强化和培植人的理智；用和谐和韵律抚慰、舒缓人高昂的激情"③。为此，人不能一生专搞体育运动而忽略音乐文艺学习，也不能专搞音乐文艺而忽略体育运动。因为柏拉图不相信强壮的身体能使心灵美好，相反，他认为有德行的美好心灵能使身体最好。当然，如果一个人心灵的美和身体的美能够达到一种和谐的状态，那么，这样完美的人就能成为自己最好的守护者。无论是在追求真理还是在满足欲望、追求财富和荣誉，他都会注意和谐和秩序原则。

（二）追求永恒的学科或学问

不仅如此，"这种智慧人终生会把他的一切努力都倾注在这最终的目的上。他将开始珍视那些能赋予他心灵这种品质的学问而蔑视别的"④，即终生追求一切永恒的关于真实实在东西的学科或学问，诸如算术、几何学、天文学和辩证法。柏拉图所说的这些学科与当时人们的一般理解不同，他明确指出它们具有以下特征：永恒性与普遍性、一种纯粹的知识和工具性。

1. 永恒性与普遍性

柏拉图在《理想国》里指出：算术、几何学和天文学的对象是永恒事物，而不是某种有时产生、有时灭亡的事物，它们研究实在和不可见者。这里所说的"实在"

---

① Laertius D. Lives of Eminent Philosophers. Loeb Classical Library. Boston: Harvard University Press, 1925, 236.

② Plato. Republic. Loeb Classical Library Plato Ⅴ. Boston: Harvard University Press, 1930, 31, 32.

③ Plato. Republic. Loeb Classical Library Plato Ⅴ. Boston: Harvard University Press, 1930, 23.

④ Plato. Republic. Loeb Classical Library Plato Ⅴ. Boston: Harvard University Press, 1930, 59.

指"真实的存在",与现实生活中可变、易逝的事物相对。它们仅能被理智和思考所理解,不会被肉眼看见。因此,只有系统地学习过这些学科的人才能看到实在。换言之,这些学科是让人看到实在的唯一途径。而人们如果想深入研究这些学科,直至弄清它们之间的相互联系和亲缘关系,并且得出总的认识,就必须学习辩证法。它虽然属于可知世界,但是当一个人企图靠辩证法,通过推理而不管感官的知觉,以求弄清每一事物的本质,并且一直坚持到靠思想本身理解到善者的本质时,他就达到了可理解事物的顶峰了,这个思想的过程就叫辩证的过程。[1]因此,柏拉图断言:辩证法是唯一的研究方法,它有能力让人看到实在。假如一个人不能对自己的观点做出逻辑的论证,那么,他就不能获得他应当具备的任何知识。[2]于是,辩证法被柏拉图放在教育体制的最顶端,放在其他一切学科或课程的上面。

2. 一种纯粹的知识和工具性

柏拉图在《理想国》里提出,最重要的是:这些关涉一切技艺、思想方式和科学的学科,人人必须学习它们。然而,柏拉图非常尊重个性及其特质,提倡因材施教,还通过大量例子充分论述了每个人的天赋、性格不同,适合掌握不同的技艺。在他看来,一个人不可能擅长许多种技艺。因性格不同,每个人适合于不同的工作,只能干一种行业而不能干多种行业。以算术、几何学为例,他论证道:关于数的算术是一切技术和科学都需要的。那些天性擅长算术的人,往往也敏于学习其他一切学科;而那些反应迟缓的人,如果受了算术的训练,他们的反应总会有所改善,变得更快些,即使不谈别的方面的受益。几何学对学习一切其他功课都有好处,学过几何学的人和没有学过几何学的人在学习别的学科时是大不相同的。[3]更进一步地,柏拉图指出:希腊人常常根据习惯称这些学科为知识。学习它们纯粹是为了知识,而不是为了实用,如学习认识永恒事物的算术不是简单算算术而已,或是为了将来做商人、小贩(即做买卖),而是为了知识。此处的"知识"指的就是纯粹净化人心灵的东西。[4]

(三)寻求美者和善者

知识是一种精巧的对我们灵魂有许多用处的工具,柏拉图认为这主要体现在维护知识的器官、使灵魂转向和有益三个方面。他论证道:相信每个人的灵魂里都

---

[1] Plato. Republic. Loeb Classical Library Plato Ⅴ. Boston: Harvard University Press, 1930, 41-47.
[2] Plato. Republic. Loeb Classical Library Plato Ⅴ. Boston: Harvard University Press, 1930, 30.
[3] Plato. Philebus. Loeb Classical Library Plato Ⅷ. Boston: Harvard University Press, 1925, 24.
[4] Plato. Republic. Loeb Classical Library Plato Ⅴ. Boston: Harvard University Press, 1930, 35, 48.

有一个知识的器官，它能够在被习惯毁坏了之后，因重新被建议的这些学习而除去尘垢、恢复明亮（维护这个器官比维护一万只眼睛还重要，因为它是唯一能看得见真理的器官）。①因此，自由人教育能把灵魂引向真理是柏拉图的重要思想。他进一步以洞穴比喻解释道：永恒实在和不可见事物的学习能使人心灵转向，使心灵从黑夜转到真正的白天——上升到我们所认定的真正哲学的实在，即我们比喻的洞穴上面的光明世界，从而有助于理性思考，把灵魂引导到真理。用他的话来说，这种学习能使灵魂的视力转向上面，而不是转向下面，把人的灵魂拖着离开变化世界而进入实在世界，让心灵从朦胧的黎明转到真正的大白天，上升到我们称为真正哲学的实在，即洞穴上面的光明世界。因为凭理性把握的这种学习能迫使灵魂进行纯粹的思考，迫使灵魂使用纯粹理性通向真理本身，从而有助于理性思考，把灵魂引导到真理。因此，人要脱离可变世界，把握真理，就必须学习它。以天文学为例，柏拉图进一步论证指出：如果为了寻求美者和善者，这门学问还是有益的，这一学习过程能够引导灵魂的最善部分上升到能看见实在的最善部分，正如洞穴中人身上最明亮的东西——眼睛转向，而看见可见物质世界中最明亮的东西太阳那样。②

因此，如果说体育训练增强人的身体，音乐学习（以音调培养某种精神和谐，以韵律培养举止优雅得体，以故事培养品行）使人具备美德的话，那么，算术、几何学、天文学和辩证法这些科目或课程的学习就是以真实的实在教育人，使人掌握科学或知识、认识真理。若按柏拉图两个世界的划分法，前者属于可见世界，后者属于可知世界。可见世界指的是自然界、现实生活中的实物和影像，关涉信念、想象和意见；可知世界指的是不可见的、永恒的真实实在，关涉理智、知识。我们可以把它们分别统称为感性世界、理性世界。柏拉图按年龄把人对这两个世界事物的学习划分为三个时期：童年时期学习可见世界里的音乐、体育；20 岁之前学习可知世界里的算术、几何学、天文学和辩证法，其中辩证法放在最后学习；20 岁之后综合学习两个世界里的学科。柏拉图说：20 岁之后的青年"将被要求把以前小时候分散学习的各种课程内容加以综合，研究它们相互间的联系以及它们和事物本质的关系"，"这是能获得永久知识的唯一途径"，"这也是有无辩证法天赋的最主要的试金石。因为能在联系中看事物的就是辩证法者，不然就不是辩证法者"。③

---

① Plato. Republic. Loeb Classical Library Plato Ⅴ. Boston: Harvard University Press, 1930, 56.
② Plato. Republic. Loeb Classical Library Plato Ⅴ. Boston: Harvard University Press, 1930, 60.
③ Plato. Republic. Loeb Classical Library Plato Ⅴ. Boston: Harvard University Press, 1930, 47.

（四）成为真正的"自由人"

柏拉图在其著作里常常把医生、法官，与一般老百姓和手艺人以及自由人并提。结合《理想国》里的论述，我们不难推知：《理想国》里的"教育"指的就是上述来自人自身内部的、几乎贯穿其一生的、有关理性和感性世界学科的学习，其目的是使人摆脱愚昧，成为真正的"自由人"。因此，准确地说，柏拉图《理想国》里所倡导的就是一种自由人教育。[1]他所说的"自由人"不仅仅指与奴隶概念相对的人身自由的人，还指身心两方面尤其是心灵方面真正自由的人。对此，他在《泰阿泰德篇》里以两种不同人为例，论证指出：一种人从小就在法庭这样的地方厮混，另一种人在哲学探讨中长大；一种人像是被训练成奴隶，另一种人则被训练成自由人。而训练自由人的方式就是从容悠闲地谈话。更进一步，柏拉图以泰勒斯在仰望星辰时不慎落入坑中被女仆嘲笑为例，说明以哲学家为代表的自由人是在身心自由和闲暇的环境中培养出来的。"他确实不知道他的邻居在干什么，甚至也不知道那位邻居是不是人；而对什么是人，什么力量和能力使人与其他生灵相区别这样一类问题，他会竭尽全力去弄懂。"[2]显然，这种教育的终极目的就是弄懂人所具有的、与其他动物相区别的人性。因此，柏拉图也把这种自由人教育称为"人性学问"。值得指出的是：除自由人教育外，柏拉图还经常把"教育"等同于他所说的"音乐教育"，把"音乐教育"等同于"人性学问"。[3]例如，他认为一类哲学家"把毕生精力花在人性学问上"[4]。该句英译者拉姆博（W. R. M. Lamb）在注释"humane studies"，即"人性学问"时解说道："字面上说，是指花在音乐上。希腊人所说的音乐包括诗学、一般文学和音乐。"[5]或许正因为如此，古罗马之后，西方人们也常把柏拉图所说的人性学问或自由人教育、音乐教育、教育称为自由艺术教育，简称

---

[1] 通过希腊语与英语的对照，笔者发现在洛布丛书所辑柏拉图著作里，柏拉图并未直接明确使用"自由教育"或"自由人教育"这样的术语。国内一些翻译者基本依据柏拉图所述教育理念和思想，把他所说的"人性学问"翻译为"自由人类型教育"等，如郭斌和与张竹明对《理想国》的翻译，见其译著《理想国》，商务印书馆1986年版，第113页。

[2] 〔古希腊〕柏拉图：《理想国》，郭斌和、张竹明译，商务印书馆1986年版，第679、689页。

[3] 在洛布丛书中，柏拉图《理想国》里的希腊文"μουσικῆς"（音乐），英文翻译者将其译为"文化"，并且把它与教育并提，把柏拉图所说的人性学问或自由人教育译为"音乐文化教育"，认为真正"音乐教育的最终目的是对美的热爱。"见 Plato. Republic. Loeb Classical Library Plato Ⅵ. Boston: Harvard University Press, 1935, 245-246.

[4] Charmides, Alcibiades 1 & 2, Hipparchus, The Lovers, Theages, Minos, Epinomis. Loeb Classical Library Plato Ⅻ. Boston: Harvard University Press, 1927, 29.

[5] Charmides, Alcibiades 1 & 2, Hipparchus, The Lovers, Theages, Minos, Epinomis. Loeb Classical Library Plato Ⅻ. Boston: Harvard University Press, 1927, 29.

为自由艺术,特别是在当代西方文化里,当人们使用"自由艺术"时,一致认为柏拉图最早在《理想国》里制定了自由艺术教育的纲领。

因为柏拉图的人性学问里所说的"人性"指述的是人心灵中的爱智部分,有人性的人就是爱智者、正义者,所以,在以《申辩篇》《斐多篇》为代表的众多篇章里,柏拉图也把有关自由人教育的所有学科统称为"哲学"(即爱智慧),认为它是一切技艺中最伟大的一种,并劝诫人们和自己的家人鼓足勇气去追求它、实践它。①与之相应,他把爱智者(即有人性的人)称为"哲学家"。因此,与"教育""音乐教育"一样,"人性学问"、"自由人教育"和"哲学"在柏拉图这里只是能指不同而已。

三、统治自己

柏拉图关于人性学问的自由人教育本质上是一种帮助人认识自我的教育。它是一种具有生产性的力量,最大功能是净化人的心灵,使人成为自己的主人。

(一)生产性的力量

柏拉图在《法篇》中论证自由人教育的性质时,把医生、法官、机械师与自由人相比较,认为前三者都是没有受过教育的人,自由人才可称得上是真正受过教育的人。因为前三者旨在以赚钱或体育锻炼、某些缺乏理智和正义的精神修养为目的,这是庸俗狭隘的,完全与"教育"这个术语不相称。②他进一步明确指出:"我们所说的'教育'是一种从孩童时期就开始的德行训练,它使一个人急切地渴望成为一个完美的公民,正确理解如何统治和被统治。"③对于教育所具有的这种生产性的力量④,柏拉图称为"技艺"("τέχνης"或"τέχνη"),并认为"技艺"这个词的意思表示心灵的拥有。柏拉图在《智者篇》里阐释道:"当某人使以前不存在的事物变成存在的,我们称他为生产者,而把以前不存在但现在存在的事物称为被生产。"⑤这种生产性的力量可以用来刻画所有技艺的特性。因此,柏拉图认为,准确地说,技艺就是"生产性技艺"⑥,而且,与以农艺、畜牧、制造、塑造器皿为代表的生产或创造技艺相比,教育是一种具有生产力量的狩猎技艺,它以人为猎取对

---

① 〔古希腊〕柏拉图:《柏拉图全集》第2卷,王晓朝译,人民出版社2003年版,第55页。
② Plato. Laws. Loeb Classical Library Plato Ⅹ. Boston: Harvard University Press, 1926, 353.
③ Plato. Laws. Loeb Classical Library Plato Ⅹ. Boston: Harvard University Press, 1926, 350-361.
④ Plato. The Sophist. Loeb Classical Library Plato Ⅶ. Boston: Harvard University Press, 1921, 134.
⑤ Plato. The Sophist. Loeb Classical Library Plato Ⅶ. Boston: Harvard University Press, 1921, 135.
⑥ Plato. The Sophist. Loeb Classical Library Plato Ⅶ. Boston: Harvard University Press, 1921, 150.

象，通过一系列训练和培养，生产出一定的产品（即人）。[1]

柏拉图认为，教育最根本的生产手段是净化，即去除人身体、心灵中不好的东西，培植、保留其中好的东西。柏拉图明确指出：把坏的东西扔掉，把好的东西保存下来，这一类识别或区别都可称作净化。净化有两种：一种是心灵的净化；另一种是身体的净化。对身体而言，有两种途径可用于处理身体的两种状态：一种是体育，用于处理畸形；另一种是医药，用于处理疾病。对心灵而言，任何从心灵中消除邪恶的行为都可以称作净化。自由人教育或技艺就是这种净化，可处理心灵中的两种邪恶状态：一种一般称作罪恶，它显然是灵魂的疾病；另一种称作无知，无知不是别的，而是趋向真理的心灵出现了反常，理智误入歧途。[2]因此，培育理智以恢复心灵的和谐状态是这种教育的最终目的。尽管都可被称为净化，但是，与剔除愚笨、培养具有一技之长的手工艺人相比，以心灵和谐为目的的净化更为可贵。柏拉图明确指出：前者可被称为技能训练，后者只是在现在的雅典通过我们倡导和影响，被命名为"教育"。[3]不像以强壮身体为目的的体育，以及以打仗为目的的军事训练，教育想要得到的是某些知识，目的是关心、改善、训练年轻人的心灵与灵魂。[4]因此，准确地说，柏拉图所说的教育就是培育自由人的教育。而且，他认为这种好的教育古已有之，言外之意，他只不过是继承了而已。在《理想国》里，当谈到什么是我们的教育时，他指出：很难发现比我们很早以前就发现的更好的教育。[5]相关内容在《政治家》《法篇》等篇里都有论述。

（二）自觉地接受教育培养

柏拉图常常把关于自身知识的自由人教育等同于哲学、智慧，即一种倾向于注视自己心灵的宪法，守卫着它的特殊技艺。柏拉图笔下的"技艺"是一个十分宽泛的概念，它指述人类一切理性的活动。从事某种职业的人是掌握了与之相应的某种技艺的人，于是就有了鞋匠、医生、教师、画家、诗人、统治者等。同理，掌握了管理、控制自己心灵技艺的人，就是智慧者或智者、哲学家、正义之人。柏拉图认为：智慧和控制管理的技艺最好来自自身内部，否则就必须从外部强加，来自自身内部是指人自觉地接受教育培养，外部强加是指社会法律制度的强制。对于后者，

---

[1] Plato. The Sophist. Loeb Classical Library Plato Ⅶ. Boston: Harvard University Press, 1921, 161.
[2] Plato. The Sophist. Loeb Classical Library Plato Ⅶ. Boston: Harvard University Press, 1921, 162.
[3] Plato. The Sophist. Loeb Classical Library Plato Ⅶ. Boston: Harvard University Press, 1921, 165.
[4] Plato. Laches. Loeb Classical Library Plato Ⅱ. Boston: Harvard University Press, 1924, 171.
[5] Plato. Republic. Loeb Classical Library Plato Ⅵ. Boston: Harvard University Press, 1935, 234.

他以儿童为例进一步解释道：人制定法律的目的正在于此。我们管教儿童，直到我们已经在他们身上确立了所谓的宪法管理时，才放他们自由；直到我们已经靠我们自己心灵里的最善部分帮助在他们心灵里培养出了最善部分来，并使之成为儿童心灵的护卫者和统治者时，我们才让它自由。[①]显然，这里的"自由"完全是针对在儿童心灵中培植出爱智部分，并使之能更好地统领其他两部分而言的。

（三）关注并审视自己

然而，无论是来自自身内部还是外部强加，自由人教育或净化心灵最困难的就是克服愚蠢。柏拉图指出："有一种巨大而严重的无知，若从中拿出一部分放在天平上称一称，则它的重量会比其他所有无知加在一起还要重。"这就是"自以为是。这是导致我们理智犯错误的原因"，"因此，只有这种无知被命名为愚蠢"。[②]它的意思就是不认识自己。[③]于是，自由人教育或净化心灵的一项重要任务就是认识自己。柏拉图说："一个真正知识的热爱者必须以他们自己的思想思考自己。"[④]"关注并审视自己"是他经常对人们讲的一句话。[⑤]而认识自己，就是指成为自己的主人。柏拉图论证道：人需要统治自己，每个人都是他自己的主人。统治自己是"指那种流行的观念，节制、自制、控制自己的快乐和欲望"[⑥]。如果我们想成为真正的人，就应约束我们的欲望。[⑦]柏拉图更进一步解释道："因为一个人为生存所做的最好的准备就是把有关自己福利的一切都建立在自己之上，而不是把他的希望寄托在他人身上"，这种人有勇气和智慧，能适应生活中的一切不幸，"因为他把他的命运放在自己手里"[⑧]，而"成为自己的主人注定是一种智慧"[⑨]。因此，对于柏拉图来说，认识自己就是人要以人性统摄自己身上的怪兽和狮子部分，学会自制。这既是人性学问或自由人教育、心灵净化的重要任务、最终目的，也是它的最大功能。柏拉图的这一思想显然直接继承了苏格拉底的思想。

总之，柏拉图比较明确、系统地阐述了"技艺"这个古希腊时期的关键词，并认为博雅教育就是一种具有生产性的力量，一种倾向于关注并守护个体心灵的技

---

① Plato. Republic. Loeb Classical Library Plato Ⅵ. Boston: Harvard University Press, 1935, 86.
② Plato. The Sophist. Loeb Classical Library Plato Ⅶ. Boston: Harvard University Press, 1921, 121-124.
③ Plato. Philebus. Loeb Classical Library. Boston Ⅷ: Harvard University Press, 1930, 24.
④ Plato. Phaedo. Loeb Classical Library Plato Ⅰ. Boston: Harvard University Press, 1914, 43.
⑤ Plato. Charmides. Loeb Classical Library Plato Ⅻ. Boston: Harvard University Press, 1927, 51.
⑥ Plato. Gorgias. Loeb Classical Library Plato Ⅲ. Boston: Harvard University Press, 1925, 79.
⑦ Plato. Gorgias. Loeb Classical Library Plato Ⅲ. Boston: Harvard University Press, 1925, 80.
⑧ Plato. Menexenus. Loeb Classical Library Plato Ⅸ. Boston: Harvard University Press, 1929, 39.
⑨ Plato. Protagoras. Loeb Classical Library Plato Ⅹ. Boston: Harvard University Press, 1924, 67.

艺。它能净化人的心灵，使人的注意力转向自己的内心，成为自己的主人。

四、精神的牧羊人

尽管现实中的每个人可能都钻研过人性学问或接受过自由人教育，但并非每个人都能认识自己或以理智统摄自己的欲望和激情。柏拉图认为，这种教育"是最优秀的人一生中所能得到的最好的礼物中最重要的"[1]。这些最优秀的人身上具有以下三个突出的特征：以学习为快乐、具有美德和心灵不朽。

（一）以学习为快乐

柏拉图指出：存在着鲜明等级差异的心灵的三个部分在每个人心里所占的比例不同。在有些人的心灵里，是这个部分在统治着，在另一些人的心灵里却是另外那两部分之一在统治着，由此出现了三种基本类型的人——爱智者、爱胜者和爱利者。他们分别以追求真理、胜利、利益的生活和快乐为最高价值取向。由于每种快乐的产生得益于不同事物，相比较而言，用来充实身体的饭、肉、饮料等食物，以及名誉、地位、财富等是永远变化着的、可灭的，因而是一种不纯粹、不真实的实在，而用来充实心灵的真实意见、知识、理性和一切美德则与永远不变不灭紧密连接，因而是一种更纯粹、更真实的实在。因此，灵魂中我们用来学习的部分的快乐是最甜蜜的，而这个部分占统治地位的人的生活是最快乐的。[2]

（二）具有美德

柏拉图认为，上述所说的这种最真的快乐就是善或至善。他在《普罗泰戈拉篇》里论证指出：要使一个国家存在，有一种东西是所有公民必须共有的。它是最基本的，不是建筑、铸造、制陶的技艺，而是生活的正义、节制和虔诚，或者我们把它们当作一个整体来说，就是美德。美德必须进入每个人的行为。如果一个人缺乏美德，就必须接受严格的教育，直到通过惩罚改过自新，无论谁拒绝接受惩罚和训导，都必须把他从城邦驱逐出去。[3]柏拉图所说的"美德"包括智慧、节制、勇敢和正义四个部分。这种可以教、可以培养的美德既是力量又是知识，它本身就是最有益于灵魂自身的事物。柏拉图谆谆告诫人们：无论如何，为人应当正义。因此，如果说正义、节制、智慧和勇敢等是心灵善的东西的话，那么，

---

[1] Plato. Laws. Loeb Classical Library Plato X. Boston: Harvard University Press, 1926, 31.
[2] Plato. Republic. Loeb Classical Library Plato VI. Boston: Harvard University Press, 1935, 237.
[3] Plato. Protagoras. Loeb Classical Library Plato X. Boston: Harvard University Press, 1924, 91.

不正义、无节制、无知和懦弱就是心灵恶的东西。使心灵善的东西就是美德，它并非天生的或自然而然就能拥有的，而是通过学习和接受教育获得的。[1]因此，柏拉图强调：最要紧的是"善"要进入孩子们的教育。因为一个受过很好教育的人将被证明是好人，并善良地生活着。他们将在战场上征服敌人，在其他场合高尚地生活、实践美德。所以，一个人首先要学习的就是如何做一个善良的人，无论是在公共生活中，还是在私人生活中。[2]

（三）心灵不朽

心灵不朽是柏拉图的一个重要思想。在《斐多篇》里，基于人的心灵是永恒的，人们不仅要在称为生活的现世照看它，而且要在所有时间照看它……因为灵魂去另一个世界时所能带走的只有它的教育和修养，柏拉图指出：人应该渴望学问，以自制、正义、勇敢、自由和真理这些内在于自己的东西装扮灵魂（而不是以其他异己的东西），以使自己的灵魂更好地去另一个世界，因为心灵的善就是不朽。[3]他在《理想国》的最后，借死而复生的勇士厄洛斯之口讲述了一个有关正义者和不正义者的故事，并告诫人们：每个人死后所受到的待遇差异很大。正义者至善所能赢得的最大报酬和奖励是为神所爱，不正义者则为神所憎。正是在这个意义上，柏拉图指出：正义者在生前和死后都不仅仅是人，称其为守护神是正确的。因为一个正义的人无论陷入贫困、疾病，还是遭到别的什么不幸，最后都将证明，所有这些不幸对他（无论活着的时候还是死后）来说都是好事。因为一个愿意并且热切地追求正义的人，在人力所及的范围内实践神一般的美德，这样的人是神一定永远不会忽视的。谈到这个问题时，柏拉图又提到了另外一种人，即与通过自身内部和外部强加获得心灵和谐状态的两种人相比，那些善良的普通公民，其善被认为是自制和诚实。这些是人通过长期实践具备的，不需要哲学和理性的帮助。[4]这种没有受过自由人教育的善人与受过教育的人的区别在于，他们死后的灵魂是否具有神圣性。用柏拉图的话说就是：这种"未实践哲学的灵魂在离开肉身的时候不是绝对纯洁的，这样的灵魂没有能够获得神圣性的性质，只有智慧的爱好者才行"。[5]

---

[1] Plato. Menexenus. Loeb Classical Library Plato Ⅸ. Boston: Harvard University Press, 1929, 86-89.
[2] Plato. Gorgias. Loeb Classical Library Plato Ⅲ. Boston: Harvard University Press, 1925, 92.
[3] Plato. Phaedo. Loeb Classical Library Plato Ⅲ. Boston: Harvard University Press, 1925, 114.
[4] Plato. Phaedo. Loeb Classical Library Plato Ⅲ. Boston: Harvard University Press, 1925, 129.
[5] Plato. Phaedo. Loeb Classical Library Plato Ⅲ. Boston: Harvard University Press, 1925, 131.

拥有不朽心灵和美德,以学习为快乐,热爱真理,以探究真理为生活旨趣的人,就是柏拉图所说的"智慧的热爱者"或"真正的哲学家"。[1]他们是人精神的牧羊人、心灵的塑造者。要使一个国家存在,美德是最基本的、所有公民必须共有的东西[2],它必须进入每个人的行为。这里,柏拉图再次重申了他对人的终极关怀:人如何活着?怎样活着?他说:"我们应该考虑的最重要的不是活着,而是活得好",而"活得好和活得正义是一回事"。[3]因此,第欧根尼称柏拉图为"不朽灵魂的拯救者"。他说:"如果日神没有让柏拉图生在希腊,那么,他怎能用文字治愈人的心灵呢?正像神的儿子阿斯克勒庇俄斯是肉体的救治者一样,柏拉图是不朽灵魂的拯救者。"[4]柏拉图的坟冢刻有如下铭文:他的灵魂不朽。因为他辨识出了神圣的生活,智慧受到人们的称赞,以节制和正义闻名于世。[5]

综上所述,立足于剖析人本身的特质,以人之为人、如何成为人为切入点,从基本思想、观点、目标,到它的具体内容、教育方法、课程设置等,柏拉图比较全面、系统、深入地探究了古希腊所继承的、源自两河文明的自由人教育或人性学问问题,为后来的西方博雅教育指明了方向、奠定了基础。

小　结

古希腊智者以其理论和实践,进一步补充和完善了两河文明的自由人教育。在柏拉图的《理想国》里,流传至今的西方传统博雅教育已经是一门实践性的学问。它本质上是哲学的代名词,以净化人的灵魂、了解人理性的能力,以及帮助人认识自己、培养自由人为目的,所以,柏拉图也将其称为"自由人教育"或"人性学问",并认为"这样真正好的教育古希腊早已存在"[6]。这种教育就是人的教育,它的途径就是通过说服、督促人们,让人们知道自己应过上一种内省的、哲学的生活。因为"只有通过自我省察,人才能开始看到那些他错误地以为属己的思想、信念、渴

---

[1] Plato. Gorgias. Loeb Classical Library Plato Ⅲ. Boston: Harvard University Press, 1925, 23-25.

[2] Plato. Gorgias. Loeb Classical Library Plato Ⅲ. Boston: Harvard University Press, 1925, 46-49.

[3] Plato. Gorgias. Loeb Classical Library Plato Ⅲ. Boston: Harvard University Press, 1925, 90.

[4] Laertius D. Lives of Eminent Philosophers. Loeb Classical Library. Boston: Harvard University Press, 1925, 31.

[5] Laertius D. Lives of Eminent Philosophers. Loeb Classical Library. Boston: Harvard University Press, 1925, 301-302.

[6] Plato. Loeb Classical Library Plato Ⅹ. Boston: Harvard University Press, 1926, 231.

望和梦想之后的东西。在这背后的认知状态中，活跃着只能通过哲学才能知道的东西"①。因此，以苏格拉底、柏拉图、亚里士多德和爱比克泰德为代表的古希腊人是人类精神的牧羊人。他们是人类历史上最早一批自觉地以教育人、净化人心灵、拯救灵魂为己任的智者或曰博雅教育学家。由于他们的贡献，古希腊时期，自由人的观念里明确有了"认识自己"这一重要内涵。古希腊人关于人的智慧本质上就是"认识你自己"。诚如亚里士多德明确说道："我们把一个为自己、并不为他人而存在的人称为自由人。"②

于是，如果我们说站在神、人方位审视世界，人们追问和探究的神或人是什么、他们是从哪里来的、世界万物是神创造的，以及神或人是万物的尺度的话，那么，站在自己或自我方位审视世界，人们追问和探究的就是什么是自己、自我是从哪里来的、怎样认识自己，以及自己如何活得好和活得高尚等问题。很显然，苏格拉底、柏拉图和亚里士多德等古希腊哲学家审视世界的方位就是自己。他们早就认识到了人类后来经过漫长时间所认识到的东西，"认识到我们对世界的感知必须以自己的观念和信念为中介，认识到我们对世界之道德维度的感知由于错误的信念和观念可能出错"③，更重要的是，他们告诉我们："有真理，这真理在你之中；要想知道这真理，人就需要省察自己和他人。"④瑞士著名史学家布克哈特（Burckhardt）高度评价古希腊人及其文化对于人类的意义，他说："他们的知识和他们的观察力是异乎寻常的。通过他们对世界的研究，希腊人不仅照亮了他们自己的人性，而且还照亮了其他所有古代人的人性。如果没有他们，热爱希腊的罗马人将不会有关于过去的认识，因为所有其他民族除了对他们自己，他们自己的城堡、神庙和神祇之外，对什么都漠不关心"，"所有后来的对世界的客观理解都只是希腊人开始搭建的基本架构的某种装饰而已"。⑤

---

① 〔美〕霍普·梅：《苏格拉底》，瞿旭彤译，中华书局2002年版，第4-5页。
② 〔古希腊〕亚里士多德：《亚里士多德全集》第7卷，苗力田主编，中国人民大学出版社1993年版，第2页。
③ 〔美〕霍普·梅：《苏格拉底》，瞿旭彤译，中华书局2002年版，第5页。
④ 〔美〕霍普·梅：《苏格拉底》，瞿旭彤译，中华书局2002年版，第6页。
⑤ 〔瑞士〕雅各布·布克哈特：《希腊人和希腊文明》，王大庆译，上海人民出版社2008年版，第56-57页。

第三章　热爱自己：古罗马时期的自由艺术

　　在希腊，文化的繁荣时期被称作古典时期。"古典"一词意味着具有永久的、公认的重要意义。古希腊关于博雅教育的思想及其实践不仅为古罗马人树立了一种衡量其他思想、教育的标准，而且为他们所研修和仿效。与古希腊社会一样，绝大多数古罗马、中世纪哲学家是智者，即自由人教育者。他们继承古希腊的博雅教育思想，践行先哲的学说，以成为博雅教育家为己任，从人的方位审视古希腊哲学，认为古希腊哲学家穷其一生所求的就是如何活着。本章，笔者拟主要以西塞罗、爱比克泰德、塞涅卡、奥勒良、普罗提诺、波爱修斯和奥古斯丁为代表，在细读其著作的基础上，通过对他们有关自由人、自由人教育、人性和认识自己等思想的解析，深入探讨古罗马人和早期基督教对古老西方博雅教育思想的继承与发扬光大。

第一节 追求智慧

柏拉图之后，对西方博雅教育影响最深远的人是西塞罗。他是古罗马最有才华的政治家之一。他不仅当过执政官、元老院元老、总督，而且是当时最伟大的演说家、哲学家和散文家。他一生深受古希腊思想浸染，渴望荣誉。荣誉"是古代人最深厚、最持久的动力之一——荣誉可以使人们更加出类拔萃，至少在罗马是一种人们熟谙的、最为有效的树立威望，在国家命运中发挥重大作用的手段"[①]。对荣誉的渴望贯穿西塞罗的一生。在给弟弟的一封信中，他说从童年时代起，他就只有一个愿望，即"做一个无可匹敌的第一名，远远地超出众人"[②]。西塞罗是"神童"，他最初的兴趣和努力并非在演讲艺术上，而是在诗歌上，因为"在古代，人人都知道，诗歌是通向荣誉的途径之一：人们所赞美的作为英雄的荣誉和作为诗人的荣誉"[③]。他后来所致力于写作、演说，尤其是撰写《论演说家》时运用从浩繁的个别具体事例中找出包含总体的、一般性的原则的思想，"人们推测，这是受了亚里士多德分类学思想的影响，而这一思想本身，归根结底，还是来源于柏拉图的数学思想"[④]。事实上，与苏格拉底等古希腊哲学家一样，西塞罗不仅在理论上，而且在实际生活中用一生实践了传统的博雅教育思想。诚如法国学者格里马尔（Grimal）所言："西塞罗的名字不仅与古罗马的历史连在一起，而且与西方人文主义的历史也连在一起。他不仅是一位政治家、国务活动家，还是一位无与伦比的演说家和思想家。他身体力行，成功地阐释了古希腊文化的知识与精神成果，不仅将它传播给了其同时代的人，而且对后代人也产生了久远的影响。他们在很长的一段时间内只是通过他（或几乎是通过他）才了解了古希腊丰富的哲学思想和修辞学理论的。"[⑤]总体来看，西塞罗比较全面、系统地继承了两河文明延伸至古希腊的博雅教育传统，突出体现在他提倡自由人教育、倡导美德与理性，以及主张个性与自我三个方面。本节，笔者拟围绕着对西塞罗相关论著的解读阐述之。

---

① 〔法〕皮埃尔·格里马尔：《西塞罗》，董茂永译，商务印书馆1998年版，第6页。
② 〔法〕皮埃尔·格里马尔：《西塞罗》，董茂永译，商务印书馆1998年版，第16页。
③ 〔法〕皮埃尔·格里马尔：《西塞罗》，董茂永译，商务印书馆1998年版，第18页。
④ 〔法〕皮埃尔·格里马尔：《西塞罗》，董茂永译，商务印书馆1998年版，第17页。
⑤ 〔法〕皮埃尔·格里马尔：《西塞罗》，董茂永译，商务印书馆1998年版，第76页。

第三章 热爱自己：古罗马时期的自由艺术

一、自由人教育

西塞罗向来倡导人们要模仿古人，努力开发自己的潜能，谋求发展其自身价值。他认为："古人的崇高声望不仅赋予他们的学说巨大的权威性，也激发了人们模仿他们的欲望。"[1]他这里所说的"古人"主要指的是古希腊人。西塞罗对古希腊人的敬重和崇拜突出表现在他对哲学这门学问的认识上。他曾明确宣称："我的哲学和亚里士多德学派的哲学并没有什么很大的差别（因为我和他们都自称是苏格拉底和柏拉图的信徒）。"[2]由于苏格拉底、柏拉图的哲学本质上就是博雅教育，因此西塞罗所说的哲学也是博雅教育。西塞罗一生最看重的是人的性格和美德的力量，他完全继承了以苏格拉底、柏拉图为代表的古希腊哲学家的博雅教育思想，鼓励人们研究哲学，追求精神快乐。[3]基于希腊人把哲学称作一切著名技艺的创造者和"母亲"的认识，他认为"哲学家"就是追求或指导我们现在正在考察的这些主题的人，这种人有统一的称号，因为当时学习和实践的所有学问都被称作哲学。[4]

哲学是古希腊人也是古罗马人的基本课程。西塞罗虽然忙于事务，但一有时间就探讨哲学。西塞罗认为没有什么比智慧对人更有好处、更符合人的天性、更值得追求的了。[5]他进一步论证道："那些寻求智慧的人被称为哲学家，如果把'哲学'这个词翻译成我们的习语，哲学就是爱好智慧。此外，按古代哲学家们对智慧一词所下的定义，智慧就是关于人和神的事情以及支配那些事情的原因的知识。"[6]很显然，西塞罗说的这种"哲学"就是以苏格拉底、柏拉图为代表的古希腊人所说的以净化人心灵为目的、培养人性的自由教育。这种"自由人"超越了现实物质利益，以实现个人最大价值为生存目的。西塞罗指出："自由与平等相比，罗马历来更喜欢前者，而自由从来不是一个平均主义者。"[7]事实上，他明确提到了"自由人教育""自由教育""人文艺术教育"，以及奴隶和自由人、富人和穷人[8]，并认为接受过自由人教育的人所获得的"自由就是按照自己的意志去生活的力量"[9]。而在西塞罗看来，受过这种教育的人是有文化素养的人[10]。

---

[1]〔古罗马〕西塞罗：《西塞罗三论：老年·友谊·责任》，徐奕春译，商务印书馆1998年版，第89页。
[2]〔古罗马〕西塞罗：《西塞罗三论：老年·友谊·责任》，徐奕春译，商务印书馆1998年版，第87页。
[3]〔古罗马〕西塞罗：《西塞罗三论：老年·友谊·责任》，徐奕春译，商务印书馆1998年版，第168页。
[4]〔古罗马〕西塞罗：《西塞罗全集》，王晓朝译，人民出版社2007年版，第517页。
[5]〔古罗马〕西塞罗：《西塞罗全集》，王晓朝译，人民出版社2007年版，第2页。
[6]〔古罗马〕西塞罗：《西塞罗三论：老年·友谊·责任》，徐奕春译，商务印书馆1998年版，第167-168页。
[7]〔法〕皮埃尔·格里马尔：《西塞罗》，董茂永译，商务印书馆1998年版，第6页。
[8]〔古罗马〕西塞罗：《西塞罗全集》，王晓朝译，人民出版社2007年版，第434、536、167、608页。
[9]〔古罗马〕西塞罗：《西塞罗全集》，王晓朝译，人民出版社2007年版，第350页。
[10]〔古罗马〕西塞罗：《西塞罗三论：老年·友谊·责任》，徐奕春译，商务印书馆1998年版，第145页。

言外之意，并非所有人都是接受过这种教育的"自由人"。与之相反，他认为："如果有人忽略最高尚、最光荣的事业，即学习哲学和道德修养，把他的全部精力用于练习演讲，那么他的公民生活就会被培育成对自己无用、对国家有害的东西。"①

二、美德与理性

西塞罗有关美德的观念也直接来源于以苏格拉底、柏拉图为代表的古希腊哲学家。在他看来，智慧、节制和公正是美德的三种特性。智慧，即那种看出某件事情的真相及其各种关系和前因后果的能力；节制，即那种抑制激情，使感情冲动服从理性的能力；公正，则是一种技巧，以体谅与智慧地对待和我们交往的人。②很显然，他所说的美德的核心是善，因为很多时候，西塞罗是从善恶角度来论述美德的。他明确宣称："我只把正义的、荣耀的、合乎美德的事情视为善的"，"智慧就是关于什么是善、什么是恶、什么是不善不恶的知识""节制就是用理性对欲望和其他不恰当的心灵冲突进行坚决而又审慎的控制"。③由于对美德持有这种观点，因此就像苏格拉底、柏拉图、爱比克泰德等古希腊博雅教育家一样，西塞罗亦把"幸福"与"美德"等同。他说："对于幸福来说，拥有美德足矣。"④

西塞罗所说的"美德"与理性密不可分。就像柏拉图一样，西塞罗认为人由身体与心灵两部分构成，心灵比身体更重要。即便谈论老年问题时，他也论证道："我们不但应当保重身体，而且更应当注意理智和心灵方面的健康。"⑤因为"确实存在某种内在的、高尚而又伟大的东西，人们之所以追求它，就是为了它本身，因此，一切高尚的人无不以此为目标，而鄙弃和忽视感官上的快乐"⑥。人的身体要由心灵统帅，心灵"却是由学习和思索来滋养的"，它的完善需要教育。⑦不过，与柏拉图不同，西塞罗把人的进化与雄辩术起源联系起来，认为最初人的身体与心灵分裂：人滥用身体力量满足盲目的、非理性的情欲，身体是一个非常危险的仆从。人知道通过教诲来改进人，心灵会给人提供广阔的领域，获得伟大的成就。理性、雄辩等无言无声的智慧能够改变人的生活习惯，让他们过上一种不同类型

---

① 〔古罗马〕西塞罗：《西塞罗全集》，王晓朝译，人民出版社2007年版，第141页。
② 〔古罗马〕西塞罗：《西塞罗三论：老年·友谊·责任》，徐奕春译，商务印书馆1998年版，第168页。
③ 〔古罗马〕西塞罗：《西塞罗全集》，王晓朝译，人民出版社2007年版，第598、11、261页。
④ 〔古罗马〕西塞罗：《西塞罗全集》，王晓朝译，人民出版社2007年版，第11页。
⑤ 〔古罗马〕西塞罗：《西塞罗三论：老年·友谊·责任》，徐奕春译，商务印书馆1998年版，第19页。
⑥ 〔古罗马〕西塞罗：《西塞罗三论：老年·友谊·责任》，徐奕春译，商务印书馆1998年版，第22-23页。
⑦ 〔古罗马〕西塞罗：《西塞罗三论：老年·友谊·责任》，徐奕春译，商务印书馆1998年版，第138页。

的生活。①

于是，与古希腊人一样，西塞罗继承了人是万物尺度的观念，肯定了人在世界上的重要性，认为"理智是心灵确定某事物是什么的能力"，"它教导并解释什么事情应该做，什么事情不应该做。结果是，理性指挥，欲望服从"。②这种理性是神赐予人类的，是人类优于其他动物的东西。在论证人的独特属性和价值时，西塞罗告诉人们："神把理智馈赠给你们，或者说自然已经把理智恩赐给你们，自然堪称万物之母，理智是一切存在物中最优秀、最神圣的。你们想把自己变成可悲的流浪者，认为自己和那些四足动物没有什么区别吗？有什么好东西不能使它的拥有者变得更好？每个人都程度不同地分有善，所以每个人都值得赞扬。"③西塞罗进一步论证道，因为"自然赋予我们两种本性：一种是普遍的本性，它起因于这样一个事实，即我们都有理性和那种使我们凌驾于动物之上的优越性。从这种本性衍生出一切道德和恰当，并且依靠这种本性才能用合理的方法搞清楚我们的责任"④。很显然，古希腊理性统摄一切的思想深深植根于西塞罗的思想中。

三、个性与自我

西塞罗不仅全面继承了古希腊人"认识你自己"的思想，而且将其进一步发扬光大。与古希腊人相比，他突出强调了认识并顺应自我个性的重要性。他认为"渴求并探索真理是人所特有的本性和爱好……真实、单纯和真诚的东西是最适合于人的天性。除了发现真理的这种热情之外，人几乎还有一种对于独立的渴求，所以'自然'精心铸造的心灵是不愿意受任何人支配的，除非这个人制订行为的规则，或是真理的传授者"⑤。人对"独立的渴求"造就了每个人的个性。西塞罗认为个性是自然赋予每个人的一种特殊的本性。以历史上的一些著名人物为例，他论述了众多性格类型，认为除身体禀赋、外貌外，人们的性格差异很大，风趣、和蔼、健谈、有魅力的苏格拉底是希腊人所说的智慧人。⑥因此，西塞罗进一步指出：每个人都应当坚决把握住自己特殊的禀赋。我们不应当违背人性的一般规律，但是，在维护这些规律时，我们也得顺应自己特殊的个性。西塞罗所说的"顺应自己特殊的

---

① 〔古罗马〕西塞罗：《西塞罗三论：老年·友谊·责任》，徐奕春译，商务印书馆1998年版，第142页。
② 〔古罗马〕西塞罗：《西塞罗三论：老年·友谊·责任》，徐奕春译，商务印书馆1998年版，第260、136页。
③ 〔古罗马〕西塞罗：《西塞罗三论：老年·友谊·责任》，徐奕春译，商务印书馆1998年版，第601页。
④ 〔古罗马〕西塞罗：《西塞罗三论：老年·友谊·责任》，徐奕春译，商务印书馆1998年版，第140页。
⑤ 〔古罗马〕西塞罗：《西塞罗三论：老年·友谊·责任》，徐奕春译，商务印书馆1998年版，第95页。
⑥ 〔古罗马〕西塞罗：《西塞罗三论：老年·友谊·责任》，徐奕春译，商务印书馆1998年版，第140页。

个性"意味着人的一生,不论何时,都要永远保持自己固有的人格特征。他议论道:"假如世界上果真有恰当这种东西,那么它只能是我们整个生命历程中以及一切个别的行为上的始终一贯性。而且,一个人不可能通过模仿他人的人格特征和消除自己的人格特征的方法来保持这种始终一贯性。我们不应当把任何异质的东西引入自己的行为或全部生命之中。的确,这种性格的差异很重要。"①

于是,西塞罗谆谆教导人们:"好好权衡自己特有的性格特征,对它们加以适当的调整,以及不要设法使自己也具有他人的性格特征,乃是每一个人的责任。因为一个人的性格越是独特,它就越是适合于他。"②事实上,尊重个性,认识自我,是西塞罗经常挂在嘴边的话题。以演员为例,西塞罗曾论证指出:每个人都应当坚决把握住自己特殊的禀赋,不应当违背人性的一般规律,但是,在维护这些规律时,我们也得顺应自己特殊的个性,即使另外还有更好、更高尚的职业,我们也应当从事最适合于自己的职业。因为与自己的本性较量或向着不可能达到的目标努力,是徒劳无益的。正如俗话所说,凡是违背本性,即正好与一个人的天赋相反的事情都是不恰当的。好的演员并不是选择了最好的剧本,而是选择了最适合于发挥他们才能的剧本,或者说选择了最适合自己的角色。一个聪明人在选择自己在人生舞台上的角色时也应当这样做。这就是说,我们应当致力于最适合自己去做、最能发挥自己特长的工作。③至于诗人创作,西塞罗认为更应该表现出个性。他曾评论道:由希腊人而非罗马人采用的悲剧、喜剧、史诗,还有抒情诗和酒神赞美歌,相互区别,具有各自的特质。④

认识自己是西塞罗审视许多问题时的方位。例如,他所说的演说中使听众倾向于接受演讲者观点的四种方法、善意的四个来源,其中三种分别是自己的人格、对手的人格和听众的人格,或者我们自己的人格、对手的人格和陪审团的人格。⑤而且,西塞罗所说的认识自己里包括认识自己的缺点。他明确指出:每一个人都应当恰如其分地估量自己的天赋才能,不但要看到自己的长处,还要看到自己的短处。⑥依西塞罗之见,一个健全的人格对于人来说至关重要,而要获得它,人就必须克制自己的欲望。因为"欲望是一名永远不能得到彻底满足的饥渴者,这些人不仅受到不断增长的欲望的折磨,而且也害怕失去原有的

---

① 〔古罗马〕西塞罗:《西塞罗三论:老年·友谊·责任》,徐奕春译,商务印书馆1998年版,第143页。
② 〔古罗马〕西塞罗:《西塞罗三论:老年·友谊·责任》,徐奕春译,商务印书馆1998年版,第142页。
③ 〔古罗马〕西塞罗:《西塞罗三论:老年·友谊·责任》,徐奕春译,商务印书馆1998年版,第142-143页。
④ 〔古罗马〕西塞罗:《西塞罗全集》,王晓朝译,人民出版社2007年版,第269页。
⑤ 〔古罗马〕西塞罗:《西塞罗全集》,王晓朝译,人民出版社2007年版,第6、15页。
⑥ 〔古罗马〕西塞罗:《西塞罗三论:老年·友谊·责任》,徐奕春译,商务印书馆1998年版,第143页。

第三章　热爱自己：古罗马时期的自由艺术

东西。在这些地方，我经常指出我们缺乏祖先那样的智慧，我们的祖先是最能克制自我的人"①。

从认识自我出发，友谊是西塞罗谈论较多的话题之一。他认为："友谊"（amicitia）这个拉丁词是从"爱"（amor）一词派生出来的，而爱无疑是相互之间产生感情的原动力。友谊就其本性来说是容不得半点虚假的；就其本身而言，它是真诚的、自发的，出于一种本性的冲动。②这种本性，西塞罗认为就是天性，他声称自己把友谊看作人生的头等大事，因为友谊是最合乎我们天性的东西，或者说，无论在顺境或逆境中，它正是我们最需要的东西。而且，除智慧以外，友谊是不朽的神灵赋予人类最好的东西。因此，西塞罗把友谊定义为："对有关人和神的一切问题的看法完全一致，并且相互之间有一种亲善和挚爱。"③西塞罗这里所说的"有关人和神的一切问题的看法完全一致"，具体指述的就是"朋友之间的爱好、追求和观点上完全协调一致，这种协调一致乃是友谊的真正秘诀"④。正因为友谊既是神赋予人最好的东西，也是人生最重要的东西，所以，西塞罗进一步认为友谊能使我们对未来充满希望，能给我们以力量和信心。它与美德分不开，没有美德就不可能有友谊。⑤因此，西塞罗断言：友谊只能存在于好人之间。此处的"好人"指的是这样一些人：他们的行为和生活无疑是高尚、清白、公正和慷慨的；他们不贪婪、不淫荡、不粗暴；他们有勇气去做自己认为正确的事情……因为他们尽人之所能顺从自然，而自然则是善良人生的最好向导。由此可见，西塞罗所说的"好人"指的就是那些能充分认识自己、完善自己、具有美好人性的人。正是在此意义上，他得出了一个著名的论断：一个人，他的真正的朋友就是他的另一个自我。⑥

总之，西塞罗全面继承了源于两河文明，后被苏格拉底、柏拉图发扬光大的博雅教育思想，在此基础上进一步强化并完善了它。除美德与理性外，他更加强调个性、自我、友谊对于认识自己的价值和意义。"西塞罗以他的思想创造了一个令罗马以至整个人类社会焕然一新的精神世界，无论在雄辩术方面或在哲学生活方面，以及我们刚刚看到的在政治生活方面，在他之后所发生的一切与他之前完全不同。他在其理论著作中所描绘的演说家形象和他本身作出的典范成了继他之后各代人

---

① 〔古罗马〕西塞罗《西塞罗全集》，王晓朝译，人民出版社2007年版，第597-598页。
② 〔古罗马〕西塞罗：《西塞罗三论：老年·友谊·责任》，徐奕春译，商务印书馆1998年版，第57页。
③ 〔古罗马〕西塞罗：《西塞罗三论：老年·友谊·责任》，徐奕春译，商务印书馆1998年版，第52-53页。
④ 〔古罗马〕西塞罗：《西塞罗三论：老年·友谊·责任》，徐奕春译，商务印书馆1998年版，第51页。
⑤ 〔古罗马〕西塞罗：《西塞罗三论：老年·友谊·责任》，徐奕春译，商务印书馆1998年版，第67、85页。
⑥ 〔古罗马〕西塞罗：《西塞罗三论：老年·友谊·责任》，徐奕春译，商务印书馆1998年版，第52、66、85页。

研究的对象。"① "西塞罗的著作被抄写者们从中世纪一直保存到文艺复兴，而成为文艺复兴时期的圣经。"②

第二节 理性能力

除西塞罗外，源自两河文明的以苏格拉底、柏拉图和亚里士多德为代表的古希腊哲学家的博雅教育思想，对古罗马时期的爱比克泰德的影响也很大。本节，笔者拟通过对爱比克泰德相关论述的剖析，阐述他的博雅教育思想。

爱比克泰德非常强调自由对于人的重要性。他分析指出：人的最高能力就是意愿，它不仅控制着所有其他一切能力，而且完全自由。如果一个人要做到既善又智慧，就需要在三个方面锻炼自己：一是人要做到，永远能够得到自己想要得到的东西，永远能回避自己想要回避的东西；二是一个人永远要做应当做的事情，他的行为一定要有条理，合乎理性，而且一定要小心谨慎；三是避免失误和受到蒙蔽，不要有任何草率的判断。其中最重要的是第一个方面。③所以，基于神的法律就是：自己的东西，我们要永远保持，不是自己的东西，我们绝不索求。爱比克泰德向世人宣告：我们要把自己看得高于一切，"淡漠于外在之物，转而关注自己的意愿"④。这意味着人要做或想自己权能之内的事，锻炼自己抵抗一切表象诱惑的能力。很显然，爱比克泰德所说的了解自己、忠于自己的意愿，本质上就是人要"让自己的行为最终让自己满意，让自己在神的面前显得高贵完美，让自己在神或我们纯净的自我面前变得纯净起来"⑤。这与后来人们所说的保持自己的个性、人格的意思相同。爱比克泰德常常告诫人们"一定要永远保持自己的个性"，"我们每个人，只有发挥与自己的本性相符的作用，才能保持自己的本质，改善自己的人格"。⑥

人要认识自己，必须具备爱比克泰德所说的"理性的能力"。这是能够主导人身上所有其他能力的能力，是一种能够产生采取行动的驱动和不采取行动的驱动、产生想要得到东西的意愿和想要回避东西的意愿的能力。用一句话说，它是一种能够正确运用表象的能力。爱比克泰德认为，这种能力的功能主要有三：一

---

① 〔法〕皮埃尔·格里马尔：《西塞罗》，董茂永译，商务印书馆 1998 年版，第 144 页。
② 〔法〕皮埃尔·格里马尔：《西塞罗》，董茂永译，商务印书馆 1998 年版，第 145 页。
③ 〔古希腊〕爱比克泰德：《爱比克泰德论说集》，王文华译，商务印书馆 2009 年版，第 319-320 页。
④ 〔古希腊〕爱比克泰德：《爱比克泰德论说集》，王文华译，商务印书馆 2009 年版，第 37、226 页。
⑤ 〔古希腊〕爱比克泰德：《爱比克泰德论说集》，王文华译，商务印书馆 2009 年版，第 252 页。
⑥ 〔古希腊〕爱比克泰德：《爱比克泰德论说集》，王文华译，商务印书馆 2009 年版，第 173、198 页。

是既能够审查自己，审查自己到底是什么、自己有什么能力和自己有多大价值，同时又能审查人身上的所有其他各种能力；二是使人能够充分利用属于我们权能之内的东西，明白什么是我的、什么不是我的；三是如果让这种能力管理人所有的一切，那么，人将再也不会遇到任何阻碍和束缚。[①]当有人问每个人怎样才能知道什么样的行为是理性的、符合自己的本性这类问题时，爱比克泰德举例回答说：我们必须不断锤炼自己，与自己无关的事情不要轻率地卷入。你只需考虑一下，你出卖自己的意愿，出的价格到底是多少，不要把自己的意愿卖得太贱了。尽管伟大的人格、崇高的品德等也许只属于苏格拉底那样的人，但每个人都不应该放弃变得像他那样的努力。[②]

与苏格拉底、柏拉图和亚里士多德所说的理性相同，爱比克泰德所说的理性关乎人的灵魂或心灵，与非理性的动物性相对。只不过，在爱比克泰德的笔下，他惯常把理性而非灵魂或心灵与肉体相对。他明确指出："人是由两种东西混合产生的，一种是肉体，与动物相通；一种是理性和智能，与众神相通，尽管如此，我们许多人都委身于不幸的、僵死的动物本性，而只有很少的人才追求神圣和幸福。"[③]同样，爱比克泰德所说的"人性"指的是人身上所具有的理性、美德的一面。他议论道：当人在生活中决定采取什么样的行为的时候，总是习惯于思考作为一个人，人应该如何活着时所体现出来的力量，就是理性的力量。无论生活有多么艰辛，人要向善避恶、日臻完美，因为美德会带来幸福、平静和安宁。教育的功能就是培养人们在实际生活中正确运用理性的能力。[④]

上述所说的这种能力是神所赋予的。继承源自两河文明中人来自神，以及神既是人类之父也是众神之父的观念，爱比克泰德认为每个人都是世界公民，因为人与神有血缘关系。人的灵魂与神紧密相连，是神的一部分，特别是神唯独把理性能力赐予了人。[⑤]人所拥有的这种能力是无比珍贵的。爱比克泰德解释道：因为只有这些理性生物的自然本性才使我们得以与神交流，而且通过理性与神结合成为一体。这意味着神不仅赐予了我们能够品格高尚、坚韧地经受住一切考验的能力，而且他好像一个仁君和慈父一样让我们的这些能力不受任何束缚、逼迫和羁绊。既然神赐给了人能够认识自己的理性的能力，人就应该永无悲伤、担忧，并相信自己完全有

---

① 〔古希腊〕爱比克泰德：《爱比克泰德论说集》，王文华译，商务印书馆2009年版，第9、10、12页。
② 〔古希腊〕爱比克泰德：《爱比克泰德论说集》，王文华译，商务印书馆2009年版，第26-27页。
③ 〔古希腊〕爱比克泰德：《爱比克泰德论说集》，王文华译，商务印书馆2009年版，第229-230页。
④ 〔古希腊〕爱比克泰德：《爱比克泰德论说集》，王文华译，商务印书馆2009年版，第25、27、33页。
⑤ 〔古希腊〕爱比克泰德：《爱比克泰德论说集》，王文华译，商务印书馆2009年版，第85、10-11页。

能力拥有伟大的心灵,应该充分利用这一能力为自己赢得荣耀,因为神就在人的身体里,时刻伴随着人。①所以,爱比克泰德告诫人们:人只有永远向神看齐,永远只爱神,永远只听从他的命令,才能清除掉自己身上的邪恶。精神堕落是人对神的不敬。因为虽然人已经拥有了理性的能力,并且他所拥有的这种能力都是自由自在的、完全属于自己的,可是人却根本既不去运用它,也不去思考一下自己得到的是什么东西,它是谁给人的。②

与柏拉图一样,在与动物的比较中,爱比克泰德认为人之美就在于人所具有的人之为人的人之德,即正义、节制等,并且神在创造人的时候已经将这些赋予人了。人所要做的只是按照神的意志,做神所赋予他权限之内的事就行了。爱比克泰德论证指出:如果一个人很不幸,这是由于他自己的错。因为神创造世界的时候就是要让所有的人都幸福,都心灵平静。为了这个目的,他已经把获得幸福的手段都赐予了我们大家,他让有些东西属于我们自己,他让另外一些东西不属于我们自己,他让受到阻碍、束缚和剥夺的东西都不是属于我们自己的东西,而让那些不受阻碍的东西成为属于我们自己的东西。神已经将善和恶的本质交给了我们,神已经使它成为我们自己的东西。因此,人所要做的就是认识自己。人只有自己了解自己,才能了解自己在自己的眼里到底有什么价值。③爱比克泰德进一步论证指出:从事哲学的人第一要务是抛弃自以为知,不断学习认识自己的知识。正如木匠的材料是木头,雕刻家的材料可能是铜,而生活的艺术所加工的素材和我们每个人自己的生活一样,哲学探讨的是生活的艺术,它帮助人们认识内在的自己,这就需要人们自觉接受自由人教育。④在爱比克泰德看来,"自由人"指的就是受过教育的智者。神、哲学家都不允许没有受过教育的人成为自由人。他说:"受教育就是知道什么是自己权能之内的事,什么是自己权能之外的事。"⑤而人们认识自我、成为自由人的目的是获得心灵的平静、自由和精神的高尚。因此,一个人,如果他能够想怎么生活就怎么生活,那么,他就是一个自由的人。一个人,如果什么东西都逼迫不了他、阻碍不了他、战胜不了他,那么,他就是一个自由的人。一个人,如果他采取行为的驱动不受任何阻碍,他想要得到东西的意愿总能够实现,那么,他就是一个自由的人。⑥

---

① 〔古希腊〕爱比克泰德:《爱比克泰德论说集》,王文华译,商务印书馆2009年版,第59、49、193页。
② 〔古希腊〕爱比克泰德:《爱比克泰德论说集》,王文华译,商务印书馆2009年版,第240、49-50页。
③ 〔古希腊〕爱比克泰德:《爱比克泰德论说集》,王文华译,商务印书馆2009年版,第311、422页。
④ 〔古希腊〕爱比克泰德:《爱比克泰德论说集》,王文华译,商务印书馆2009年版,第241、198页。
⑤ 〔古希腊〕爱比克泰德:《爱比克泰德论说集》,王文华译,商务印书馆2009年版,246、167页。
⑥ 〔古希腊〕爱比克泰德:《爱比克泰德论说集》,王文华译,商务印书馆2009年版,第457页。

总之，认识自己是爱比克泰德整个哲学思想的核心。聚焦于理性能力，他关于人的最高能力是自己的意愿、主导自己、人性与理性、美德相关，人理性的能力是神赋予的、神就在人的身体里，以及自由人教育就是认识自己等思想和观点，与古希腊时期博雅教育的内涵基本一致。

第三节 自由意志

西塞罗、爱比克泰德对古希腊博雅教育思想、观念的继承与发扬光大具有开山作用，深深影响了古罗马人对哲学、人以及人的教育的认识。本节，我们拟主要以塞涅卡、奥勒良、普罗提诺和波爱修斯为研究对象，聚焦于他们关于人性与美德、自主能力、治愈自己等的思想，探讨以他们为代表的古罗马时期哲学家有关自由意志的博雅教育思想。

一、人性与美德

关于宇宙万物的本源，古罗马人主要有三种观念：①万物出于自然。这种观点以卢克莱修（Lucretius Carus）为代表，他认为：自然是自动的，"宇宙间无一事出于神灵摆布"[1]。②宇宙间最初的存在者、凌驾于万物、高高在上的那一位是神。持这种观点的代表性人物为普罗提诺、波爱修斯，前者认为诸神是万能的[2]，后者遵从柏拉图的意思，认为神是永恒的，而世界却只是持久的[3]。③上帝创造世界万物。持这种观点的是早期基督徒，代表性人物有阿塔那修（Athanasius）和奥古斯丁。

波爱修斯沿用两河流域人们的观点，在与其他动物的比较过程中，他认为人是神造的，具有神性。他说："万物的本原神即至善、至福"，"神将善作为舵柄统治万物"，"一旦脱离了善，事物便不复存在"。[4]普罗提诺认为神性就是美德，它"知道高贵，鄙视身体的快乐。而那些部分有德性的人，就根本不可能走向那更高的世界"，"事实上，正是德性先于我们走向目标，当它与智慧一起进入灵魂住在里面之后，便昭示出神。但是如果没有真正的美德，只是一味地谈论神，神便只是一个名称而已"。[5]因此，古罗马人有"唯一的高贵即美德""一个非常完美的

---

[1]《西方哲学原著选读》上卷，北京大学哲学系外国哲学史教研室编译，商务印书馆1981年版，第195页。
[2]〔古罗马〕普罗提诺：《九章集》下册，石敏敏译，中国社会科学出版社2009年版，第891页。
[3]〔古罗马〕波爱修斯：《哲学的慰藉》，贺国坤译，安徽人民出版社2012年版，第175页。
[4]〔古罗马〕波爱修斯：《哲学的慰藉》，贺国坤译，安徽人民出版社2012年版，第93、105、123页。
[5]〔古罗马〕普罗提诺：《九章集》上册，石敏敏译，中国社会科学出版社2009年版，第199-200页。

人，神圣得类似于神"①之说。这种美德与灵魂、理性密不可分。普罗提诺论证道：灵魂之美源于智慧，赋予灵魂的智慧必然是理智，理智就是美本身。一个真正的灵魂必有某种公义和道德之美。"高贵而良善的灵魂中的理性原理是最清澈的，它的美也是最高级的；它粉饰灵魂，赋予它原美的大光。它存在于灵魂中。"②奥勒良认为人是神创造的整个宇宙中的一部分，具有智慧和理性。用他的话说："宙斯赋予每个人的首领和内心主宰——神灵，实即他自己的一部分，所希望给予的感到满足的人，即是和神明们一起生活。这神灵亦即每个人的智慧和理性。"③塞涅卡也明确指出："神赋予人两样东西，理性和友谊，让他成为所有动物之中最为强大的。"④正如波爱修斯所说，"人的心灵与生俱来地就向往真正的善"，"理性只属于人类，就像理智只属于神圣者那样"。⑤奥勒良、塞涅卡和波爱修斯这里所说的"理性"就是"善"，因为"控制宇宙本质的理性自身不具有任何为恶的因，这是由于它不具有恶，也不为恶，不伤害任何处于它控制之下的事物。一切事物都按照这一理性生成和终结"⑥。

正是在这个意义上，古罗马人沿用两河流域人们的观点，即人性并非指人的自然本性，而是指人的神性，即人不同于动物的、受制于理性统治的美德部分。基于"放荡之人的一切行为既不是出于神意也非符合神意""凡本性上美的人都没有真正的丑"⑦的认识，普罗提诺曾以苏格拉底为例论证道："当我断定苏格拉底是人时"，"我就是说一个特定的人是人，断言苏格拉底身上人的人性"。⑧波爱修斯则说："谁要是离弃了善，他便不再是一个人，因为他不仅不能升华到神性状态，还变成了一只野兽。"⑨因此，在古罗马人看来，人性是与人的自然本性相对的概念，它指的是人身上最美好的东西。塞涅卡认为非理性的行为，如愤怒等脱离人性的欲望，认为它们残忍十足地背离人性，会毁灭人的自然本性，因为"人的自然本性会叫人心智奸诈不忠，不知感恩、贪婪而没有虔诚"⑩。

---

① 前者为塞涅卡语（见其《道德和政治论文集》，库珀、普罗科佩编译，袁瑜琤译，北京大学出版社 2010 年版，第 339 页）；后者为波爱修斯语（见其《哲学的慰藉》，贺国坤译，安徽人民出版社 2012 年版，第 139 页）。
② 〔古罗马〕普罗提诺：《九章集》下册，石敏敏译，中国社会科学出版社 2009 年版，第 629-630 页。
③ 〔古罗马〕马尔库斯·奥勒利乌斯：《沉思录》，王焕生译，上海三联书店 2010 年，第 32 页。
④ 〔古罗马〕塞涅卡：《道德和政治论文集》，库珀、普罗科佩编译，袁瑜琤译，北京大学出版社 2010 年版，第 371 页。
⑤ 〔古罗马〕波爱修斯：《哲学的慰藉》，贺国坤译，安徽人民出版社 2012 年版，第 66、156 页。
⑥ Matthews R T, Platt F D. The Western Humanities. New York: McGraw-Hill Company, 2007, 54.
⑦ 〔古罗马〕普罗提诺：《九章集》上册，石敏敏译，中国社会科学出版社 2009 年版，第 255、204 页。
⑧ 〔古罗马〕普罗提诺：《九章集》下册，石敏敏译，中国社会科学出版社 2009 年版，第 737 页。
⑨ 〔古罗马〕波爱修斯：《哲学的慰藉》，贺国坤译，安徽人民出版社 2012 年版，第 123 页。
⑩ 〔古罗马〕塞涅卡：《道德和政治论文集》，库珀、普罗科佩编译，袁瑜琤译，北京大学出版社 2010 年版，第 361 页。

与传统博雅教育思想一样，古罗马博雅教育家认为，人性中的美德主要包括正义、诚实、审慎、勇气和节制。奥勒良认为"人的生活中最好的东西是正义、真理、克制、勇敢"①。普罗提诺痛斥那些摒弃自制、人与生俱来的正义感，以及一切能使人变得高贵良善的东西的人，指出人应努力使自己成为尽可能善的人，但不要认为只有自己才能成为完善的，如果有人这样想，便说明他还未成为完善者。因为"首先，越优秀的人越谦逊，他谦卑地对待一切，也谦卑地对待人。其次，真正高尚的人必然是照着自然的尺度上升的，他不沾染丝毫粗卑的傲慢，只求达到人的本性能及之处"②。塞涅卡认为，拥有美德的前提条件是抛开私利，他论证道："美德，它既不靠营利来引诱人，也不会有叫人望而却步的损失。它绝不用人们贪图的许诺来邀买人心，恰恰相反，它需要人们慷慨解囊，它更多的时候是无偿地施舍。你要接近它，你就必须抛开你自己的私利；你要行动，你必须听从它的召唤或派遣，而不能吝惜你的钱财，有的时候甚至都不能顾虑你的鲜血，你永远不能逃避它的命令。"③

二、自主能力

因为人性并非人的自然属性，所以，但凡渴望拥有理性、美德人性的人，都离不开学习。于是，与继承两河文明博雅教育思想的古希腊人一样，古罗马人非常强调实践哲学、净化灵魂的自主能力。而奥勒良的《沉思录》的主旨就是探究人如何更好地活着。他论证指出："最能培养心灵崇高的莫过于系统而真实地研究生活中可能发生的每一件事情"，它关乎"人有什么价值"，"它要求我具有怎样的德性，诸如亲切、勇敢、真实、诚信、朴实、自足等"。④奥勒良时常感叹生命无常、人生苦短，强调与人与人之间的相处之道。基于进入每个人的支配理性，也让所有其他人进入自己的支配理性的认识，他告诫人们："人是为了相互依存而出生的，所以你要教导别人，要容忍别人"，"使自己适应你命中注定分得的东西，喜欢你命中注定要遇到的人，而且要真诚地喜欢"，"唯有哲学。哲学能保护内心的神不受侮辱，不被伤害，比愉快和痛苦更有力量"。⑤所以，《沉思录》谈论或反映的是奥勒良本人所接受到的传统博雅教育实践，其内容主要包括三个方面：①他崇拜的是那些

---

① 〔古罗马〕马尔库斯·奥勒利乌斯：《沉思录》，王焕生译，上海三联书店2010年，第32页。
② 〔古罗马〕普罗提诺：《九章集》上册，石敏敏译，中国社会科学出版社2009年版，第199、189、190页。
③ 〔古罗马〕塞涅卡：《道德和政治论文集》，库珀·普罗科佩编译，袁瑜琤译，北京大学出版社2010年版，第354页。
④ 〔古罗马〕马尔库斯·奥勒利乌斯：《沉思录》，王焕生译，上海三联书店2010年，第64、21页。
⑤ 〔古罗马〕马尔库斯·奥勒利乌斯：《沉思录》，王焕生译，上海三联书店2010年，第2、34、6、17页。

"顺应自然地生活","受到节制和净化的人"。①例如,他认为从阿波洛尼奥斯那里,他学到了自由意志,以及坚定不移,任何时候都只听从理性;从塞克斯图斯那里,他学到了心性仁善。②当时有许多品行兼得的博雅教育者。例如,拥有像苏格拉底一样既坚持又自制两种品质的父亲,以及品性正直、帮助自己成长的兄弟等。③他从小所接受的是古希腊博雅教育。奥勒良认为正是这种教育使他摆脱了一切狂傲自负,只是让自己最大限度地接近于个人,即"只要关注自己内心唯一的神,真诚地敬奉他,那就足够了"。②

与自主能力相应的,古罗马人也强调自由意志。只不过,与古希腊博雅教育者相比,他们更多地把自由意志与人类的心灵活动、理性、美德联系起来,深入论述它们之间的关系。例如,波爱修斯曾论证指出:"自由意志是人类心灵的运动,它一直存在。如果天性中缺少了意志自由,那么理性的生灵也就无从谈起了。因为凡是生来就能够运用理性的人,也都有用以决断事情的判断能力。这样,他也就能够分辨出,自己需要避免的和需要欲求的是什么。那样的话,他确定自己想要什么,就去追求,而辨清了自己应该避免什么,就远远躲开。因此,凡有理性者都有自由,包括想要的或不想要的。"③而波爱修斯这里所说的"理性"又与"善"相联系。依他之见:"人类的灵魂,只有当它们对神圣的思想进行凝神沉思的时候,才是最自由的;当它们滑入物欲中时,自由便只剩下少得可怜的一部分;当它们被禁锢于血肉之躯时,自由就更少了。而当它们丢弃了天生的理性状态,并向邪恶投降的时候,它们所受的奴役便无以复加了。因为,一旦他们的视线由真理的高度,降到黑暗的低级事物之上,他们立刻就会陷入到无知的迷雾之中,情绪也会变得恶劣。"④

除波爱修斯外,普罗提诺也明确论证了"自由意志""理性""美德"之间的关系。他认为:源自理智活动的行为是真正自由的。自由意志就是源自人的理性能力"意志的自主能力","当灵魂通过理智毫无阻碍地追求至善的时候,它就成了自由的,它在这种状态下所成就的一切都是它的自主行为。而理智是凭自己的本性成为自由的。至善的本性正是它们孜孜以求的目标,因为它是其他事物获得自主的源泉,对灵魂来说,意味着它能够毫无阻拦地到达至善;对理智来说,意味着能够拥有至善"。⑤尤其是"当美德出现在我们里面时,它就构筑了自由,属于我们自己的

---

① 〔古罗马〕马尔库斯·奥勒利乌斯:《沉思录》,王焕生译,上海三联书店2010年,第31、4页。
② 〔古罗马〕马尔库斯·奥勒利乌斯:《沉思录》,王焕生译,上海三联书店2010年,第12页。
③ 〔古罗马〕波爱修斯:《哲学的慰藉》,贺国坤译,安徽人民出版社2012年版,第156页。
④ 〔古罗马〕波爱修斯:《哲学的慰藉》,贺国坤译,安徽人民出版社2012年版,第156页。
⑤ 〔古罗马〕普罗提诺:《九章集》下册,石敏敏译,中国社会科学出版社2009年版,第899-900页。

能力……它本身是自由的。既然美德和理智没有主人，任人自取，理智就是独立自存的，美德也希望通过管理灵魂，使灵魂变善而成为独立自存的，就此而言，它本身就是自由的，也使灵魂获得了自由"①。

综上，波爱修斯、普罗提诺发扬了西方传统博雅教育关于自由意志的思想。与传统博雅教育家聚焦于人的自由意志是从哪里来的不同②，他们更多地关注"自由意志"与"理性""善"或"美德"之间的关系，强调"自由意志"是在"理性"、"善"或"美德"的支配下的人的心灵活动。

三、治愈自己

正如传统博雅教育思想一样，古罗马人孜孜不倦地探究人性，向往理性、美德，寻找哲学慰藉的最终目的是认识自己、成就自己，其中，普罗提诺的"做自己的主人"、奥勒良的"热爱自己"、塞涅卡的"治愈自己"等相关论述最具代表性。

与以柏拉图为代表的古希腊博雅教育者一样，古罗马博雅教育者也主张灵魂是神性、理性和美德的统一体。普罗提诺的相关论述最具代表性。他论证道：神的爱是"推动灵魂趋向更高世界的美"，"是从灵魂来的，灵魂是它的源头"，"灵魂始终保持宁静，面向自身，栖息在自身之中"。③这里的"灵魂"特指的是"理性灵魂"。普罗提诺明确断言：灵魂是智性的，"它依赖于一种永恒不变的理智，而灵魂里面的秩序就是这理智的形象"，"灵魂若不凝视理智，就会变得茫然困惑"。④普罗提诺进一步论证指出：人是躯体与灵魂的混合体，其中灵魂是创造者，起着主导作用。人的身体要服从灵魂的理性原理。离开灵魂主宰的人，与野兽无异。"所谓'野兽'就是指被赋予生命的躯体。但是真正的人则不同，他剔除了这些情感。他拥有属于理智领域的美德，使美德真正地确立在独立的灵魂中。"⑤

普罗提诺所明确提出的理性灵魂的一个重要特点是内省，即认识自己。他说：如果人们"认为理智具有其他一切事物的知识，却没有对自我的认知和理解，这就极其荒谬了"，"理性灵魂有下列特性：它看见自己，观察自己，按照自己的意愿塑

---

① 〔古罗马〕普罗提诺：《九章集》下册，石敏敏译，中国社会科学出版社2009年版，第897-898页。
② 他们认为神创造人、统摄人的同时，赋予人自由意志，即赋予人选择的权利。
③ 〔古罗马〕普罗提诺：《九章集》上册，石敏敏译，中国社会科学出版社2009年版，第272、280、12页。
④ 〔古罗马〕普罗提诺：《九章集》上册，石敏敏译，中国社会科学出版社2009年版，第16、433页。
⑤ 〔古罗马〕普罗提诺：《九章集》上册，石敏敏译，中国社会科学出版社2009年版，第13页。

造自己，自己收获自己的成果"。①因此，关于理性，普罗提诺有一个重要观点，即理智在万物之先，"是一切事物之上的事物，唯有它是真正自由的，因为它没有受制于自身，它就是自身，真正的自我，而其他任何事物都既是自己，又是他者"②。普罗提诺认为，理性的自我就是美的，因为"灵魂是个神圣之物，是美的一部分，凡它所掌握并支配的事物，只要它们能够分有，它就使它们都成为美的"③。所以，普罗提诺认为，认识自己的人除认识属于灵魂的理性本性外，关键是要自制。他论证说："灵魂的高级公正就是指向理智的活动，它的自制就是内心转向理智"，"古人有言：自制、勇敢以及各种德性，都是一种洁净，甚至就是智慧本身"。④普罗提诺这里所说的"自制"，指的就是个人控制脾气、抵制欲望的能力。他说：真正的自制"就是拒绝与躯体上的享乐为伍，把它们看作不洁以及属于某种不洁的事物避而远之"⑤。于是，超越自己便成为普罗提诺所说的认识自己的另一项重要内容。他认为：人要自我提升，即"只提取灵魂中好的部分，唯有这一部分能够长翼飞向理智行为，并使立足在那里的人能够保留他的所见"⑥。因此，谈到命运，普罗提诺告诫人们：做自己的主人。他论证指出："命运是一种外在原因……最好的行为出自我们自己，因为这是我们的本性使然，只要我们保持独立（不受世俗污染）。良善而智慧的人行高尚的事是出于自己的意志"，"事实上，所有个体事物都是根据各自的本性生成的"，"每个个体必然就是一个独立的事物，我们必然有属于我们自己的行动和思想；每个人的恶行和善行只能出自他自己"。⑦

普罗提诺的上述论述，在古罗马时期具有很大的代表性。人们认识到"每一个人都有一个位置，有的适合演好人，有的适合演恶人。每一类人都是根据本性和理性原理找到适合自己的位置，担当自己选择的角色"⑧。于是，效法苏格拉底等古希腊博雅教育家，成为自己便成为人们的人生追求。例如，琉善以哲学家第欧根尼为例论证说："让一个人成为最高贵的人、千秋不朽的是他本身，王权、美貌和坟墓的重量都不能使人自豪"，"第欧根尼将给最高尚的人留下一个真正的人的生活的传说"⑨。塞涅卡时常提醒人们：为自己，把短暂的生命充实起来，因为做有智

---

① 〔古罗马〕普罗提诺：《九章集》下册，石敏敏译，中国社会科学出版社2009年版，第569、916页。
② 〔古罗马〕普罗提诺：《九章集》下册，石敏敏译，中国社会科学出版社2009年版，第921页。
③ 〔古罗马〕普罗提诺：《九章集》上册，石敏敏译，中国社会科学出版社2009年版，第64页。
④ 〔古罗马〕普罗提诺：《九章集》上册，石敏敏译，中国社会科学出版社2009年版，第65页。
⑤ 〔古罗马〕普罗提诺：《九章集》上册，石敏敏译，中国社会科学出版社2009年版，第25页。
⑥ 〔古罗马〕普罗提诺：《九章集》下册，石敏敏译，中国社会科学出版社2009年版，第569页。
⑦ 〔古罗马〕普罗提诺：《九章集》上册，石敏敏译，中国社会科学出版社2009年版，第214-219页。
⑧ 〔古罗马〕普罗提诺：《九章集》上册，石敏敏译，中国社会科学出版社2009年版，第244页。
⑨ 〔古罗马〕琉善：《琉善哲学文选》，罗念生等译，商务印书馆2016年版，第6页。

慧的自由人"就是最为完美的人所应当践行的个人生活"①。在古罗马，无论是在生活实践中，还是在理论上，自觉实践博雅教育思想的代表性人物之一是奥勒良。

奥勒良的博雅教育思想的核心是成为自己、自己造就自己。他尊重包括自己在内的每一个个体人，认为"有自主能力的人，包括对他自己和对其他人""使他们每个人能按照自己的优长博取名声"。每个人都要忠实于自己，"做事不可违背自己的意愿"。因为"有理性的人是自己的主人。人有选择至善生活的自由意志。正是他自己造就了自己""所谓幸运之人，乃是自己给自己安排幸运的人。好的命运，乃是灵魂的好的转变，好的意向，好的行动"。在奥勒良看来，人生的终极目的，即善的实现是做一个好人，一个人只关心自己的行为能够公正和合乎天律就足够了。他说："除了虔敬地赞美神明、善待他人、'容忍'他们和'约束'自己外，再无其他。至于你的肉体和灵气之外的一切，请记住，那都不是你的，也不在你的能力支配范围之内。"②

在西方博雅教育史上，奥勒良对传统"认识自己"思想最大的贡献是明确提出了"热爱自己""自己造就自己"。他论证说："别人对我做了什么错事吗？那是他的事；他有自己的习性，他有自己的行为。"所以，一方面，奥勒良告诫人们不要"注意观察邻人所说所做所思"，更"不要把生命时光用在思考他人的事情上"；另一方面，他忠告人们"不要放纵灵魂、放纵自己。珍爱自己"。因为"那些不关注自己的心灵活动的人是不幸之人"。因此，奥勒良向神祈求的不是"我怎么才能不失去孩子"，而是"我怎样才能不担心失去孩子"。即使人遇到困难、误入歧途，奥勒良也是告诫人们"你还珍惜自己，那就拯救自己吧"，因为他认为"人应该自己站直，不由别人扶直"。③

自己拯救自己的思想，是古罗马博雅教育对传统博雅教育"认识自己"思想内涵的进一步拓展。塞涅卡也有"指挥自己"之说。他议论道："有一句古老的谚语，说是疲惫的人总要找茬吵架。那些饥饿的人、焦渴的人、被什么东西折磨着的人，也适用这个道理。身体上有疮，最轻微的触摸也会叫它疼痛，甚至在疑心别人要碰到它时，它都会疼痛。同样的道理，受折磨的心智会被最轻微的挑衅而惹恼，以至于一个问候、一封信、一句话、一个疑问都会导致争吵。如果你碰到了那溃疡痛处，

---

① 〔古罗马〕塞涅卡：《道德和政治论文集》，库珀、普罗科佩编译，袁瑜琤译，北京大学出版社 2010 年版，第 228 页。

② 〔古罗马〕马尔库斯·奥勒利乌斯：《沉思录》，王焕生译，上海三联书店 2010 年，第 3-14、28-31、37-45 页。

③ 〔古罗马〕马尔库斯·奥勒利乌斯：《沉思录》，王焕生译，上海三联书店 2010 年，第 5-19、36-43 页。

声嘶力竭抗议就避免不了。"①因此，塞涅卡认为人必须自己治愈自己。我们知道自己的缺点，最好就找到隔绝这缺点的藩篱，这比什么都重要，好叫心智远离愤怒。可见，无论是"指挥自己"，还是"治愈自己"，与普罗提诺一样，塞涅卡所倡导的依然是传统博雅教育突出强调的一个品质——节制。他曾明确指出：仁慈"意味着真正的自我克制的能力"②。

总之，普罗提诺的"做自己的主人"，奥勒良的"热爱自己"③与"自己造就自己"，以及塞涅卡的"指挥自己"与"治愈自己"，都不同程度地补充并深化了传统博雅教育的认识自我理论。

第四节 通识教育

源于两河领域的西方博雅教育归根结底是一种实践活动。柏拉图之后，西方世界比较早地明确、全面、系统论述博雅教育的思想、内容及课程设置与安排等一系列具体教育实践问题的是昆体良。本节，笔者拟聚焦昆体良的著作，通过对其相关论述的爬梳整理与分析来阐述之。

与两河流域绵延流传下来的西方博雅教育一样，古罗马非常强调学习、训练、教育对于人的意义。普罗提诺认为，人创造事物的能力"是从学习中获得的"④。这种能力既体现在身体的灵敏和技能方面，也体现在心理、心灵方面。相比较之下，普罗提诺更强调后者对于人的重要性。他议论道："有些孩子一直坚持体育锻炼，身体健康，但由于缺乏教育，心灵不如身体健康，他们与另一些既未受过身体训练也未受过灵魂陶冶的人争斗，获胜了，抢了他们的食物和美服，难道这不是一件可笑的事吗？"⑤与以普罗提诺为代表的比较零星地谈论教育的学者相比，公元1世纪罗马最有成就的教育家是昆体良，他是古希腊罗马博雅教育思想的集大成者。在12卷皇皇巨著《雄辩术原理》里，他比较全面、系统地论述了年轻人的教育问题，尤其难能可贵的是明确地提到了两个术语或称概念，即"自由艺术""通识或全面教育"，并指出了二者之间的关系。他说："现在我将继续简明而扼要地讨论其余的

---

① 〔古罗马〕塞涅卡：《道德和政治论文集》，库珀、普罗科佩编译，袁瑜琤译，北京大学出版社2010年版，第123页。
② 〔古罗马〕塞涅卡：《道德和政治论文集》，库珀、普罗科佩编译，袁瑜琤译，北京大学出版社2010年版，第197页。
③ 〔古罗马〕马尔库斯·奥勒利乌斯：《沉思录》，王焕生译，上海三联书店2010年，第13页。
④ 〔古罗马〕普罗提诺，《九章集》上册，石敏敏译，中国社会科学出版社2009年版，第222页。
⑤ 〔古罗马〕普罗提诺，《九章集》上册，石敏敏译，中国社会科学出版社2009年版，第231页。

第三章 热爱自己：古罗马时期的自由艺术

自由艺术。我认为把男孩子交给修辞学教师之前就应当教导他们，因为借助这些学问，希腊人所描述的'通识'或'通识教育'过程将得以圆满完成。"①这里，昆体良把"通识教育"视作"自由艺术"的一个目的。

实际上，昆体良所说的"自由艺术"就是以柏拉图为代表的古希腊人所说的"自由人教育"。除在书里提到第欧根尼、苏格拉底、柏拉图、亚里士多德，以及《论宇宙》《理想国》等外，他还认为古希腊人给我们提供了众多优秀的教师，没有哪一代人比他那个时代出生的人更幸福。为了他这一代人的教育，历代人曾付出了艰辛的工作。而在《雄辩术原理》前言里，他更是明确指出：有关雄辩术方面的论述，古希腊人以及他之前的罗马人留下了大量遗产。②孩子们最好一开始先学希腊语，其次，必须学习希腊的学问，因为古罗马人的学问是从那里发展而来的。"通识或全面教育"也好，"自由艺术"也罢，昆体良所说的此类教育的具体课程与柏拉图、西塞罗所说的自由人教育一样，主要包括雄辩术、几何学、音乐、文学等。依他之见，"学习几何学可以锻炼思维，促进智力的发展，使观察力更加敏锐"，"古代音乐不仅很受重视而且备受尊敬"。他进一步以古代习俗为例指出："不会弹七弦竖琴，是没有受过良好教育的人。"而基于"世界的本源、万物之父、宇宙的建筑师——神，之所以使人区别于有生有死的一切生物，无非就是他赋予了人以说话的才能……理智乃是全能的神的最伟大的恩物……与不朽的诸神共享这一份恩物"的认识，昆体良认为，以口头或书面语言形式流传的文学及雄辩术是人应该掌握的两门学问。因为除了语言技能方面的训练外，它们还能陶冶学生的情操，激发学生高尚的情感。昆体良指出："一个值得称赞的现在流行的习惯是首先从读荷马和维吉尔的作品开始"，"要以英雄史诗的崇高精神激发学生的思想，用它的主题的庄严伟大鼓舞学生，在学生的头脑中灌注最高尚的情感"，因为"阅读悲剧作品是有益的，抒情诗能陶冶性情"。至于完美的雄辩家的教育，昆体良认为其是在培养善良的人。他说："雄辩家的首要因素是他应当是一个善良的人。因此，我要求他不仅具有非凡的演说天才，而且同时要具有一切优良的品格"，"勇敢、正义、自制这些德行实际确是属于雄辩术一部分内容"。③

正是在这种意义上，昆体良所说的"自由艺术""通识或全面教育"的最终目标与柏拉图、西塞罗所说的"自由人教育"一样——培养具有美德的自由人。他进

---

① Quintilian. Institutio Oratoria. Books I-III. Loeb Classical Library. Boston: Harvard University Press, 1980, 1.
② Quintilian. Rules of Rhetoric I.10. Loeb Classical Library. Boston: Harvard University Press, 1926, I.
③ 〔古罗马〕昆体良：《昆体良教育论著选》，任钟印选译，人民教育出版社2001年版，第5-6、35-50、115页。

一步论证道：儿童更重要的是学习什么是良好的道德，"造就出完美的雄辩家（他同时应当是智者）的不是几何学家或音乐家，或我还要增加的其他学科，然而，在学习他们的专门学科之外再加上学习这些学科，有助于他们达到完美的境界"。昆体良认为，此"完美的境界"指的是精神、品行方面的境界："德行和雄辩才能这两者是密不可分的。我认为，一个没有良好德行的人就不可能是一个真正的雄辩家，即使他能够成为雄辩家，我也不愿意看到这样的雄辩家。"①

第五节　内在的我

宗教信仰对于西方博雅教育的历史生成、建构和发展一直起着巨大的作用。"因为宗教现象十分普遍，艺术和哲学通常会表现或探讨宗教问题，因此，认识宗教所产生的强大的影响力对于我们学习人文学意义重大……很多世纪以来，宗教教义一直都是西方博雅教育里人们谈论得非常普遍的一个话题。"②特别是"犹太教-基督教传统与希腊-罗马古典理想的富有成效的互动，丰富和改造了西方博雅教育"③。西方当代博雅教育者论及博雅教育历史时都会不同程度地涉及"基督教人文主义"话题。④费尔巴哈（Ludwig Feuerbach）曾议论说："宗教根源于人跟动物的本质区别"，"神学之秘密是人本学"。⑤基督教也不例外。公元1世纪，诞生于古罗马帝国的巴勒斯坦地区的基督教，历经曲折发展，终于成为罗马的国教，影响着人们生活的方方面面，对古老的博雅教育也产生了深远的影响。苏格拉底的"认识你自己"既是自两河流域时期至古希腊、西塞罗时期博雅教育的最终目的，也是早期基督教"真正的警句和主题"。⑥本节，笔者拟以奥古斯丁为中心，通过剖析他有关上帝的唯一性、神性与人性、自由学科与哲学、节制和自制、内在生活的论述，全面、系统、深入地阐述以他为代表的早期基督教关于博雅教育的思想及其实践。

一、上帝的唯一性

关于宇宙万物的起源、世界的本质，古罗马时期人们大多摒弃了古希腊时期的

---

① 〔古罗马〕昆体良：《昆体良教育论著选》，任钟印选译，人民教育出版社2001年版，第19-20、44页。
② Janaro R, Altshuler T. The Art of Being Human. New York: Pearson Education, Inc., 2005, 385.
③ Matthews R T, Platt F D. The Western Humanities. New York: McGraw-Hill Company, 2007, 145.
④ Fiero G K. Landmarks in Humanities. New York: McGraw-Hill Company, 2006, 220-221.
⑤ 〔德〕费尔巴哈：《基督教的本质》，荣震华译，商务印书馆1984年版，第29、5页。
⑥ 〔德〕费尔巴哈：《基督教的本质》，荣震华译，商务印书馆1984年版，第6页。

多神论，继承了以柏拉图、亚里士多德为代表的一神论。其主要说法有两种：一种是万物源于自然。持这种说法的代表性人物是卢克莱修。他曾明确指出：万物出于自然，自然是自动的，"宇宙间无一事出于神灵摆布"[①]。另一种是万物源于上帝。这是古罗马至中世纪时期最盛行、最主要的说法。持这种说法的代表性人物是阿塔那修、奥古斯丁和阿奎那（Thomas Aquinas）。他们倡导此说法是基于对古希腊有关思想的批判，这集中体现在以下两个方面。

（一）驳斥古希腊人有关诸神的观念

阿塔那修反对偶像制造和崇拜以及人祭的荒谬性、流行性和灾难性，认为从古至今"几乎每个民族都有自己想象出来的神。埃及、阿拉伯、印度、叙利亚、波斯、埃塞俄比亚……每个城市和乡村，都不知道别人的神是什么，只偏爱自己的神，并且相信自己所敬拜的才是神"[②]。奥古斯丁也认为，古希腊、古罗马人的诸神是人造的。他议论道："罗马人的朱庇特神庙是诗人杜撰出来的，其含义没有诗意，滑稽可笑。罗马人像依照哲学家书本里的想法寻求诸神一样，又在神庙里用诗人的想法拜它们。"[③]至于人们为什么虚构诸神，阿塔那修认为是为了创造艺术品。他论证说："敬拜诸神是因为他们创造了生命的艺术品。但这是人和自然的成就，不是某个神的成就。"[④]

（二）批评古希腊哲学家

以阿塔那修、奥古斯丁为代表的早期基督教博雅教育家，在论著里明确质疑或批评古希腊哲学家。阿塔那修认为古希腊哲学家好斗争竞，相互抨击。他们"撰写了许多著作，全是似是而非、流于文字游戏的东西"[⑤]。奥古斯丁也认为"在当时的希腊，没有哪个哲人的思想光辉盖过毕达哥拉斯，但据信，他无论就自己的生平还是就其他问题均未留下只言片语。苏格拉底则被那些人认为是德性的最高峰，他训育传授有道德的人生……不过如此而已。他远没有亲自著述的意图。据他的高徒柏拉图说，他声称自己之所以不动笔，是由于受到他

[①]《西方哲学原著选读》上卷，北京大学哲学系外国哲学史教研室编译，商务印书馆1981年版，第195页。
[②]〔古罗马〕阿塔那修：《道成肉身》，何光沪编，石敏敏译，生活·读书·新知三联书店2009年版，第23页。
[③]〔古罗马〕奥古斯丁：《论四福音的和谐》，许一新译，生活·读书·新知三联书店2010年版，第41页。
[④]〔古罗马〕阿塔那修：《道成肉身》，何光沪编，石敏敏译，生活·读书·新知三联书店2009年版，第33页。
[⑤]〔古罗马〕阿塔那修：《道成肉身》，何光沪编，石敏敏译，生活·读书·新知三联书店2009年版，第147页。

的守护神御意的阻拦。柏拉图的著作同样更多的是在传播别人的思想，而不是他自己的"①。

然而，早期基督教博雅教育家并不是一味地批评古希腊哲学家。事实上，古希腊哲学家对他们的影响很大。例如，在自传体小说《忏悔录》里，奥古斯丁提到他曾"读希腊文的普罗提诺著作，当时被北非马瑞维克翻译为拉丁文"②。阿奎那在著作中虽然会对古希腊哲学家的有关说法提出异议，但在绝大多数情况下，他或者沿用他们的观点和论证方法（尤其是亚里士多德、柏拉图的），或者将其转化为自己的。③当然，基督教神学家之所以驳斥古希腊人关于诸神的说法，是为了捍卫自己心目中的神——上帝。例如，在批评古希腊哲学家之后，阿塔那修认为："神的道只用质朴无华的语言教导，就令最优秀的智者黯然失色，这是最奇异的事实。"④阿奎那则明确论证指出：亚里士多德说的第一原因，即宇宙万物的本源，基督教称之为上帝，因为"神有能力产生和自己近似的某些实有物，给它们赋予生存，作它们生存的原因"⑤。

二、神性与人性

关于人及其特质，早期基督教博雅教育家既继承了传统博雅教育思想，又对其进行了补充、完善，从而将它发扬光大。这突出体现在以下四个方面。

（一）上帝造的人至高无上

与两河文明博雅教育思想一样，早期基督教博雅教育家的基本思想是：人是上帝创造的。阿塔那修断言："若没有主和众人之救主神的儿子，来到我们中间使死终止，人类早已毁灭了。"⑥奥古斯丁则旗帜鲜明地说："上帝啊，宇宙的缔造者……万物都在你之中。"⑦与此同时，早期基督教博雅教育学家也继承了古希腊先哲"人

---

① 〔古罗马〕奥古斯丁：《论四福音的和谐》，许一新译，生活·读书·新知三联书店2010年版，第24页。
② Pusey E B. The Confessions of St. Augustine. New York: E. P. Dutton & Company, 1950, 4.
③ 〔意〕圣多玛斯·阿奎纳：《阿奎纳著作集：论真原》，吕穆迪译述，安徽人民出版社2013年版，第220页。因音译不同，本书对"阿奎纳""阿奎那"不做统一，特此说明。
④ 〔古罗马〕阿塔那修：《道成肉身》，何光沪编，石敏敏译，生活·读书·新知三联书店2009年版，第147页。
⑤ 〔意〕圣多玛斯·阿奎纳：《阿奎纳著作集：论万物》，吕穆迪译述，安徽人民出版社2013年版，第12-13页。
⑥ 〔古罗马〕阿塔那修：《道成肉身》，何光沪编，石敏敏译，生活·读书·新知三联书店2009年版，第96页。
⑦ 〔古罗马〕奥古斯丁：《论自由意志：奥古斯丁对话录二篇》，成官泯译，上海人民出版社2010年版，第4页。

是万物的尺度"的思想，认为上帝造的人是世间最宝贵的存在。奥古斯丁有"奴隶本人优于任何美衣，因他是人"①的著名论断。阿奎那则直接沿用两河流域人们的观点，认为由于人是上帝造的，所以"人性"里包含着神性，上帝与人"互有同类相亲的因缘"②。其实，在早期基督教博雅教育家眼里，"上帝就是对象化了的理智本质"③，人就是理智本质的形象化和人格化。然而，与传统博雅教育不同的是，除主张神创造人、人的优越地位外，早期基督教博雅教育家还强调上帝对人的救赎，如奥古斯丁认为"人犯罪是由于自己，罪得医治却是由于恩典"④。

（二）人是灵魂与肉体的统一体，灵魂高于肉体

早期基督教博雅教育家全面继承了以柏拉图为代表的传统博雅教育有关灵魂与肉体的观念，认为人是灵魂与肉体的统一，灵魂统摄肉体。例如，基于"人是由灵魂和身体构成的""灵魂总胜过身体""灵魂的尺度就是智慧"的认识，奥古斯丁明确宣称："为了灵魂的自由"，他甘愿放弃娶妻生子、美食等世俗快乐。⑤阿奎那主要结合柏拉图、亚里士多德关于灵魂的论述，比较详细地阐述了人作为灵魂与肉体结合、灵魂高于肉体的问题。他论证指出："灵魂与形体联合在一起，构成了一个组合的实体。这样，人的实体生存乃是灵魂的生存；完全得自灵魂，不是得自物质：这就是人。"因此，阿奎那反对那些主张"人的灵魂有生有死"的说法，认为这种说法"贬低了人类的尊严"，因为"人是神形之合"，与肉体或形体相比，灵魂是永恒的。⑥

（三）人是理性的动物

源自两河流域古老的博雅教育思想，"人是理性的动物""人的崇高源自理性"也为早期基督教博雅教育家所继承。这里所说的"理性"就是法则、规则、尺度和必然性。阿奎那明确议论道："凡是人，便必然是理性的动物"，"人之所以是人，由于人有理智；由此可见，人性特有的福善，必须是在于人性特有的理智方面"，"对于人理智的本性来说，人可万代无科学，不可一日无理智。理智不死，哲学常

---

① 〔古罗马〕奥古斯丁：《恩典与自由》，奥古斯丁著作翻译小组译，江西人民出版社2008年版，第119页。
② 〔意〕圣多玛斯·阿奎纳：《阿奎纳著作集：论奥理》，吕穆迪译述，安徽人民出版社2013年版，第239页。
③ 〔德〕费尔哈：《基督教的本质》，荣震华译，商务印书馆1984年版，第68页。
④ 〔古罗马〕奥古斯丁：《恩典与自由》，奥古斯丁著作翻译小组译，江西人民出版社2008年版，第184页。
⑤ 〔古罗马〕奥古斯丁：《论秩序：奥古斯丁早期作品选》，石敏敏译，中国社会科学出版社2017年版，第17、105、44、102页。
⑥ 〔意〕圣多玛斯·阿奎纳：《阿奎纳著作集：哲学基础》，吕穆迪译述，安徽人民出版社2013年版，第82、7、266、337页。

存。哲学衰退,理智丧亡。人无理智,无异于禽兽"。①显然,与古希腊哲学家一样,阿奎那也在人与动物的比较过程中阐释人所特有的这种理智或理性能力。正是人具有其他动物所不具备的理性能力,所以,早期基督教博雅教育家肯定人的崇高性。阿奎那主要从反对一切贬低上帝的全能、屈辱人性的崇高行为角度,引用亚里士多德的《政治学》并议论道:"人管治万类动物,有自然天赋的主宰能力","假如上帝决意愿意有人类,便必然也愿意有理性的灵魂来构成人的本体"。②假如人的灵魂生病了,奥古斯丁认为治疗"有两种不同的方法:权威和理性。权威需要信念,并为人预备理性。理性领人走向理解和知识。但理性和权威并非完全分离,因为对于我们要相信的对象,我们必须加以思考,而当真理清楚明白地为人所知时,必定拥有最高的权威"③。这里的"权威"指的就是上帝。在奥古斯丁看来,上帝就是对象化了的理性本质,而人则是理性本质的形象化和人格化,有理性的人与上帝是同一的。"凡是克服了自己的各种恶习的人,就不可能被任何人战胜。"④这种"克服"显然源自人对上帝的信仰以及人内在的理性能力。

（四）人有自由意志

源自两河流域古老的博雅教育思想——上帝既创造了人,也赋予了人自由意志,也被早期基督教博雅教育所继承。例如,阿奎那认为"人因有意志及自由自主的决断能力,故此是自己行为的主宰"⑤。奥古斯丁则结合理性,全面、深入地论述了自由意志问题:"假若人没有自由意志,惩罚和奖赐就算不得公义了。"⑥显然,奥古斯丁所说的自由意志是受理性和善统辖的。他进一步论证道:"上帝存在着,一切善都是从上帝而来……自由意志必被列为善事。"⑦"一个人滥用自由意志,就把自己和自由意志一起毁坏了……一个人既已用自由意志犯了罪,为罪所胜,他就丧失了意志的自由。"⑧因此,早期基督教博雅教育家一再告诫人们:"做你自己的

---

① 〔意〕圣多玛斯·阿奎纳:《阿奎纳著作集:宇宙间的灵智实体问题》,吕穆迪译述,安徽人民出版社2013年版,第336、119、104页。
② 〔意〕圣多玛斯·阿奎纳:《阿奎纳著作集:论真原》,吕穆迪译述,安徽人民出版社2013年版,第78、337页。
③ 〔古罗马〕奥古斯丁:《论秩序:奥古斯丁早期作品选》,石敏敏译,中国社会科学出版社2017年版,第233页。
④ 〔古罗马〕奥古斯丁:《论秩序:奥古斯丁早期作品选》,石敏敏译,中国社会科学出版社2017年版,第257页。
⑤ 〔意〕圣多玛斯·阿奎纳:《阿奎纳著作集:论万事》,吕穆迪译述,安徽人民出版社2013年版,第576页。
⑥ 〔古罗马〕奥古斯丁:《恩典与自由》,奥古斯丁著作翻译小组译,江西人民出版社2008年版,第44页。
⑦ 〔古罗马〕奥古斯丁:《恩典与自由》,奥古斯丁著作翻译小组译,江西人民出版社2008年版,第65页。
⑧ 《西方哲学原著选读》上卷,北京大学哲学系外国哲学史教研室编译,商务印书馆1981年版,第220页。

主人。"①

三、自由学科与哲学

自由人教育在古罗马时期比较普遍，已经成为一种有着悠久历史的学校教育。传统博雅教育特别是古希腊博雅教育思想渗透在人们有关早期基督教思想的论述里。"哲学""自由艺术""博雅教育"等术语，经常出现在基督教神学家的著作中。奥古斯丁在《忏悔录》里叙述：其是一个学识渊博并擅长自由艺术的摩尼教主教，研究文学、担任迦太基的雄辩术教授，教导青年文学。而一个受过自由艺术教育和雄辩术训练、名叫"斐尔米努斯"的人和他很投契。古罗马后期，奥古斯丁指出，人们所读到的柏拉图的著作是由已故罗马雄辩术教授维克托利努斯译成拉丁文而来的。维克托利努斯是自由人教育家，精通各种自由艺术学科，许多高贵的元老出于他门下，由于他对教育的卓越贡献，人们为他建立了纪念碑。那时正当的生活是听从教诲。为了能出人头地，像当时许多人过着的生活一样，奥古斯丁童年起便被送进学校学习希腊文、拉丁文、文法、计算，被迫读希腊文写的《荷马史诗》、维吉尔（Publius Vergilius Maro）的《埃涅阿斯纪》。20岁时，他能阅读一切自由艺术的著作，能理解一切有关修辞、论辩、几何、音乐、数学的论著。②在著作《论秩序》里，奥古斯丁自称："我十九岁时在修辞学学校读到西塞罗的《荷尔顿西乌斯》，心中燃起对哲学满腔的热爱，马上坚定不渝地投身于哲学。"③阿奎那则引别人话说："欲学哲学，必学柏拉图和亚里士多德。"④奥古斯丁和阿奎那这里所说的"哲学"，其含义与以柏拉图为代表的古希腊哲学家所说的完全相同。例如，奥古斯丁明确指出：哲学的希腊语用拉丁文来说，就是"爱智慧"。智慧的反义词是愚蠢、心灵的黑暗。愚蠢人的整个生活，不可能依靠他们自己变得和谐一致，也不可能安宁。而"智慧人能够控制自己的身体"，"他用自己的法律把他那位仆人束缚在身体里"。⑤

与传统博雅教育家一样，早期基督教博雅教育家认为人要摆脱愚昧，成为有理性的智慧人，就需要学习博雅教育，即哲学或自由艺术教育。基于"崇高的学科表

---

① 〔意〕圣多玛斯·阿奎纳：《阿奎纳著作集：论万事》，吕穆迪译述，安徽人民出版社2013年版，第578页。
② Pusey E B. The Confessions of St. Augustine. New York: E. P. Dutton & Company, 1950, 170.
③ 〔古罗马〕奥古斯丁：《论秩序：奥古斯丁早期作品选》，石敏敏译，中国社会科学出版社2017年版，第14页。
④ 〔意〕阿奎纳：《阿奎纳著作集：宇宙间的灵智实体问题》，吕穆迪译述，安徽人民出版社2013年版，第105页。
⑤ 〔古罗马〕奥古斯丁：《论秩序：奥古斯丁早期作品选》，石敏敏译，中国社会科学出版社2017年版，第85、95页。

明秩序""秩序就是不背离理性"的认识,奥古斯丁明确指出,"我们要摆脱愚昧,或者通过学习各门知识,或者通过真诚的信仰"。①那些在"自由学科"上受到良好训练的人,"他们在学习的过程中使那些无疑湮没在自己的遗忘中的知识显露出来,某种程度上甚至是发掘它们"②。奥古斯丁这里所说的各门"知识",主要指音乐、几何学、辩证法、修辞学、文学或文法和历史。他论证说:"在音乐、几何、星辰运动以及数之间的比率中,秩序占据了绝对支配地位","文法这门学科现在应该完成了。但是由于它的名称本身就表明它知道文字——其实它在拉丁语里被称为'文学'。所以,凡是作为值得记忆的东西交给文字记录下来的,必与这门学科相关。于是历史也加入了这门学科"。③很显然,除特别提到历史外,奥古斯丁认为人摆脱愚昧所要学习的各门知识,与柏拉图的《理想国》里倡导的"自由人教育"所必须学习的知识完全一致。事实上,谈及博雅教育,奥古斯丁较多使用的是"哲学"而非"自由艺术"一词。他认为好学、学哲学的人,他们不仅是自由人——这是一个前提条件,不只是对哲学来说,对任何一门人文科学来说都是如此。④

人们学习哲学或者说接受自由艺术教育是为了成就理性的自己。奥古斯丁引用柏拉图观点告诫人们:奔赴"哲学之港——人就是从那里进入幸福生活的腹地,且是唯一的腹地——旅途由理性确定"。"理性是不朽的","是心灵的一种智力活动,能区分并联结所学的知识"。人应当致力于哲学,以此内省自己,使自己相信理性,成为有智慧的人。智慧人的灵魂,奥古斯丁认为要"比无知者的要丰富而伟大得多"。那些"没有受过专门训练,不曾接受自由人艺术教育(nihil bonarum artium)的人,可以说,他们的灵魂饥饿难耐"。⑤

四、节制和自制

自由人教育所培养的是具备美德的智慧人,这既是以柏拉图为代表的传统博雅

---

① 〔古罗马〕奥古斯丁:《论秩序:奥古斯丁早期作品选》,石敏敏译,中国社会科学出版社2017年版,第111、102页。

② 〔古罗马〕奥古斯丁:《论自由意志:奥古斯丁对话录二篇》,成官泯译,上海人民出版社2010年版,第62页。

③ 〔古罗马〕奥古斯丁:《论秩序:奥古斯丁早期作品选》,石敏敏译,中国社会科学出版社2017年版,第102、122页。

④ 〔古罗马〕奥古斯丁:《论秩序:奥古斯丁早期作品选》,石敏敏译,中国社会科学出版社2017年版,第123、85页。

⑤ 〔古罗马〕奥古斯丁:《论秩序:奥古斯丁早期作品选》,石敏敏译,中国社会科学出版社2017年版,第11、134、117、131、19、20页。中文译者石敏敏采用当代中国人常用的翻译,把这句里的拉丁语"自由人艺术教育"翻译为"博雅教育"。为说明问题起见,笔者予以修改,这样做也是为了本书前后术语译文的同一性。

教育里的核心思想，也是此时基督教神学里的重要思想。奥古斯丁认为基督"在地上的一生，在他所披戴的人性里的一生，是一场道德教化"，"智慧人因德性与上帝同在"。[①]与两河流域古老的博雅教育思想一样，奥古斯丁所说的"人性"是与"兽性"相对的、与理性相关联的概念，"德性"是与"邪恶"相对的、与美德相关联的概念。例如，阿奎那强烈反对"人竟有时屈辱人性，甘愿屈服于低级物类之下"，"放弃人灵性的意志"[②]的行为，赞同亚里士多德"人是理性的动物"[③]的说法，认为人性是有别于动物的美好的品德东西，而"德性非他，乃是一种美善"[④]。奥古斯丁则从灵魂入手，论述了德性问题。他继承了传统博雅教育思想，不仅认为人的灵魂高于身体或肉体，而且认为人的"灵魂需要知识和德性"[⑤]，因为"我们赖以正直生活的美德，乃是大善"[⑥]。此美德就是传统博雅教育家所说的"节制"，即"拥有自己的度"。奥古斯丁认为"年轻人的生活要确立在戒律上"[⑦]。这种"戒律"不是来自外界、强制性的，而是来自每个人的内在，是自愿性的。也就是说，人们要保有"节制"的美德。

奥古斯丁有两句名言，即"节制是众美德之母"，人的"幸福并不在于他拥有这些事物，而在于他心里的节制和适度"。奥古斯丁引古罗马国王图利乌斯的话解释道："节制，即谦恭和自制，是最大的美德。"[⑧]于是，在传统博雅教育家所说的美德里，奥古斯丁又补充了包含"谦逊""虔诚"意义的"自制"。或者说，与以古希腊柏拉图为代表的传统博雅教育家倡导的"节制"相比，此时奥古斯丁更加明确地把"自制"单列出来，加以突出，认为"德性中更大更美的部分称为'自制'和'节制'"[⑨]。而对"自制"的强调就是充分肯定人的自我意志对于人的重要性。不

---

① 〔古罗马〕奥古斯丁：《论秩序：奥古斯丁早期作品选》，石敏敏译，中国社会科学出版社2017年版，第224、106页。
② 〔意〕圣多玛斯·阿奎纳：《阿奎纳著作集：论万物》，吕穆迪译述，安徽人民出版社2013年版，第7页。
③ 〔意〕圣多玛斯·阿奎纳：《阿奎纳著作集：宇宙间的灵智实体问题》，吕穆迪译述，安徽人民出版社2013年版，第44页。
④ 〔意〕圣多玛斯·阿奎纳：《阿奎纳著作集：论真原》，吕穆迪译述，安徽人民出版社2013年版，第154页。
⑤ 〔古罗马〕奥古斯丁：《论自由意志：奥古斯丁对话录二篇》，成官泯译，上海人民出版社2010年版，第17页。
⑥ 〔古罗马〕奥古斯丁：《恩典与自由》，奥古斯丁著作翻译小组译，江西人民出版社2008年版，第86页。
⑦ 〔古罗马〕奥古斯丁：《论秩序：奥古斯丁早期作品选》，石敏敏译，中国社会科学出版社2017年版，第111页。
⑧ 〔古罗马〕奥古斯丁：《论秩序：奥古斯丁早期作品选》，石敏敏译，中国社会科学出版社2017年版，第24、43页。
⑨ 〔古罗马〕奥古斯丁：《论秩序：奥古斯丁早期作品选》，石敏敏译，中国社会科学出版社2017年版，第20页。

要迷失自己、找到自己是基督教神学家谆谆教导人们的警句。因此，认识自己、统摄自己，也是基督教神学家认为受过自由人教育、拥有美德的自由人最重要的品质。对此，奥古斯丁论证道：理性统治并管理着万物，包括已知的和未知的事物。人失去理性、心智蒙昧，这种错误的主要原因在于人不认识自己。为了能够认识自己，人必须持之以恒地养成一个习惯，就是不断地从感觉事物中撤回，将自己的灵魂集中于自身，专注于那里。只有那些在独处中明确标出日常生活过程中所形成的意见陷阱，或者通过博雅知识来纠正它们的人，才能做到这一点。因此，哲学是我们真正安宁的居所。①

五、内在生活

与传统博雅教育思想相比，以奥古斯丁为代表的基督教神学家把"认识自己"向前推进了一大步。这突出体现在两点：一是进一步深入洞悉了潜藏在内心深处的自己；二是开创了如何认识自己的独特方式——祈祷或独白。

在与动物的比较过程中，费尔巴哈曾明确提出人所"具有的两重生活"，即"外在生活"与"内在生活"。前者指的是外在于人内心的生活，后者指的是人内心的生活。他议论道："动物只有单一的生活，而人却具有两重的生活……人的内在生活，是对他的类，他的本质发生关系的生活。人思维，其实就是人跟自己本人交谈、讲话。没有外在的另一个个体，动物就不能行使类的智能。而人，即使没有另一个人，仍旧能够行使思维、讲话这种类的职能。因为，思维、讲话是真正的类的职能。人本身，既是'我'，又是'你'；他能够将自己假设成别人，这正是因为他不仅把自己的个体性当作对象，而且也把自己的类，自己的本质当作对象。"②费尔巴哈所说的"内在生活"是早期基督教神学家非常注重的。他们穷其一生孜孜以求的就是探究内在的自己。奥古斯丁对此深有体会，他认为每一个基督徒都是上帝的殿，上帝的灵住在他们心里。当我们被要求"进入内屋里祷告，所谓内屋，就是我们心灵最深处。之所以如此要求，不外乎上帝并不需要靠我们的话提醒或告知，以便给予我们所欲求的东西。说话者通过发出清晰的声音这种外在符号，表明他想要的东西。但是寻求上帝、向上帝祷告是在理性灵魂的隐秘之处，那里被称为'内在的人'（homa interior）。他希望这地方成为他的殿"③。

---

① 〔古罗马〕奥古斯丁：《论秩序：奥古斯丁早期作品选》，石敏敏译，中国社会科学出版社 2017 年版，第 61-79 页。
② 〔德〕费尔巴哈：《基督教的本质》，荣震华译，商务印书馆 1984 年版，第 30 页。
③ 〔古罗马〕奥古斯丁：《论秩序：奥古斯丁早期作品选》，石敏敏译，中国社会科学出版社 2017 年版，第 148-149 页。

"内在的人"是相对于"外面的人"而言的。前者所能做的就是探究自己、认识自己。奥古斯丁曾议论道:"当很多事情在我心里翻腾,当一连好些天我孜孜探寻我的自我,我的善,以及那该摈弃的恶,总有一个声音在对我说话——它是我自己,还是内在或外在于我的别的某物,我尚不知道,因为它正是我要力图发现的。"①显然,"内在的人"追求的是如何完善自己、成就自己,使自己成为一个具有美德的幸福人。奥古斯丁认为:"寻求最高的和谐,不要走到外部,要回到你自己。真理就住在内在的人里面。如果你发现你的本性是可变的,超越自己。但要记住,在超越时你也必须超越作为理性灵魂的你自己,走向理性之光被点燃的地方。"②因此,相比较而言,"内在的人"对于人更重要,它是人之为人的东西。每一个有健全理性的人所要获得的就是"内在的人"。阿奎那认为,"内在的人"的获得,要依靠万能的上帝。他说:"神学界有两句名言说:人师教人,是献勤于外,上帝教人,是功效在内,犹如医师治病,也是辅佐自然,献勤于外。"③

"内在的人"在寻找自己、认识自己时所使用的最佳话语是自言自语或无声的独白,其方式是祈祷。正如奥古斯丁所说:"当我们祷告时,并不需要说话,即不必说出清晰的词,除非是祭司,或许要说某些词表明他们心里的思想,但不是为了让上帝听见",而是为了叫自己听见,使自己进入回忆、内省之中。④"我自问自答,好像有理性和我两个人似的,其实只有我自己。"⑤为此,奥古斯丁留下了许多独语录、祈祷词。他进一步解释说:"因为我们正在独自同我们自己说话,所以我选择了'独语'这个名字,它肯定很新鲜,也许还很笨拙,但却颇为适当地指明了它的目的。因为,一方面,追求真理,没有比问和答更好的方式了,另一方面,几乎没有人在争论中失败会不觉羞愧,结果就常常发生这样的事,一个讨论主题很好地开始,却因为自负思想的难以控制的聒噪,也夹杂着通常是隐蔽着但也时有表露的感情伤害,而被置之度外——因为这些原因,我乐于依靠上帝的帮助,在平静和宜的

---

① 〔古罗马〕奥古斯丁:《论自由意志:奥古斯丁对话录二篇》,成官泯译,上海人民出版社2010年版,第3页。
② 〔古罗马〕奥古斯丁:《论秩序:奥古斯丁早期作品选》,石敏敏译,中国社会科学出版社2017年版,第253—254页。
③ 〔意〕圣多玛斯·阿奎纳:《阿奎纳著作集:论万物》,吕穆迪译述,安徽人民出版社2013年版,第309页。
④ 〔古罗马〕奥古斯丁:《论秩序:奥古斯丁早期作品选》,石敏敏译,中国社会科学出版社2017年版,第149页。
⑤ 〔古罗马〕奥古斯丁:《论自由意志:奥古斯丁对话录二篇》,成官泯译,上海人民出版社2010年版,第66页。

气氛中，通过自问自答来探寻真理。"因为"一个渴望掌握智慧的人应是怎样一种人，智慧之被知觉，不是靠身体感觉，而是靠心灵"，一个人要记录下"思想过的一切"，"不能靠别人代劳，因为它们要求真正的孤独"。[1]可见，奥古斯丁采用这种"自问自答"的独语的根本原因是出于理性灵魂"内在的人"内省的需要。其自传体小说《忏悔录》是我们理解奥古斯丁所说"内在的人"的最深刻、最有力、最独特的一把钥匙。

《忏悔录》的基本内容是由祈祷者"我"对上帝所说的话，即祈祷构成，最普遍存在的话语模式是以祈祷方式呈现出来的"我"与上帝之间的对话，其最大功能是表现文本内与文本外祈祷者"我"的自我意识和自我探索精神。[2]这集中体现在以下三个方面，即在上帝面前思考上帝、在自身内探索、反观内在的我。奥古斯丁在与上帝讨论、对话的过程中逐步获得了对《圣经》的理解。这种理解的对话性凸显了一个拥有独立思想的"我"的形象：他在向上帝剖析自己的同时，总是保留着自我。由此，我们看到了"奥古斯丁的我思"（Augustinian Cogito），即"奥古斯丁疑问式论辩"所"呈现的最强的正式论辩形式"[3]："在上帝面前思考上帝。"[4]其实，自我意识的萌生，自觉的内省意识是奥古斯丁之所以向上帝祈祷的内在根本原因。"我自己""我是谁""我是怎样一个人"[5]是奥古斯丁与上帝的中心话题。他不断反观内在的我，探寻"内在的我"[6]。这个"内在的我"的主宰就是人的自由意志，是人之自我认识。

奥古斯丁之后，人们认为"奥古斯丁对于西方思想史异乎寻常的影响，常被说成是因为他在中世纪占据着主导地位。西方基督教神学家都明确以奥古斯丁的理论作为自己的前提。奥古斯丁死后，欧洲由于书写材料的缺乏和能够阅读的读者稀少，刊行的图书寥寥无几。但据估计，在将近1000年的时间里，奥古斯丁的著作被刊行之多，远远胜过其他人著作，仅次于《圣经》"[7]。

---

[1]〔古罗马〕奥古斯丁：《论自由意志：奥古斯丁对话录二篇》，成官泯译，上海人民出版社2010年版，第43、66、3页。

[2] 关于《忏悔录》里的独语，笔者已有专论，兹不赘述，见拙作《祈祷：一种独特的对话性叙述——奥古斯丁〈忏悔录〉的修辞叙事学分析》，《广东外语外贸大学学报》2015年第3期。

[3] 哈瑞认为被人们称作的"Augustinian Cogito"，与"Cogito ergo sum"，即17世纪笛卡儿提出的"我思故我在"（I think therefore I am）相似。见 Haren M. Medieval Thought. London: The Macmillan Press, 1992, 47-48.

[4]〔苏联〕巴赫金：《文本、对话与人文》，白春仁等译，河北教育出版社1998年版，第1页。

[5] Pusey E B. The Confessions of St. Augustine. New York: E. P. Dutton & Company, 1950, 193.

[6] Pusey E B. The Confessions of St. Augustine. New York: E. P. Dutton & Company, 1950, 220.

[7]〔美〕沙伦·M. 凯、保罗·汤姆森：《奥古斯丁》，周伟驰译，中华书局2002年版，第107页。

第三章 热爱自己：古罗马时期的自由艺术

小　　结

　　以西塞罗、塞涅卡、昆体良、奥勒良、普罗提诺、阿塔那修、奥古斯丁和波爱修斯为代表的罗马人不仅直接继承了柏拉图所倡导的"自由人教育"思想，而且以人文主义传统的形式将其传到欧洲。诚如美国当代博雅教育者卡宁汉姆、赖希所说："是希腊人的统治者而不是希腊人，使希腊思想在古代世界得以传播，并相传至今""尽管罗马人对希腊的统治结束了古典时代的辉煌，另外它却通过把希腊文化融入西方人文传统中而使其得到永恒"。尤其是奥古斯丁在理性方面对他以后的西方文化史影响深远，我们对此无论怎么评价似乎都不过分。他在基督教内部的影响更是无人能比。许多"教条在由马丁·路德（圣奥古斯丁会的天主教教士）和约翰·加尔文领导的新教改革中重新得到有力的加强。约翰·加尔文是奥古斯丁神学著作的一位热心的读者"[1]。文艺复兴时期以彼特拉克为代表的人文主义思想深受奥古斯丁基督教人文主义影响。[2]正是奥古斯丁以祈祷的形式在上帝面前坦露心迹，一个"内在的我"形象才得以充分展示在世人面前，成为人们可以自我观照、自我发现的一面镜子，并映照出了千年之后"人成为精神的个体"[3]的文艺复兴时期。也许正是在这个意义上，17世纪的笛卡儿（René Descartes）从奥古斯丁的"我思，故上帝在"点化出了"我思，故我在"。[4]

---

[1] Cunningham L, Reich J. Culture and Values: A Survey of the Humanities. Wandsworth: Cengage Learning, 2010, 4, 172.

[2] Fiero G K. Landmarks in Humanities. New York: McGraw-Hill Company, 2006, 221-222.

[3] 〔瑞士〕雅各布·布克哈特：《意大利文艺复兴时期的文化》，何新译，商务印书馆1979年版，第143页。

[4] 〔法〕弗朗西斯·费里埃：《圣奥古斯丁》，户思社译，商务印书馆1998年版，第116-118页。

第四章　学科建构：15世纪意大利人文教育

古罗马时期是西方博雅教育发展史上关键性的桥梁。它"留给我们一份双重的遗产。罗马接受了希伯来文化的宗教思想，又将这种思想与希腊文明融为一体，传给欧洲"①。而古罗马人奉献给西方文明最美好的礼物是古希腊文化。他们继承并传播古希腊的人文主义，后者在文艺复兴时期大放光芒，并照亮了理性的时代。②之后，古老的西方博雅教育经历了一个相对沉寂的中世纪时期。然而，漫长的沉寂也预示并孕育着更大、更强烈的爆发。古老的西方博雅教育历史生成的过程已经充分证明两点：一是宗教信仰对于人类文明的意义——人们相信最初的神都存在天上，有异常强烈的光线。因此，当人类开始仰望天空时，他的心灵世界便拓展了。宗教信仰的笃信与恪守，培育并坚固了人身上的神性、理性。二是整个西方文明的连续性——无论历史时期或国家、民族、朝代如何更替，无论文化如何嬗变，承传自两河文明的西方文明整体都具有一贯性，优秀文化传统代代相因。于是，我们得以看到中世纪产生的对整个人类文明发展具有重大推动作用的大学。并且，素来以培养具有美好人性的自由人为宗旨的古老自由人教育或人性学问穿越时空，与以培养教育人为基本宗旨的早期大学联系起来，从而进一步催化了近现代以来学问或学科意义上西方博雅教育的正式诞生。本章，我们拟分五节，聚焦15世纪意大利的人文教育，通过对七艺与大学教育、古代文化再生、人文教育兴起、多元文化身份、自我救赎等问题的分析和阐释，探讨文艺复兴时期以人文主义思想为核心的人文教育思想及其实践的特质，同时也将关涉其生成的历史和文化原因等。

---

① 〔英〕怀海特：《教育的目的》，徐汝舟译，生活·读书·新知三联书店2002年版，第133页。
② Matthews R T, Platt F D. The Western Humanities. New York: McGraw-Hill Company, 2007, 137.

第四章　学科建构：15世纪意大利人文教育

第一节　七艺与大学教育

公元3世纪，罗马帝国的势力开始衰落，公元5世纪加剧，公元476年，西罗马帝国灭亡。与之相适应的古希腊罗马文化的承传亦受到了很大影响，加之奥古斯丁对古希腊文化的批判，在一定程度上也影响了人们对它的接受度。当代西方博雅教育家拉姆曾论证道："奥古斯丁的历史哲学至少造成了另一个严重后果。假如《上帝之城》里的最初人员只能在希伯来人里找到，那么，他们自己就知道真理。这样一来，所有其他学问——例如有关希腊的就是错误的而且不必被学习的。对希腊罗马遗产的这种谴责，祸害西方文明的发展长达数世纪之久。"[1]然而，罗马文明却始终没有消失；许多物质文明遭受到摧残，但是一些关于1000年后的文艺复兴的研究得以完整地保存了下来。而且，罗马的法律、语言、组织等都被罗马教会在拓展其势力范围以填充权力真空的过程中所吸收。事实上，在罗马帝国日渐衰微的公元4世纪和5世纪，基督教继续得到发展，影响不断扩大，这也与奥古斯丁分不开。他的《上帝之城》的写作始于公元412年。书中有关上帝本质、创世纪、自由意志、教会一贯正确和历史哲学等信念构成了整个中世纪后期欧洲文明的支柱。奥古斯丁之后，罗马教会取代了作为西方文明统一力量的帝国罗马，却尚没有与之相对应的世俗权威力量能够组织、控制和管理辽阔的疆域。于是，中世纪的欧洲变成了形形色色、聚集在一起的采邑封地。封建主义制度直到公元10世纪才得以完全发展建立。而在欧洲中世纪早期（500—800年），西方博雅教育历史上最引人注目的现象就是约公元500年的七艺，以及随之兴起的大学教育。本节，笔者拟从查理曼皇宫学校、三学科制与四学科制两个问题的考察入手，比较深入地探讨二者与西方古老的博雅教育思想及其实践之间的紧密联系，以及其功能、价值和意义。

一、查理曼皇宫学校

查理大帝（Charles the Great）被后世称为查理曼，于公元800年圣诞节那天在罗马的圣彼得巴西利卡内被教皇利奥三世加冕为罗马帝国皇帝。"这一行为标志了罗马帝国在西方的复兴。"[2]加冕称帝后不久，查理曼开始在整个西欧复

---

[1] Lamm R C, Cross N. The Humanities in Western Culture: A Search for Human Values. New York: McGraw-Hill Company, 1996, 110.

[2] Cunningham L, Reich J. Culture and Values: A Survey of the Humanities. Wandsworth: Cengage Learning, 2010, 65.

兴罗马的文学、法学和艺术。这种复兴的努力包括用优雅的圆体字复制大量的古代抄本，当时用的字体后来为15世纪的人文主义者所使用。事实上，查理曼执政时期是中世纪早期最为重要的政治时期和人文主义时期。它使欧洲文化自罗马帝国衰落以来第一次为光明照亮。查理曼之前，行进中的西方博雅教育似乎停止了——人类似乎又回到了苏美尔文明早期：教会、领主制度以及封建制度诸种狭隘的限制，筑起层层高墙，将人类精神围困其中。创造性活动和思想的自由几乎不为人知，读书识字在西欧成为罕见的事，查理曼本人就不会写字，甚至"读书几乎不为人们所知，因为大多数人是文盲，其中包括为数众多的传教士。文盲状态和足不出户同样也意味着，外部世界的消息几乎从来没有进入过庄园封闭的微观世界"[1]。

尽管一些僧侣抄书者使文学保守的传统得以保存，但是能看的书很少。以往的学问已很罕见，仅仅在某些修道院里还保留着从古罗马传下来的博雅教育的古老传统。登基后的查理曼对这种现状深感忧虑，认为他管辖下的主教管区和修道院以内，"除了必须维持修道院生活的秩序并进行神圣的宗教活动外，更应当对于上帝赋予学习才能的人，按照每个人的才能大小，热心地教他们读书认字……因为虽然正确的行为比知识还好，但是先有知识，后有行为"[2]。于是，他把全欧洲的学者请到皇宫，创办了和苏美尔人"泥板屋"相似的"皇宫学校"，并下达了一系列通令、通函，让僧侣"召集一些孩子们，不单是依附人的子弟们，并且包括自由人的孩子们。要设立学校以教育儿童识字。在每个修道院或主教区中，都要将赞美诗、字模、诗歌、日历、文法与天主教的书籍细加校正"[3]。查理曼的统治使修道院生活、礼拜仪式、音乐和教育走向正轨。他要求在其帝国中的所有教堂使用罗马赞美歌，特别是他聘请英国人阿尔琴（Alcuin）为年轻人建立了一个教育体系。阿尔琴认为，人文知识的学习应该包括那些有助于提高逻辑能力和增加科学知识的学科。他收集古代的手稿，参照古希腊人和古罗马人的做法，为学校建立起一套课程。正是在此基础上，后来中世纪的教育发展出两个学科群，作为上大学前所有学生学习的必修学科：低级学科（语法、修辞和逻辑）和高级学科（算术、几何、音乐和天文）。二者也分别被称为"三科"（trivium）、"四艺"（quadrivium）教育，或者被统称为"七艺"。中世纪早期的教育基本局限于七艺。美国当代博雅教育者卡宁汉姆

---

[1] Cunningham L, Reich J. Culture and Values: A Survey of the Humanities. Wandsworth: Cengage Learning, 2010, 67.
[2] 夏之莲：《外国教育发展史料选粹》上，北京师范大学出版社1999年版，第144页。
[3] 夏之莲：《外国教育发展史料选粹》上，北京师范大学出版社1999年版，第145页。

和赖希认为:"这些科目从中世纪起直到今天都是学校课程的主干(现在多被忽视了的'古典教育'就基于这一基本的学习计划)。"[1]

从所开设的课程科目来看,七艺与柏拉图所说的人性学问或自由人教育基本一样。然而,各个课程所具体实施的内容大相径庭。其实,在查理曼大帝倡导之前,七艺课程的数量是固定的,"内容在古代学问衰落的过程中也标准化了,整体构想主要源于一位叫作马提雅努斯·卡培拉(Martianus Capella)的人于5世纪早期所写的著作"[2]。学校基本上开设在早期修道院和大教堂中,"课本很少,内容也很简单,主要是多纳图斯(Donatus)和普里西安(Priscian)所著的拉丁语语法以及一些基础性的读物、波爱修斯写的逻辑学手册以及算术和音乐、一本修辞学手册、几何学方面最基本的命题,以及一本像圣比德(Venerable Bede)所编写的那样的实用天文学大纲。当然,希腊时代的东西什么也没有留下来"[3]。然而,随着托勒密(Claudius Ptolemaeus)天文学、欧几里得(Euclid)著作全集以及亚里士多德著作逐渐为西方人们所知,七艺课程内容贫乏的现象得到了巨大改观。在学习过程中,人们所使用的教材也基本上从古希腊罗马文化里选取。例如,学生学习语法时,先是从拉丁语法学家普里西安的文章中摘录一些出来,然后再选择一些拉丁散文作家的作品段落,即主要从西塞罗、斯塔提乌斯(Statius)、奥维德(Publius Ovidius Naso)、卢坎(Lucan)和维吉尔的作品中摘取一些段落;学习修辞术时,采用西塞罗的作品(有时也采用昆体良的《雄辩术原理》);学习逻辑时,则阅读波爱修斯关于亚里士多德的一些拉丁语译本;学习几何时,采用的是欧几里得的欧式几何;学习天文学时,采用的主要是罗马人普利尼(Plinius Secundus)的书籍,同时也参考圣比德的著作。

至于具体的学习方法,学生对所有科目的学习基本上是死记硬背,教师则基本上沿用古希腊罗马人的教学方法。例如,辩证法不仅一直是七艺里的一门重要课程,而且是教师教学的基本方法。"辩证法"一词在古希腊语境中最初的意思是"谈话的艺术",公元前5世纪增加了"技艺"意思,这意味着辩证法是一种基于严密的推理而得出有逻辑的结论的技艺。柏拉图的《理想国》把辩证法作为"哲学王"的一个目标,在《欧绪德谟篇》里柏拉图明确指出它是一门学问。亚里士多德认为,辩证法包含了通往所有问题原则的道路。罗马之后,漫长的中世纪,辩证法常常表

---

[1] Cunningham L, Reich J. Culture and Values: A Survey of the Humanities. Wandsworth: Cengage Learning, 2010, 23.
[2] 〔美〕查尔斯·霍默·哈斯金斯:《大学的兴起》,梅义征译,上海三联书店2007年版,第18页。
[3] 〔美〕查尔斯·霍默·哈斯金斯:《大学的兴起》,梅义征译,上海三联书店2007年版,第18-19页。

示逻辑学。查理曼复兴七艺教育后，人们逐渐复活了古代七艺课程意义上的辩证法，采用亚里士多德辩证推理的方式或逻辑学方法教学。

查理曼的皇宫学校及其七艺教育并不仅仅只集中于亚琛的皇家学校里，也遍布于修道院和城镇，甚至乡村的教区教堂也尝试开设学校。例如，在夏尔特尔和奥尔良的大教堂学校里，"人们热情地研究着古代作家的作品，用拉丁文创作诗歌，且文章质量非常高，一种真正的人文主义精神在此得到完整的体现。这些诗人中的一位，勒芒的希尔德伯特主教（Bishop Hildebert of Le Mans）的一些作品甚至被后期的人文主义者误认为是'真正的古代作品'"[1]。整个法兰克帝国由此逐渐发展起一套学校的体制，公元798年的一项法令要求主教和乡村牧师为孩子们开办学校。[2]

历史事实证明：查理曼的努力并不完全成功，推行这一振兴教育的计划在当时落后的欧洲是一种理想，在多地没能实现，欧洲又回到暴力与无知中。而且，查理曼创办的皇宫学校并未产生大量原创性思想。尽管如此，它是自古典文明衰落以来第一个学术研究和七艺教育中心，带来了历史上著名的加洛林文艺复兴。此复兴昭示了欧洲的文明之光并没有熄灭。查理曼所推行的教育就像一束曙光，使蒙昧的人们逐渐意识到文字材料无论是对宗教活动还是对丰富精神世界都是必要的。僧侣更是把对《圣经》的学习作为一生的工作，并由此重视相关学科，如语法、逻辑的学习。从公元7世纪开始，抄写、校正手稿，以及为它们制作插图成为僧侣在修道院生活中的重要部分。他们认为，以扫盲、普及知识为目的的古希腊罗马文学是学习《圣经》的基础，语法的学习可以帮助人们了解写作的规则，逻辑学的学习能够帮助人们分辨对错，而辩证法的学习更有益于人们对神学和哲学的研究。人们越来越多地使用那些可以用像演绎法三段论这种逻辑模式进行表达的词汇，并按照逻辑的形式讲解基督教的教义。于是，分析、定义和词义解释的学习成为人们研习《圣经》的基础，由此经院哲学在中世纪得到了飞速发展，并主宰了欧洲的知识生活。"到12世纪文艺复兴时，由于托勒密天文学、欧几里得著作全集以及亚里士多德逻辑学的重现天日，为西方人所知，人文学科内容贫乏的现象才有了很大的改观。"[3]12世纪后期，七艺教育被看成神学学习的入门课，它的直接影响就是人类历史上最早的文化体制——大学的兴起。

---

[1]〔美〕查尔斯·霍默·哈斯金斯：《大学的兴起》，梅义征译，上海三联书店2007年版，第19页。

[2] Adams L S. Exploring the Humanities: Creativity and Culture in the West. Upper Saddle River: Pearson Prentice Hall, 2005, 115.

[3]〔美〕查尔斯·霍默·哈斯金斯：《大学的兴起》，梅义征译，上海三联书店2007年版，第19页。

二、三学科制与四学科制

西方当代文明的许多做法都起源于中世纪,其中可以追溯到中世纪的最著名同时也是影响最广的是文化体制,它的标志就是大学的兴起。中世纪早期,包括查理曼创办的皇宫学校在内的学校总是和位于乡村的修道院联系在一起。与从两河流域泥板屋毕业的学生一样,那些在修道院或教堂学校里修完自由艺术课程的学生可以在行政或教会机构找到工作,担任律师、职员或管理者。随着12世纪后期和13世纪早期城市生活的复苏,这种情形发生了变化。中世纪最大的城市——巴黎的人口达到了30万人。[①]城市生活的日益复杂产生了对知识阶层的需要。这个阶层作为管理者和行政官员,为城市生活服务。这意味着城市学校除了要提供基础教育外,它的另一个目标是培养一个受教育的阶层,支持社会经济结构。而查理曼的七艺教育引发了人们对古代文化的孜孜以求。1150—1250年,欧洲人经由阿拉伯世界,引进了以亚里士多德著作为代表的大量古代典籍以及科学和数学资料。巴黎、波伦亚等城市逐渐成为教育、知识的中心。通过重视语法、修辞、辩证法学习的七艺教育,欧洲逐渐培养了一批学者。他们开始对一些纯学术问题进行深入、系统的探究。其中,神学家和哲学家开始把修辞、逻辑原理应用于对哲学和神学的研究。例如,阿伯拉尔(Pierre Abélard)在其著作《是与非》里,把涉及神学问题的各种有冲突的观点与《圣经》和教父们相互抵触的思想放在一起,然后试图对它们之间明显的不同之处进行深入的思考和调和。"这种方法后来被加以完善和程式化,成为经院哲学。之所以起这个名字,是因为它是一种学校的方法,一种在最初的大学学者团体中使用的方法。"[②]

由于城市的兴起、古代文化的复苏,以及经院哲学的发展,以大学为代表的欧洲正常的教育机构得到了快速发展。12世纪出现了现代意义上世界最早的大学教育机构。诚然,古希腊罗马人在法律、修辞和哲学等方面的教学成就迄今都很难超越,虽然古希腊人和罗马人的自由人教育类似于我们今天的高等教育,但是与现代意义上的大学是两个并不相同的概念。这些教育都未被组织起来,并未建立起长期性的教育机构。"只是到12和13世纪,在世界上才出现了那些我们非常熟悉的有组织的教育的特征,包括由全体教员、学院、课程、考试、毕业典礼和学位组成的教育体系。所有这些,我们所继承的遗产不是来自雅典和亚历山大,而是巴黎和博

---

① Lamm R C., Cross N M. The Humanities in Western Culture: A Search for Human Values. New York: McGraw-Hill Company, 1996, 79.

② Cunningham L, Reich J. Culture and Values: A Survey of the Humanities. Wandsworth: Cengage Learning, 2010, 267.

洛尼亚。"[①]1100—1200年，世界上最早的大学在巴黎和博洛尼亚出现。当时"大学"这个词仅简单表示行会或合作的意思。它们或者由教师建立，如巴黎大学始于教师形成的类似行会的合作组织，最初的意图只是教师要对"教学"这一职业进行质量控制，使学生能信赖他们的照顾；或者由学生建立，如学生组织了波伦亚大学，目的是想以最优惠的方式雇到最好的教师。在教育发展的这一阶段，学识渊博、声望高的教师对于大学意义重大。例如，巴黎大学和阿伯拉尔的名字分不开，就像经院哲学和托马斯·阿奎那的名字分不开一样。大学的教师往往来自欧洲各地，体现了鲜明的国际性。巴黎大学著名的教授并不都是法国人。著名学者吸引了学生从欧洲各地来巴黎大学学习。12世纪末，巴黎成为欧洲知识中心，它的大学教育影响了欧洲其他国家的教育。12世纪，英国先后建立了牛津大学、剑桥大学。中世纪结束时，遍及欧洲各地的大学大约有80所。[②]

尽管早期大学使用的唯一语言是拉丁语，并且"在这个时期普通教育学科和高等教育学科之间没有明显区别，课程的基础是七艺"[③]，但是它们所开设的课程并非仅仅只有七艺，特别是其内容更加广泛地涉及古希腊罗马文化。例如，"1254年巴黎大学的课程中，有亚里士多德的伦理学、形而上学，以及各种有关自然科学的论著。对但丁来说，亚里士多德由于其方法的普适性以及无所不包的学问，已经成为'所有知道他的人的导师'。作为'书本知识之父和评论者的祖师爷'，亚里士多德比任何其他学者都能激起中世纪的人们对教科书和规范思维的敬重"[④]。随着亚里士多德、欧几里得、托勒密和希腊医生的著作，以及罗马法文本、平面和立体几何方面的书籍大量传入欧洲，新的科学知识冲破了教会学校的束缚，为许多大学所吸收，科学崛起了，世界上相对独立的科学领域的专业甚至大学产生了。例如，11世纪中期，位于意大利南部的萨勒诺大学以医学著称，在此后大约两个世纪中，它一直是欧洲最有名的医学中心。获得正式授权、建于1158年的博洛尼亚大学有关罗马法的法律专业声名显赫。于是，整个中世纪的教育便和某种具体的职业联系在一起。大学教育的目的之一是把学生培养成修士、法学家、高级教士、医生、教士、教授等不同的职业者。可以说，当时大学里同时存在着以七艺为代表的西方传统博雅教育以及科学教育，这一点与我们现在大学教

---

① 〔美〕查尔斯·霍默·哈斯金斯：《大学的兴起》，梅义征译，上海三联书店2007年版，第1页。
② Lamm R C, Cross N. The Humanities in Western Culture: A Search for Human Values. New York: McGraw-Hill Company, 1996, 212.
③ 〔英〕博伊德、金合：《西方教育史》，任宝祥、吴元训主译，人民教育出版社1985年版，第153页。
④ Matthews R T, Platt F D. The Western Humanities. New York: McGraw-Hill Company, 2007, 159.

育设置相同。以巴黎大学为例,它设有四个学院,它们分别是博雅教育院、教会法学院、医学院和神学院(其中博雅教育院的教师人数要远远多于其他学院),每个学院都有一个院长,同时也设有医学、法律、神学和自由艺术等专业。"作为专业课程的前提条件,自由艺术课程设置,要遵循修道院学校的七种自由艺术课程设置模式,主要包括三学科制,即文法、修辞和逻辑,以及四学科制,即算术、几何、天文、音乐。此外,还特别包括亚里士多德著作的学习。"[1]而且,"在查理曼时期开始的并随着博洛尼亚和巴黎大学的建立而达到顶峰的知识复兴运动中,古代的古典作品是最重要的"[2]。用今天的术语来说,三学科即博雅教育科,而四学科的那些课程就是理科的课程。[3]实际上,今天欧洲一些最有声望的教育中心是 800 年前就已经创建的,诸如意大利的博洛尼亚大学、法国的巴黎大学、英国的牛津大学和剑桥大学等。其中,被公认为世界大学之母的意大利博洛尼亚大学是文艺复兴时期人文教育的发源地,其根源可以追溯到 11 世纪。中世纪的巴黎大学作为一个神学高等学府而闻名。由于神学在中世纪是最为重要的研究课题,神学院在大学中的地位也是最高的,巴黎大学成了欧洲北部大学的源泉和楷模。牛津大学是寄读于巴黎大学的英国学者在 12 世纪后期返回英国后建立的,剑桥大学成立稍晚。德国所有大学的成立时间没有一个早于 14 世纪,被公认都是仿照巴黎大学建立的。到中世纪末期,在欧洲各个地区至少建立了 80 所大学。就组织和目的而言,中世纪的大学和我们今天的大学之间还保持着明显的连续性,只是我们今天可以男女同校而已。自由艺术的课程、由学士经过硕士再到博士的学习经历与现在的也一样。[4]诚如对此有专题性研究的美国学者哈斯金斯所说:"20 世纪的大学是中世纪巴黎和博洛尼亚大学的直系后代却是不争的事实。它们是我们现今大学的源头和赖以发展的基础。"[5]

综上所述,两河流域泥板屋、古希腊雅典学院以及中世纪皇宫学校、七艺和大学教育充分表明:尽管具体名称不同,但是自由人教育、人性学问、自由艺术、通识教育、七艺等,都与教育密不可分,并且具有一脉相承的延续性。

---

[1] Lamm R C, Cross N. The Humanities in Western Culture: A Search for Human Values. New York: McGraw-Hill Company, 1996: 217.

[2] Matthews R T, Platt F D. The Western Humanities. New York: McGraw-Hill Company, 2007, 37.

[3] Lamm R C, Cross N. The Humanities in Western Culture: A Search for Human Values. New York: McGraw-Hill Company, 1996, 214.

[4] Lamm R C, Cross N. The Humanities in Western Culture: A Search for Human Values. New York: McGraw-Hill Company, 1996, 213.

[5] 〔美〕查尔斯·霍默·哈斯金斯:《大学的兴起》,梅义征译,上海三联书店 2007 年版,第 2 页。

大学是中世纪人类创造并留给后人的最珍贵的遗产之一，对于包括博雅教育在内的西方文化的发展意义重大。传统博雅教育、科学教育，以及教育的职业化、实用化，在丰富、充盈人们精神世界的基础上，引发了以古典文学、博雅教育思想的再生为标志的文艺复兴运动，促成了15世纪意大利学科意义上博雅教育的兴起。

第二节　古代文化再生

"文艺复兴"一词表示一个时代及其所固有的特征。这个词的出现几乎是在当时，而不是通常在过了很久之后才出现的。人们将文艺复兴时期视作古典文明的一种"生命重现"，即古希腊罗马文明既没有死亡，也没有遗失，这一文明只不过为人文主义者指称的"中世纪"那一千年所取代并部分吸收，中世纪位于罗马帝国崩溃与希腊罗马文明复兴之间的时段，它本身包含着一个关键的含义——"再生"。关于"再生"概念的历史是相当长的。它的出现是由于意大利人，特别是佛罗伦萨人，对他们的历史尤其是文化史进行思考的结果。其实，从14世纪起，在拉丁文著作和美术创作领域里，便出现越来越多的人指责从古代史结束到14世纪这段时期里的作品，认为这一时期是一个黑暗的时期，在这段时期里，没有修辞学、诗歌、雕塑和绘画作品。我们从彼特拉克、薄伽丘（Giovanni Boccaccio）、萨卢塔蒂（Coluccio Salutati）和布鲁尼（Leonardo Bruni）的文学作品，以及吉贝尔蒂（Lorenzo Ghiberti）、阿尔伯蒂（Leon Battista Alberti）等文艺复兴中期的艺术家和建筑家的作品里都能找到这种观点。例如，彼特拉克相信过去几个世纪是个黑暗时代，它与光明的古典时代形成鲜明的对比。他在史诗《阿非利加》中表达了祈愿："当黑暗被打破，未来的几代人会设法回归明朗光辉的古代。"[1]在他之后，许多人把自己的时代写成黑暗过后的光明、沉睡后的苏醒、死而复生或再生。例如，佛罗伦萨历史学家马泰奥·帕尔米埃里（Matteo Palmieri）在1436年写道："每一个有思想的头脑都应该感谢上帝让他生活在这个充满了希望和机会的新时代。这些希望和机会已经使如此多有才能的人们欣喜不已。他们的数量超过了过去上千年中这个世界曾经看到过的。"[2]可见，今天学者承认，在15世纪意大利的知识和文化生活中确

---

[1]〔英〕彼得·伯克：《欧洲文艺复兴：中心与边缘》，刘耀春译，东方出版社2007年版，第26页。
[2] Lamm R C, Cross N. The Humanities in Western Culture: A Search for Human Values. New York: McGraw-Hill Company, 1996, 73.

实出现了某种新的东西,当时的人们也意识到了这一点。而当时影响一时,且能吸引大量外国学者越过阿尔卑斯山脉到佛罗伦萨和意大利其他地方学习的,绝不仅仅只是文学艺术趣味、技巧变化,而是"复兴古代文学"的"新知识"。[1]至于文艺复兴开始和结束的时间,我们仍不能确定。直到17世纪,文艺复兴的思想尚存在于绘画、建筑和音乐中,但关于其结束时间,学者大多认为大致到18世纪初。总之,一般来说,文艺复兴是一种盛行于14—18世纪初以意大利为核心的文化思潮,其突出特征是"再生"。这集中表现在两个方面,即古代文化的再生、博雅教育思想的再生。本节,笔者论述的对象是古代文学的再生,拟就复兴古代文化、历史与民族意识、自我意识三个问题展开比较全面、系统、深入的探讨。

一、复兴古代文化

14世纪意大利人制定并创造了与他们生活方式协调的行为模式,其并不是从中世纪伦理形式继承下来的,而是吸收、容纳了古代多民族文化的结果,主要表现在以下五个方面。

(一)尊古

与以教士或僧侣阶层为主的中世纪一般国家不同,像古代罗马和希腊一样,意大利是以平民为主、拉丁文字普遍被运用的国家。而且,与古代社会相似,意大利是围绕着有强烈政治生活的城邦组织起来的。于是,为了探寻道德与都市社会生活之间的关系,意大利人较早地自觉转而向古代的哲学家、演说家、道德家和历史学家寻求指南。巴达萨尔·卡斯蒂利昂(Baldassare Castiglione)与拉斐尔(Raphael)曾谴责古罗马的建筑艺术被破坏,要求教皇陛下保护这座永恒的城市的古代遗迹,认为"它曾经存在过,并仍将继续存在下去。因为,如果一个人能够尊重那些仍能在罗马的废墟中看到的东西,尊重古人所具有的神赐天赋,那么,我们就有理由相信,很多我们认为是不可能的事情,对于古人来说却是天经地义的……让某些曾经存在过而今已消失的再复苏……因为罗马曾经如此高贵、如此强大,以至于人们相信她将永远耸立在天空下,高于一切命运,超乎自然,不会遭到死亡的厄运,并且注定万世长存"[2]。其实,早在13—14世纪,人们就普遍非常尊重古代的先哲,古罗马是许多人心目中人类辉煌的黄金时代。人们推崇塔西陀,"对古典的拉丁文和希腊文手稿的收集超过过去任何时代",彼特拉克和薄

---

[1] 《文艺复兴书信集》,李瑜译,学林出版社2002年版,第13页。
[2] 《文艺复兴书信集》,李瑜译,学林出版社2002年版,第14页。

伽丘是这股新潮流的先驱。①被称为"人文主义之父"②的彼特拉克声称自己特别受到柏拉图的影响,柏拉图是他的导师。他说:"即使柏拉图不拿出任何证据(注意我对他是多么敬畏),他的权威也会消除我的所有保留。"而西塞罗的话"是那么迷人而伟大,同真理完美地融合",因此,彼特拉克宣称自己"以西塞罗为师,如同西塞罗以柏拉图为师一样"。③当某些校订者想要通过给动词添加否定来改变本义,把西塞罗所说的"几乎我们所有人都被欺骗了,因为我们期盼着死亡"篡改成"因为我们不期盼死亡"时,彼特拉克予以严厉斥责。而当人们心灵混乱不堪时,彼特拉克告诫他们:记得你有塞涅卡有用的书信,以及他的《论心灵的平静》。④尊古的热潮一直延续到16世纪末。例如,当时帕拉迪奥(Andrea Palladio)建造了至今享誉世界的奥林匹克大剧院,1585年3月3日的首场演出是索福克勒斯(Sophocles)的《俄狄浦斯王》,人们认为只有它才有资格在此首演。当时著名学者菲利普·佩加费塔(Hilippo Pigafetta)对此赞不绝口,他说:"这样在世界上最著名的剧院中,世界上最著名的悲剧上演了","人们会认识到,这部悲剧创作的是如此之完美,如此的富于艺术性,更重要的,它又被如此优美地表演出来——它产生的影响可以消除我们这个最为谦和、勇敢和充满灵性的城市所遭际的痛苦"。⑤实际上,从中世纪后期开始,教皇就已经雇佣学者从事对古典著作的研究,这些学者逐渐对教廷文化产生影响。16世纪初,他们成为教皇周围的随从人员。例如,波焦·布拉乔利尼(Gian Francesco Poggio Bracciolini)到各地修道院图书馆搜书访古,布鲁尼在约翰二十三世时进入教廷工作。而在教皇尼古拉五世秘书厅里工作的人大多是古典学者。教皇不仅赞扬学者,崇拜书籍和不朽的艺术作品,喜欢古代陶器,而且赞助学者把重要的希腊文著作译为拉丁文,这一做法吸引了不少学者前来罗马。

(二)保护古代文化遗产

"彼特拉克、薄伽丘对古希腊罗马文学热衷,发现了西塞罗写给阿提库斯、昆图斯和布鲁图斯的书信。"⑥尤其是彼特拉克较早致力于收集整理遗失散落

---

① 〔英〕丹尼斯·哈伊:《意大利文艺复兴的历史背景》,李玉成译,生活·读书·新知三联书店1988年版,第123页。
② Fiero G K. Landmarks in Humanities. New York: McGraw-Hill Company, 2006, 2.
③ 〔意〕彼特拉克:《秘密》,方匡国译,广西师范大学出版社2008年版,第9、42、37页。
④ 〔意〕彼特拉克:《秘密》,方匡国译,广西师范大学出版社2008年版,第31页。
⑤ 《文艺复兴书信集》,李瑜译,学林出版社2002年版,第63页。
⑥ Whitfield J H. A Short History of Italian Literature. Detroit: Penguin Books, 1960, 77.

第四章　学科建构：15世纪意大利人文教育

的拉丁古籍手稿，并编校他喜爱的古典作家的著作。阿尔伯蒂则身体力行，15世纪50年代，在他的领导下，"人们对于整个古代的遗产全都进行了整理，阿尔伯蒂把探索辉煌的过去作为一种生活方式"①。书籍的传播向来是观念传播的重要途径，在文艺复兴时期之前尤其如此，因为当时的学术在很大程度上依赖于先行的权威，一切都依赖于书写文字的传播。所以，在保护古代文化遗产过程中，文艺复兴时期的意大利人很重视古人遗留下来的书面文本，认为古人以作品在散文和诗歌两方面为自己赢得了最高的荣誉②，而且给后人留下了一份珍贵的文化遗产。彼特拉克认为："真理不仅可以从哲人们的著作中发现，还可以从维吉尔这样的诗人那儿得到。"③于是，人们热衷于复原、出版并翻译古希腊罗马作品。自古罗马时代以来，在基督教统治多达11或12个世纪之后，异教徒的著作，特别是最流行的那些著作被数以千计的抄写员抄写了数千次。然而这些文本被严重地败坏了，即便是15世纪有了印刷术，这种问题依然存在。伊拉斯谟（Erasmus von Rotterdam）在致亨利·布洛克（Henry Bloch）的一封信里说：16世纪中叶之前，特乌斯教会的弥撒书和历书都是在巴黎印刷的，印刷工对于学问仅是一知半解，但是，每当他发现很多不合适之处存在时，他就要把所有的不合适之处都改正过来。很有可能，一种原始形式记录的章节业已被抄写者转换成了现在的版本，正如我们在阿姆布劳斯（Ambrose）和哲罗姆（Jerome）的注释本里经常发现的一样。④于是，重新修订、校勘古典文本成为一项非常急需且紧迫的任务。

（三）校勘古典作品

事实上，14世纪以来，许多古典学者以极大的热忱致力于恢复遗失的古代文献，认为关于语言演变的知识对于考订文献的真实性是必需的。通过对众多现存手稿的系统比较，他们尽可能完整地恢复古代文本原初的纯洁性，认为这一方面是虔诚、恭敬、做善事，古人因此会感激他们，另一方面也是为了古代的思想能对今天有用，从而"创立了一个现在被称为'文本校雠'（textual criticism）的学科。该学科主要的研究内容是比较不同的文献版本以确定哪个版本最正确或最具有权威性"⑤。例如，安德烈·拿瓦罗（Navagero Andrea）既是出版商，也是惜时如命的

---

① Cunningham L, Reich J. Culture and Values: A Survey of the Humanities. Wandsworth: Cengage Learning, 2010, 284.
② 《文艺复兴书信集》，李瑜译，学林出版社2002年版，第2页。
③ 〔意〕彼特拉克：《秘密》，方匡国译，广西师范大学出版社2008年版，第84-86页。
④ 《文艺复兴书信集》，李瑜译，学林出版社2002年版，第143页。
⑤ Matthews R T, Platt F D. The Western Humanities. New York: McGraw-Hill Company, 2007, 344.

学者，精通希腊语、拉丁语的他认为出版者要杜绝平庸之作、出古典优秀作品。为此，他致力于修复与修正古典作品的工作。他依据不少古代手稿校订了维吉尔、贺拉斯（Quintus Horatius Flaccus）、提布鲁斯（Tibullus）、奥维德等的作品，并且把长期以来散佚各处的西塞罗的部分著作，诸如《论演说家》《如何表达充分》《修辞的研究》等，根据早已被发现的古代手稿进行了精确的校勘，使得当时的学者有了更合适的修正版本。15世纪后期至16世纪初，著名的印刷人和出版人阿尔杜斯·曼努提乌斯（Aldus Manutius）盛赞安德烈·拿瓦罗可以与古人比肩齐驱，认为他"不仅是为了他自己，而且是为了别人的利益（正如柏拉图曾明智地宣称过的那样：我们不仅为自己而生，而是部分为了我们的故土，部分为了我们的父母，部分为了我们的朋友们）。所有那些人，我认为他们需要和平与平静，他们得从熙熙攘攘的人流中脱身，进入孤独的状态，就如同进入海港"，从而专注于自己。①

（四）翻译并出版古希腊罗马著作

阿尔杜斯·曼努提乌斯既是印刷商，又是古典学者。他学习希腊语，为古典学者的著作校出权威、可靠的版本。同时，他请专业古代文学者校稿，设计希腊字体。在1494年以后的大约20年时间里，他和他的儿子出版了亚里士多德的全部著作，以及柏拉图、品达（Pindar）、希罗多德、索福克勒斯、阿里斯托芬（Aristophanes）、色诺芬、德摩斯梯尼（Demosthenes）的著作，用当时最好的版本重新发行了拉丁文古典著作，并且还出版了但丁（Dante）、彼特拉克等同时代作家的作品。②伊拉斯谟在致他的一封信里称赞他说："您精湛的印刷技艺，样式之美无与伦比，非凡的学识和智慧，这些都使希腊和罗马的文学更加广为人知……你怀着极大的热情投身于优秀作品的复原与出版工作……你并没有获得相应的利润……你致力于一种最高贵的事业，比起对你自己，这事业对别人更有利……你正在编辑希腊语的柏拉图文集，而学术界正以极大的兴趣期待着这本书。"③由于安德烈·拿瓦罗和阿尔杜斯·曼努提乌斯这些人前赴后继的努力，"15世纪初叶，所有的希腊作家的作品都被人重新发现，并且全都被译成了拉丁文和意大利文"④。例如，布鲁尼翻译了亚里士多德的《政治学》。过去仅有极少数人能买得起的手抄本变成了易得的印刷品，读书、学习对所有人来说成为可能的事。而人们对拉丁语和希腊语世俗的文本

---

① 《文艺复兴书信集》，李瑜译，学林出版社2002年版，第5页。
② Cunningham L, Reich J. Culture and Values: A Survey of the Humanities. Wandsworth: Cengage Learning, 2010, 305-306.
③ 《文艺复兴书信集》，李瑜译，学林出版社2002年版，第2页。
④ Clogan P M. Medievalia et Humanistica. Cambridge: Cambridge University Press, 1977, 24.

尤其是西塞罗式散文风格文本的学习，冲击着中世纪神学占统治地位的课程。这种学习鼓舞人们摆脱中世纪末那些日常词汇和拉丁文法句式的束缚，积极吸收新事物。15世纪下半期，剑桥大学除了亚历山大、《小逻辑》，还有被称为"亚里士多德的老教条"（dictates）的东西及斯格图的疑虑。[①]此处的"斯格图"是苏格兰经院派神学家。而16世纪初期，随着数学、绘画、"新的亚里士多德"出现，"一些人开始熟悉了希腊作品和很多作家的作品，而在这之前，即使是最优秀的学者也不知道那些作家的名字"[②]。

（五）对古典作品的模仿与再创造

15世纪后期至16世纪，人们对古代的狂热崇拜引发了古希腊文学、艺术在文艺复兴时期的复苏。体现这种"复苏"的一个重要标志是此时人们不仅研究古代作品，还模仿它们进行再创造。例如，"但丁很重视亚里士多德，对维吉尔报以最大的热情"[③]。达·芬奇（Leonardo da Vinci）、米开朗琪罗（Michelangelo）、提香（Titian）等文艺复兴时期代表性艺术家都理解古典艺术的精髓，向古希腊人学习绘画。[④]彼特拉克在他的著作里大量引用荷马、柏拉图、西塞罗、维吉尔、贺拉斯、塞涅卡、奥维德的言语。除学习希腊语、收集古钱币、给许多古代贤哲写信、搜集誊写许多古代手稿外，彼特拉克甚至抛弃哥特式字体，模仿古人的字体，并撰写了一部带有学术研究色彩的古罗马将军大西庇阿的长篇拉丁史诗《阿非利加》，以及一系列关于古罗马伟大领袖的传记集《名人传》。

彼特拉克之后，布鲁尼、波焦追随着他，并在15世纪20年代，以西塞罗为典范，模仿他们认定的古罗马手稿创造了斜体。16世纪，人们模仿古代的热潮仍丝毫未减。例如，斯宾塞的史诗《仙后》模仿追随的分别是古希腊罗马两位最伟大的史诗诗人，即荷马和维吉尔。伊拉斯谟的作品《愚人颂》在他一生中印行了36版，除《圣经》外，这部著作是那一世纪拥有读者最多的书。而谈到自己为什么创作《愚人颂》时，伊拉斯谟解释说：这是因为古希腊人和罗马人也曾写了类似作品，如带给人们喜剧作用的德谟克利特的作品、复苏了的古老喜剧或是卢西安的讽刺文学[⑤]。直到17世纪，以蒙田为代表，人们"或者到古人的著作中去抄

---

① 《文艺复兴书信集》，李瑜译，学林出版社2002年版，第148页。
② 《文艺复兴书信集》，李瑜译，学林出版社2002年版，第148页。
③ Whitfield J H. A Short History of Italian Literature. Detroit: Penguin Books, 1960, 73.
④ Lamm R C, Cross N. The Humanities in Western Culture: A Search for Human Values. New York: McGraw-Hill Company, 1996, 304.
⑤ 《文艺复兴书信集》，李瑜译，学林出版社2002年版，第41页。

袭警句格言，就像《加图箴言集》、伊拉斯谟的《名言录》、亨利·埃蒂安纳（Henri Estienne）的《希腊人和拉丁人的道德格言》，或者像有些人那样，模仿塞涅卡《给卢齐利乌斯的信札》，写一些论道德的信札或文章，如西班牙人格瓦拉的《金色信札》，皮埃尔·德·梅西（Pierre de Messi）的《训诫大全》"①。其实，中世纪后期，罗马古典文化延续，诗人贺拉斯、维吉尔的作品都不断被阅读和模仿。罗马法传统在一些地区，如意大利和法国南部仍生机勃勃。恰如在古罗马，在12、13世纪的意大利城市，学习修辞学——以演说和信件进行劝说的艺术，成为人们从事法律和政治事业的必要准备。

二、历史与民族意识

由于专心致力于收集、整理和研究古代历史文献的古典学者逐渐学会了质疑第二手资料和识别不可靠的证据，开始理解行为模式和动机因素，尝试解释历史，而不仅仅是像中古编年史家那样按年代顺序记述历史，古代文化的复兴给人们的思想、世界观带来了巨大的影响，这突出体现在当时人们历史意识、民族意识和个体意识等方面的觉醒上，人们明确意识到人类是一个有自己历史的整体。被称为中世纪最后一位诗人、新时期第一位诗人的但丁不仅把自己所处时代与整个人类历史发展连缀成一个统一整体，而且把自己所属国家、民族与其他国家、民族联系起来，从而形成了自己独特的世界观念。他认为："人类社会是由各个国家和民族组成的整体"，"世界和平是头等大事"，"在世界君主的统治下生活是最自由的"，"为了给尘世带来幸福，一统的政体或帝国是必要的"，"我们所谓的一统天下的尘世政体或囊括四海的帝国，指的是一个统一的政体。这个政体统治着生存在有恒之中的一切人"，因为"人类服从一个统一的政体就能与上帝的形象最接近，它的存在也最接近神的意旨，而这意旨就是要人类幸福地生活"。②

文艺复兴时期人们所具有的人类统一整体、世界等思想观念突出体现在当时人们对语言的统一上。拉丁文作为文学语言，在拼写的规范化、固定的语法，以及丰富的词汇方面都具有巨大的优越性。复兴古代文学促进了拉丁语的发展，从中世纪后期至整个文艺复兴时期，拉丁语是文艺复兴时期欧洲通用的语言，特别是在15世纪享有至高无上的权威，是受过教育的人的通用语言。英国文学批评家威尔金斯曾研究指出："15世纪，相对于很少用意大利语写作的作品，人文主义的兴盛诱使

---

① 〔法〕蒙田：《蒙田随笔全集》上，潘丽珍等译，台湾商务印书馆1997年版，第17页。
② 〔意〕但丁：《但丁精选集》，吕同六编选，北京燕山出版社2004年版，第606-613、619-625页。

第四章　学科建构：15世纪意大利人文教育

意大利文人进入了专门或者说几乎专门使用拉丁语的时期，甚至传统形式的爱情抒情诗产品也很少。"①而法国人"蒙田熟知拉丁语犹如一种活的语言，很早就能阅读古代经典著作及用拉丁语写的各种现代作品"②。语言是思维的边界。统一语言所带来的是欧洲乃至世界一体的观念，以及人们对世界的渴望。关于这一点，文艺复兴后期表现得非常鲜明。古典学者往往也是世界主义者，如伊拉斯谟是人文主义者之父，也是一个世界主义者，他把整个欧洲作为家。

民族意识在文艺复兴时期人们的身上体现也十分鲜明。文艺复兴时期的人们重新发现祖先，把祖先视作能帮助他们重述人类价值的有血肉的真人。例如，彼特拉克在给西塞罗、维吉尔的信中，把他们视为同时代的人，分别称他们为父亲、兄弟。而但丁则比较早地明确以罗马人为祖先，认为罗马民族是天下最高贵的人。他曾议论道："人是因为具备美德才显得高贵，这倒不论是本人具备的美德还是先人具备的美德。因此，先哲亚里士多德在《政治学》中说：'高贵等于是美德加祖传财富'。尤文那尔说：'崇高的思想是唯一的美德'。这两个罗马民族是天下最高贵的人"，"罗马人生而治人"。③而要成为高贵的人，就需要向以古罗马人为代表的古代先哲学习。于是，但丁比较早地复兴了古代的诗歌创作。同时，他厚古不薄今，倡导用民族语言、俗语写作。他进一步论证道："用意大利语这种光辉的语言写作，正像我们在别的事情上的举止和衣饰一样是需要各按其类的，因为富有财产的人才能慷慨，品格高贵的人才穿紫衣，同样才识过人的人才能使用这种语言，别人不配。"虽然"意大利语形成的过程是缓慢的，它并不像法语等其他国家的语言发展那样快。但是到13世纪末，当它一旦出现时，就已具有相当成熟的形式了"。④这与但丁《论俗语》《神曲》等意大利论著的出现密不可分。但丁之后，"在佛罗伦萨至少已出现了一个典范的佛罗伦萨方言，这是意大利其他地方所无与伦比的，这就是为什么托斯卡纳语居绝对优势的原因"⑤。实际上，15世纪早期古代文学的复兴占据绝对统治地位，后期其依然是佛罗伦萨文化生活中的一种主要力量，但它不是专横和具有统治性的。当古典学者"仍然基本用拉丁语写作时，他们也相当容易地用意大利语写作，而且以多种方式显示了他们对早期

---

① Wilkins E H. A History of Italian Literature. Boston: Harvard University Press, 1974, 131.
② 〔法〕蒙田：《蒙田随笔全集》上，潘丽珍等译，台湾商务印书馆1997年版，第15页。
③ 〔意〕但丁：《但丁精选集》，吕同六编选，北京燕山出版社2004年版，第631、639页。
④ 〔意〕但丁：《但丁精选集》，吕同六编选，北京燕山出版社2004年版，第430、597页。
⑤ 〔英〕丹尼斯·哈伊：《意大利文艺复兴的历史背景》，李玉成译，生活·读书·新知三联书店1988年版，第68页。

和同时代用意大利语写作的作家的尊重"①。16世纪后期，意大利人尝试着用俗语进行充分的表达，撰写论著。除意大利语外，以法语、英语、西班牙语等为代表的民族语言在文艺复兴时期也得到了很大发展，作为口头语言，它们的使用进一步强化了人们的民族意识，文艺复兴后期，每个民族都发展起自己的文学。

三、自我意识

相比较而言，文艺复兴时期最鲜明的时代特征是人们浓厚的自我意识。这集中体现在以下六个方面。

（一）发现自己

文艺复兴时期的人们在重新发现过去文明的同时，也发现了他们自身。他们意识到自己所处的时代是与中世纪时期意义完全不同的时代，他们是远古传统文化的精神上的继承者，远古的传统文化通过他们的努力得以复兴，而复兴古代文化的热情强化了他们作为独特个体的自豪感。在反驳"因为我是这个家族的人，我就是高贵的"时，但丁说："须知神圣的种子并不撒在家族中，并不溶入血液中，而是播种在个人身上……家族并不使个人高贵，而是个人使家族高贵。"②依他之见，"人的行动不是受本能而是受理智支配的，而理智本身又在识别力、判断力与选择能力等方面因人而异，因而几乎我们中间的每一个人都自成一类"③。人们既意识到每个人是独立的、有价值的，也认为人应该具有个人的特性。他们可以通过学习开发自己的心智、反观自身。奥古斯丁是这一时期古典学者极力追捧的对象之一，文艺复兴时期人们个体意识的普遍觉醒与他密不可分。奥古斯丁不仅构建了早期基督教博雅教育思想，而且开创了西方文化中的自传体先河。他的《忏悔录》在"平衡博学、探索性的疑问和深入的自我反省这一点上堪称是经典和独一无二的。《忏悔录》这部书首先关注的是在最深哲学层面上的含义"④，即内在的人。奥古斯丁之前的回忆录在谈一个人的经历时总是把其和社会、政治或军事事件联系起来（如凯撒的《高卢战记》），但是，抱着"我要认识自己，这样我才有可能认识上帝"的思想，奥古斯丁开始了西方文化史上前无古人的自我反省和对生命意义的探寻。他的

---

① Wilkins E H. A History of Italian Literature. Boston: Harvard University Press, 1974, 148.
② 〔意〕但丁：《但丁精选集》，吕同六编选，北京燕山出版社2004年版，第586页。
③ 〔意〕但丁：《但丁精选集》，吕同六编选，北京燕山出版社2004年版，第591页。
④ Cunningham L, Reich J. Culture and Values: A Survey of the Humanities. Wandsworth: Cengage Learning, 2010, 216.

这种做法为文艺复兴时期以彼特拉克为代表的博雅教育者直接继承。彼特拉克自称奥古斯丁的学生，并在14世纪中叶写出了和《忏悔录》相似的作品——《写给子孙们的信》。

（二）寻找自己

人们反观自我，描述自己，是为了像古希腊人一样寻找自己，认识自己。1494年，德国诗人塞巴斯蒂安·勃兰特（Sebastian Brant）的《愚人船》出版，引起巨大轰动。它不断被再版，被译成欧洲多个国家的民族语言，风靡德国、法国、英国、荷兰等国家，人们争相模仿，许多学校把它作为教科书，并引发了一股博雅教育热潮。勃兰特在书中以苏格拉底、柏拉图、亚里士多德等智者为例，认为他们都追求智慧并通过教育赢得了永恒的荣誉和尊严，并指出"真正的智慧起源于知晓礼义廉耻，它是贞洁庄重，又堪称温和宁静"，"一个理智、善良和聪明的人：他们都是自己的评审法官，他们会准确无比地审视自己，思考究竟哪方面还缺乏智慧……努力思考他曾经做过的事情，抵制拒绝坏的，表扬称赞好的。这才是一个真正智慧人的行为"。相比之下，勃兰特把"缺乏自知之明，不知自己竟为何人"的人称为"愚人"[①]，并认为一旦人们愿意把自己看作愚人，他便能成为一名智者。因此，文艺复兴时期博雅教育所传达的核心思想是寻找自己、认识自己和改变自己，它所倡导的是古希腊罗马的自由人教育。事实上，"文艺复兴时代的博雅教育者们属于极端具有自我意识的一代人，对奥古斯丁后期的拉丁语散文极力推崇。即使是我们继承的文化中那些后来出现的伟大自传——如吉本、穆勒、纽曼的自传——无论是从文学上还是精神上说，都是承继了奥古斯丁的衣钵"[②]。

（三）自画像

相比较而言，最能鲜明体现文艺复兴时期个体意识觉醒的是一些著名画家，诸如达·芬奇、拉斐尔、米开朗琪罗、提香、丢勒（Dürer）、小汉斯·荷尔拜因（Hans Holbein）等都有自画像。彼特拉克"委托西莫内·马尔蒂尼画的劳拉像据说是已知的第一幅近代意义的个体肖像画"[③]。即便没有画像，人们也会用语言描述具有独特个性的人。15世纪和16世纪意大利发展起来的思想和艺术风格也使英国、法国、

---

① 〔德〕塞巴斯蒂安·勃兰特：《愚人船》，曹乃云译，华东师范大学出版社2009年版，第34、103、434-435页。

② Cunningham L, Reich J. Culture and Values: A Survey of the Humanities. Wandsworth: Cengage Learning, 2010, 213.

③ 〔英〕彼得·伯克：《欧洲文艺复兴：中心与边缘》，刘耀春译，东方出版社2007年版，第25页。

德国和尼德兰的文化生活产生巨大变化。例如，中世纪尼德兰（今荷兰和比利时）人文学者伊拉斯谟曾这样描写托马斯·莫尔（St.Thomas More）：他"是柏拉图所说的最美妙的智慧的典范，比起最令人钦佩的形式之美，智慧更能激起人们热烈的爱慕。感官的眼睛不能辨别它，心灵却有自己的眼睛，所以在这里希腊的那句谚语仍是对的：喜爱总在看不见的地方滋长。所以，尽管是彼此不曾见面或交谈的人，有时也会被最温暖的感情连在一起。因为这是一种普遍的经验：由于某种不可解释的原因，不同的人会被不同的美丽打动。在不同的思想之间也是这样，似乎有种潜在的关系"①。可见，伊拉斯谟以赞美的口吻描写托马斯·莫尔，是因为他是一个独特的、受古希腊博雅教育思想浸润的古典学者。17世纪，蒙田也以自己为题材进行写作。在《随笔集》里，他大量引用古希腊罗马作家的言论，"然而，他这样引经据典不是为了炫耀知识渊博，那些引语变成了蒙田'自我'的一部分，并使他的'自我'更加丰满，却仍保持无拘无束。这部著作的构思史无前例，成为作者不可分离的一部分，因此，蒙田可以在他的《致读者》中宣称：'我自己是这部书的材料'"②。18世纪，伏尔泰（Voltaire）在驳斥帕斯卡时高声喊道："蒙田像他所做的那样朴实地描绘自己，这是多么可爱的设想！因为他描绘的是人性。"③

（四）个人荣誉

然而，与西方传统博雅教育者不同的是，在认识自己这一方面，文艺复兴时期人们更多地表现在对个人荣誉和创造力的渴慕与探究上。诚如美国博雅教育家卡宁汉姆、赖希所说：文艺复兴精神最真实的标志就是对自我的巨大兴趣及对个人荣耀和名声的不断增强的渴求。④在薄伽丘看来，若能谨慎地努力维护名誉，它便会使人与上帝结为朋友，因而使人在生前及死后都永葆美德。⑤为博取声名而出书是当时许多人的做法。公元1500年，欧洲已经有1000家印刷作坊，成百上千册书籍在印刷，且大部分是当时人们自己撰写的书。1492—1570年，仅威尼斯就出版了145部有关军事方面的书籍。其中，53部首次在威尼斯出版，32部编辑的书籍到处被印刷，48部新编辑或出版的书籍首次在威尼斯出版，4部原作以及4部新编辑

---

① 《文艺复兴书信集》，李瑜译，学林出版社2002年版，第17-18页。
② 〔法〕蒙田：《蒙田随笔全集》上，潘丽珍等译，台湾商务印书馆1997年版，第17页。
③ 〔法〕蒙田：《蒙田随笔全集》上，潘丽珍等译，台湾商务印书馆1997年版，第33页。
④ 〔美〕劳伦斯·卡宁汉姆、约翰·赖希：《世界人文简史——文化与价值》，毛保诠译，中国青年出版社2005年版，第256页。
⑤ 〔意〕薄伽丘：《爱情十三问·爱的摧残》，肖聿译，中国社会科学出版社2003年版，第59页。

的译作也到处被印刷出版。与之相比,其他国家还出版了同样题材的 67 部书籍。除威尼斯外,意大利出版了 22 部书籍,英国出版了 14 部书籍,法国出版了 10 部书籍,西班牙出版了 3 部书籍。①那时没有版税,不存在纯粹的文字复制。我们也不能肯定作家是否从使用他们手稿的出版者那里接受了一定正当的稿酬,或者给出版者提供了一定的编辑费。绝大多数作家只是追求名声或声望,换言之,给他的名字增加光彩。因此,"在任何情况下,作者的兴趣只在于他们的特权,即在他们名字下签名"②。

(五)创造力

然而,文艺复兴时期人们对声誉的追求并不都是这么世俗、功利,特别是那些被后代人誉为"古典学者"的人。他们往往有着远大的抱负,具有高度自觉的历史使命感和责任感。他们把自己所从事的事业自觉地与历史文化乃至整个人类的发展联系在一起。正如但丁所坦言的:"但凡具有灵性因而热爱真理的人,显然都会十分热心于造福后代。为了报答祖先不辞劳苦给他们遗留的财产,他们也要为后代留财富……我不仅力求对社会多做贡献,而且要揭示他人没有探索过的真理,从而获得成果。如果只是再证明一遍欧几里得的几何定理,或者试图像亚里士多德那样向人类指明其真正幸福,或者学着西塞罗的样子,为老年人进行辩护,那算什么成果呢?这等于多余的'劳动',除了叫人讨厌,还能有什么结果。"③这里,但丁论述了人们要继承与发扬人类优秀的文化遗产,更强调在此基础上,人们应该推陈出新,不断创造。于是,与名声相对应的是当时人们对个人创造力的自信上。我们从文艺复兴时期的绘画里可以清楚地看到这一点。15 世纪,绘画技艺在意大利广泛传播。"对那一时代大多数人来说,尽管宗教信仰是具有重要地位的,但是,当时人们判定文艺复兴时期艺术家价值的依据,是他们的艺术技巧,而不是他们的精神。"④早期文艺复兴时期的画家聚焦再现自然世界,而不是某种超现实的形而上的象征。他们在用刀劈砍、雕刻,用色彩描绘,用音符创作的同时,致力于研习人体解剖,以确定人的身体是如何构造而成、如何发挥功能的。他们运用科学的手段发明了线性和空间透视法,创造了实际空间的幻觉。他们研究光学、光影和色彩,为

---

① Clogan P M. Medievalia et Humanistica. Cambridge: Cambridge University Press, 1977, 21-67.
② Clogan P M. Medievalia et Humanistica. Cambridge: Cambridge University Press, 1977, 24.
③ 〔意〕但丁:《但丁精选集》,吕同六编选,北京燕山出版社 2004 年版,第 605 页。
④ Lamm R C, Cross N. The Humanities in Western Culture: A Search for Human Values. New York: McGraw-Hill Company, 1996, 310.

创造光的幻觉和个性增添最后的光彩。总之,"通过细致缜密的观察,他们充满信心地为新时代创造出了新形式"①。虽然当时社会依然将他们视为从事体力劳动的手艺匠人,但是,文艺复兴时期的艺术家并不把自己仅仅视作物品的制作者。达·芬奇与米开朗琪罗成功发起了一场提高艺术家地位的运动,把画家从纯粹的艺匠提高到最高社会阶层的成员。达·芬奇坚持认为:画家是高贵的生灵,绘画应该是七艺里的一部分。②而从以达·芬奇、拉斐尔、米开朗琪罗为代表的画家的作品里,我们不难看到:他们并不仅仅只是古代艺术的复制者,而是自己作品的创造者、艺术家。他们的作品是他们自己的标志,突出表现了他们各自独特的个性。

(六)全能人

尽管文艺复兴时期的古典学者也把"出类拔萃的美德"看作人类生存于世所追求的最高的目标,但是,他们所说的"出类拔萃的美德"与传统博雅教育所说的美德有所不同。它在提倡传统博雅教育所说的美德的同时,更加强调其所蕴含的精美特质、多重能力、异乎寻常的智力和创造力,以及现实果敢和冒险精神,最重要的是展示所有这一切特征的行动。事实上,此时,美德逐渐成为"文艺复兴时期全才"的观念相同一的观念。③文艺复兴时期各个领域具有代表性的人物大部分拥有美德,是文艺复兴时期高度理想的人。他们在某种程度上是"全能人"(univeralmen),如伊拉斯谟既是古典学、语言学、教育学家、翻译家、作家,也是教皇和国王的朋友顾问;托马斯·莫尔和弗朗西斯·培根(Francis Bacon)都担任过英格兰的内阁大臣;彼特拉克在他所处的时代被视为诗人博雅教育者;塞万提斯(Miguel de Cervantes)参加过最后一次十字军东征;拉伯雷(François Rabelais)当过修道士、传教士、医生;哥白尼(Nicolaus Copernicus)、达·芬奇则分别既是神医、艺术家,又是科学家。非凡杰出的个人在马基雅维利(Niccolò Machiavelli)的《君主论》中也居于中心地位。总之,继承古代优秀传统文化,历史、民族和个体意识的苏醒,这一切都昭示了一个崭新时代的到来。

综上所述,文艺复兴时期的人们眼界更加开阔,已经不满足于中世纪对一些永恒的哲学问题的回答,开始肯定并比较全面地接受以古希腊罗马为代表的

---

① Lamm R C, Cross N. The Humanities in Western Culture: A Search for Human Values. New York: McGraw-Hill Company, 1996, 282.

② Lamm R C, Cross N. The Humanities in Western Culture: A Search for Human Values. New York: McGraw-Hill Company, 1996, 296.

③ Lamm R C, Cross N. The Humanities in Western Culture: A Search for Human Values. New York: McGraw-Hill Company, 1996, 296.

古代文化。特别是以全新的面貌开始关注个人在社会中所发挥的重要作用。"个人自我实现成为文艺复兴时期最重要的思想，至今依然是西方思想观念里的核心。"[①]

第三节 人文教育兴起

传统博雅教育思想的再生是文艺复兴文化思潮的一项重要内容。而传统博雅教育又与新生学者阶层的兴起密切联系在一起。中世纪早期，社会上并不存在这一阶层。它是伴随着中世纪晚期大学的兴起与发展，尤其是古代文学的复兴逐渐出现的。人们满怀热情地从事古代文化的研读，以及各种新知识和新经验的探索工作，他们的座右铭极有可能是阿伯拉尔的教诲——"因为怀疑，我们开始探索，通过探索，我们发现真理"[②]。于是，一种崭新的价值、一种奇妙的重新发现在此时期出现了，人们称之为知识。而从事这种知识研究的人被称为学者，准确地说是"人文学者"。据学者考证，该词是16世纪被创造出来的，大概来自当时学校学生们的用语，它的产生可能是在15世纪中期，但迄今所发现的它的最早出现时间只可追溯到1490年[③]，用于"指代从事人文教育或人性学问的教学或研究的人员，那时，博雅教育研究着眼于古典文化，特别是拉丁文化，非常注重拉丁文的读写能力的人文学者发掘、编辑并详尽地注解了许多希腊文与拉丁文的古代典籍，从而为欧洲文艺复兴积累了大量的资料，奠定了思想基础。他们主要在亚里士多德、柏拉图尤其是西塞罗等古典作家的思想基础上，撰写了许多有关教育、道德与政治主题的论著"[④]。布鲁尼比较早地明确用"人文教育"来命名当时人文主义者所致力于的研究或人性学问。诚如英国著名学者怀特菲尔德（Whitfield）所说："人的尊严和可能性，甚至语言学也严格与这个主题相联系，就像被列奥纳多·布鲁尼命名的高贵定义'人文教育'，之所以如此命名是因为他们完美的人性。该世纪人的目的可以用术语表示：做并且知道。"[⑤]本节，笔者拟通过剖析

---

① Matthews R T, Platt F D. The Western Humanities. New York: McGraw-Hill Company, 2007, 345.

② Lamm R C, Cross N. The Humanities in Western Culture: A Search for Human Values. New York: McGraw-Hill Company, 1996, 214.

③〔英〕丹尼斯·哈伊:《意大利文艺复兴的历史背景》，李玉成译，生活·读书·新知三联书店1988年版，第229页。

④ Abrams M H. A Glossary of Literary Terms. Stanford: Cengage Learning, 2004, 117.

⑤ Whitfield J H. A Short History of Italian Literature. Detroit: Penguin Books, 1960, 80.

人文主义的宣言、新学问，在比较全面、系统、深入地考察这一时期意大利人文教育与古老西方博雅教育之间关系的基础上，揭示后者的内涵、特质、功能、价值和意义。

一、人类的尊严：人文主义的宣言

文艺复兴时期的博雅教育者基本上是古典学者。在古典时代的后期阶段，由于知识的缺失，知识被逐渐压缩，并日趋枯竭。古代世界的学问几乎就是通过完全公式化为一些标准的文本才流传到中世纪的。"那是一个唯书的时代，人们十分敬重公认的权威。"[①] "文艺复兴最初的兴起，事实上首先在于知识的发展。当时对古典的拉丁文和希腊文手稿的收集超过过去任何时代"，彼特拉克和薄伽丘是这股新潮流的先驱。[②] 彼特拉克对拉丁语言和文学的热衷，影响了一批学者。他们开始搜集和翻译在修道院及其他偏僻场所中发现的古罗马手稿，并把研究的重点从中世纪教会拉丁文学转向以西塞罗为代表的具有纯粹拉丁文风格的古罗马文学。他们认为，古代作家在演讲和写作方面是最优秀的。他们以古代雄辩术为教育中心，相信古希腊罗马文学的学习不仅能训练出最好的演说家、作家，而且有利于道德教育，能培养出有德行的人。因此，通过阅读古代的书面文本，博雅教育者既树立了崇高的道德感，又用他们的口才和德行劝说与训练别人。他们探索和使用古典典籍，从中借用某些观点的目的是装饰和支撑他们自己的思想。尽管他们出于自己的目的探索和使用古典典籍，但博雅教育者也对界定伟大的古代人的个性感兴趣。他们不是在零零碎碎的基础上把一些态度和观念归因于古代作家，而是通过对所有个体作家著作的认真分析，尝试形成一个有关他们思想和个性的完整图画，从而找到他们自己和古代文化之间的相似性，欣赏中世纪从未有过的古代的思想和行为。

当然，最重要的是文艺复兴时期的博雅教育者相信并渴望古代先哲关于人中心的追问应该复活。15世纪20年代，意大利佛罗伦萨有一个著名的博雅教育者学术圈子，主要人物有擅长古希腊罗马文本考据的萨卢塔蒂（Coluccio Salutati）以及布鲁尼和波焦等，他们模仿自己认定的古罗马手稿，特别是拉丁语典范西塞罗的手稿，还创造了斜体，并且常讨论彼特拉克、薄伽丘等当时博雅教育者的著作。这群佛罗伦萨人的兴趣和成就被人们描绘成人文主义的，其中，米兰多拉（Pico della Mirandola）比较具有代表性。他是对希伯来文化真正感兴趣的基督徒、意大利著名

---

① 〔美〕查尔斯·霍默·哈斯金斯：《大学的兴起》，梅义征译，上海三联书店2007年版，第18页。
② 〔英〕丹尼斯·哈伊：《意大利文艺复兴的历史背景》，李玉成译，生活·读书·新知三联书店1988年版，第123页。

的博雅教育者、洛伦佐·美第奇（Lorenzo de' Medici）的密友，同时也是研究柏拉图的学者马奇里奥·斐奇诺（Marsilio Ficino）的同僚，在巴黎大学研究中世纪的亚里士多德学说，精通希腊文和拉丁文经典，研习希伯来语和阿拉伯语，接触犹太人的哲学和伊斯兰教的传统哲学。20岁时，他在罗马试图为自己的"知识命题"辩护，声称这些命题是他搜集到的所有公认的知识和假说。这些命题的序就是发表于1486年、被单列出来作为文艺复兴人文主义第一篇也是最重要文献的《人类尊严演讲》。在被后人作为人文主义宣言的该序里，米兰多拉博览群书，融多元文化于一体，提到了摩西的圣书、基督教的圣书、波斯人尤安西斯（Euanth）、阿拉伯人书籍的阅读、穆罕默德（Muhammad）、毕达哥拉斯、恩培多克勒（Empedocles）、《奥德赛》、古罗马讽刺诗人卢奇利乌斯（Gaius Lucilius）、古雅典的阿斯克勒庇乌斯（Asclepius）、希伯来人和《圣经·创世纪》等。下面，笔者以此为中心，阐释文艺复兴时期人文主义者关于人的主要思想与观点。

（一）人是世界的中心

米兰多拉的《人类尊严演讲》的中心思想是："人作为最高贵者的存在，是为了以一种方式在上帝的世界与其所创造的世界之间建立一种联系。"[1]但丁把高贵等同于美德，认为人类的高贵，胜过天使的高贵；人类的灵魂，生自上天，本质高贵。[2]米兰多拉也旁征博引论证道：在神明所创造的一切生灵中，只有人是拥有未被限定本性的生灵，且处于世界中心的位置。所有其他生灵的本性皆受制于我们的律法所规定的限度，局限于诸种疆域之内。人并不独自拥有一个固定的居所，也不始终处于一种固定不变的形态，神亦没有将任何特定的功能赋予人。神既没有把人造成天堂的生灵，也没有造成大地的生灵，既没有把人造成必死的人，也没有把人造成不朽之人。神将人置于世界的中心，人可以更容易从那里观察到世界上的任何事物。[3]这里，米兰多拉所说的人既是不朽的，又是朽的，分别是就人的灵魂和肉体而言的。但丁也继承了"灵魂不朽"的传统博雅教育思想，进一步引用亚里士多德关于"灵魂是永恒"的观点，指出：只有人类是处于可朽与不朽之间。因此，许多哲人恰当地把人类比作处于两个半球之间的地平线。人有两个主要部分，亦即灵

---

[1] Cunningham L, Reich J. Culture and Values: A Survey of the Humanities. Wandsworth: Cengage Learning, 2002, 302.
[2] 〔意〕彼特拉克：《秘密》，方匡国译，广西师范大学出版社2008年版，第60页。
[3] Lamm R C, Cross N. The Humanities in Western Culture: A Search for Human Values. New York: McGraw-Hill Company, 1996, 264-265. 本节以下引米兰多拉语，均出自此，不赘注。

魂与肉体；从肉体这部分来说，他是可朽的；从灵魂这部分来说，他是不朽的。在一切存在的事物中，上天只赋予人类说话的能力。人说话的目的是把他头脑中的思想展示给别人。①语言是人的标签，而言语或话语则是每个人的标签。事实上，奥古斯丁"内在的人"思想在中世纪和文艺复兴时期有比较广泛的影响。例如，中世纪神学家埃克哈特（Eckhart）引述当时人们把人分为"外在的人"和"内在的人"的话解释道：人本身具有两重的本性，即肉体和心灵。一切黏附于灵魂，但被肉体所包围并与肉体混合在一起的东西，属于外在的人，它们在任何一个器官里面，如眼睛、耳朵、舌头、手等，并且使用这些器官，完成某种形体上的协同行为，这是旧的人、属地的人、外在的人、怀有敌意的人、奴颜婢膝的人。而隐藏在我们里面的另一个人，就是内在的人，即新的人、属天的人、有青春活力的人、富有友情的人和高贵的人。②

（二）造就自己、为自己塑形

但丁认为，"人类的基本能力显然是具有发展智力的潜能或能力，人类之中，必然有一部分人能通过他们本身来实现这全部能力"③。米兰多拉也持有类似观点，他引阿斯克勒庇乌斯的话指出：就他变化无穷的特征和自我嬗变的本性而言，海神所象征的正是人本身。米兰多拉认为，这就是人最高、最奇妙的才能。对人来说，他有权力拥有他所选择的任何东西，他有权力成为他愿意成为的任何人。关于人"未被限定的本性"，米兰多拉进一步解释道："亚当，神之所以要这样做，是为了便于你根据自己的愿望，凭借你的判断，拥有你本人想要拥有的任何居所，想要获得的任何形态以及任何功能。你不受制于任何局限，你可以按照自己的自由意志行事，我们将你交到你自己手里，你将亲自为自己的本性设定界限。"④显然，米兰多拉与传统博雅教育者一样，强调自由意志对于人的重要意义。

米兰多拉所说的"自由意志"所指的问题是人本身如何生存、以何种面目生存等。他说，神曾告诉亚当："你拥有自由的选择，拥有荣誉，仿佛你是自己的塑造者、你创造了你自己一样。你可以依照任何自己更喜欢的模样来塑造你本人。你拥有蜕化为形式更低一级的生命的权力，你也拥有权力根据自己的灵魂做出判断，

---

① 〔意〕但丁：《但丁精选集》，吕同六编选，北京燕山出版社2004年版，第590页。
② 〔德〕埃克哈特：《埃克哈特大师文集》，荣震华译，商务印书馆2003年版，第107页。
③ 〔意〕但丁：《但丁精选集》，吕同六编选，北京燕山出版社2004年版，第608页。
④ Lamm R C, Cross N. The Humanities in Western Culture: A Search for Human Values. New York: McGraw-Hill Company, 1996, 264.

以更高的生命形式，神圣的生命形式，重生于世。"[1]可见，在米兰多拉看来，人之所以值得世间其他生灵羡慕，是"因为他造就自己，为自己塑形，让自己改变形象，变成所有的肉身生命的模样，具有每一种生灵的特征，由于这种原因，尤安西斯在描述迦勒底人的神学过程中写道，人类没有与生俱来的相貌，而他自身的形象却多种多样。它们外在于他的生命，并且不为他所熟悉"[2]。"人具有三个方面的能力，即成长、生活和判断的能力。因为人是沿着三条道路同时前进的。人具有成长的能力，寻求有益的东西，因此在这方面和植物相近；人具有生活的能力，寻求愉快的东西，因此和动物相近；人具有用理智判断的能力，寻求理性的东西，因此是独立的，或者说接近于天使的本性。不管我们做什么事情，都无法超出这三个方面的范围。"[3]于是，与中世纪相比，人们审视世界的方位不仅由神转向人，而且转向自我。文艺复兴时期，文学艺术聚焦的中心是自我。模仿奥古斯丁的传记类体裁的流行，以及大量第一人称抒情诗和肖像画的出现，都充分证明了这一点。

（三）成为人

人拥有自由选择、塑造自己的权利，可谓随心所欲。可是，米兰多拉却反复提醒人们对此一定要慎重。他认为：既然我们出生之后处于这样一种境况——我们能够成为我们愿意成其为所是之人——那么，我们就应该明白，对于这种境况，我们必须给予特别关注。人应该充分利用人生来就拥有的这种特殊权利来塑造自己，使自己成为预言家亚萨（Asaph）所说的"你们都是天使，都是至高无上的神明的后裔"[4]。显然，与源自两河流域的古老的西方博雅教育思想一样，米兰多拉也认为人是神的后裔。他论证指出：神的精神智力使人成为天使。因为若你看到一个生灵听凭其诸种欲望的左右，匍匐在大地上行走，那么你看到的就是一株植物。而不是一个人。若你看到一个生灵被无益的意象幻觉蒙蔽了双眼，如同受制于卡吕普索的魔力一样，其意志为沁人心脾的妩媚诱惑所消磨，完全听凭官能的摆布，那么你看到的就是一个动物，而不是一个人。如果你看到一个哲学家，以正确的理性为万物

---

[1] Lamm R C, Cross N. The Humanities in Western Culture: A Search for Human Values. New York: McGraw-Hill Company, 1996, 265.
[2] Lamm R C, Cross N. The Humanities in Western Culture: A Search for Human Values. New York: McGraw-Hill Company, 1996, 265.
[3] Lamm R C, Cross N. The Humanities in Western Culture: A Search for Human Values. New York: McGraw-Hill Company, 1996, 264.
[4] Lamm R C, Cross N. The Humanities in Western Culture: A Search for Human Values. New York: McGraw-Hill Company, 1996, 264.

定位,那么他是受人敬重的、天界的生灵,不是地上的凡人。一个纯粹的冥想者,对肉体无知觉,活动仅限于心灵的诸内在,那么他不是地上的凡人,也不是天界的生灵,而是更令人敬畏的、以人肉体形态现身的神明。①这里,米兰多拉把不受理性制约的人视作与植物、动物一样的存在,并明确指出这样的人不是人。

依米兰多拉之见,不是相貌像人就是人。人性指的不是人的自然属性,而是人的神性。这是源自两河流域时期,经由古希腊罗马流传下来的西方传统博雅教育思想。米兰多拉继承并发扬光大了这种思想:一方面,他充分肯定了人的神性、自由意志、选择的权力,特别是万物之灵长的世界中心地位;另一方面,他谆谆告诫人们要谨慎使用自己手里的权力,不要选择成为动植物类的低一级生命形式,不要让自己被欲望、感性器官所支配,特别是不可用自由选择的权力去做某种有害的事情,要让理性、美德充盈我们的内心、统摄我们的行为,让某种神圣的远大抱负进入我们的灵魂,这样一来,我们将不会满足于碌碌无为地生活,我们会奋力追求生命的最高境界,并且竭尽全力去实现这一最高生命目的。事实上,塑造自己、成就自己是文艺复兴时期人文主义者的毕生追求,如米开朗琪罗在一首诗歌里所说:"啊!回首所有的往昔/没有一天我曾度过/没有一天!真正属于我自己……假如我还有较多来日/我承认,我会作年老的自己。"②关于人的尊严,除上述米兰多拉的主要观点外,文艺复兴时期还有一种观点,即关注他人。彼特拉克对此有一段明确的论断,他说:"如果想想你们自己,就会发现你们不尊重别人,而且也更把自己的尊严破坏。"③

二、新学问

文艺复兴时期,以米兰多拉为代表的人文学者对人本质的反思、探究,特别是对人中心的追问引发了一场轰轰烈烈的以人为本的人文主义文化运动。15世纪左右,这些学者用"studia humanitatis"(人性学问或人文教育)来谈及他们的这种文学兴趣和新的学问,并界定这个拉丁文术语,认为它的主要内容包括道德哲学、历史、语法、修辞和诗歌,可以译作英文"humanistic studies"。④英国史学家彼特·伯克(Peter Burke)曾对此解释道:考虑到人文学者"对西塞罗所说的'人文学'(studia humanitatis)的兴趣,这个术语是恰当的"。正如萨卢塔蒂(Coluccio Salutati)所说:

---

① Lamm R C, Cross N. The Humanities in Western Culture: A Search for Human Values. New York: McGraw-Hill Company, 1996, 264-265.
② 〔意〕米开朗琪罗:《米开朗琪罗诗全集》,邹仲之译,新世界出版社2003年版,第32页。
③ 〔意〕彼特拉克:《歌集》,李国庆、王行人译,花城出版社2000年版,第189页。
④ Matthews R T, Platt F D. The Western Humanities. New York: McGraw-Hill Company, 2007, 344.

第四章 学科建构：15世纪意大利人文教育

"因为受教育是人类所特有的，有知识者比无知识者更有人性，所以，古人恰当地把学问称为'人文学'（humanitas）。""有五门学科通常被视为'人文学'的一部分：即伦理学、诗歌、历史、修辞和语法。对伦理学的强调是显而易见的，因为分辨是非的能力正是人与动物的区别。诗歌和历史被视为应用伦理学，它们给学习者提供了摹（模）仿的好榜样和应规避的坏例子。现代读者可能不太明白，修辞或语法为何被看作'人文的'（humane）。这个问题的关键是因为它们都是语言的艺术，而正是语言使人能够区分是非。"[1]与古希腊罗马为代表的传统博雅教育相比，15世纪初人文学者及其所创立的人性学问的特征集中体现在以下五个方面。

（一）承传古代文化遗产

总的来说，人文主义者对经院哲学抱有敌意。他们认为烦琐的哲学和理论体系是不需要的，知识分子劳动的主要目标应该是指导这个世界上人的行为。除了神性的联系，对人文主义者来说，人类知识唯一确定的来源就是他们自己的经验和历史，即人类过去的经验，因为与自然不同，人类能从他们的历史中学习。历史是他们的创造。这样，人文主义者推论，从那些我们曾经历过的成功和失败的经验中学习，我们能学会如何过好今天的生活。更进一步地，人文主义者非常清楚地明确了什么样的历史是有益的源泉。对14—16世纪意大利人文主义者来说，古希腊罗马文化是人类优秀文化遗产。于是，博雅教育者研究的重要对象是拉丁语和希腊语。他们不是单纯从语言学的角度对它们进行研究，而是立足于古希腊罗马文本，并基于对文本的研究探究蕴含其中的古希腊罗马文化，特别是有关人的思想。重要的是，人文主义者的兴趣聚焦于古希腊与拉丁文学、语法、历史和伦理，这些相关学科便构成了"人性学问"。

起初，研究这个新学问的人们阅读相关的拉丁文论著，但是，随着15世纪希腊原典的出现，以及古代语言研究的拓展，他们也学习希腊文本。14—16世纪的意大利人性学问者大多是修复古籍、收罗古典著作手抄本的活动家，或是精通古希腊语、拉丁语的博学者。15世纪初，有些意大利人前往君士坦丁堡学习希腊语，其中著名的有瓜里诺·瓜里尼（Guarino Guarini）和菲莱尔福（Francesco Filelfo）。他们分别于1403年和1420年去君士坦丁堡，在那里分别住了五年和七年。返回意大利后，菲莱尔福被认为是意大利半岛上杰出的希腊学专家。[2]这些古典学者重视文本，是对文献原文坚持不懈的研究者。他们努力探寻古典著作的

---

[1] 〔英〕彼特·伯克：《欧洲文艺复兴：中心与边缘》，刘耀春译，东方出版社2007年版，第31页。
[2] Matthews R T, Platt F D. The Western Humanities. New York: McGraw-Hill Company, 2007, 373-378.

早期手稿,阅读原文,采用文本批评而非社会批评的方法,从语文学而非哲学出发,校订古代文化抄本的错误,解释其含义。博雅教育者的这种做法充分证明了他们对古代文化的高度尊重。"文艺复兴时期的人文主义是新兴的重视文本的趋势的主要推动力,尤其是对于拉丁文著作是如此,拉丁文是有教养者的通用语言","拉丁语在 15 世纪享有至高无上的权威","其实,直到 19 世纪,拉丁语在大学中、在科学和法律领域以及在教会中都占据着统治地位"。①

人文学者对古希腊语的学习以及博雅教育的提倡与实践并不是一帆风顺的,他们当时受到了不少人的抵抗与攻击。15 世纪初,方济各修道院的年轻修士皮埃尔·拉弥(Pierre Lamy)与拉伯雷在用希腊文撰写著作时被发现,由此被关禁闭,但他们设法逃了出来。那时,研究希腊学问的人是被教会谴责的。知道此事的法国希腊语研究者吉劳穆·博戴(Guilauaume Bude)给他们写信说:你们"因为热衷于学习希腊语,而遭到了来自你们兄弟们千方百计的攻击和非议,他们已经宣誓与一切文学和一切优美的事物为敌……他们断言要消灭这种刚刚复苏的对于希腊文学——我们这个时代永恒的骄傲——的狂热崇拜。所有有识之士都准备好了,要竭尽所能来最大程度地帮助你,你和那同样渴望着全人类的知识的一部分兄弟"。②面对当时的反对者,著名博雅教育者托马斯·莫尔也奋起予以批驳。他在 1518 年 3 月 29 日致牛津大学学者的一封信里指出:这些人"不知道什么才是优秀的文学","古希腊人给人类留下了一笔珍贵的文化遗产……所有的拉丁教堂的神学家——哲罗姆、奥古斯丁、彼得,以及许多其他的人都刻苦地学习古希腊语,并且即使许多著作已经被翻译过来,他们仍然比当代宣称博学的许多人更习惯于阅读原著"。③

对古希腊罗马原始文献所做的坚持不懈地学习与研究,充分表明了博雅教育者对该文化遗产的珍视,他们自觉刻苦学习古代语言、文化的最终目的是古为今用。彼特拉克明确指出,如果没有现实实践,人们阅读再多古代典籍也没有什么用。他说:"如果探天究地、涉海寻星、逐草凿石,明白自然的奥秘之后,你还不能了解自我,那么有再多的知识又能如何?如果你通过阅读手稿接近美德,但情感使你急转直下,阅读又何用之有?或者说,了解伟人功绩却无法对日常生活产生影响,其用处又何在?"④总体来看,复兴古代文学在文艺复兴时期的作用体现在个人和

---

① 〔美〕桑德拉·塞德尔:《探寻欧洲文艺复兴文明》,徐波译,商务印书馆 2009 年版,第 207-209 页。
② 《文艺复兴书信集》,李瑜译,学林出版社 2002 年版,第 34 页。
③ 《文艺复兴书信集》,李瑜译,学林出版社 2002 年版,第 31 页。
④ 〔意〕彼特拉克:《秘密》,方匡国译,广西师范大学出版社 2008 年版,第 48 页。

社会两个方面。它既有利于认识自己，也有利于当时的文化建设。以语言为例，鉴于拉丁文作为文学语言，在拼写的规范化、固定的语法，以及丰富的词汇方面都具有巨大优越性，人们力图促进拉丁语和俗语的同时发展。博雅教育者的拉丁文教育取得了绝对优势，他们所教的学生把教师的思想分别翻译成了法文、英文和德文，从而促进了俗语的繁荣发展。16世纪末和17世纪的诗人、剧作家、散文家、神学家、科学家几乎都是从语法学校里培育出来的世俗人士。当时，人们所说的关于"新世界学问"(the new world of learning)或"学问的复兴"(the rebirth of learning)里包括世俗文学。例如，薄伽丘的《十日谈》、但丁的《新生》《宴会》是意大利早期散文的里程碑。因此，但丁认为"新世界学问"对欧洲、意大利而言很关键。如果把它从我们的思想中剔除出去，我们也许会发现我们很难理解15世纪后期的文学。①

（二）重估人本质、境遇

就像一束阳光，以古希腊罗马为代表的古代文化复兴逐渐改变了中世纪人们固有的一些观念，其中最明显的就是人们审视世界的方位不再是神，而是人。1300年，教皇卜尼法斯八世在罗马庆祝大赦年，吸引整个西方基督教世界朝觐者向教皇制度、教会表达敬意。这一事件是对教会在欧洲生活和文化中至高无上地位所做的最后的象征性表示。三年后，法国腓力四世把卜尼法斯八世囚禁在阿纳尼的教皇宫殿，并对他进行凌辱，卜尼法斯八世屈辱至死。1309年在法国人的胁迫下，教廷移到法国南部的阿维尼翁，并在那里存在了几乎70年。1378年，教廷因大分裂而被进一步削弱，欧洲基督教分为两个势不两立的阵营，各自都向自己所拥护的教廷表示效忠。1417年，教会的混乱最终引发了欧洲各国的宗教改革。从文艺复兴时期拉伯雷、薄伽丘、乔叟、约翰·威克利夫等作家在其作品中对教会腐败的大胆讽刺和揭露里，我们可以看到教会在人们心目中的地位。1347—1351年，使欧洲损失30%的人口的瘟疫②更加剧了人们对人的本质、生存意义的反思：如果教会不再具有至高无上的神性，如果上帝不再是人们生活的终极目的和意义，那么，人们如何才能控制人的动物性本性、粗暴、自私，成为高贵的万物之灵？从哪里可以找到上帝与世界、人与世界的关系？

作为从事古希腊和拉丁文学、语法、历史和伦理研究的文献学者，博雅教育者从复兴古代文化中找到了答案，即人应该是万物的尺度。这是文艺复兴时期的15

① Whitfield J H. A Short History of Italian Literature. Detroit: Penguin Books, 1960, 73.
② Matthews R T, Platt F D. The Western Humanities. New York: McGraw-Hill Company, 2007, 126.

世纪意大利之所以出现博雅教育的内在根本动因。博雅教育者把基本上对古希腊罗马语言文学的学习，视作使人成为真正人的学科。依他们之见，用语词表达自己的能力使人类有别于其他物种。如果这是人的基本特征，那些能用语词最好表达自己的人就是最有人的特点或最有人性的人。外在的表达是一个人内在状态的反映。如果内在的人是平静和天性和谐的，那么，他的表达应该是流利和谐的。能激发人去做正确事的雄辩演说是美好的，因为真正的演讲根植于一个美好的灵魂，正如最高的道德品质应该与演讲紧密相连。当然，一个人可能有道德却说话结结巴巴。帮助别人成为有德行的人，有益于人品德的培养。①

在致力于获得准确文本的过程中，所有语词和段落的比较教会了博雅教育者一个在中世纪不好理解的观念：语言变化有一个过程。制度、风俗习惯和观念上的相同是确实存在的。于是，人文主义者的努力使他们萌发了历史变化和发展的意识。这一方面加深了他们对人性个性的欣赏、对个体人的价值与尊严的肯定，以及对时代和地域环境对于个人影响的洞察；另一方面也使他们逐渐产生了人对他们的历史、未来负有责任的意识。他们渐渐明白人类作为行动者和各种器物的制作者，拥有上帝一样的理性力量和创造他们自己文化的愿望。

（三）回归现实生活

对于中世纪大部分人来说，尘世间是苦难的，人活着是为了来世。于是，他们在社会中苦苦挣扎，默默接受并隐忍着一切苦难，把希望寄托于美好的来世。人们的这种思想观念在文艺复兴时期得到了很大改观，活在当下成为当时人文学者的共识。例如，彼特拉克一针见血地指出：他的祈祷是希望自己抓住今日所有，"凡人总是为明天祈祷，而忘了今朝"②。于是，博雅教育者反对天主教教育中推行的禁欲主义原则，倡导人的积极生活，更注重尘世间的圆满生活，而不是中世纪那类为天堂生活所做的诸种准备。他们继承古希腊罗马的博雅教育思想，把乐观、自信的精神灌输到人们的思想意识中，认为人应该充满希望地正视现实生活，每个人都可以通过自己的努力来改善生活状况、享受现实生活。与此同时，他们倡导积极生活的价值和对尘世物质资料的占有，赞美爱情，积极掌握为公众和君主服务的渊博知识。③"无论是佛罗伦萨还是别的地方，人文主义者在社会上和君主们的宫廷里

---

① Martin F D, Jacobus L A. The Humanities through the Arts. New York: McGraw-Hill Company, 2004, 235.
② 〔意〕彼特拉克：《秘密》，方匡国译，广西师范大学出版社 2008 年版，第 79-80 页。
③ Lamm R C, Cross N. The Humanities in Western Culture: A Search for Human Values. New York: McGraw-Hill Company, 1996, 214, 321.

第四章　学科建构：15世纪意大利人文教育

都占有重要的地位。我们可以在行政和外交界中找到不少这种例子。由于他们在为佛罗伦萨共和国效劳中成绩显著，人文主义者担任秘书官和大使的现象开始统治意大利舞台。"①

与这种入世的"积极生活"相反，尊重个性的人文主义者还提倡"闲逸生活"②，即过隐居田园的读书、写作生活。例如，厌恶尘世、寺院林立、僧侣成群是中世纪比较普遍存在的一种社会现象。教义披着古希腊罗马哲学思想的外衣，亚里士多德和西塞罗却被看成隐士。彼特拉克在20岁左右时放弃法学和仕宦之途，转向古典文学和哲学学习。发现西塞罗写给阿提库斯的信后，他便对西塞罗产生了新的认识，向往世俗生活，认为人文主义的研究必须同生活结合，并通过直接接触古代文化来激发自己对研究工作的兴趣。而立之年后不久，彼特拉克便退隐，在沃克吕兹乡间生活。他爱好旅行，一生中有40多年几乎是在旅途中度过的。马基雅维利于1512年退隐农庄，过着农夫兼学者的生活，早上伴着日出一起起床，砍伐小树林，饲养动物，与路人、屠夫、磨坊主等聊天、玩游戏，而兜里总是揣着一本书，或是但丁的，或是彼特拉克的，或是诸如提布卢斯（Tibullus）、奥维德等这一类作家的。黄昏时，马基雅维利回家，进入书房，脱下白日所穿的沾满泥土的衣服，换上一身庄严郑重的衣服，进入往日古人的殿堂。③因此，以彼特拉克、马基雅维利为代表的人文学者的隐退生活并不是消极的避世、厌世行为，而是表达出一种积极向上的生活态度。实际上，历史上很少有一个历史时期像文艺复兴时期那样："人们如此地悉心关注自己栖身于其间的世界，孜孜不倦地探索他们的世界中被黑暗笼罩的领地。无论他们向何处进取，他们都能找出崭新的事实，这些事实打破了旧有的平衡，危及古老的制度。人文主义作为世俗的精神诸种显相之一，剥去了所有自然现象的神秘象征，帮助人们看到了世界的本真面貌，人文主义同时也强调，在一个健全理智及中庸适度原则主导的富足世界之中，个体的人、自然人的和谐完整的功能具有重要意义。"④

（四）宣传人文主义思想

"人性学问"或"人文教育"是当时博雅教育者对他们所从事的学问和教育的

---

① 〔英〕丹尼斯·哈伊：《意大利文艺复兴的历史背景》，李玉成译，生活·读书·新知三联书店1988年版，第152页。
② 关于"闲逸生活"和"积极生活"，14世纪人展开了争论，见丹尼斯·哈伊：《意大利文艺复兴的历史背景》，李玉成译，生活·读书·新知三联书店1988年版，第151页。
③ 〔英〕彼得·伯克：《欧洲文艺复兴：中心与边缘》，刘耀春译，东方出版社2007年版，第51页。
④ Lamm R C, Cross N. The Humanities in Western Culture: A Search for Human Values. New York: McGraw-Hill Company, 1996, 274.

命名。该术语的拉丁语、英语的直译分别是"人类的研究""人本主义的研究"①。当时，正是由于它人本主义的特质，人们也把它称为"humanitas"（人文学）。诚如萨卢塔蒂所说："因为受教育是人类所特有的，有知识者比无知识者更有人性，所以，古人恰当地把学问称为'humanitas'。"②人文主义者以此谈及他们的这种文献兴趣和由此形成的新的学问，并界定了这个拉丁文术语，由此掀起了人类历史上轰轰烈烈的人文主义运动。意大利文艺复兴时期的人文主义其实是一场学术运动，吸引了欧洲其他国家的学者。他们纷纷来意大利访问，如法国人科莱特（Colette）、利纳克雷（Linacre）、波尔（Pool）等，从而将意大利的人文主义思想传播得更远。总的来看，文艺复兴时期，人文主义者传播人文主义思想的渠道主要有两个，分别为即通过印刷术传播和通过意大利人文主义者移居国外来传播。除了自己学习并研究博雅教育外，意大利人文主义者还积极传播人文主义，传播的方式主要有书籍流传，以及不同国家和地区学者之间的交换两种。"15世纪初人们发明了机器印刷本，于是，受教育的阶层获得书籍的机会变得更多了。"③例如，阿尔杜斯·曼努提乌斯在威尼斯开办印刷厂，并于1501年第一个使用意大利字体广泛传播人文主义书法。这些字体传到北欧后，就被用来印制书籍和公文。罗马字体（它的形式在意大利到1470年左右已经日臻完善）和草书体在北欧很快取代了哥特式字体。在这方面，英国实际到1580年前后已经使用罗马字体和草书体。法国、西班牙、瑞士在16世纪初的几十年里也开始采用这些新字体。④15—16世纪，人文教育集中在意大利。"文学在意大利繁荣起来……君主们去听朗诵诗歌并不感到耻辱，他们自己也写诗。但是在德国，君主们更关心的是马和狗，而不是诗人。因此他们也不懂艺术，他们死的时候也如象（像）自己的牲口一样，不会留下什么令人回忆的东西。"⑤不过，这种情形不久便发生了变化，这是由于意大利经常发生战争，不少人文主义者逃到德国等欧洲其他地方，并在逗留期间广泛传播人文主义思想。例如，

---

① Whitfield J H. A Short History of Italian Literature. Detroit: Penguin Books, 1960, 80.

② 转引自 Lamm R C, Cross N. The Humanities in Western Culture: A Search for Human Values. New York: McGraw-Hill Company, 1996, 53.

③ Cunningham L, Reich J. Culture and Values: A Survey of the Humanities. Wandsworth: Cengage Learning, 2010, 303.

④ 阿尔杜斯出版社的出现绝不是一个孤立的现象。早在阿尔杜斯之前，西方的印刷和出版业已经有了传统。西方的印刷业始于德国。约翰·谷登堡（Johann Gutenberg）发明了活版机器印刷术，并于1455年印刷了《圣经》。此方法一直沿用到19世纪末。见 Cunningham L, Reich J. Culture and Values: A Survey of the Humanities. Wandsworth: Cengage Learning, 2010, 306.

⑤〔英〕丹尼斯·哈伊：《意大利文艺复兴的历史背景》，李玉成译，生活·读书·新知三联书店1988年版，第188页。

彼特拉克、波焦曾分别在法国、英国逗留，皮耶尔·保罗·韦尔杰里奥（Pier paolo vergerio）在匈牙利度过了晚年，皮科洛米尼（Enea Silvio Piccolomini）则在奥地利宫廷的秘书厅工作过。

（五）重视教育

从某种程度上看，人文主义表现为对导向美好生活的理性的坚守，它在中世纪与现代世界之间架起了一座桥梁，起到了积极的作用。[①]表面上，以人为本位的人文主义似乎与以神为本位的神学相对，但实际上，人文主义者没有看到《圣经》所说的上帝与古代作家所讲的人灵魂的本性和道德功课之间的不相容性。结果，雄辩和古代学问与神性的启示所提供的伟大的景象联系起来，成为基督教改革的巨大推动力量。

14世纪和15世纪人文主义者对人文教育的深入探索为16世纪的宗教改革运动提供了背景和动力。不管怎么说，这个观念对于基督教来讲是至关重要的。因为原罪的教义就意味着，由于某种特定的偶然事件的结果，人性已经堕落，所以必须借拯救之助来恢复自己的纯粹形式。不管这种观念有着怎样的演变历史，可以肯定的是，文艺复兴以来，人们就普遍对它信而不疑，人文主义者利用了它、仰赖于它，却不是它的创造者。如果接受了这项原则，那么在人世方面就有也只能有一种教育，这种教育就在于向孩子展现恒常不变的人性整体，让他们领会它的面貌，而已经展现出这种"恒常不变的人性整体"的是人类已有的优秀传统文化，于是，古希腊罗马文化便成为人文教育者所要学习和研究的对象。他们在古典文明那里所寻求的，就是在他们看来构成所有人类文明的共同基础的东西。18世纪启蒙哲学家所追求的就是恒常不易的根本人性，他们已经发展出一种观念，即古希腊罗马优秀文化遗产有益于整个人类，如他们认为古罗马人的法律体系对于当时的欧洲许多国家来说就是如此。而早在彼特拉克时代，人们就深知以古典文化为核心的博雅教育的学习不仅能够使个体得到升华和完善，还是社会和宗教改革的一把有力武器。文艺复兴时期，人文主义者中很少有人否认信仰上帝的需要，以及以人为本、注重文化承传和人的语言能力、作为美德教育的人性学问或人文教育的重要。

总之，15世纪意大利兴起了以研究古希腊罗马文学为核心的新学问——人性学问或人文教育、人文学。在承传古代优秀传统文化的基础上，博学的人文

[①] Lamm R C, Cross N. The Humanities in Western Culture: A Search for Human Values. New York: McGraw-Hill Company, 1996, 214.

主义者重估人的本质和境遇，回归现实生活，宣传人文主义思想，重视人文教育。他们发掘、编辑并详尽地解释了许多希腊文与拉丁文古代典籍，从而为欧洲文艺复兴积累了大量的资料，奠定了思想基础。他们主要在亚里士多德、柏拉图、西塞罗等古典作家思想的基础上，撰写了许多有关教育、道德与政治主题的论著。

第四节　多元文化身份

以七艺为代表的古代文化的复兴，特别是学科意义上人性学问或人文教育、人文学的建构与兴起，之所以发生在文艺复兴时期的意大利，主要不是人们发现、研读古希腊古罗马典籍，而是人们能够以一种新的方式和思想审视并阐释它们。这种方式和思想的来源是当时并存的多元文化之间的碰撞、交流与会通。本节，笔者拟主要聚焦于西方的基督教、东方的拜占庭和伊斯兰文化内部各自的古希腊罗马文化复兴，从基督教与古希腊古罗马文化融合、伊斯兰文化、古希腊文化、西欧文化和与其邻近的文化四个方面阐释之。

一、基督教与古希腊古罗马文化融合

公元527—565年，拜占庭帝国迎来了它的第一个黄金时期。而对此时乃至后来欧洲文化影响巨大的是以奥古斯丁、波爱修斯为代表的，见证西罗马帝国衰落的罗马人。在西方的拉丁文化中，奥古斯丁是基督教最伟大的作家。虽然以批判态度对待古希腊文化，但是，奥古斯丁基本上继承并补充了源自两河文明的西方传统博雅教育思想，尤其是他关于自由意志的论述为阿奎那、但丁所继承。"但丁的《神曲》《神的喜剧》最为重要的方面是扫除了旧时代的清规戒律。人的最终目标依然是天国，可是，依据阿奎那神学和但丁的观点，每个人拥有相对的自由，可以以他们自己的方式获取幸福的来世生活。像所有伟大的文学作品一样，《神曲》具有对每个时代言说者的普遍魅力。但丁说我们皆有自由意志，我们能选择秩序和规章而避免无序和混乱。他预示了一种既和谐同时又激动人心的生活———一种寻求获取广博的尘世间知识的生活，这种知识包含着对科学的透彻理解。"[①]而这些都启迪了当时人们的心灵。查理曼大帝最喜欢读的书是奥古斯丁的《上帝之城》，他选择在

---

① Lamm R C, Cross N. The Humanities in Western Culture: A Search for Human Values. New York: McGraw-Hill Company, 1996, 216-217.

罗马加冕表明他把古罗马的理想和基督教的使命合而为一。①而受过很好的传统博雅教育的波爱修斯则在古典的异教文化和基督教之间架起了一座桥梁。尽管他的《哲学的慰藉》弥漫着基督教的主题，但其中却找不到一处明显提及基督教教义的地方，特别是波爱修斯关于时间、永恒、自由意志和上帝属性等问题的探讨，展示了他的思想与以柏拉图为代表的古希腊博雅教育思想的一脉相承，"同时和西塞罗的斯多噶主义及奥古斯丁的神学思想也密切相关"②。事实上，《哲学的慰藉》是古罗马被人读得最多、也最有影响力的著作之一，它所传达的希望和信仰的信息被从阿奎那到但丁的所有中世纪重要的思想家多次引用，这在很大程度上得益于该书本身是基督教与古希腊古罗马文化融合的产物。

二、伊斯兰文化

对中世纪后期乃至文艺复兴时期博雅教育产生直接影响的是伊斯兰文化。伊斯兰教的崛起恰好赶上基督教的萧条时期，在这一时期，与拜占庭文化相比，伊斯兰教朝气蓬勃，正处于充满创新精神的巅峰时期。尽管西方基督教与伊斯兰两种文化相互敌视，一直处于交战状态，但两者却往来频繁。公元787年，查理曼派出外交使团，向哈里发提出恳求，要他保护穆斯林控制下的巴勒斯坦的基督教圣地。而从巴勒斯坦的一些僧侣那里，查理曼得到了圣葬教堂和其他主要基督教圣所的钥匙。这是一个重要的象征性举措，意味着皇帝成了基督教最高圣所的官方保护人。③在与文明中东的接触过程中，欧洲人了解到了伊斯兰人的科学、医学、数学和精心保存的古希腊文化。中世纪后期至文艺复兴时期古典文化的复兴和一些先进科学技术的出现，都与伊斯兰文化密不可分。

伊斯兰教早期发展的一个高峰集中于阿拔斯王朝统治期间的巴格达城，即在其繁荣的8世纪和9世纪。人们从巴格达一个懂得造纸术的中国囚徒那里学会了造纸。公元794年，巴格达有了第一家造纸厂。之后，过了几个世纪，这种技术才被传到西方。西方"直到15世纪中期，要得到一本文字书籍的复本除了亲自抄写外，唯一方法是购买或者委托人抄写一个手写本。在修道院中的写经坊提供许多宗

---

① Cunningham L, Reich J. Culture and Values: A Survey of the Humanities. Wandsworth: Cengage Learning, 2010, 213.

② Cunningham L, Reich J. Culture and Values: A Survey of the Humanities. Wandsworth: Cengage Learning, 2010, 163.

③ Cunningham L, Reich J. Culture and Values: A Survey of the Humanities. Wandsworth: Cengage Learning, 2010, 166-167.

教书籍的同时，大学和宫廷的抄写员也在抄写世俗书籍和某些宗教著作"①。若不是从阿拉伯世界引入的造纸术，很难设想欧洲会产生由古代文化典籍复兴所引发的文艺复兴。与此同时，阿拉伯世界的数学、医学、光学，以及咖啡饮料、制造风磨等也传入了西方，使得西方的词汇中出现了许多源自阿拉伯语的词，以及反映伊斯兰地理探索、航海与地图制作有关的词汇。②而意大利，特别是其城市佛罗伦萨，在15世纪既是连接罗马和北部的主要交通枢纽，又是欧洲银行系统和羊毛贸易的中心。事实上，约从14世纪20年代到14世纪末，佛罗伦萨地位显赫，吸引了整个欧洲的注意力。该城市所聚集的世界各地的银行业和商业使它对当时的文化，尤其是15世纪的文化影响巨大，带动了它周边地区的大批人文教育者、艺术家，引发了文学、艺术上的复兴。

三、古希腊文化

古希腊传统的恢复是比较困难的。在古代，大多数受过教育的罗马人懂希腊语。希腊的生活方式和价值观念与希腊语作品及其译本被传播到了包括西方帝国所有地区在内的罗马世界。然而，罗马时代晚期，在拉丁语系的基督教国家里，有关希腊语的知识实际上已经消亡，希腊语只是在一些外围地区延续。在外围地区，中世纪的基督徒还在用希腊语同西班牙的非基督教犹太学者以及伊斯兰教学者，或者在拜占庭和意大利南部的希腊学者进行交谈。事实上，除以查理曼大帝为代表的西方人主动向东方进行领土扩张所带动的文化之间的传播与交流外，当时东方国家始终自觉接受与传承以两河流域和古希腊古罗马为代表的古代优秀文化。一个鲜明的证据是：在中世纪的另外两种文明——伊斯兰文明和拜占庭文明中，希腊语的研究在整个中世纪都得到了蓬勃发展。12世纪中期，第一部翻译成拉丁语的古希腊著作被传到了欧洲大陆，许多人从事把希腊语和阿拉伯语著作翻译成本国语言的工作。13世纪时，亚里士多德的几乎全部著作都被介绍到欧洲大陆。后来，精通希腊语和拉丁语的人文主义者重新翻译了这些作品。文艺复兴时期人们对古希腊论著的翻译及评述，最能反映基督教和阿拉伯双方学者之间的密切交流。公元833年，哈里发阿尔·马穆恩（Caliph Al-Mamun）在巴格达建立了被称为"智慧之屋"的图书馆和研究中心，把各种典籍翻译成阿拉伯文是该中心的重要工作。一些说希腊语的基督徒翻译了亚里士多德的著作。13世纪时，以阿奎那为代表的学者

---

① 〔美〕桑德拉·塞德尔：《探寻欧洲文艺复兴文明》，徐波译，商务印书馆2009年版，第210页。

② Cunningham L, Reich J. Culture and Values: A Survey of the Humanities. Wandsworth: Cengage Learning, 2010, 187.

在巴黎所读到的亚里士多德著作,都是由阿拉伯文手稿转译成拉丁文的。在翻译的过程中,阿拉伯的学者也比较深入地探讨了亚里士多德的哲学及其与伊斯兰教信仰的关系。犹太思想家摩西·迈蒙尼德(Moses Maimonides)也进行了类似的尝试性探讨,目的是在希腊思想和他们自己的宗教信仰之间搭起一座桥梁,他在《迷途指津》里论证了希伯来经文和亚里士多德思想本质上的相容性。在区分知识和信仰的领域这一工作上,摩西·迈蒙尼德比托马斯阿奎那还要早两代人的时间。①

亚里士多德的所有著作在12世纪晚期被重新发现,而"他为人所知的唯一著作,他的《逻辑学》,曾经作为唯一的推理方法,普遍为人使用,这使得亚里士多德成为中世纪早期最受人敬重的哲学家和唯一重要的哲学家"②。然而,据估计,我们今天看到的所有亚里士多德的著作(除《政治学》外),都是在"智慧屋"里翻译出来的,那些已遗失的著作是通过西班牙的穆斯林传入西方的。同样,柏拉图的一些文章、盖伦(Galen)的医学论著、新柏拉图主义作者的文章也被阿拉伯学者翻译。在翻译过程中,他们不仅为我们提供了很多的希腊哲学著述,还提供了对它们的大量评注。例如,伊本·路西德(Ibn Rushd)在《矛盾的矛盾》里反驳了安萨里(Ghazzali)对希腊哲学的攻击,说明伊斯兰教如何可以和希腊哲学对应起来。在他死后一个世纪,但丁在《神曲》里称他为"伟大的评论家"。③

四、西欧文化和与其邻近的文化

文艺复兴时期,意大利古代文化的复苏其实是由其他文化间接带动的,当然,其中也不同程度地夹杂或融合了其他文化成分。文艺复兴时期,有两部著作吸引了人文主义者的兴趣,即《皮卡特里克斯》(Picatrix)、《佐哈尔》(Zohar)。前者是12世纪的一本阿拉伯魔法手册;后者是13世纪一部神秘主义的希伯来著作,其将文学与教育结合的理想,与文艺复兴时期的人文教育理想相去不远。④因此,中世纪至文艺复兴时期的西欧文化是当时诸多文化中的一种,"它与邻近的文化,尤其是拜占庭文化和伊斯兰文化共存并互相影响,而后两种文化都有各自的'希腊和罗马古典文化的复兴'。不消说,西方文化本身也是多元而非一元的,它包括了许多少

---

① Cunningham L, Reich J. Culture and Values: A Survey of the Humanities. Wandsworth: Cengage Learning, 2010, 176.

② Lamm R C, Cross N. The Humanities in Western Culture: A Search for Human Values. New York: McGraw-Hill Company, 1996, 213.

③ Lamm R C, Cross N. The Humanities in Western Culture: A Search for Human Values. New York: McGraw-Hill Company, 1996, 124

④ 〔英〕彼得·伯克:《欧洲文艺复兴:中心与边缘》,刘耀春译,东方出版社2007年版,第3页。

数族群的文化，如犹太文化。其中许多都参与了意大利和其它地方的文艺复兴"①。

然而，谈及西方的基督教、东方的拜占庭和伊斯兰三种文化，人们更多地倾向于强调它们彼此之间的诸种不同，而非相同之处。其实，三者拥有共同的文明遗产——古希腊古罗马文明。美国博雅教育者拉姆曾论证指出：中世纪早期（约500—800年），西方人往往谴责伊斯兰世界的人是"异教徒"，把拜占庭世界的人视作"颓废的人"和"背信弃义的人"。实际上，东方的东正教、西方的基督教还有伊斯兰教，皆为信奉一神的宗教，其信仰都深深地根植于犹太教。无论多么不情愿，中世纪的欧洲都有很多需要向伊斯兰文明和拜占庭文明学习的东西，而且，中世纪的欧洲基督教适时地接受了来自其诸位邻居的深刻影响，从而演变成为一种独一无二的古典、基督教和日耳曼传统综合的宗教。②当时有许多人在口头、行动上抵抗或拒绝外来文化，如伊拉斯谟一方面敏锐地感到并预见了一个多民族文化融合所带来的文学、科学的黄金时代的到来；另一方面担心在复兴古代文学的幌子下，不仅异教会试图抬头，而且恢复学习希伯来语也许会给复兴犹太教以可乘之机。③尽管如此，三大文化之间的交融会通在很多方面已经成为事实。

综上所述，15世纪以意大利为核心的文艺复兴时期人文教育的出现并不是一个偶然的现象。多元民族文化的相互碰撞与会通是其兴起与发展的一个重要的外部原因。中世纪晚期至文艺复兴时期多元综合性文化从根本上颠覆了单一文化，带来了一种前所未有的新的思想和生活方式。人们重新审视世界，界定人与宇宙、世人与上帝、个人与整体社会之间的关系，更具有个人特性，更重视物质生活，并且比已逝世界中的任何人都更具有怀疑主义精神。复兴古代传统的热情，强化了他们作为独特的个体的自豪感，以及创造一个美妙新世界的愿望。这突出表现为以爱情为标志的人们感性生活的觉醒上。

第五节 自我救赎

文艺复兴早期著名的人文教育者主要有但丁、彼特拉克和薄伽丘。其中，彼特拉克在欧洲中世纪向文艺复兴时期过渡过程中是一个标志性人物，他一生都在探

---

① 〔英〕彼得·伯克：《欧洲文艺复兴：中心与边缘》，刘耀春译，东方出版社2007年版，第3页。

② Lamm R C, Cross N. The Humanities in Western Culture: A Search for Human Values. New York: McGraw-Hill Company, 1996, 194-195.

③ 《文艺复兴书信集》，李瑜译，学林出版社2002年版，第13页。

索人生的意义。他是近代意大利文艺复兴时期最伟大的诗人、古典作家。在死后一百年里，他迅速成为意大利、英国乃至法国人文主义者崇拜的偶像。西方学者几乎已经达成了一个共识，即谈到14世纪的文化，最好先从彼特拉克开始，因为他的一生占了这个世纪的大半部分，比较鲜明地体现了中世纪向早期文艺复兴过渡时期的特征。1436年，布鲁尼在他写的《彼特拉克传》中指出：彼特拉克是一个非凡的天才，是他首先发现和复活了早已泯灭的古代文化的华丽风格，使人们从中世纪的黑暗和野蛮里看到了新时代的曙光。①英国当代史学家伯克亦认为："欧洲文艺复兴的历史事实上始于彼特拉克，这是由于他作为诗人、学者和哲学家的广泛兴趣和成就，对古罗马文化的热情，也由于他对意大利及欧洲大部分地区随后几代学者的影响。"②本节，笔者拟以彼特拉克为个案，主要围绕文艺复兴时期人们探讨得最为广泛深入的四个话题，即人类最深最敏感的伤口、爱情与女人、感性与理性之间的张力以及治疗"心病"，进一步从传统博雅教育视域审视文艺复兴时期人文教育思想的独特内涵及其与西方传统博雅教育之间的关系，阐释其特征、功能、价值和意义。

一、人类最深最敏感的伤口

人是文艺复兴时期人文主义者关注和探究的中心。彼特拉克声称他撰写《秘密》的动机是"日夜思考，自身为关乎人类存在的玄奥问题所缠绕"③。正如柏拉图常常借苏格拉底之名撰写的对话录一样，彼特拉克借"圣母""圣·奥古斯丁"之名，采取对话方式，撰写了《秘密》这一著作。该著作集中体现了彼特拉克对以奥古斯丁为代表的早期基督教博雅教育思想的继承与补充。

与奥古斯丁在《忏悔录》中以"独语"忏悔方式披露人的丑恶、卑微、灵魂疾病一样，彼特拉克在《秘密》里详尽描述并剖析了流行于14世纪的忧郁症。他认为那是一个急功近利的时代，人的心灵患病了，其症状突出表现为肉体与灵魂之间的矛盾冲突：一方面，人们认识到了生命的有限性和无限性；另一方面，人们沉溺于世俗种种感性的物质生活不能自拔。彼特拉克阐释道：人是一种动物，更为万物之首，但很少有人知晓和沉思人是理性的，也是有有限的肉体的。因此，当自身渴望着上升的同时却又仍然甘于下沉时，人便易患抑郁症。彼特拉克自称被此病所严重困扰："一切都是如此的困顿、糟糕而令人沮丧。这是一条通往绝

---

① 〔意〕加林：《意大利人文主义》，李玉成译，生活·读书·新知三联书店1998年版，第18页。
② 〔英〕彼得·伯克：《欧洲文艺复兴：中心与边缘》，刘耀春译，东方出版社2007年版，第24页。
③ 〔意〕彼特拉克：《秘密》，方匡国译，广西师范大学出版社2008年版，第8页。

望之路，驱使不幸的灵魂自我毁灭……在此期间，我看不见亦活不下去，就像身处地狱黑暗的某人，似乎要经历最悲惨的死亡。这疾病最严重的时刻可作如此形容：靠着眼泪和痛苦过活，依赖一种黑色欢愉而拒绝获救。"[1]而他之所以痛苦，是因为他想努力地改善自己，却又沉睡于梦中、沉溺于世俗，想从一切转瞬即逝的物质中得到快乐。于是，彼特拉克认为：人变得如此骄傲自满以至于最终憎恨创造人的上帝。爱抱怨成为他们身上的一个显著特征，一切他们看到、听到、感到的都让他们不快。而他们抱怨命运不够和善、公平、太傲慢、残酷等症状的原因，彼特拉克认为不是世人处境、生理原因、非比寻常的厄运带来的不公，也不是整个社会的风尚，而是他们自己。他论证指出：对自己的错误判断是一切苦难的起因。人把自己想得非常糟糕，更重要的是流于空头雄辩，没有具体行动。[2]

挣扎于灵魂与肉体之间、沉溺于世俗、流于空谈和抱怨、缺少行动，这不仅是彼特拉克那个时代大多数人的困扰，实际上也是整个人类的困惑。彼特拉克告诫人们：这是一个古老的抱怨，古人称之为"心病"。这是人类普遍会患的一种病，它是人类最深最敏感的伤口。大多数沉溺于现实物质生活中的人在诓骗自己。这是人性，是一切世人所承袭之癖性的附属物。如果你经常观察人性，你会发现它很难令人满意。[3]

二、爱情与女人

从以但丁为代表的人文主义者的论述来看，文艺复兴时期引起人们普遍患"心病"的一个重要原因是爱情、女人。彼特拉克曾引西塞罗的话说：爱情是所有情感中最暴烈的了。[4]随着世俗尤其是感性生活的复苏，性解放是当时的一个显著特征。它主要表现在相互对立的两点：①突破任何界限的性行为被认可。例如，尽管以薄伽丘的《十日谈》为代表的著作在当时起到了打破漫长中世纪禁欲主义枷锁的作用，但是，小说里私奔、偷情、出轨等行为，却为人们津津乐道甚至欣赏。男女已婚者可以在外偷情，教士可以调戏女人，女修道院院长甚至可以和教士淫邪。②女人、爱情被视作至高无上的存在，二者被人文教育者高度称赞，其重要原因是它们都被人文教育者视作人性美好的象征。例如，以《十日谈》著称的薄伽丘，实际上是意大利人文教育家，《十日谈》是他收集当时流行的故事编撰的，而非自己创作

---

[1] 〔意〕彼特拉克：《秘密》，方匡国译，广西师范大学出版社2008年版，第72页。
[2] 〔意〕彼特拉克：《秘密》，方匡国译，广西师范大学出版社2008年版，第34页。
[3] 〔意〕彼特拉克：《秘密》，方匡国译，广西师范大学出版社2008年版，第4、18、71页。
[4] 〔意〕彼特拉克：《秘密》，方匡国译，广西师范大学出版社2008年版，第114页。

的文学作品。在他自己创作的作品《爱情十三问·爱的摧残》里,他一方面赞美女人、爱情的美好;另一方面竭力主张以理性升华感性,把爱情提升到理想的高度。在该作品的序言里,他声称:他当时爱上了一个已婚女子,她以女性的高贵气质与美丽无比的姿容,深深吸引着他,也激起他狂热的欲望。然而,为保护她的名誉,他克制冲动、欲望,始终把她看作心中灿烂的光辉、匡正他过失的严苛女主人。[①]而当爱情与荣誉发生冲突时,薄伽丘力主选择荣誉。他曾以荣誉、爱情、财富为例,阐述了人应该先舍弃什么。他说:"这三种舍弃的东西中,第一种是荣誉,它最珍贵",而爱情"是维纳斯的那种淫荡之乐,我们应当规避它"。[②]

总体来看,爱情、女人是文艺复兴时期文学艺术关注的重心,此时文人比较普遍地用太阳比喻女性,其中以但丁和彼特拉克最具代表性。他们的诗歌中都描写了各自理想中的女性形象。女性都被比喻为太阳,这是有着多级所指或多重含义的隐喻。[③]这一太阳隐喻的一级所指是具有惊人美貌和非凡品性的女性形象,于是便有了太阳隐喻的二级所指,即由女性形象所引发的人们的感情、观念和愿望,以及由此所引发的太阳隐喻的三级所指,即由女性形象所引发的作为言说者的但丁和彼特拉克的个性、人格要素,其中包含着人的自然本能需要以及生命和社会文化要素。因此,但丁和彼特拉克对爱情自然本能的需要和他们所接受到的理性的社会文化熏陶、教育,以及他们自身对生命的体悟便构成了太阳隐喻最深层的第四级所指。但丁和彼特拉克的作品大多带有强烈的自传性,爱情在他们身上起着积极作用,不仅打开了他们的心灵之门,而且进一步提升了他们的价值观念,特别是发现并找到了自我。这种"自我"体现了但丁和彼特拉克鲜明的个人自由意志。他们的内心都存在着一个不为外部世界所干扰的世界。自坠入情网,但丁和彼特拉克的内心就生活在时而欢乐、时而痛苦的矛盾中。虽然他们都爱上了不该爱的人——别人的妻子,但是,耐人寻味的是:他们的烦恼和痛苦的根源并不来自外界,即外界的舆论、社会习俗和伦理道德。除彼特拉克的个别诗句外,我们从但丁和彼特拉克的作品中几乎找不到有关这方面的描写。相反,他们用大量篇幅极力歌唱、赞美爱情,认定自己肉体对女人的自然欲望是人性使然,不是一种见不得人、不可言说的耻辱。而且,通过对自己内心世界忠实的剖析,他们一再表明他们的爱是纯洁的、高尚的,是受制于理性的。只不过,他们渴望摆脱世俗物欲,追求回到自然而然表露

---

① 〔意〕薄伽丘:《爱情十三问·爱的摧残》,肖聿译,中国社会科学出版社2003年版,第135页。
② 〔意〕薄伽丘:《爱情十三问·爱的摧残》,肖聿译,中国社会科学出版社2003年版,第55页。
③ 关于此,笔者已经有专论,这里只是简要介绍一些基本内容和观点,详细阐述见拙作《但丁和彼特拉克太阳隐喻的层级性所指》,《福建师范大学学报(哲学社会科学版)》2016年第2期。

的自然本性，即赤子之心。同样，他们烦恼的根源也不来自这种爱的毫无结果：他们十分清醒地明白他们的爱情是无望的。因此，爱情虽然是他们内心感受到挣扎的根源，但是爱情在使他们的心灵遭受到前所未有的创痛过程中，更多地引发的是他们对生命与死亡、人生价值和意义的思考。因此，由爱情引发的感性与理性或灵与肉之间的冲突，是但丁和彼特拉克的作品描述的重心，其基调是寻寻觅觅、探索自己，探索感受到爱情的"我"的心灵、生活的意义。正是在这个意义上，我们说但丁或彼特拉克，而不是贝阿特丽切或劳拉，是《新的生命》或《歌集》的中心。

三、感性与理性之间的张力

事实上，与古希腊罗马时期的博雅教育者一样，文艺复兴时期的人文主义者审视世界的方位是自我。从自我审视的方位，我们不难发现文艺复兴时期人们关于人性的认识呈现出两种极端之间的张力：一方面是以爱情为代表的感性情感世界的觉醒；另一方面是以宗教、伦理道德、教育为代表的理性世界的自觉。这种能同时抓住情绪与思想的两个极端之间的张力，可以比较准确地用来描述意大利文艺复兴时期佛罗伦萨人特有的状态。例如，从米开朗琪罗的诗中我们能够感受到这种极端之间的张力：句子与句子争执，词与词对抗，否定被否定。米开朗琪罗是一个多情的人。他在空闲时喜欢写诗，内容几乎总是爱情，又几乎从不述及爱的愉悦，几乎总是关于爱的苦恼。他在17岁时创作的两件不同的艺术作品展示了他个人的内心世界：一件是平和宁静的《台阶上的圣母》；另一件是《半人马之战》。这两件风格截然不同的作品表现了米开朗琪罗终生都需要在根本不同的作品中表达他心中两种矛盾的倾向：一种是沉思的，召唤着自己内心中美的形象；另一种是活跃的，试图把自己秉性中骚动的力量具体化。同样的对立存在于他的建筑中，使其成为一种相互抗争的力量的化身。这种兼容极端的特征还体现在他既能从《拉奥孔》的古典式痛苦中学习，又能从对尸体的恐怖解剖中学习。[1]

然而，面对充盈内心的感性与理性之间的张力，文艺复兴时期的人们向我们展示了他们的过人之处——自我救赎，即依靠自身所具有的自由意志救赎自己。但丁告诫人们："即使一切的爱是生于必然的需要，可是阻止他的能力也在你的内心呀！贝雅特丽齐称这种能力为自由意识。"[2]因此，尽管意识到自己的渺小与人类的通病，但是，以彼特拉克为代表的人文教育者还是从自身寻找根源。例如，彼特拉克首先批评了那些不在自己身上而在上帝那里找病因的人，以及不在自己身上而在

---

[1]〔意〕米开朗琪罗：《米开朗琪罗诗全集》，邹仲之译，新世界出版社2003年版，第7、10页。

[2]〔意〕但丁：《神曲·地狱篇》，田德望译，人民文学出版社1990年版，第242页。

上帝那里找希望的人。①然后，他谆谆告诫人们：不要只是为了和别人交往而与自己宣战、与自己为敌；不要通过折磨自己来聚敛财富。他进一步解释道：不是物质匮乏，"实际上，你本身才是自我贫困的根源，积累财富便是积累焦虑……人类的灵魂，生自上天，本质如此高贵，但却无视崇高的一切，贬低自己，追求泥土中的金属，这是多么奇怪的错觉，多么可悲的盲目……勿让心灵之眼注视着黄金的光芒……一旦你被贪婪攫获，便从高贵的思想跌至猥琐的俗务之中"②。所以，由苏格拉底开创的"认识自己"的传统博雅教育思想在文艺复兴时期得到了继承与发扬光大。人文教育者认为："'认识你自己'这句名言是多么恰当，它不仅可以帮助我们减少傲慢自大，而且能让我们意识到自己的幸福所在。不提别人，希腊人和罗马人过去都常常做这件事情。"③

实际上，"认识你自己"对于文艺复兴时期的人文教育者来说意味着两点：①认识到自己的渺小，或者说有限性、缺点。文艺复兴时期的人文教育者具有明确的历史、世界乃至全人类意识，他们会以人类自古都患此病的观念安慰自己。例如，彼特拉克告诉人们：得病的人一定要首先明白，一切不幸的原因是他不理解人类自身处境、不知足。当命运困扰、残忍对待人时，假如人能明白自身处于巨大的世俗旋涡中，人生沉浮、身处命运控制之下，凡人难免有烦恼，假如他常常能以历史为鉴，回想历史中帝王将相更替、王朝兴衰，那么，他就不会为自己所遭遇的苦难抱怨，不会为家庭的毁灭而感到悲哀。④②认识到自己的伟大，或者说力量、优点。这意味着自己拯救自己、自己提升自己、自己完善自己。以但丁、彼特拉克为代表的文艺复兴时期人们笔下的爱情、女人既是引发14世纪人们得"心病"的重要原因，也是治愈"心病"的重要良药。爱情、女人是生命和美好的象征。人们追求它们的终极目的是拯救自己，即治愈自己的世纪病，因为14世纪普遍流行于欧洲的世纪病，以及人们对爱情、女人的向往和崇拜，实际上是由人们对人类生存意义的疑惑导致的，这在更深层次上反映的是他们对人生命意义的反思。

四、治疗"心病"

关于"心病"的治疗，文艺复兴时期大多数人文学者程度不同地提出了方法，

---

① 〔意〕彼特拉克：《秘密》，方匡国译，广西师范大学出版社2008年版，第245页。
② 〔意〕彼特拉克：《秘密》，方匡国译，广西师范大学出版社2008年版，第56-60页。
③ 《文艺复兴书信集》，李瑜译，学林出版社2002年版，第8页。
④ 〔意〕彼特拉克：《秘密》，方匡国译，广西师范大学出版社2008年版，第79-82页。

其中最具代表性的是彼特拉克。下面，笔者拟以他在《秘密》里的相关论述为个案阐述之。

（一）明白人是不幸的

彼特拉克倡导人要谦卑而非傲慢。他一方面肯定人有伟大的天赋能力；另一方面指出人自恃拥有才华、骄傲于雄辩、满足于那终会消亡的肉体之美[①]，尤其是内心不明白他是不幸的。他认为从古至今，无上的智慧之根、救赎的根源是人必须知道自己不幸。满足自己的欲望、沉溺于现实各种物欲、一心积累财富、面对人生困难而沮丧不已等都被彼特拉克视作"个人不幸"。彼特拉克认为，人最大的不幸就是没有看透死亡，换言之，人把死亡看得太遥远了，没有意识到生命短暂无常，灾祸随时可能降临。为进一步阐述这一点，彼特拉克一方面以历史上的例子作为证据，论证说明生命短暂；另一方面认为尽管众多事物警示着人的死亡，但只有少数思想足够深刻的人能够领会他们必将死去的事实。大多数人闭目塞听，其心灵因陈规而变得固执。[②]即使有些人能明白自己的不幸，但真正能放下的甚少。很多人遭受严重折磨，但他们却无法逃避、无法选择。至于人到底应该怎么做，才能使他的灵魂摆脱这世间的羁绊，从而清楚地攀向至高之处，彼特拉克认为死亡是人的本质，人应该通过时常想起自身生命的有限，明了人生而为人的脆弱，进而实践对死亡的沉思。凡人不可能无视生命短暂的警告：凡人终将腐朽，自身所寄不过是那脆弱有限的躯壳。于是，人要认识自己的不幸，就要明白人终将一死的现实，洞察万物即逝和人生的有限性。[③]

（二）专心于自我

基于人有理智的认识，彼特拉克认为对于已经不幸或变得不幸这个问题，人是有选择的。一个人除非是自身犯错，否则绝无可能已然不幸或变得不幸。假如一个人尽其所有努力于成就幸福，便能成为幸福的主宰。只要愿望是真实且毫无隐瞒的，那么一个渴求摆脱自身不幸的人绝不会失望。他借奥古斯丁之口开示人们说：摆脱人类存在的迷惘、攀向人生更高层次的第一步，是沉思人类不幸和死亡的现实；第二步则是为渴望攀上那目标高峰而奋斗不懈。一旦成此二步，则使命必达，无往不利。彼特拉克声称：我坚信世人是没有生来或后来不幸的，除非他希望如此。

---

① 〔意〕彼特拉克：《秘密》，方匡国译，广西师范大学出版社2008年版，第47页。
② 〔意〕彼特拉克：《秘密》，方匡国译，广西师范大学出版社2008年版，第16页。
③ 〔意〕彼特拉克：《秘密》，方匡国译，广西师范大学出版社2008年版，第12-15页。

他进一步举例解释说：人们之所以失落，是因为他们忘了自己的处境，只想着顶尖的状态，但那不是人人皆能达到的，身居高位只能带来痛苦、麻烦和不幸。就像塞涅卡教导的：当你看到有多少人在你前方，则想想在你后面的人。如果你想和上帝及命运在自己的生活中和解，便想想有多少人已被你超过。他还说道：在前方竖立一个你向往的目标吧，即使你无法到达。①

当然，这并不是让人勿随人世常规、弃离俗道，而是要人专心于自我而非外物，将广博阅读所得应用于自处之道而非媚众取宠。彼特拉克认为，人应该明白自己在做什么、在想什么、在等待什么，应该认真思考自身存在，认识到自己需要立足于众多事物之上。他告诫人们："记得这现实，看管好自己，不要为自己找麻烦。人要彻底弃绝世间各种诱惑，在动乱环绕之际寻找心灵平静。"②因此，与传统博雅教育以及奥古斯丁早期基督教博雅教育思想一样，彼特拉克认为人要学会反思自己，在日常生活中，多亲身体会许多事物而不是空想和抱怨。他借奥古斯丁之口，以自己亲身经历告诫人们："对自己肉体惩罚手段无用，终极的沉思才使我了解到自身不幸的全貌。而后，在一心许诺履行誓言的当下，我便立即行动，主祝福我，以不可思议的速度，我于是成了改过自新之人。"③显然，与其说彼特拉克把中世纪人们审视世界的一般方位神转向了人，不如说转向了自我。第一人称是他惯常使用的叙述视角，我们可以从他写的大量抒情诗、传记（如《秘密》《阿非利加》）中窥见一斑。英国史学家伯克评价道："彼特拉克的著作中始终贯穿着一种新颖而强烈的对自我的关注……彼特拉克不仅为别人立传，他也撰写自传。"④

（三）打碎爱情和荣耀的枷锁

为克服"心病"，彼特拉克号召人们行动起来。他说：只拥有愿望是不够的，人们必须行动并且超越世俗羁绊。文艺复兴时期最令人们沉溺于世俗而不能自拔的东西有两样：爱情、荣耀。彼特拉克将它们称为套在人身上的"锁链"。他谆谆劝诫人们：爱情、荣耀两枷锁必须靠自己一起打碎，因为它们最坚固，如此令人迷惑。这两条"锁链"尽管有害，但使你愉悦，用美丽的外表将你欺骗，而挣脱此枷锁的方法就是明白它们是有限的、无常的。彼特拉克解释说：理想寄托在一个有限东西上是不对的。女人总要死亡，肉体的美丽是最不值一提的。在彼特拉克看来，

---

① 〔意〕彼特拉克：《秘密》，方匡国译，广西师范大学出版社2008年版，第73页。
② 〔意〕彼特拉克：《秘密》，方匡国译，广西师范大学出版社2008年版，第7页。
③ 〔意〕彼特拉克：《秘密》，方匡国译，广西师范大学出版社2008年版，第23页。
④ 〔英〕彼得·伯克：《欧洲文艺复兴：中心与边缘》，刘耀春译，东方出版社2007年版，第25页。

人不能完全摆脱爱情，却可以凭借自己的美德提升并进而超越它。他以自己为例声称：自己的爱是高尚的。我被一个美德化身的女人吸引，全身心地爱她、赞美她。我热爱她的灵魂胜于肉体，其超越凡人的品性，才最令我快乐。我的一切所得都源于她。若非她的帮助，我将一无所成。在她的高贵情感的帮助下，天性在我心中播下美德弱小的种子，是她驱走我年幼灵魂的无知，用钩子将我拉回，就像人们所说，迫使我追求更高的目标。总之，她拯救我免于堕落尘世。事实上，正是在这个意义上，文艺复兴时期的人文教育者才把爱情视作人性的一部分内容，并赞美、歌颂它。荣耀也是如此，彼特拉克认为，它是哗众取宠。他解释说：荣耀等于名誉，名誉即被人们广泛地谈论。名誉是一种呼吸，或一种变化的风，而令人更难以忍受的是，它是一种群众的呼吸。因此，人不该带着更大的热忱，努力于取悦那些你最不喜欢的人们。更重要的是，彼特拉克认为荣耀是一时的、短暂的，根本不值得人们追求。他解释道：虽然人们渴望世间荣耀，渴望与自己不相匹配的不朽英名，但虚假不朽的追求将阻碍人们通往真正不朽的道路，因为日常事务耗费了大量时间而仅带来了暂时的名誉。把时间花在描写他人上面，而忘却了自己，即放弃永恒事物，追求空洞易逝事物，实在是浪费生命。①

（四）追求美德和永恒

与以柏拉图为代表的西方传统博雅教育家一样，彼特拉克要求人们淡泊名利、自我反省，追求包括美德在内的一切永恒不朽的东西，因为对美德的渴望正是美德重要的一部分。为此，他号召大家研读传统博雅教育著作，以西塞罗为师，如同西塞罗以柏拉图为师一样。尤其是采用笔记方法阅读此类典籍、做笔记，才能培养良好的沉思习惯。他告诫人们：记得塞涅卡有用的书信以及他的《论心灵之安宁》、西塞罗关于完全消除各种心智疾病的优秀作品——献给他的兄弟布鲁图斯的《图斯库兰论辩集》，因为你所阅读的这些大师作品应当有益于你自身的救赎。②

由以上论述可以看出：在认识自己、超越世俗物质利益、追求美德、永恒方面，以彼特拉克为代表的文艺复兴时期的人文教育者与以柏拉图为代表的传统博雅教育者如出一辙。遵循传统博雅教育思想也是人文学者反思生命意义的路径。例如，彼特拉克在《秘密》的序中明确指出，贯彻该书的是以柏拉图、西塞罗、奥古斯丁为代表的传统博雅教育思想。他所采取的以历史上已故名人名义对话的论证方式，明显模仿了柏拉图、西塞罗，而他救治人的根本方法，则明确采用了奥古斯丁所告

---

① 〔意〕彼特拉克：《秘密》，方匡国译，广西师范大学出版社2008年版，第93—140页。
② 〔意〕彼特拉克：《秘密》，方匡国译，广西师范大学出版社2008年版，第8—25页。

诚的自我救赎,其内容主要包括四点,即明白人是不幸的、专心于自我、打碎爱情和荣耀枷锁,以及追求美德和永恒。而且,相比之下,人文教育者更多地继承了以奥古斯丁为代表的早期基督教博雅教育思想,如自由意志、内省、人性的脆弱和缺陷等,并且对此做了进一步的补充,从而更加丰富了博雅教育的内涵。这突出体现在他们对人性弱点的描述剖析,以及女性与爱情的论述上。

小 结

如果说古代文化的再生、大学教育的兴起、多元民族文化思想的碰撞、个人的人性意识的觉醒以及人文主义思想的出现是15世纪意大利人文教育形成的外部原因的话,那么,中世纪后期的七艺教育则是其形成的内部原因。特别是以米兰多拉、彼特拉克为代表的文艺复兴时期人文教育者有关人文主义的基本思想,与古老的西方博雅教育的思想一致。例如,在追问人是什么时,彼特拉克曾给出这样的定义:人"凭借着理性的美德而被称作人类"[1]。他"如此受理性的支配,以至于他以之为生命的指引,是他的欲望独自臣服于其下,并用理性的缰绳把所有心理的冲动重新约束,他能了解单单通过理性便可使自己有别于凶残野兽,仅凭通达明理便可无愧于人的身份"[2]。因此,彼特拉克明确告诫人们要用理性制约感性,要用理智治愈爱情带来的感情创伤。正如他引用西塞罗的话所论证的:既然不该让羞耻心取代理性,那么让我们向所有方法之源——理性本身——寻求帮助。[3]其实,或许是刚刚从中世纪走过来的缘故,彼特拉克之所以强调以理性制约爱情,是因为骨子里他认为"灵魂高贵、伟大,肉体脆弱和邪恶"[4]。然而,无论是中世纪最后一人的但丁,还是早期人文主义代表人物彼特拉克,他们都热爱世俗生活。面对世俗的爱情,他们没有回避或禁止,而是勇于直面,把它升华到美德高度,将其视作自然美好人性的一部分。他们爱的都是有夫之妇,但他们没有逾越社会一般伦理道德的界限,而是把爱情作为一种改变自己、引领自己追求美德、向上的力量,这一点深深影响了整个文艺复兴时期的文学和文化。因此,以他们为代表的人文教育者的上帝观念里都包含着世俗思想。他们所说的上帝并

---

[1] 〔意〕彼特拉克:《秘密》,方匡国译,广西师范大学出版社2008年版,第133页。
[2] 〔意〕彼特拉克:《秘密》,方匡国译,广西师范大学出版社2008年版,第32页。
[3] 〔意〕彼特拉克:《秘密》,方匡国译,广西师范大学出版社2008年版,第132页。
[4] 〔意〕彼特拉克:《秘密》,方匡国译,广西师范大学出版社2008年版,第133页。

不是尽善尽美的至高无上，而是富有智慧的理想化了的人格，仅仅是对人的美化而已。有此人格的人的理智判断与道德判断是融合成一体的。在他们那里，人生活的理智目标，比那些从神或超人那里得来的人生目标要清晰。相比较之下，18世纪由启蒙运动所引发的以歌德的《少年维特之烦恼》为代表的感伤主义文化思潮，则表明人们一味地沉溺于个人感性生活里，以至于自我毁灭，未能依靠个人内在理性的力量将其升华为一种引领自己向上的动力。当然，这也进一步从反面证明了以但丁、彼特拉克为代表的文艺复兴时期人文教育者的力量：与苏格拉底一样，他们自己就是博雅教育的实践者。

第五章 文化力量：博雅教育—惯性

中世纪后期至 15 世纪的复古文化思潮引发的意大利人文教育的兴起并非一种短时期的活动，其后一直在欧洲等地自然延续了 3 个多世纪，并最终成为一门相对独立存在的综合性的学问、学科，特别是一种与西方古老的博雅教育血脉相连的人文教育实践活动。16—19 世纪，许多比较重大的历史事件，特别是思想文化事件，如宗教改革、17 世纪的古典主义、18 世纪的新古典主义、启蒙运动、自然科学的迅猛发展，以及 19 世纪以后现当代学科、科学、知识，特别是人文学概念的出现，对博雅教育的建构影响深远。文艺复兴时期人文教育的建构源自两河文明的古希腊罗马博雅教育思想，而在标志着欧洲从古老的贵族统治到现代社会开端转变的、18 世纪最后 1/4 的时间里，包括文学在内的艺术采用的都是新古典主义风格，歌德又是"力图像文艺复兴时期伟大的知名人物那样争取成为多面手的最后一个欧洲人：批评家、新闻工作者、画家、剧院经理、政治家、教育家、自然科学家"[1]，因此，为避免空泛论述，笔者在本章拟聚焦欧洲各国人文教育实践，深入阐释意大利人文教育思想及其实践对 17—18 世纪欧洲理性人文主义思想、19 世纪思想文化以及西方传统教育产生的持久而广泛的影响。

---

[1] Gwinn R P, Norton P B. The New Encyclopædia Britannica. Vol.12. Chicago: Encyclopædia Britannica, Inc., 1997, 219.

第一节　理性人文学者

15世纪诞生于意大利的人文教育对西方历史文化产生了巨大而深远的影响。流行于17—18世纪的欧洲古典主义，延伸至19世纪的人文教育，均历史性地充分证明了这一点。本节，笔者拟聚焦于启蒙运动，通过对欧洲17—18世纪后期的思想文化、审美风尚等的概述阐明之。

一、巴洛克文化

文艺复兴给意大利带来了统一的生机、产生了推动统一的文化力量，3个世纪后，人文主义者的愿望变成了现实。意大利文艺复兴起源于1330年以后欧洲北部蓬勃发展的城市文明，欧洲北部的文艺复兴与城市化形态的转变是同时出现的。13世纪和14世纪时，意大利是欧洲城市化程度最高的国家。而1500年之后，城市化的重心则转向了欧洲西北大陆。17世纪和18世纪时，欧洲的三个城市，即阿姆斯特丹、伦敦和巴黎，在财富、地位和人口方面居于领先地位。15—16世纪，欧洲文明具有统一性和国际化的特点。16世纪以后，在意大利人文思想和教育的影响下，法兰西、德意志诸国、苏格兰、英格兰、西班牙等国家和地区，都不同程度地存在着文艺复兴现象，沙龙、学术机构丰富发展。人文主义者的思想影响了欧洲最好的学校的课程，贵族和一些富裕市民家庭的子女都接受古典教育，学习博雅教育课程，其中许多人在国家机构里得到了职员等职位。

无论是在生活上，还是在文学艺术创作上，以学习古代文化为最高使命的文艺复兴时期的人文教育者总是努力获得一种宁静的平衡和秩序。然而，随着遍及欧洲的16世纪宗教改革运动的到来，人文教育者所拥有的这种高贵、宁静的古典心态被打破了。在罗马天主教会的大力倡导下，16世纪后期，意大利文学艺术创作上出现了一种崭新的倾向——极具感性夸张、讲究华丽，由此形成了西方艺术史上的一个特殊时期——巴洛克（Baroque）时期。"巴洛克"是形容这一新风格的词汇，最初带有贬义。19世纪以来，"巴洛克"成为一个比较固定的术语，一般指称精致而奇特的东西，特别是用来称呼17世纪和18世纪早期视觉艺术所具有的风格，当然也以此形容当时的整个文化成就。巴洛克时期，人们前所未有地探索了人的心理状态，发明了新的、大胆的艺术表现技法。以鲁本斯、委拉斯开兹为代表的艺术家在作品中表现出个性化的情绪、极端强烈的感情。文学亦如此。德国巴洛克文化全盛时期在 18 世纪出现，其中文学领域代表性的作品是歌德写于 1774 年的《少年维特之烦恼》。"它不是使人伤心落泪的小说，它真正的主题不是失恋，而是 18 世纪的所谓狂热：偏爱绝对的不幸结果。"①

二、理性回归

感性的极端必然导致理性的回归。于是，一批相信人类理性的卓越性和有效性的人文学者、思想家、科学家在 17—18 世纪的欧洲知识界掀起了一场轰轰烈烈的启蒙运动。1711—1748 年，被埋于地下千年之久的城市赫库拉纽姆和庞贝城的发掘，更是掀起了一场新古典主义运动。相关的发现报道不久便传遍整个欧洲，人们再一次以极大的热情表达了他们对古代文化，特别是古罗马文化的极大兴趣。罗马共和国的目标和理想——自由、反对暴政、崇尚勇气对 18 世纪共和派的政治家具有极大的吸引力。而对政治毫无兴趣的文学家、艺术家，厌倦了巴洛克风格的漫无节制，开始创作出一批风格古典、清新的作品。古代文学艺术作品是他们创作灵感的来源，此时，人们普遍模仿或沿用古代素材、题材进行创作。例如，法国著名作家拉辛（Jean Racine）依据古典模式开始自己的创作，让·德·拉·方丹（Jean de La Fontaine）的寓言则是从伊索和其他古希腊古罗马作家的作品里汲取材料。其实，整个 18 世纪，欧洲各地诗人几乎都争先恐后地使用古希腊古罗马文学的题材进行创作，如意大利佩德罗·梅塔斯塔齐奥（Pietro Metastasio）的剧作、德国弗里德利希·席勒（Friedrich Schiller）的作品、歌德的作品等，尤其是在英国掀起了与文艺复兴时期复兴古代文学一样的古典主义热潮：人文学者一方面开始翻译或重新翻译出版包括埃斯库罗斯（Aeschylus）悲剧在内的许多重要的古典文学作品，从而使遥远陌生的古代文化遗产易于被广大普通民众理解和接受；另一方面直接因袭古代的题材、主题、人物再次进行文学创作，并成立了一个文学创作团体——奥古斯都派。仅仅这个名称就足以说明他们对古罗马奥古斯都时期文人的仰慕。由于人文学者的努力，以荷马的《伊利亚特》《奥德赛》、维吉尔的《埃涅阿斯纪》为代表的古希腊古罗马主要文学作品，长期以来就被英国人广泛阅读、欣赏。至于其他艺术亦如此，庞贝城里公元 1 世纪别墅中的壁画被无数次临摹，模仿古代绘画艺术成为以雅各·路易·大卫（Jacques-Louis David）的作品为代表的法国大革命艺术风格的一个特点，具有古典主义精神的 18 世纪古典音乐更是深入人心。

---

① Gwinn R P, Norton P B. The New Encyclopædia Britannica. Vol.12. London: Encyclopædia Britannica, Inc., 1997, 231.

三、两河文明的重现

与此同时，启蒙运动所激发的人们勇于探索真理的精神，进一步激起了人们了解《圣经》中所提及的国度实际情况的热情。18世纪80年代，教皇派往这些地区的代理人阿贝·博商（Abey Beauchamp）对巴比伦进行了首次发掘，阿贝·博商在自传中所描述的出土泥板文字，在欧洲引起了人们的广泛兴趣。[1]1756年，丹麦组织了一支近东探险队，其中唯一幸存者德国人卡斯腾·尼布尔（Carsten Niebuhr）到达了今天伊朗境内的波斯波利斯，发现了拥有2000年历史的波斯王宫遗址，并细心地把那里面的波斯波利斯铭文抄录了下来。他带回的资料于1772年出版，使尘封的苏美尔文明重见天日。1798年，英国在巴格达派遣了常驻外交代表。1802年，英国驻巴格达的外交代表被委任为领事。19世纪，一大批语言专家、学者先后担任英国驻该城领事，他们的官邸迅速成为美索不达米亚考古事业的总部。1835年，英国语言学家罗林森（Rawlinson）发现了伊朗贝希斯敦峭壁铭文。1843年，法国外交官博塔（Paul Emile Botta）发现了霍尔萨巴德古代宫殿遗址。1849年，英国考古学家莱亚德（Layard）发掘了许多亚述王宫遗址，以及约2.4万块刻有楔形文字的泥板。1847年，法国罗浮宫亚述博物馆展出了博塔带回的文物，次年，英国不列颠博物馆展出了莱亚德带回的泥板。楔形文字的发掘和展览带给人们的震撼是强烈的：它改变了人类对自身历史的看法。一门阐释这些发现的新学科——亚述学诞生了。人们的研究证明了一系列《圣经》中所叙述的历史事实。卡斯腾·尼布尔发现的波斯波利斯铭文与罗林森发现的伊朗贝希斯敦峭壁铭文，都是用苏美尔人的楔形文字写成的。楔形文字记录的阿卡德语"大洪水故事"与《旧约全书·创世纪》相似。苏美尔人对洪水灭世的记载文本后来传到亚述人手中，他们抄写了巴比伦人对洪水灭世的叙述，最终演变出《圣经》里诺亚的故事。巴比伦文学作品《吉尔伽美什史诗》包含了苏美尔人对洪水故事较早的说法，诗中把灭世洪水与公元前3000年早期距乌尔北部约70英里[2]的舒鲁帕克的国王乌塔·纳匹西丁姆（Uta-Napishtim）联系在了一起。

四、理性人文主义

两河文明的重现，促使两河流域人文知识，包括古希腊罗马文献再次进入人们的视野，并引起了人们的研究热情。人们逐渐认识到两河流域是人类文明的发源地，它流经古希腊、古罗马这条西行的道路，最终传遍了整个古代世界，给人类留

---

[1] Martin F D, Jacobus L A. The Humanities through the Arts. New York: McGraw-Hill, 2004, 172.

[2] 1英里≈1.609千米。

第五章　文化力量：博雅教育—惯性

下了丰富的文化遗产。而源自两河流域的传统西方博雅教育所倡导的认识自己的内在理性力量，在17—18世纪也随着两河流域文化遗产的重现得到了进一步的强化，其突出表现就是18世纪理性人文主义的出现，它是在文艺复兴时期人文主义基础上建立的。与文艺复兴时期的人文主义者一样，理性人文主义者的信念是：借助于理性、深思熟虑，人类必定取得进步，而进步本身是好的和有益于每个人的。他们继承文艺复兴时期的人文主义思想，从不同方面深入探讨了人性，如休谟（David Hume）的《人性论》和康德的《纯粹理性批判》《实践理性批判》《判断力批判》里对人的知性、情感、道德以及理性、精神、审美的研究，蒲柏（Alexander Pope）的《人论》融合了人文主义和基督教思想，描述了人性，斯威夫特（Jonathan Swift）的《格列佛游记》则从反面揭示了人黑暗的一面。尽管研究与探讨让人们发现了人存在着许多不美好的方面，但是，理性人文主义者坚信人性的美好和进步的可能性。伏尔泰最重视理性，他为生存问题找到答案，不仅适合18世纪的社会，也适合当今社会。狄德罗（Denis Diderot）于《百科全书》中表明了他的核心观点，即人是理性的动物。1776年通过的美国《独立宣言》里所宣称的人人生而平等，上帝赋予人生存权、自由权和追求幸福等权利的思想，则强化了人的个体意识。与传统博雅教育者一样，理性人文主义者也深信，只有通过学习特别是个人的自由学习，人才可能进步。因此，人必须为自己的自由而思考、奋斗。随后发生的法国大革命，特别是1789年通过的《人权和公民权宣言》进一步明确规定了人的基本权利，即自由、财产、安全和反抗压迫，从而显示了18世纪理性人文主义的巨大影响和作用。"理性人文主义者们相信，作为进步的障碍，任何力图压制思想自由的政治体系一定会被推翻。"[1]

与文艺复兴时期的人文主义相比，两河文明重现带给18世纪理性人文主义最显著的特点是整体观念。这里所说的"整体观念"主要指的是人类观念、世界观念。如果说文艺复兴时期人文主义者身上最显著的特征是个人意识、民族意识的觉醒的话，那么18世纪理性人文主义者身上最显著的特征则是人类意识、世界意识，他们甚至比较早地探讨了包括中国在内的东方文明成果。事实上，在理性回归的过程中，理性人文主义者发挥了巨大的作用。例如，赫尔德（Herder）在18世纪末的未完成著作《人类历史哲学的思想》中有论述中国的篇章。他从整个人类文明史出发，分析探讨作为世界上最古老的国家，中国在国家政体、民族、文化等方面区别于其他国家的特征，着重说明"阻碍它发展的因素在于它的性质、它的居住环境

---

[1] Adams L S. Exploring the Humanities: Creativity and Culture in the West. Upper Saddle River: Prentice Hall, 2005, 404.

以及它自身的历史"①。伏尔泰以中国元杂剧《赵氏孤儿》为蓝本，改编创作了《中国孤儿》。而被称为"考古学之父"的德国学者温克尔曼（Winckelmann）则积极主张学习模仿古代文学艺术。他以自己对古希腊罗马文学艺术作品的考古和精深研究，帮助人们重新认识到了古典艺术的重要性。

综上所述，启蒙运动时期，随着古希腊罗马文化特别是两河文明的重现，世界主义的思想渐渐深入人心。与文艺复兴时期的人文学者一样，18世纪欧洲受过古典教育的人也崇拜古代经典，珍惜世界文化遗产，关心个人、道德、社会等问题，倡导人权、自由、平等。这些相似性确立了文艺复兴与启蒙运动之间人文主义传统的连续性。

第二节　自我化与无我化

19世纪理性人文主义者中最具代表性的人物是歌德。诚如英国思想史家梅尔茨（Merz）所说：19世纪最深刻的思想包含在歌德的著作里。"他在很大程度上创造了他的祖国的现代文学中最好的语言和文体。在本世纪任何别的德国、法国或英国作家中，再没有一个人能产生如此巨大的影响。"②世界主义在歌德身上体现得很突出，强烈的历史意识是他一生鲜明的特征。他审时度势，准确把握了时代脉络，明确了自身的处境和使命，认为"对于眼前这个井然有序、已成为一个完备的整体的世界，人人则只是把它看成一种要素，人们都极力想利用这一要素来建立一个适合他本人的特殊世界。才智之士一刻也不放松这个世界，并竭尽全力给自己开辟出一条通向这个世界的轨道"③。歌德正是这种"才智之士"。歌德面向世界，时刻把自己作为整体世界的一员，成就了一系列前瞻性成果。虽然没有专门的研究论著，但是，有关博雅教育方面的思想在歌德的文集里俯拾即是。本节，笔者拟以歌德为个案，探讨19世纪理性人文主义有关博雅教育的思想与观念。

一、培养自己

与奥古斯丁的《忏悔录》一样，歌德写作自传教育小说的目的是解剖自己，更好地认识自己。正如文艺复兴时期的博雅教育者，歌德沉浸于古希腊罗马文化中的

---

① 〔德〕夏瑞春：《德国思想家论中国》，陈爱政等译，江苏人民出版社1997年版，第85页。
② 〔英〕梅尔茨：《十九世纪欧洲思想史》第1卷，周昌忠译，商务印书馆1999年版，第43页。
③ 〔德〕歌德：《歌德的格言和感想集》，程代熙、张惠民译，中国社会科学出版社1982年版，第103页。

最终目的也是仿效古希腊罗马智者，实践博雅教育。他说："让我们记住古人是多么的伟大，尤其是苏格拉底学派如何给我们揭示出全部生活与行动的本源和准则，并且还告诫我们不要沉湎于空洞的思索，而要去生活和实践。"[①]纵观歌德的一生，他对博雅教育的实践集中体现在以下三方面。

（一）学习"古代"

歌德非常推崇古希腊罗马自由人教育思想，并身体力行实践之。他呼吁人们：但愿希腊文学和罗马文学的研究，一直成为高级教育的基础。[②]在自传性著作《诗与真》里，他自称读斯宾诺莎（Spinoza）、亚里士多德、柏拉图的著作，学习拉丁文、古希腊文。在《意大利游记》里，他声称："我把从走进罗马的那天，当作我的第二个生日，一种真正的再生。"[③]这里所说的"一种真正的再生"指的是歌德通过实地考察研究古罗马文化，更新了自己的观念。面对古罗马文学和艺术，他感慨道：我从未有过全新的思想，从未发现过完全陌生的事物。老的艺术有可靠的确定性，仍然栩栩如生，相互之间有内在联系，完全可以认为，它们是新的。而他这样做是为了培养或教育自己。谈到为什么去罗马，他明确声称：我到这里来，不是为了按自己的方式享受。我要努力学习伟大的事物，在我年满四十岁之前，学习和培养自己。[④]在自传小说《威廉·麦斯特》里，他以威廉的口吻说："我的愿望是全面培养自己"，"从青少年起，我就模糊地有种愿望和意图，怎样把我这样一个人培养成人……我不知道外国的情形如何，不过在德国只有贵族才受到一种确切普遍的，如果我可以这样说，就是人格的培养"。[⑤]而对于"培养成人"的渠道，歌德认为是学习古代。他认为："如果我们把目光放到古代身上，刻苦地学习它，并且怀着以它来改造我们自己的希望，我们就会感到似乎只有在那个时候，我们才真正成为人。"[⑥]此处，歌德所说的"古代"指的就是古希腊罗马文明。歌德赞同温克尔曼把古罗马视为全世界高等学府的观点，认为"在这里受过教育的，一定得像人们所说的那样，脱胎换骨，恢复孩提时代对事物的理解。最普通的人，即使不能发生本质上的变化，也会获得极不寻常的知识"[⑦]。而在歌德看来，古希腊人更是后代学习

---

① 〔德〕歌德：《歌德的格言和感想集》，程代熙、张惠民译，中国社会科学出版社1982年版，第83页。
② 〔德〕歌德：《威廉·麦斯特》，董问樵译，上海译文出版社1999年版，第34页。
③ 〔德〕歌德：《意大利游记》，周正安、吴晔译，湖南文艺出版社2005年版，第162页。
④ 〔德〕歌德：《意大利游记》，周正安、吴晔译，湖南文艺出版社2005年版，第132-145页。
⑤ 〔德〕歌德：《歌德文集：威廉·麦斯特》，董问樵译，上海译文出版社1999年版，第282-283页。
⑥ 〔德〕歌德：《歌德的格言和感想集》，程代熙、张惠民译，中国社会科学出版社1982年版，第83页。
⑦ 〔德〕歌德：《意大利游记》，周正安、吴晔译，湖南文艺出版社2005年版，第164页。

的榜样,尤其是在评判其他文学艺术作品时,歌德更是把古希腊罗马文学艺术作为最高价值尺度,认为"如果希腊人总是我们的起点和终点,那是可以理解的。每个人都应该以自己的方式成为希腊人!但他应该做希腊人","哪一个现代民族的艺术教养不是归功于希腊人?而且在某些方面,它们比我们德国民族从希腊人那里吸收了更多的东西"。[1]歌德称,希腊三大悲剧这种深度的作品足以使我们这些可怜的欧洲人钻研100年之久。弥尔顿(Milton)的悲剧《力士参孙》在精神上比任何近代诗人的作品都更能显出希腊古典风格。[2]

（二）关注自己

歌德和文艺复兴时期的人文主义者一样,高度赞美人的伟大,认为人本身是"神和大自然所创造出来的最好的东西"[3]。他告诉人们:要对人自身产生敬畏,爱自己。以拜伦(Byron)为例,他议论道:"就像我爱世界,我也爱我自身","谁了解自己,谁才有爱的权利"。[4]并且,歌德认为爱自己不是就人的肉体、生理和外在形貌而言的,而是就人的内在的精神世界而言的,爱自己指的是关注自己、认识自己。歌德告诫人们:如果我们想到那句意味深长的话"认识你自己",就绝不能根据苦行者的感觉来解释它。这句话根本不是指我们当代的抑郁症患者、愤世嫉俗者以及自我折磨者对自己的认识,它的意思仅仅是指:你要留意自己,注意自己,这样你就会知道,你应该如何对待你这样的人以及如何对待世界。这与心理上的烦恼困惑不相关,每一个有才能的人都懂得,都能够体会出它的意义。这是一个很好的忠告,每一个人都会发现它在实际上的最大好处。[5]可见,在歌德看来,古希腊博雅教育者所信奉的箴言"认识你自己",与关注自己、教育或培养自己如出一辙。他认为人只有教育自己,才有资格教育别人。[6]

（三）接受自由人教育

教育具有理性实践品质。歌德指出:"人怎样才能认识自己呢?决不能依靠观

---

[1] 〔德〕歌德:《歌德文集》第10卷,范大灿、安书祉、黄燎宇译,人民文学出版社1999年版,第46、259页。
[2] 〔德〕歌德:《歌德谈话录(1823—1832年)》,爱克曼辑录,朱光潜译,人民文学出版社1978年版,第87、203-204页。
[3] 〔德〕歌德:《歌德文集:威廉·麦斯特》,董问樵译,上海译文出版社1999年版,第721页。
[4] 〔德〕歌德:《抒情诗·西东合集》,杨武能译,安徽文艺出版社1998年版,第442、415页。
[5] 〔德〕歌德:《歌德的格言和感想集》,程代熙、张惠民译,中国社会科学出版社1982年版,第83页。
[6] 〔德〕歌德:《歌德文集:威廉·麦斯特》,董问樵译,上海译文出版社1999年版,第477页。

看，只有通过行动。竭力履行你的义务，你立即知道，你是什么人。"①人有一个重要义务，就是接受教育。歌德认为："出身高贵健康的孩子，随身就带来许多天赋，大自然赋给每人一生所需的一切，我们的义务是发展这种天赋，当然，它往往也会自发地发展得更好一些。但是有一样东西，没有人带到这个世界上来，然而它却是使人在各个方面之所以成为人的关键。"②这就是接受教育，这种教育就是西方古老的自由人教育。歌德非常重视柏拉图在《理想国》里所谈到的关于人性的学问或自由艺术教育、七艺和意大利人文教育课程，甚至认为"只要我们的学校教育一直把我们带回到古代里去，并且继续不断地推行希腊语和拉丁语的教育，我们就可以庆幸自己，这些作为掌握高度文化所十分必要的课程就永远不会泯灭"，"欧几里得几何学以及摆在每一个初学者面前的几何学，还不过是几何学的一些初步的要点，然而，它却是哲学的最完善的引言和入门"。③而且，理性人文主义者歌德完全继承了源自两河文明的西方古老博雅教育思想，认为这种教育的终极目标是培养拥有自制、具有美好人性的自由人。他说："凡是解放我们精神的一切东西，不能给我们以自制的力量，都是有害的"④，"希腊人的理想和追求是把人神性化，而不是把神人性化。那是神本主义，而非人本主义！此外，不应该升华人的动物性，而应该强调动物的人性，以便我们获得更高的艺术享受"。⑤很显然，古老的西方博雅教育在歌德这里得到了重生。他所说的"人性"指的是人的神性，即人身上美好的东西。他所说的"培养自己"与古希腊罗马的自由人教育思想完全一致，指的就是成为具有美德的自由人。

二、人类是一个有机统一整体

在继承传统博雅教育思想和教育实践的基础上，歌德有所发展。作为有机统一整体的人类文化是歌德审视世界一切现象的方位，这集中表现在以下三个方面。

（一）在世界范围内认识自己

歌德总是把自己与世界联系起来。与前人不同的是，他不是完全囿于自我谈自我，而是努力在自我与人类或世界的相互关系中，特别是在整个人类历史长河中探

---

① 〔德〕歌德：《歌德文集：威廉·麦斯特》，董问樵译，上海译文出版社1999年版，第833页。
② 〔德〕歌德：《歌德文集：威廉·麦斯特》，董问樵译，上海译文出版社1999年版，第718-719页。
③ 〔德〕歌德：《歌德的格言和感想集》，程代熙、张惠民译，中国社会科学出版社1982年版，第82页。
④ 〔德〕歌德：《歌德文集：威廉·麦斯特》，董问樵译，上海译文出版社1999年版，第842页。
⑤ 〔德〕歌德：《歌德文集》第10卷，范大灿、安书祉、黄燎宇译，人民文学出版社1999年版，第202-203页。

究自我的价值以及人的意义。他说:"人的历史成就是这样形成的一种感觉,在评价同时代的功绩和成就时,也把过去时代考虑在内。"①"每个人都可以问问自己,他能够和愿意如何来影响他的时代",歌德还指出,他的道德教养受法国历史上一些人物的影响,而《圣经》给他留下深刻的印象,东方的地域、民族、自然产物和各种现象的考察亦有助于他。②因此,他认为"培养自己"不是个别人的事,而是人类的事:"为自己的道德修养而努力,是人类可能从事的最简单而又最容易实行的事。他生来便具有这种的冲动,及至置身于社会生活之中,常识和爱又引导他甚至强迫他致力于此。"③如果说包括文艺复兴时期在内的西方传统博雅教育培养的是能够认识自己的人的话,那么,歌德理性博雅教育所培养的则是既认识自己的民族又能认识世界的人。

联系及统一整体思想是歌德理性人文主义的精髓。联系是歌德关于世界和人的本质属性的基本观点。他把世界视作一个有秩序的、相互联系的、理性的世界。与亚里士多德认为人是语言或理性的动物不同,歌德从人的生存语境、人类文化的综合角度剖析人的本质,认为人既有别于其他事物,又与它们相联系,人既是社会的人,又是自然的人。④人类自身也是一个有机统一整体,人类集合起来才是真正的人,个人唯有觉悟到自己是融合在全体之中,他才能愉快幸福。⑤显然,歌德的这一思想与包括文艺复兴时期博雅教育思想在内的传统博雅教育不同。后者的纲领性口号"认识你自己",基本上是立足于人的世界,特别是个人世界谈论人的,倡导道德的自我完善、自我拯救,而歌德则认为个人的幸福源于"觉悟到自己是融合在全体之中"。

(二)学科交叉与文化融合

早在各个学科开始建立或开始从其他领域渐渐独立出来时,歌德便已经不仅敏锐地意识到了它们各自的局限,而且以自己的实践经验,致力于各种学科之间的融合与会通。打上人类关系印记的学科,在歌德看来也是一个相互关联的整体。不仅如此,歌德还跳出学科自身的局限,把学科的发展与各个民族的进步联系起来,认为每种学科的建构都不是孤立的,而是世界所有民族共同努力的结果。歌德经常从世界史、世界宗教高度谈论基督教,并在与其他民族的比较中评论以色

---

① 〔德〕歌德:《歌德文集:威廉·麦斯特》,董问樵译,上海译文出版社1999年版,第841页。
② 〔德〕歌德:《歌德散文选》,陈宗显译,百花文艺出版社1995年版,第304页。
③ 〔德〕歌德:《歌德自传·下:诗与真》,刘思慕译,人民文学出版社1983年版,第131页。
④ 〔德〕歌德:《歌德文集》第10卷,范大灿、安书祉、黄燎宇译,人民文学出版社1999年版,第30页。
⑤ 〔德〕歌德:《歌德自传·下:诗与真》,刘思慕译,人民文学出版社1983年版,第396页。

第五章　文化力量：博雅教育一惯性

列民族的优缺点及其宗教的优点，认为以色列民族具有别的民族的绝大多数缺点，然而在独立、坚定、果断上，至少在坚韧上是罕有其匹的。[①]歌德有关世界是一个有机统一整体的思想，以及他常常从人类文化视域出发对文学或艺术所进行的跨国家或跨学科的比较考察的最大贡献是他提出了"世界文学"这个依然活在当下的命题。基于"我们不知道有不存在人类关系的世界，我们也不希望有不打上这种关系印记的艺术"[②]，"诗的艺术总是一种世界的或民族的赠礼，而不是几个优秀的有教养的人的世袭财产"[③]，以及并不存在爱国主义艺术和爱国主义科学这种东西，艺术和科学，跟一切伟大而美好的事物一样，都属于整个世界。歌德预言：一种全球的或普遍的世界文学正在形成。[④]无论是从最高维度上文学研究的视角来看，还是从最广维度上文学研究的场域来看，此命题都具有前瞻性。直到20世纪后期，各国文学艺术研究的疆域才扩展到全球，其研究范围才逐渐包括哲学、诗学，以及音乐、雕塑、绘画和建筑等其他艺术领域，人们才明确意识到文学"代表一种文学的哲学，一种新人文主义。它的基本原则是相信文学现象的整体性"[⑤]，并力主要"把文学作为艺术来研究与把文学放在历史与社会中去研究"[⑥]。并且，直到2019年，人们才比较普遍地明确倡导与全球化和文化同时并存的文学。[⑦]

（三）相互影响

承认世界是一个有机统一整体，就是肯定了处于关系中的世界万物之间必然存在着相互影响。歌德所说的"影响"指的是人类优秀的文化遗产对我们曾产生过什么影响，以及它到底能产生怎样的影响。以自己的创作实践为例，歌德认为这种影响不仅是人不可避免的，而且是人所必需的。他论证道：我们固然生下来就有些能力，但是我们的发展要归功于广大世界千丝万缕的影响，从这些影响中，我们吸

---

① 〔德〕歌德：《歌德文集：威廉·麦斯特》，董问樵译，上海译文出版社1999年版，第848、723页。
② 〔德〕歌德：《歌德的格言和感想集》，程代熙、张惠民译，中国社会科学出版社1982年版，第94页。
③ 〔德〕歌德：《歌德自传·下：诗与真》，刘思慕译，人民文学出版社1983年版，第420页。
④ 〔德〕歌德：《歌德文集》第10卷，范大灿、安书祉、黄燎宇译，人民文学出版社1999年版，第84、409-411页。
⑤ 〔瑞士〕弗朗西斯·约斯特：《比较文学导论》，上海外语学院外国语言文学研究所译，湖南文艺出版社1988年版，第33页。
⑥ 〔美〕韦勒克：《今日之比较文学》，黄源深译，见干永昌等选编：《比较文学研究译文集》，上海译文出版社1985年版，第159-174页。
⑦ Albrecht M. Comparative literature and postcolonial studies revisited. Reflections in light of recent transitions in the fields of postcolonial studies. Comparative Critical Studies, 2013, 10(1): 47-65.

收我们能吸收的和对我们有用的那一部分。我们有许多东西要归功于古希腊人和法国人，莎士比亚（William Shakespeare）、斯泰恩和哥尔斯密（Oliver Goldsmith）带给我们的好处更是说不尽。[①]其实"差不多两个世纪以来，德意志人在不幸和骚乱的状态中粗野化了，因向法国人学习以求娴雅有礼，向罗马人学习以求庄重地表现自己"[②]。除直接论述事物之间的相互影响，如身体与心灵的相互影响外，歌德在大量自传性作品中诉说了其所在国家和国外人物及作品或文化对他的影响，并对这些影响做了深入的分类分析，尤其详细剖析了古希腊罗马历史文化对他及整个人类文明的影响。

深切体悟到人类优秀文化遗产重要性的歌德意识到：一个人若想成就一番事业，除努力学习并善于吸收外，别无他法。学习什么呢？歌德认为就是要学习古希腊文学作品中所表现出来的那种超越国家、民族、文化等界限的善、高尚和美，以及擅于运用有价值的题材或伟大的重要题材。歌德的很多文学作品沿用的就是已经被历史上其他作家反复使用过的题材。而且，除取自本国民间传说的《浮士德》外，歌德其余作品的题材基本上来自国外。歌德对这些传统母题进行再创造的一个基本手法是互文，即让前人的文本切实出现在自己的作品里，主要表现在沿用已有人物名字、故事、情节甚至对话等，只是在表现形式上进行改造。从歌德有关影响、互文和传统主题、母题的论述及其实践[③]来看，我们一方面深刻地认识到在歌德所说的有机整体思想里，文学是一个世界的现象，而不是一个民族的现象，他能创造出"世界文学"这个词绝非纯粹出于偶然；另一方面也看到了该思想与以文学艺术为核心的西方传统博雅教育之间的一脉相承——对文学传统特别是以古希腊罗马为代表的古典文学的尊崇与传承。

三、完整的人性

尽管在歌德"世界文学"出现后的相当长的一段时间中，这个名词的含义在很大程度上仍带有"欧洲文学"的倾向，但全球化的理念却由此诞生。人们不仅意识到民族文化仅是世界文化中的一部分，而且意识到部分借助于相互联系构成了世界文化这个有机整体，而统一整体内的各个组成部分之间又存在着必然的联系与影响。歌德从来不会在比较中一味地凸显特殊性或民族性，相反，他明确指出：诗

[①] 〔德〕歌德：《歌德谈话录（1823—1832年）》，爱克曼辑录，朱光潜译，人民文学出版社1978年版，第177-178页。

[②] 〔德〕歌德：《歌德自传·下：诗与真》，刘思慕译，人民文学出版社1983年版，第259页。

[③] 关于此，笔者已有专论，兹不赘述，见拙作《互文性与独创性：歌德互文性思想及其实践》，《外国语文研究》2017年第1期。

是人类的共同财产。所有民族的文学中所显示的以及所谋求的那些,正好也就是其余民族应当具有的东西。因此,在歌德看来,"民族文学"也具有超越国家、民族或文化的普遍意义,这构成了歌德博雅教育思想的一大特点,即探寻那些越来越被照射到民族性和个性中的普遍的东西。这种"普遍的东西"主要是针对文学艺术本身而言的,他解释道:人们若要想逃避这个世界,没有比文学艺术更可靠的途径;要想同世界结合,也没有比它更可靠的途径。因为每一种艺术都要求整体的人,艺术所能达到的最高程度就是完整的人性。"整体的人""完整的人性",常被歌德称为"人的天然属性"。他认为莎士比亚、卡尔德隆(Calderon)属于全世界,就是因为他们的作品里表现了人性。①"作者站在超文化的门槛,揭示出人类的精髓。"②

在歌德看来,那些既有民族特点又属于全人类的国别文学,绝不是不以人的意识转移的客观物质存在,即不是一个被比较的对象,而是与我们相似的、可以平等对话的另一个主体。我们"用不着亲自看见和体验一切事情,不过如果你信任别人和他讲的话,那你就得想到,你现在是同三个方面打交道:一个客体和两个主体"③。歌德这里所说的"一个客体""两个主体"都有非常具体的指称对象。前者指的就是客观存在的宇宙自然界事物,后者指的是现代人们应该学习的对象,即古希腊罗马文学艺术、其他所有民族文化中一切优秀的东西。其中,歌德不仅把包括文学在内的古希腊罗马文化看作人类取之不尽用之不竭的文化宝藏,而且把它视作人类文化的"另一个主体"。在歌德看来,我们应该把一切与我们相联系的人类文化现象都视作另外一个主体去包容接纳它,而不是排斥拒绝它;我们应该把它们视作与我们相似的"你"而非异己的"他",从而在尊重彼此的前提条件下与之对话而非敌对。而实现这种平等对话的方法,歌德认为"就是一方面我们必须把我们'自我化'(verselbsten),他方面又须以谐和的步调力求我们的'无我化'(entselbstigen)"④。歌德的这段话主要蕴含着以下三个方面的含义:①"自我化"就是保持特殊性或个别性,"无我化"就是具有普遍性或一般性。②"自我化"使民族文化得以立足于世界文化,并以独特性成为其中必不可少的一个组成部分,"无我化"则使其摆脱故步自封,意识到与自己相联系的其他文学的存在。③独创性不过是"自我化"和"无我化"二者之间的完美融合而已。

---

① 〔德〕歌德:《歌德文集》第 10 卷,范大灿、安书祉、黄燎宇译,人民文学出版社 1999 年版,第 27、61、91、359、6 页。
② 〔德〕歌德:《歌德文集》第 10 卷,范大灿、安书祉、黄燎宇译,人民文学出版社 1999 年版,第 279 页。
③ 〔德〕歌德:《歌德文集:威廉·麦斯特》,董问樵译,上海译文出版社 1999 年版,第 852 页。
④ 〔德〕歌德:《歌德文集:威廉·麦斯特》,董问樵译,上海译文出版社 1999 年版,第 361 页。

因此,"自我化"与"无我化"本质上是歌德理性人文主义思想的形象化表述。①在歌德看来,每个人都是一个集体性人物,既代表他自己的功绩,也代表许多人的功绩。正如世界文学与各个民族文学一样,具有普遍性的、"无我化"的整体人类文化是由众多具有特殊性的、"自我化"的个别文化组成的有机统一整体:对整体人类文化的理解离不开对各个个别文化的比较辨识,对个别文化优劣的判断离不开对人类整体文化的认识。歌德认为:"不过每个民族具有与人类的普遍特征不同的特点,它的开头或许使我们产生反感,但是最后,如果我们对它发生兴趣,全神贯注,它就能克服和压倒我们自己具有的特色的性格。"②歌德的这一观点与西方传统博雅教育思想不同,也与以奥古斯丁为代表的早期基督教博雅教育、以彼特拉克为代表的文艺复兴时期博雅教育思想存在差异。他比较多地或者在广阔的民族、历史文化中谈论自己,或者把自己融入世界或民族、国家、时代、文化等集体中考量和认识自己,而非孤立地强调认识自己或完善自己、拯救自己。

综上所述,除了歌德以外,没有人更能代表18世纪末至19世纪初德国这个历史时期了。"他把一个作家和诗人的杰出才能与使他在世世代代受过教育的德国人心目中成为古典人文主义化身的一种生活态度结合起来……对德国教育传统中的自我修养有了一种塑造性的影响。"③而歌德以文学艺术为主要话题所谈到的理性人文主义思想更是影响深远,特别是在世界一体化进程日益推进、国际化特色鲜明的今天,这种影响越来越明显。人们重新倡导和研究歌德的世界文学思想,认为真正的世界文学的时代来临了。歌德的"世界文学"是一个很普遍的概念,意味着世界上的所有文化是一个如交响乐般的整体:彼此之间存在着整合趋势,维系着作为组成部分的个体性和历史具体性。④

第三节　教育改革与实践

文艺复兴时期的人文学者所从事的人文学(或人性学问)研究的一个重要成果是教育改革的兴起。正如古老的两河流域泥板屋和以柏拉图思想为代表的古希腊罗马的自由人教育一样,诞生于15世纪意大利、立足于学习古希腊罗马文化、贯

---

① 关于此,笔者已有专论,兹仅概述之,见拙作《"自我化"与"无我化":歌德比较文学思想研究》,《西华大学学报(哲学社会科学版)》2016年第3期。
② 〔德〕歌德:《歌德文集·威廉·麦斯特》,董问樵译,上海译文出版社1999年版,第101页。
③ 〔英〕阿伦·布洛克:《西方人文主义传统》,董乐山译,生活·读书·新知三联书店1997年版,第137页。
④ Auerbach E. Mimesis. Princeton: Princeton University Press, 2003, 2.

第五章　文化力量：博雅教育—惯性

穿人文主义思想的学问或学科——人文教育本质上是一种教育实践活动。15世纪末和16世纪初的几十年是人文主义的价值得到传播的关键性时期，其传播的一个重要渠道就是教育。人文主义的纲要建立在对人性完美的肯定上。复兴古典文学、推行新的文化理念，都必须通过实行教育改革才能实现，这是人文教育作为一门学问或学科兴起的重要原因，因为当时意大利人所说的"人性学问"（或人文教育）与"人文学"的所指内涵是相同的，指述的都是博雅教育。事实上，文艺复兴时期人文学者的理想是将文学与教育结合。"任何学习人文教育科目的人都要阅读和翻译重要的拉丁文著作和少量的希腊文著作。这是在整个十六世纪和以后的时期里对'人文主义学科'的总的理解"①。博雅教育者大多是教育家、教师，他们把古典的拉丁文教学作为新的市民道德教育的基础，从而阐明了学习古典著作的重要性，并通过在教育方面实行的一系列改革得到了巩固，而这种改革实际上在16世纪就出现了。人文教育者的拉丁文教育在当时取得了绝对优势，他们所教的学生，把他们老师的思想翻译成了法文、英文和德文。虽然具有不同的民族环境和性格的差异，但拉伯雷、蒙田、莎士比亚、莫里哀、塞万提斯、拉辛和弥尔顿的作品都是共同的拉丁语系的分支，它们都有共同的起源，我们可以把这种起源追溯到14世纪末和15世纪初佛罗伦萨所兴起的研究古典著作热潮的年代。这种直到17世纪尚存在于绘画、建筑和音乐中的文化上的一致性，从本质上讲，是指15世纪意大利人文教育影响的持续性，即它为西方后代不同社会历史时期所带来的相同的古典文化的复兴。正如美国博雅教育家桑德拉·塞德尔（Sandra Sider）所说："基于人文主义教科书的教育的兴起有助于我们理解文艺复兴作为一个复兴时期的真正含义。"②本节，笔者拟以文艺复兴时期意大利人文教育为个案，从私人办学、著书立说、人文教育实践的特点三个方面，分析意大利人文教育者的教育改革活动、思想、理论、教学方法，以及其对欧洲其他国家的影响等，阐述意大利人文教育的实践特点，进一步探讨文艺复兴时期人文学（或人性学问、人文教育、人文学教育）的特质。

一、私人办学

人文教育诞生地意大利的人文教育在14—16世纪非常兴盛，私人办学现象普遍存在。除学习研读希腊罗马古典文献外，人文学者还非常注重教育，即身体力行，通过游说、创办学校等渠道影响、教育他人。教育改革是人文教育的一个重要成果，

---

① 〔英〕丹尼斯·哈伊：《意大利文艺复兴的历史背景》，李玉成译，生活·读书·新知三联书店1988年版，第137页。

② 〔美〕桑德拉·塞德尔：《探寻欧洲文艺复兴文明》，徐波译，商务印书馆2009年版，第436页。

不少人文教育者同时也是教育家。通过创办学校，他们以一种新的方式实践他们的理论。校订西塞罗著作的加斯帕里诺·巴齐扎（Gasparino Barzizza）是博洛尼亚大学、帕多瓦大学等大学的教师，他率先对以往的教学内容进行了比较彻底的改革，在家里开办私塾教育，利用新的书信材料，尤其是西塞罗的书信来改革中古书信写作艺术，教学生学习西塞罗的书信风格。瓜里诺·瓜里尼很早就在佛罗伦萨和威尼斯创办了人文主义学校，1419年在维罗纳城创建了独立学校，1429年在费拉拉创建了一所学校，并在此任教直到1460年，学生来源较广，既有来自公爵家庭的，也有来自其他许多城市甚至外国的。瓜里诺·瓜里尼在教学上卓有成效，他运用独特的教学方法培养了一代从事拉丁语和希腊语研究的学生和领导者，使该校成了造就君主、行政官吏和大师的场所。[1]科西莫·美第奇（Cosimo I de' Medici）于1462年在佛罗伦萨创建了研究柏拉图和新柏拉图主义者著作的柏拉图学院，该学院主持是把柏拉图著作翻译成拉丁文的玛斯里奥·费奇诺（Marsilio Ficino）。某些意大利大学有单独招收来自其他国家的学生的人文教育院，著名的有博洛尼亚大学的圣克莱门特学院，许多西班牙学生就读于此。还有些学生在罗马或佛罗伦萨的大学学习，他们通过意大利的人文主义课程来学习古典作家。[2]

由于受业于第一批人文主义教师的大多数学生是有权威的统治阶级成员，新的课程设置开始迅速取代中古课程设置。许多人文教育者的学生对西欧教育哲学的变革做出了贡献。例如，弗朗切斯·科菲莱尔佛（Francesco Cofilèrfo）于1416—1417年受业于巴齐扎，随后于1420年赴君士坦丁堡担任威尼斯使馆秘书，在那里学习希腊语。1427年他回到意大利，带回约40部古希腊著作写本，将其译为便于学生阅读的拉丁语。维多利诺·达·费尔特雷（Vittorino da Feltre）在威尼斯跟随瓜里诺·瓜里尼学习希腊语后，1423年到曼图亚创办了一所人文主义学校，并在此任教直到去世。他的教学特征之一就是不分贵贱，对所有人都进行古典科目、心理学和伦理道德方面的教育。该学校既招收统治者家庭的孩子，也招收贵族与中产阶级家庭出身的有才能的子女，增设了体育运动方面的教育，倡导师生之间的和睦相处。人文教育及其思想的师承，确保了新生的意大利人文主义的延续。当时托马斯·莫尔就高度评价了人文教育者及其所创办的学校，认为人文教育者创办的学校在国内和国外获得了教育声望。他们不只自己学习，而且忠告其他人进行同样的学习，让古希腊语成为每一个地方教会学校的必需学科。[3]

---

[1] 〔美〕桑德拉·塞德尔：《探寻欧洲文艺复兴文明》，徐波译，商务印书馆2009年版，第429-437页。
[2] Jacobus L A. Humanities: The Evolution of Values. New York: McGraw-Hill Company, 1986, 130.
[3] 《文艺复兴书信集》，李瑜译，学林出版社2002年版，第31页。

二、著书立说

人文教育者收集、翻译古代有关教育方面的论著，并加以推广。例如，1411 年，古希腊作家普鲁塔克（Plutarchus）的《论儿童教育》被瓜里诺·瓜里尼译为拉丁语；1417 年，波基奥·布拉乔里尼在圣高尔修道院发现了古罗马昆体良的《论演说家的培养》。两部书以手抄本形式在当时迅速传播，成为 15 世纪初意大利人文教育的哲学，特别是昆体良的《论演说家的培养》非常畅销，发行了 100 多版，是修辞学训练的基本教材，而修辞学训练是人文教育的一个重要组成部分。学校、学院等教学单位、教育机构的设立，提供并积累了大量人文教育实践经验。当时就有不少人文教育者对此进行了总结，有的还在此基础上提出了一系列人文教育教学方法、教育思想和理论。例如，瓜里诺·瓜里尼在《一份教与学的纲要》里重谈了希腊语、希腊文的学习。他赞赏贺拉斯要求人们"不分昼夜地翻遍希腊文的典范著作"的规劝，认为"不懂希腊文，任何人都不能完全获得关于诗律的基础知识，不可能深入到诗韵的精髓"①。巴蒂斯塔·瓜里尼于 1459 年写的《论教学课堂》，记载了他的父亲瓜里诺·瓜里尼在费拉拉宫廷制定的教学大纲。这一大纲"对西欧许多地区的人文主义教育产生了影响。因为瓜里诺是第一位在课程中希腊部分和拉丁部分并重的意大利人"②。韦尔杰里奥（Pier Paolo Vergerio）撰写了第一部有关人文教育方面的著作《论贵族性格与青年人的自由艺术学习》，布鲁尼约 1424 年写了《论文学学习》。而皮科洛米尼撰写了力主自由艺术教育的著作《论男孩的教育》，认为自由人学科教育的核心是道德哲学、文学、诗歌，该书为匈牙利、奥地利和波希米亚国王拉迪斯劳斯五世而作。韦吉奥（Maffeo Vegio）在其著作《论男孩及其道德人格的教育》里反对体罚学生，主张对女童实施教育。韦尔杰里奥、布鲁尼、皮科洛米尼和韦吉奥的这四篇论著，可以称作文艺复兴时期人文教育的经典，对整个文艺复兴时期的人文教育起着指导作用。③

三、人文教育实践的特点

无论是实践还是理论，意大利人文教育者都进行了大量积极的实践与探索。15 世纪中叶，在曼图亚、费拉拉和佛罗伦萨，人文教育理论已经得到实际贯彻。历史学家格林达尔认为：1500 年，无论是世俗的还是教会的，意大利几乎所有拉丁学

---

① 转引自：Jacobus L A. Humanities: The Evolution of Values. New York: McGraw-Hill Company, 1986, 132.
② 〔美〕桑德拉·塞德尔：《探寻欧洲文艺复兴文明》，徐波译，商务印书馆 2009 年版，第 440 页。
③ Jacobus L A. Humanities: The Evolution of Values. New York: McGraw-Hill Company, 1986, 134.

校都实行了人文教育。①这种教育实践本质上与源自两河流域的西方古老的自由人教育无别，主要有以下三个特点。

（一）注重对古典语言的学习

意大利人文教育研究着眼于古典文化，特别是拉丁文化，培养的是基本的读写能力。当时有五门学科通常被视为意大利人文教育的一部分：伦理学、诗歌、历史、修辞和语法。对伦理学的强调是显而易见的，因为分辨是非的能力正是人与动物的区别。诗歌和历史被视为应用伦理学，它们给学习者提供了模仿的好榜样和应规避的坏例子。②修辞和语法被认为是人文的，因为它们都是语言的艺术，而正是语言使人能够区分是非。意大利人文教育强调的重点从紧握拳头用力击倒敌人的逻辑学家，转到了张开手和喜欢说服人的修辞学家。要学习的语言是古典拉丁文和希腊文，要研究的是古希腊人和古罗马人（包括早期基督教作家）的著作。神学也是其学习的内容之一，正如萨卢塔蒂所说："人文教育与神学密不可分，任何一方都不可能独自拥有真正和完整的知识。"③

当然，相比较而言，意大利人文教育非常注重拉丁文、希腊文，特别是对前者的读写能力。由于语言障碍，研究希腊传统的学者比研究拉丁传统的学者少。其实，当时关于希腊语学习有两种相反的观点和做法：其一，大力倡导。由于人文学者的努力，希腊语教育已成为兴起于15世纪的意大利人文教育课程里的一部分。1397—1400年，居住在佛罗伦萨的拜占庭学者克里索洛拉（Manuel Chrysoloras）开始教意大利人希腊语，并撰写了一本旨在教以拉丁语为母语的人学习希腊语的语法书。到了15世纪，希腊语教育已成为新兴的人文教育课程的一部分内容。其二，反对。由于当时反对学习包括希腊语在内的古代文化的人不少，直到15世纪中叶，古代文化尤其是希腊语的学习，以及研究古希腊罗马的学问依然是被教会谴责的。

（二）自由艺术教育

意大利人文教育者相信知识让人进步和得到升华，特别强调以苏格拉底为代表的古希腊人的伟大论断，即通过教育可以培育出一个有道德的人。因此，他们继承了古希腊自由艺术教育思想，认为历史、伦理学、诗学等科目能教会学生做人的

---

① Jacobus L A. Humanities: The Evolution of Values. New York: McGraw-Hill Company, 1986, 45.
② 〔英〕彼得·伯克：《欧洲文艺复兴：中心与边缘》，刘耀春译，东方出版社2007年版，第31页。
③ Martin F D, Jacobus L A. The Humanities through the Arts. New York: McGraw-Hill Company, 2004, 34.

道理，是对一个自由人有价值的学科。人文教育的目的由重视培养某种特殊职业技艺，转向培养有知识、有文化、有美德的自由人。通过创办学校，意大利人文教育恢复了源自两河文明的西方古老的自由艺术教育，它面向的是自由人，即那些有能力管理国家的人。由柏拉图全面、系统论述并提出的西方传统的自由艺术知识通常被理解为比技艺更有价值的东西。古希腊人所常说的"技艺"，在文艺复兴时期常被人们用来指手工艺人的技巧。而15世纪兴起的人文教育重视全面培养人的一些基本能力，尤其是语言能力，"它是这样一种智力课程：它以掌握词语技巧和各类材料为核心。达到这一要求的学生，就能够全方位地思考各类问题，并流利地、博学地就任何主题写出文章，而不再需要事先通过某一方面的专业培训"[1]。

（三）性别歧视

"文艺复兴时期人文主义从本质上说是个人主义的……它只以受过教育的阶级为对象，这是人数有限的城市或贵族精英。"[2]贯穿人文主义的意大利人文教育在最初阶段存在着一个明显的缺失，即性别歧视。当时很多人文教育方面的教育论著都是写给统治者或王子、达官贵人的。[3]各级各类学校所招生的对象基本上是富贵家庭的男孩子。当时就有一些人文教育者敏锐地认识到了这一点，并身体力行努力地改变这种现状。例如，费尔特雷（Vittorino da Feltre）于1429年在费拉拉创建了一所学校，并运用独特的教学方法培养了一代从事拉丁语和希腊语研究的学生和领导者，其生源虽然都是男孩子，但是，他们中既有来自统治者、贵族家庭的，也有来自中产阶级家庭的。韦吉奥在《论男孩及其道德人格的教育》里提到女孩教育问题，主张对女童实施教育。[4]

综上所述，从根本上说，文艺复兴时期正式兴起于15世纪意大利的人文教育是人文学者身体力行的一种复兴古典文化的教育实践活动。通过办学、撰写教育大纲、设立课程、教学等一系列教育改革活动，人文教育者推行并实施了他们一贯倡导的人文教育。这种教育与源自两河流域、流经古希腊和古罗马的自由人教育或自由艺术教育一脉相承。

---

[1] 〔美〕玛格丽特·L.金：《欧洲文艺复兴（插图本）》，李平译，上海人民出版社2010年版，第64-65页。

[2] Bullock A. The Humanist Tradition in the West. London: Thames & Hudson Ltd., 1985, 67.

[3] 例如，韦尔杰里奥的《适合自由人教育的学科》是写给帕多瓦的统治者克拉拉的儿子乌贝蒂诺的，皮科洛米尼的《论男孩的教育》是写给拉迪斯拉斯国王的。

[4] 1423年，费尔特雷创建了有体育运动方面教育、被称为"欢乐之家"的学校。见Cunningham L, Reich J. Culture and Values: A Survey of the Humanities. Wandsworth: Cengage Learning, 2010, 89.

第四节 人文教育的传播

15世纪正式诞生于意大利的人文教育影响广泛、深远。16世纪以后，这种教育已经遍及西班牙、葡萄牙、荷兰等国家。实际上，由于文艺复兴的兴起，意大利人文教育影响到了整个欧洲大陆。18世纪80年代以后，由于人们普遍认为初等教育是一个民族最基本的需求，欧洲国家政府开始资助初等教育，一个突出标志是主日学校的迅速发展。随着人口增长、工业和都市发展，一些人文教育者便利用星期日的部分时间，给儿童以及某些没有机会接受正规教育的成年人提供一些适当的文化教育，此类教育包括宗教和道德教育，还有一些基础的人文教育。本节，笔者拟主要以英国、法国和德国为个案，通过描述分析文艺复兴时期乃至19世纪欧洲的各级各类教育，探讨意大利人文教育的功能和意义。

一、英国人文教育

早在中世纪末，以牛津大学为代表的英国一些重要的大学都不同程度地开设了以七艺为基础的自由艺术课程。15世纪，英国就存在人文教育的学校，如坎特伯雷基督堂创办的英格兰第一所人文教育学校，以及约翰·科利特（John Colet）创建的伦敦圣保罗教堂人文教育学校。16世纪初的英国国王都重用人文主义者。"伊丽莎白一世女王是人文教育的最典型范例。她的老师是通晓希腊文和拉丁文的人文主义者，博雅教育论文《学校教师》的著者。当时的英国设立了语法学校，这确保了人文主义传统一直维系到20世纪中期。"[①]英国王室于16世纪就在王宫内部推行15世纪意大利的人文教育。16世纪中期，人文主义诗人、教师乔治·布坎南（George Buchanan）在圣安德鲁大学制订了一个古典知识学习课程大纲，并担任苏格兰女王玛丽的儿子，即后来英格兰国王詹姆斯一世的家庭教师。布坎南间接影响了不列颠群岛的人文主义的发展。16世纪末，爱丁堡享有盛名的文法学校也把布坎南的人文主义课程大纲吸收进了自己的教学课程中。虽然当时一些人反对学生学习古希腊语，认为意大利人文教育会妨碍精神生活，但是，以牛津大学为代表的很多大学都开设有古希腊、拉丁语等课程。事实上，由于对古代语言文化的学习和研究，当时许多大学在国内和国外获得了教育声望。特别是在意大利人文教育的感召下，英国大部分人文教育者不仅自己学习古代文化，而且教育年轻人一代学习，

---

① Bullock A. The Humanist Tradition in the West. London: Thames & Hudson Ltd., 1985, 43.

由此迎来了英国初级人文教育的普及。古希腊语成为每一个地方的教会学校的学生必修的课程。1541年、1560年先后创办的坎特布雷主教学校、伊顿文法学校充分说明了这一点，这些学校所推行的基本上是以学习古希腊、拉丁语言为主的文艺复兴时期意大利人文教育，学校的一切教务安排都要有利于古典语言文学的学习。弥尔顿于1644年发表《论教育》一文，其中他谈到将12—21岁的年轻人培养成高贵文雅青年，主张学生读苏格拉底对话集、拉丁文权威性经典著作、昆体良的著作、维吉尔田园诗，以及普鲁塔克、卢克莱修、柏拉图、色诺芬、西塞罗等的作品，学习希腊文、拉丁文、历史，以及主要包括史诗、逻辑、诗歌等在内的崇高的古典文化。[1]

从19世纪初叶起，英国"文法"学校被称为"公学"。英国当时共有9所著名公学，它们在英国国民教育制度中自成系统，一般只招收其预备学校的学生，办学宗旨是为牛津大学、剑桥大学等著名大学输送新生，故公学又有大学预科性质，这种教育即后来英国正式提出与实施的"绅士教育"。英国的"公学""绅士教育"在英国教育史上占据着重要地位，因为它以古典文学为英国教育的主体，倡导的正是意大利人文教育，并且对后来的英国教育影响深远，于19世纪中后期达到了顶峰。当时英国所有著名的学校里，占据重要地位的都是古典语言文学的教育与研究，并且当时学校主要学习的是拉丁文、希腊文，英文次之。1852—1853年，"牛津大学皇家委员会的报告"、"克拉伦敦报告"和"汤顿报告"比较清晰地呈现了19世纪英国后期的人文教育情况。三个报告均认为，希腊罗马语言作品能比较全面地塑造青年人，诸如激发青年人的治国大略和政治抱负，增长他们的智慧，提高他们的审美能力等。[2]

二、法国人文教育

虽然学科意义上的人文教育诞生于意大利，但是，由于查理曼时期推行了皇宫学校、七艺教育，从中世纪晚期一直到19世纪，法国各级各类学校推行的都是意大利人文教育。早在中世纪末，遵循古希腊以来的传统西方博雅教育，世界上最古老的大学巴黎大学就开设了自由艺术课程。学生的学习始于三学科，而对自由艺术精深研究的人后来被授予哲学博士学位。[3]许多城市和若干大学的文法学院在16

---

[1] 夏之莲：《外国教育发展史料选粹》上，北京师范大学出版社1999年版，第294-295页。
[2] 夏之莲：《外国教育发展史料选粹》上，北京师范大学出版社1999年版，第294-295页。
[3] Lamm R C, Cross N. The Humanities in Western Culture: A Search for Human Values. New York: McGraw-Hill Company, 1996, 205.

世纪 30 年代建立，依照人文主义课程大纲安排教学。1600 年，巴黎大学通过的一个规章"确立了人文学（humanités）和拉丁文修辞学的领先地位。它遍及全欧洲，并在法国取得了最大的成功。规章的潜力无疑来自这样的事实：在它所予以合法化的意识形态里存在着一种有关学术训练、思想训练和语言训练的共识。在此人文学的教育中，修辞学本身是一种高贵主题，它支配一切。学术奖赏只为修辞学、翻译术、记忆术而设"①。在巴黎，一些大学的学院把古典作家研究纳入教学大纲，作为人文教育和神学课程学习的基础。事实上，16 世纪后，人文教育在法国比较普及。一些教区学校甚至接受了意大利文艺复兴时期的人文教育大纲。1534 年，法国南部的波尔多城管理协会按新人文主义系统组建了为高层社会建立的男童学校。该校基本沿袭意大利人文教育，与同一时期德国斯图尔谟（Johanns Sturm）、梅兰克吞（Philipp Melanchthon）的学校计划或英国伊顿公学的学校计划相媲美，拥有 10 个年级的革新文法学校，附加两年的以艺术能力培养为主的文学院。

18 世纪后期至 19 世纪，法国政府通过提案、立法等措施，高度重视各级各类学校对西方传统博雅教育的学习，如 1792 年孔多塞提案、1793 年雷佩尔提案等，前者认为教育的最高等级是包括语法、文学、艺术和经典著作在内的国立科学艺术院，后者明确规定了贫穷儿童所应当接受的最基本的人文教育。19 世纪 30 年代，法国初等教育比较发达，这与法国政治家、教育大臣基佐（Guizot）于 1832—1837 年推行的教育改革分不开。基佐把初等教育分为两级，即初级和高级，认为人缺乏知识、智慧与道德上的培养，就不能称其为人，中等学校必须开设非常昂贵的古典或科学教育。1883 年，法国政治家、曾任法国公共教育部部长和总理的茹费理（Jules François Camille Ferry）在致法国小学教师的一封信里也说："你们要传授给学生的东西不是来自你们自己的智慧，而是源出于人类的智慧，因为它是一个经过几个世纪的文明发展而成为人类遗产，并被人们广泛接受的观念。"②

三、德国人文教育

复兴古代文学的文艺复兴时期意大利人文教育在中世纪后期至 19 世纪的德国各级各类学校一直存在。与意大利、法国和英国相比，德国人文教育最大的特点和优势在于：比较早地明确将现代学科意义上的自然科学加入西方传统的博雅教育。与意大利一样，德国较早一批人文教育者不仅自己学习研究古代语言文化，而且创办学校。1537 年，德国教育家斯图尔谟创建了欧洲最著名的、

---

① 〔法〕罗兰·巴尔特：《符号学历险》，李幼蒸译，中国人民大学出版社 2008 年版，第 36 页。
② 转引自夏之莲：《外国教育发展史料选粹》下，北京师范大学出版社 1999 年版，第 76-77 页。

第五章　文化力量：博雅教育—惯性

贯彻人文主义原则的拉丁学校。①曾在卢万人文主义大学求学的约翰内斯·施图尔姆（Johannes Sturm）于 1538 年创办了一所高级中学，成为人文主义课程教学的典范。该校教学大纲包括古典戏剧表演，其人文主义教学方法 16 世纪末成为德国教育中非常盛行的方法。1559 年，德国首次发布学校章程，提出了一个邦立学校制度，旨在通过相互衔接的各级教育，把青年从获得基础知识开始一直培养到具有教会和政府的职位所要求的文化程度。这个邦立学校制度奠定了德国一直沿用到 19 世纪学制的基础。仅从其主要教学内容来看，它的相关规定与传统自由人教育或意大利人文教育相差无几。②

17 世纪末至 18 世纪初，德国教育以中等教育为主，学校依然笼罩在以教授古代文学为核心的意大利人文教育的阴影下，教学用语为拉丁文，神学也是重要的教学内容。18 世纪中后期，随着自然科学的发展、理性人文主义思想的深入人心，德国人文教育发生了一系列巨大变化，当时比较著名的学校，如哈勒学园、哈勒大学和格廷根大学开始明确把旧的古典学科同现代语和现代科学综合在一起，学校课程包括现代语言和自然科学，以及军事工艺、骑马、击剑等，还有包括古代文学在内的博雅教育课程。由于强调自由理性、独立思考的学风，以及以德语为教学用语，这些大学标志着近代大学教育的开始，特别是哈勒大学采纳现代哲学和现代科学，以思想自由和教学自由为基本原则，不仅是德国而且是欧洲第一所具有现代意义的大学。18 世纪末至 19 世纪，包括新教大学和天主教大学在内的德国所有大学，都按照哈勒大学和格廷根大学的模式进行了改革，这种改革实质上是对意大利人文教育的革新。学校在教授以拉丁语、希腊语为主的古代语言文学的同时还教授德语。学校古典文学的学习也不再以文学创作为目标，新拉丁文学已经衰亡，代之而起的是以新的人文主义思想去探索古典文学，目标是通过古典文学的研究来促进人类文化的发展。③

四、欧洲其他国家人文教育

意大利人文教育能发挥广泛而深入影响的一个重要原因是，它本质上就是古老的自由人教育。"人文主义者认为教育是把人从自然状态中解放出来，让他们发现自己的'humanitas'（人性）的过程。文艺复兴时期的'studia humanitatis'（人

---

① 〔美〕E. P. 克伯雷：《外国教育史料》，华中师范大学教育系等译，华中师范大学出版社 1991 年版，第 181 页。

② 〔美〕E. P. 克伯雷：《外国教育史料》，华中师范大学教育系等译，华中师范大学出版社 1991 年版，第 173-174 页。

③ 夏之莲：《外国教育发展史料选粹》上，北京师范大学出版社 1999 年版，第 430 页。

文教育或人文学），其中的语法和修辞不仅使学生熟悉古典文献，培养他们有效的读书、写作和说话能力，而且也帮助他们了解文学、历史和道德哲学……他们师从荷马和修昔底德，从维吉尔和西塞罗那里学到'humanitas'的含义。"[1]意大利人文教育以培养具有美德和文化教养的人为目标，赋予拉丁文和希腊文重要地位，与职业技能类教育有着鲜明的区别。由于中等教育、大学教育的兴起与发展，学生和教师的流动性前所未有地增大。意大利人文教育得到了比较广泛而深入的传播。15世纪期间，阿方索五世统治的那不勒斯的西班牙宫廷是一个重要的人文主义中心。伊萨贝拉一世是第一位在宫廷举办人文教育的西班牙君主。由于人文教育者的努力，这种具有浓厚人文主义色彩的希腊、拉丁教育在16世纪逐渐组织起来，并在欧洲各地流行。16世纪后半期，西班牙和葡萄牙宫廷也都对15世纪和16世纪初的人文教育者有积极回应。由于法国宫廷与葡萄牙宫廷之间的联系，来自葡萄牙宫廷的学生常去巴黎的大学求学。西班牙大学不少希腊语、希伯来语的教师都曾在意大利人文主义者门下求学。例如，安东尼奥·德·内布里哈（Antonio de Nebrija）的西班牙语-拉丁语词典被用于西班牙学校教育，他写的古典修辞学概要成为博雅教育课程的一部分。

至于荷兰的伊拉斯谟，则是欧洲大陆传承意大利人文主义者思想和教育的领袖人物。他主张一切都以意大利文艺复兴为样板，著有《基督教君主的教育》《论儿童教育》。而瑞士日内瓦学院也深受意大利文艺复兴人文主义学问的影响，该学校有7个年级，认读拉丁语、希腊语，学习以色诺芬、荷马、西塞罗等人的著作为代表的古希腊罗马著作是学生学习的重点课程，如三年级的学生要系统学习希腊语语法、比较希腊语和拉丁语异同，以及将法语翻译成希腊文等。[2]"1615年的时候，欧洲有372个耶稣会中等学校或学院。这些机构提供了精心安排的、以人文主义思想为基础的课程，为欧洲社会培养了很多精英。在乌拉尔苏修女会的带头下，修女组织也为女孩子提供教育。"[3]人文主义者的思想影响了欧洲最好的学校课程，带动了沙龙、学术机构的丰富发展。贵族和一些富裕市民家庭的子女都接受古典教育，学到人文教育课程，其中许多人在国家机构里得到职员等职位。"对于一个贵族来说，教育自己的孩子不应该是丢脸的事……因为皇帝屋大维·奥古斯都也并非不屑给他的孩子和侄子诵读西塞罗和维吉尔。"[4]

---

[1] Bullock A. The Humanist Tradition in the West. London: Thames & Hudson Ltd., 1985, 44-45.
[2] 夏之莲：《外国教育发展史料选粹》上，北京师范大学出版社1999年版，第188-189页。
[3] 夏之莲：《外国教育发展史料选粹》上，北京师范大学出版社1999年版，第246页。
[4] 〔美〕桑德拉·塞德尔：《探寻欧洲文艺复兴文明》，徐波译，商务印书馆2009年版，第452页。

综上所述，以英国、法国和德国为代表的欧洲的各级各类教育实践表明，从文艺复兴时期到 19 世纪，尽管各国的教育在教学方法、课程设置、教学内容的具体设计上存在着程度不同的差异，但是，它们基本上沿用 15 世纪意大利人文教育，在崇尚古希腊和古罗马为代表的古典文化，特别是自由艺术教育方面是相同的。

第五节　新文化模式

尽管我们无法准确断定，究竟是对知识的渴望促使中世纪人们创办学校特别是大学，还是学校点燃了那一时期人们探索知识的火花，但无论是哪种情况，为知识自身的目的而进行探索的需要——了解物质世界的渴望出现了。这种内在驱动力促使中世纪晚期自然科学及其教育的崛起，因为无论科学家做什么，他们所做的最有意义的事情，就是力图发现未知的事物。这体现了与注重精神世界的中世纪完全不同的现代观念，即人们注重物质世界。然而，这并不意味着人们不重视或忽视以教育自由人为目的的传统博雅教育。相反，自然科学及其教育的相对独立发展促使人们更加深入地认识意大利人文教育，尤其是 19 世纪以后各种文化思潮层出不穷、"humanities" 一词的出现，推动人们从现代学科意义上重新审视西方传统博雅教育。本节，笔者拟以对此的阐述为切入点，进一步揭示意大利人文教育兴起的原因和价值意义。

一、现代世界体系

1300—1400 年是中世纪和早期现代历史的过渡时期。这一时期，随着西方的崛起，许多中世纪传统被修正或遗弃了，新文化模式促成了占统治地位的现代世界体系的形成。[1]而"现代世界体系"里既包括意大利人文教育，也包括自然科学。例如，虽然基本上以七艺为基础，但是，文艺复兴时期的人文教育对整个中世纪教育中的核心课程"三科""四艺"进行了调整。人文教育者把基础算术的教育从中世纪的课程中分离出来，作为中等算术学校（在这类学校里，男孩子可以学习做生意的技能）的课程，而把高等数学和自然科学课程放到大学，作为自然哲学的一部分来教授。哲学是当时通常教授的四门课程之一，其他三门课程分别是神学、法律和医学。在 1517 年 2 月 26 日给巴塞尔的传道牧师的一封信中，伊拉斯谟谈到当时

---

① Fiero G K. Landmarks in Humanities. New York: McGraw-Hill Company, 2006, 351.

除存在神学以及三种语言的学科（即拉丁语、希腊语和希伯来语）外，还有纯文学、医学、法律、数学。①文艺复兴时期的哲学不再是神学家的副业，而是一门单独的学科。文学、历史、法律、艺术、政治等许多历史悠久的人文科学、社会科学学科亦如此。

更重要的是，自然科学里的许多学科独立出来。从哥白尼、布鲁诺（Giordano Bruno）、伽利略（Galileo Galilei）、塞尔维特（Miguel Servet）、托勒密到牛顿（Isaac Newton），自然科学的发展使上帝的立足之地日益缩小，人类开始向自然挑战、向神学挑战、向人类本身挑战。15世纪初，当哥白尼倡导日心说时，红衣主教尼古拉斯·冯·肖恩伯格（Nicolaus von Shöneberg）就给哥白尼写信，高度赞扬他："您不仅深刻理解了古代天文学家的学说，而且还建构了一个新的世界体系。"②许多因素对这个"新的世界体系"或者说17—18世纪的科学进步起到了积极的推动作用。其中包括教育的传播、美洲的发现、亚洲和非洲的探险、城市生活的发展，最重要的就是对传统宗教信仰不断增加的怀疑主义态度。随着知识传播的增加，科学家可以推广和检验他们的想法。一种国际性的科学团体开始得到发展，学院和学会的形成也对此起到了促进作用。其中最有影响的组织是1662年在伦敦创立的皇家促进自然知识协会。通过出版物和私人通信，科学家了解他们自己的发现如何和其他领域相联系。尽管自然科学的研究并没有涉及神学或哲学的问题，但是不断增长的为自然现象寻找理性解释的兴趣导致宗教观的转变。绝大多数早期的科学家虽然信仰上帝，但是抛弃了把神作为不可思议的创造者和审判者这一中世纪的观念。他们把上帝看成一台世界机器的制造者，他在造好这台机器后还让它运转起来。人类能最后了解这台机器是如何工作的，但他们必须首先运用他们的推理能力来建立科学的真理。

二、自然科学教育

学界普遍认为，文艺复兴结束于18世纪。事实上，18世纪初，西方历史开始缓慢进入另一时代：工业以农业为代价发展起来，君主的绝地权威发生动摇，民族主义的思想成为政治的杠杆。18世纪后期至19世纪中叶的工业革命极大地推进了人类历史进程，蒸汽机车、电磁原理、铁路、炸药、电报、电话、电灯、油井等一系列发明创造改变了客观物质化存在的世界，科学事实、世俗化的世界观、物质主义成为19世纪的现实。无论是在思想文化、文学艺术创造领域，还是在现实生活

---

① 《文艺复兴书信集》，李瑜编译，学林出版社2002年版，第12页。
② 《文艺复兴书信集》，李瑜编译，学林出版社2002年版，第123页。

中，自然科学逐渐代替人文教育，成为人们认识世界、解释世界的思想和方法，这集中体现在人们越来越物质化、世俗化等方面。与西方传统博雅教育、人文主义思想相反，人们注重实际，强调实验以及对客观物质世界的观察与研究，主张活在当下。19世纪后，以物理学为核心的过去在知识领域里处于次要地位的自然科学的重要性不断上升，能发挥绝对影响的是自然，而不再是基督教义中所表述的古代伦理哲学思想。文学家、艺术家都力图使自己的作品具有一种情调，而不再像文艺复兴时期艺术家一样只描述故事。

思想文化的巨变直接影响了西方传统博雅教育。自兴起之后，意大利人文教育在教学实践中经历了一系列的变化。17世纪末至18世纪初，哈勒大学、格廷根大学率先推行的自然科学、人文教育为德国众多大学效仿，并影响到了欧洲其他各国。而在自然科学突飞猛进发展的19世纪，西方传统博雅教育经受了种种考验。许多国家已经明确认识到各级各类教育中自然科学教育的缺失，并积极采取了一系列措施来改革教育体系，使自然科学堂堂正正地进入课堂，与人文教育平起平坐。大多数大学提供给学生的训练是在自由艺术和科学两个领域。以英国为例，由于认识到了学校教育里自然科学的缺失以及自然科学教育对于人的教育的意义和功能，到19世纪中后期，英国的各级各类学校都同时增开了自然科学课程，创办了实验室、研究所等机构。例如，1872—1875年，英国皇家委员会关于科学教育和科学进步的报告里明确指出了三点：①科学教师短缺。学校的科学教育现状是极不令人满意的。文科教育中忽视了知识的一个重要分支——科学。②科学教育能唤醒学生进一步求知的欲望。真正的科学教育不仅能传播科学事实，而且能使学生养成自己观察、自己研究观察到的事实，并检验通过进一步观察和实验得到的结论的良好习惯，自然科学的学习会对其智力的发展有所影响，从而促进其文科的学习。③现在科学教育已经有了很大改进。学校建立了实验室，伊顿公学、哈罗公学、拉格比公学的实验室也正在建设中。[1]由于大力倡导和推行，19世纪80年代，英国皇家委员会关于技术教育的报告（"塞缪尔森报告"）指出："自然科学目前正在慢慢地却又明白无疑地被我国许多历史悠久的大学以及中学接受并纳入学校课程。"[2]除英国外，19世纪欧洲许多国家的各级各类学校里都不同程度地开设了自然科学课程。

三、"humanities"

19世纪以来，文艺复兴时期的人文主义、以歌德为代表的新古典主义文化思

---

[1] 夏之莲：《外国教育发展史料选粹》上，北京师范大学出版社1999年版，第322-351页。
[2] 夏之莲：《外国教育发展史料选粹》上，北京师范大学出版社1999年版，第329页。

潮逐渐淡出了人们的视野。叔本华(Arthur Schopenhauer)、尼采(Friedrich Nietzsche)的唯意志论,特别是后者的"上帝死了"的观点颠覆并撼动着人们心目中古老的信仰。人们首先被大量浪漫主义文学作品所吸引。作家强调个人情感和表现的重要性,注重自我分析和个人情感的表露。他们沉浸于主观想象而非客观现实的描写,特别依恋自然世界,喜好异国风味。与文艺复兴时期以彼特拉克为代表的人文主义者一样,爱情与女人是他们作品里的重要题材。其实,以歌德为代表的理性人文主义者在仿效古典作品进行创作的同时也创作浪漫主义作品。随着浪漫主义文学家、艺术家对想象力、创造力和自我表现的追捧,他们的作品越来越远离日常生活、现实社会、普通百姓,他们为自己而写作。尽管康德(Immanuel Kant)、黑格尔(G. W. F. Hegel)关于浪漫主义想象力有精辟的思想,人们寻找新的主题风格,特别是新的经验领域得到探索,潜意识、印象派等新的观看世界的方式为艺术表现打开了新的疆域,但是,失去宗教或哲学依托的文学、艺术随着不断变化的时代愈加感性化、情绪化。19世纪后期至20世纪初期的自然主义、实证主义文化思潮对西方传统的一些价值观念产生了巨大影响。人们对一些重要的现代思想加以系统说明:宗教信仰的缺乏、对异议持续不断地探索、个体的尊严、人的主观性的极端关注。叶芝(William Butler Yeats)、艾略特(T. S. Eliot)、乔伊斯(James Joyce)、卡夫卡(Franz Kafka)、伍尔夫(Virginia Woolf)等作家探索描写了人的心理、潜意识,文学、艺术等领域涌现出了超现实主义、未来主义等思潮。人们像希腊哲学家一样,对可见世界中的统一性和多样性现象产生种种困惑:我们是一个人,但我们也是许多人。人们不断询问我是谁、我在这里做什么、我将去哪里。所有这一切都促使人们重新反思西方传统博雅教育及人文主义思想,其突出标志是"humanities"(人文学)的出现。

19世纪,人们才开始使用我们现在所使用的两个英语术语"humanism""humanities"。其中,"humanities"(法语为"humanité",拉丁语为"humanitas")包含"人类""人的品质""高尚人的品质""仁慈"之义。"'humanitas'这个语词本身是一个现代发明,产生于19世纪。"[1]19世纪以来,人们不约而同地均把这两个术语与文艺复兴时期的人文教育者,特别是他们所倡导的人性学问或人文教育、人文学思想和教育联系在一起。例如,美国的艾布拉姆斯(Meyer Howard Abrams)认为:"19世纪,人们开始用'humanitas'这一新词指代许多文艺复兴时期的人文主义者,以及许多承继了同样传统的后世作家在人类本性、普遍价值以及教育理念

---

[1] Levine G, Thomas O. The Scientist vs. the Humanist. New York: W. W. Norton & Company, 1963, 155.

第五章　文化力量：博雅教育一惯性

上所持的共同观点。"①牛津大学原副校长阿伦·布洛克（Alan Bullock）考证指出："humanitas"一词本身又是一个更具希腊观念的罗马翻版。古希腊人创造了教育，至少是在西方世界中的教育，以"paideia"这个名词形式出现的教育，在公元前5世纪和公元前4世纪的雅典逐渐系统化时，已是很古老的了。它有四个特点：一是它在七艺中对人类的知识进行了统一的、有系统的整合；二是在没有书本的世界，它发明了一个进行教授和论辩的技艺；三是它奠定了西方文明里的一个伟大假设，即可以用教育来塑造人的个性的发展；四是它以培养人的优越性为目的，这种优越性里包括能言善辩和领导能力等这些公共事务中人所必需的品质。古希腊人认为这些都是一个有人性的人所必备的。②显然，布洛克所说的古希腊人的这种教育就是以柏拉图为代表的人性学问或自由艺术教育。15世纪以意大利为核心的文艺复兴时期人文教育所继承的正是这种教育。布洛克明确阐释道："15世纪意大利学生用'umanista'一词，英文即'humanist'（人文学者）称呼他们教古典语言和文学的教师，正如他们称法律教师为'legista'一样。人文学者所教的科目（即语法、修辞、历史、文学、道德哲学）在文艺复兴时期的名称是'studia humanitatis'，我们现在译作'the humanities'（人文学）。"③

英语词汇中的"humanities"一词，出自古老的拉丁语"humanitas"。这意味着与其说19世纪人们发明了"humanities"，毋宁说他们直接把拉丁语"humanitas"译成了英语。直到21世纪的今天，西方学术界依然比较普遍地认为作为一个知识体系的建立，"humanities"产生于文艺复兴时期意大利的"人文教育"或"人文学"。"人文主义""人文学"都用来特指文艺复兴时期人文主义者和继承了他们传统的后来者的思想和行为。"人文主义"主要指为他们所坚守的有关人的本性、一般价值和教育理念的观点；"人文学"主要指包括文法、修辞、历史、诗歌与道德哲学在内的学科，以区别于自然科学、神学之类与人类道德和精神活动不那么相关的领域。④例如，任博德在"经验主义的"意义上研究人文学，他力图证明从古至今的人文学者是如何处理他们的材料（语言、文本、音乐、文学、戏剧和艺术），以及他们由此所得出的结论的。他认为人文学"通常包括语言学、音乐学、语文学、文学理论、历史学科（包括艺术史和考古学），以及电影与电视研究

---

① Abrams M H. A Glossary of Literary Terms. Stanford: Cengage Learning, 2004, 116.
② Bullock A. The Humanist Tradition in the West. London: Thames & Hudson Ltd., 1985, 3-4.
③ Bullock A. The Humanist Tradition in the West. London: Thames & Hudson Ltd., 1985, 6.
④ Lamm R C, Cross N. The Humanities in Western Culture: A Search for Human Values. New York: McGraw-Hill Company, 1996, 256.

等较新的领域","人文学的历史并非关于音乐、艺术或者文学的历史,而是关于音乐学、艺术理论和文学理论的历史"。①总之,"19世纪后期,'人文学'概念取代了'人文主义'"②。虽然所使用的术语不同,但是,在人类是一个历史文化整体、人性即神性,以及教育育人方面,它们与西方传统博雅教育的根本思想和精神完全一致。

综上所述,14—18世纪以意大利为中心的欧洲文艺复兴时期,人们在复兴并继承源自两河文明的西方传统博雅教育的同时,顺应时代的变迁和新时代社会文化建设的需要,对其内容展开了进一步的扩容、补充和发展。尤其是自然科学的飞速发展,进一步推动了人们对西方传统博雅教育本质的认识。这突出表现在19世纪以来,英语世界"humanities"的出现与比较广泛的运用。

小 结

文艺复兴人文主义是15—16世纪教育方面最伟大的创新,它对18世纪以后理性人文主义的兴起与发展产生了直接而深远的影响。人文主义的知识带有浓厚的教育色彩。基于相信知识让人进步和升华的理念,人文教育者大力创办学校,积极推行并实施以复兴古代文化为目的的博雅教育。直到15世纪,中世纪用拉丁语授课的文法学校数百年来没有什么变化,课本是基础拉丁语、祈祷书和《圣经·诗篇》或者其他灵修读物,这些学校培养的是学生的基本读写能力。中世纪的大学要授神学、医学和法学的博士学位,该体制到文艺复兴时期依然继续存在。但是,由于在这些领域使用了人文主义的教材以及对古典修辞学的强调,这一体制得到了改进。"到1500年整个西欧大约有100所大学,比1400年增加了1/3。虽然在15世纪和16世纪的文艺复兴之前很久,西欧就有过古典复兴的时期,希腊和罗马的学术知识从来没有完全消亡,但是,它只存于修道院中,古典时代的文献在那里得到研究和复制。"③因此,兴起于15世纪的意大利人文教育本质上是一种教育实践活动,它主要以教育的形式盛行于欧洲大陆。15世纪至19世纪初,虽然随着人类历史的近代化历程、自然科学和其他学科的逐渐兴起与发展,不少学校,特别是德

---

① 〔荷兰〕任博德:《人文学的历史:被遗忘的科学》,徐德林译,北京大学出版社2017年版,第2页。
② Franco B. European comparative literature as humanism. Comparative Literature and Culture, 2003, 15(7), 17-34.
③ 夏之莲:《外国教育发展史料选粹》上,北京师范大学出版社1999年版,第436页。

国的大学增加了民族现代语言和自然科学教学,并对传统人文教育进行了不同程度的改革,但是,以拉丁语、希腊语及其古代文学的学习为核心的传统人文教育一直存在于以法国、英国和德国为代表的欧洲大陆国家。三国人文教育主要采用拉丁文、古希腊文,本国民族语言次之,同时非常重视文学艺术教育,自然科学次之。不过,随着自然科学的飞速发展及其在生活、教育领域中的重要性,博雅教育与自然科学逐渐并存,人们在现代学科意义上用新术语"humanities"(人文学)命名西方传统博雅教育,现代"新的世界体系"开始形成。

下 编

当代传承：19世纪以来西方博雅教育思想及其实践

第六章　名异实同：六种博雅教育

第七章　分离与重组：学科嬗变

第八章　解构与重构：西方持续的经典论辩

第九章　回归基本：传承与扬弃

第十章　交叉与融合：四大学科群

第六章　名异实同：六种博雅教育

虽然具体名称略有变化，即能指不同，但是，两河文明的自由人教育、古希腊的通识教育或人性学问、古罗马的自由艺术或通识教育、中世纪的七艺、15世纪意大利的人文教育或人文学，以及19世纪以来的人文学一脉相承，其特质、基本所指内涵相同，并且呈现出五个鲜明特征，即综合性、书本化、人的教育、非实用性、贵族性。因此，从根本上来说，这六种类型的教育不过是不同历史时期人们对西方传统博雅教育的不同称呼而已。本章，笔者拟打破时空界限，通过对古老西方传统博雅教育思想及其实践的整体统一考察，在综合比较与阐释这六种类型博雅教育的基本思想、特质和基本特征的基础上，系统深入地揭示西方博雅教育的功能、价值和意义。

第一节　人性与教育

19世纪以来，西方人发明"humanities"一词，并且比较普遍地以它指称西方传统的博雅教育，一个重要原因是该术语昭示了博雅教育的本质，即一门独特的、培养美好人性的学问。本节，笔者拟以古罗马格里乌斯（Aulus Gellius）的相关论述为中心，对此展开论述。

一、接受教育的人

无论是两河流域时期、古希腊罗马和文艺复兴时期的人文主义者，还是17—18世纪理性人文主义者，抑或以奥古斯丁为代表的基督教人文主义者，都认为人是神的后裔或人与神有着千丝万缕的联系，人身上的神性指的就是人的理性、美德等一切美好的东西，而不是指人身上的自然属性、社会属性等。于是，人文主义者把人性等同于人的神性。他们常常用"人性"指称那些具有理性、美德的人，而不关涉时代、社会、历史、文化、民族等。换言之，具有人性的人普遍存在于人类的各个历史时期、民族、国家、文化中。于是，两河流域的巴比伦人会把苏美尔人视作人的典范，古希腊人会把两河文明视作自己的文化源头，古罗马、文艺复兴时期乃至18、19世纪，人们也顶礼膜拜遥远的两河文明。这样，人本身被作为整体的人看待。无论何时何地，只要凭借基本特征，人文主义者就能辨别那些具有人性的人，因为他们是从复杂、具体的个人身上总结出来关于人的一般特性的，18世纪启蒙哲学家追求的就是这种永恒的人性。追溯到罗马人，他们已经发展出一系列社会规则，"其中的法律体系对于整个人类都可以同等有效"[①]。

尽管人天生具有神性，但是，人文主义者认为由于肉体限制、自由意志和选择的自由，现实生活中的人往往失去了神性。基督教人文主义者更深信人类诞生不久便由于自身的过错而失去乐园，需要拯救，以便恢复人本来的纯粹面目。于是，人文主义者把教育作为使人成为人的手段，也把它视作目的，即使人成为具有恒常不变人性的人。教育是人文主义思想的践行者。自人类诞生以来，教育就伴随着人类成长、进步。这种博雅教育在古希腊那里得到了进一步的发展与完善，诚如耶格尔（Werner Jaeger）所说："亚里士多德伦理学里的'教化'，受柏拉图'法律'里的启

[①] 〔法〕爱弥尔·涂尔干：《教育思想的演进》，李康译，上海人民出版社2006年版，第341页。

示,后者在古希腊教化里占重要地位。"①古罗马人甚至据此重新明确定义了人的本质,在他们看来,只有受过教育的人才是人。"西塞罗在拉丁文里找到了一个与古希腊人所说的博雅教育对等的词'humanitas',他所依据的是古希腊人认为这种教育的目的是发扬那些纯粹属于人和人性的品质。"②对此,格里乌斯有非常明确的论述。在《阿提卡之夜》里,通过对古希腊语、拉丁语、英语里表示人或人类的语词的语言学上的溯源分析,一方面,格里乌斯采纳了柏拉图的观点,认为希腊语指称"人""男人"的语词"ἄνθρωπος"表示的是一种动态,意思是说人是一种会探究的存在者;另一方面,在与拉丁语、英语的比较中,他认为该词并不意味着普通人想什么,而是指那些赋予语词更严格意义的、讲纯正拉丁语的人。拉丁语指称"人"或"人类"的语词是"humanitatem"或"humanitas",格里乌斯采用的是"humanitas"。他解释道:那些讲拉丁语并且能正确使用语言的人不会赋予"humanitas"以一般所认为的意义,即希腊人所说的"φιλανυθρωπία",标志着一种友好精神和好的情感,是针对所有人的。而他们赋予"humanitas"以一种希腊所说的"教育的"(παιδείαν)力量,即我们称作"自由人教育"或"自由艺术领域的教育和训练"。那些真诚渴望并追求这些的是最高度人性化的(humanized)人,因为那种知识的追求和它所能给予的训练使人优于其他任何动物,也正是由于这个原因,人被称为"人"或"人类"。这里,格里乌斯直接把人或人性等同于受过自由艺术教育的人。除"人文学""自由艺术"等术语外,他在《阿提卡之夜》里还常使用"自由文化"(liberal culture)一词进行论述,认为该术语所蕴含的意义正是以马库斯·沃罗(Marcus Varro)和马库斯·图利乌斯(Marcus Tullius)为代表的、几乎所有的文学作品都显示出来的,而且,只有在这个意义上,我们才能更好地理解古代及当代关于人的作品。格里乌斯以普拉克西特利斯(Praxiteles)的第一本书《人类遗产》为例,认为他不在拉丁文"humaniori"(人性)这个单词的通常意义,即"和善""和蔼可亲""善良"意义上使用,因为这个意义一点也不适合他的思想,而是在有修养和教育的人的意义上使用。格里乌斯明确指出,只有这样,我们才能理解普拉克西特利斯。③

二、教育的力量

格里乌斯明确以是否接受过以古代文化传统为中心的博雅教育定义人的行为,深深影响了文艺复兴时期乃至后代人文主义。仅从米兰多拉关于人的尊严的宣

---

① Jaeger W. Early Christianity and Greek Paideia. Boston: Belknap Press, 1961, 144.
② Bullock A. The Humanist Tradition in the West. London: Thames & Hudson Ltd., 1985, 5.
③ Gellius A. Attic Nights Books 1-5. The Loeb Classical Library. Boston: Harvard University Press, 1927, 23-25.

言、15世纪诞生于意大利的人文教育，以及其对17—18世纪欧洲历史文化的影响，我们就可以窥见一斑。尽管19世纪以后，上述传统人文主义思想发生了变化，但是，其基本意义始终如一。例如，针对当时有些人把博雅教育与自然科学分割的做法，英国哲学家奈特里什（Richard Lewis Nettleship）于19世纪后期发表了一系列专门研究柏拉图的《理想国》，特别是他关于自由人教育思想的论文。他认为在柏拉图著名的洞穴比喻里，洞穴中囚徒的位置告诉我们：教育不像把光明注入失明者的眼睛，它像把眼睛转向光明。进一步地，教育好像唯一能做的是把整个身体转动，教育不仅意味着照亮智力，更是以那种方式转动整个心灵。因此，奈特里什认为柏拉图自由人教育系统里的重要观点是：人心灵失明的重要原因是他的欲望和满足。教育最伟大的地方是人性成长过程中所产生的一切美好的事情，只要人心灵有能力成长，教育工作就应该继续，教育就应该与生命共存。简单来说，教育就是保持心灵光明，而文学、艺术、哲学、宗教和历史，以及物理、天文、数学等学习的真正价值或最大功能是教我们思考。他明确指出：对于人性的成长而言，艺术与科学、学习和实践生活或任何人类精神产品之间没有对立。[①]在比较全面、系统地阐释"人文主义"时，海德格尔（Martin Heidegger）认为："人文主义"所指述的是"人"而不是"非人"，这里的"人"其实指的就是"具有人性化的人"。中世纪文艺复兴时期人们不仅仅在哲学，而且在"教化"意义上使用"humanitas"一词，特别是中世纪基督教主要在"美好、有德行的人性"意义上使用"humanitas"。[②]

以教化人、培养美好人性为目的的西方古老博雅教育思想和实践为19世纪以后人们所继承。怀特海认为：以古典文学和古典哲学为主要基础的博雅教育"使受教育者得到愉悦和品德修炼，这已经为几百年来的经验所证明……过去，古典文化在整个高等教育的各个领域呈极盛之势，那时没有任何能与古典文化相抗衡，因此，所有的学生在他们的校园生活中始终浸润在古典文学和艺术中。古典文化课程在大学的主导地位仅仅受到有限的数学课的挑战……以至于古典文学艺术的才能成了能力的代名词"[③]。甚至，在自然科学日益发展的20世纪中叶以后，西方社会依然存在着重视博雅教育而轻视自然科学的现象。例如，1956年，美国人打出了"回到博雅教育"的标语。[④]即便是在21世纪初美国高校一些经典的博雅教育教材里，传统博雅教育的一些基本思想依然被人们用来阐释现当代社会文化现象。例

---

① Nettleship R L. Lectures on the Republic of Plato. London: The Macmillan Press, 1955, 262-292.
② 〔德〕海德格尔：《海德格尔选集》（下册），孙周兴选编，上海三联书店1996年版，第354-356页。
③ 〔英〕怀特海：《教育的目的》，徐汝舟译，生活·读书·新知三联书店2002版，第106页。
④ Levine G, Thomas O. The Scientist vs. the Humanist. New York: W. W. Norton & Company, 1963, 137.

如，雅各布斯在《人文学：价值的演变》里表达了现当代人对文艺复兴时期关于人的基本思想的共鸣，他指出："文艺复兴时期人们恢复了对希腊和罗马文化的兴趣，人的关怀最重要。人文主义者重新研究人的个性、人的成就，以及基于人的关怀的哲学。而文艺复兴时期的艺术使人感到很愉快。它使人重新发现自我。在肖像画里，我们看到了几乎相当于现当代社会的、对人个性的兴趣。15世纪意大利大部分的艺术、文学和音乐似乎是我们这个时代的，因为我们理解并肯定它们。"[1]卡宁汉姆和赖希在《文化与价值：人文学审视》里则重新肯定了古老博雅教育里关于人性完美的思想，认为"人文主义的纲要建立在对人性完美的肯定上……人文主义者特别强调希腊人伟大的论断，即通过教育可以培养出一个有道德的人，人文主义的知识和人文主义的教育有着强烈的伦理倾向，知识让人进步和升华"[2]。

总之，尽管人类历史上存在着六种类型的博雅教育，但是，其培养人性的教育本质亘古不变。这正是古老的西方博雅教育在当代人类社会生活中依然生命力旺盛的根本原因。

第二节　综合性与书本化

综合性与书本化是西方传统博雅教育的两个显著特征。这里所说的"综合性"是针对其所包括的科目或学科而言的，"书本化"指的是其教学以书面文本为核心。在教育多元化的当代，重申博雅教育的这两个特征意义重大。本节，笔者拟围绕着西方博雅教育教学内容的构成展开论述。

一、综合性

历史事实证明：人类现在一些基本的学科，诸如哲学、文学、数学、天文学、医学、法律、政治、艺术等，早在两河流域时期就已经存在。亚里士多德本人所研究的学科多达十几种，如逻辑学、物理学、医学、气象学、动物学、天文学、伦理学、政治学、文学、修辞学、诗学、地理学、生理学等。中世纪后期七艺的恢复，特别是大学的兴起与发展，更是带来了各个学科的解放。"如果我们记得在中世纪世界和新的人文主义世界之间存在着连续性，那么，文艺复兴问题也许

---

[1] Jacobus L A. Humanities: The Evolution of Values. New York: McGraw-Hill Company, 1986, 261.
[2] Cunningham L, Reich J. Culture and Values: A Survey of the Humanities. Wandsworth: Cengage Learning, 2010, 321.

就简单了。"①文艺复兴时期人文教育的兴起，带动了一系列学科的发展，它与两河文明的自由人教育、古希腊罗马人的人性学问（或自由艺术、通识教育）和中世纪的七艺一脉相承，其教育实践活动都涉及众多学科。换言之，它们都是由三种以上单列学科构成的整体，如柏拉图的人性学问主要包括音乐、体育、文学、算术、几何学、天文学、辩证法等；七艺包括语法、修辞、逻辑、算术、几何学、音乐和天文学；人文教育或人文学包括以拉丁语、希腊语为代表的古典语言文学，以文化为代表的语言、文学、艺术、道德、哲学、历史、语法、修辞学、雄辩术等。诚如21世纪美国博雅教育者所说："人文教育或人文学包含语法、修辞、历史、诗歌和道德哲学的课程学习，这些学习科目涉及经验领域，对它们的学习，能促进人类知识进步，增进人们道德和美学领域的修养。"②

在"西方博雅教育"这个综合体内，组成它的各个学科不是随便放在一起形成的大杂烩，而是按照一定的方式组合在一起，形成的一个有机统一整体。各学科都是组成该有机整体的组成成分，各成分之间不仅存在着密切的联系，而且存在着一定的组合规则。由于以教育为最高目的，这些学科在具体实施教育时往往根据所受教育对象的年龄、文化程度、身份等因素，确定其所应该接受的具体学习内容。例如，对于人性学问里的各门学科，柏拉图都一一指出了它们的功能、接受对象的特点等，如他认为用体操锻炼身体、用音乐陶冶心灵。③而中世纪七艺里的"三科""四艺"，前者指的是语法、修辞和逻辑；后者指的是算术、几何、音乐和天文。学生一般先学习"三科"，然后学习"四艺"。作为一个综合的、整合的有机整体，西方博雅教育与单学科的专业教育形成了鲜明的对比："专业教育只是这个有机整体的一个器官，它在有机整体的范围内才能完成特殊的功能。"④

古老的西方博雅教育所体现出来的这种多学科的综合性一直延续至今。在20世纪以来以美国博雅教育为代表的西方博雅教育里，这一特征不仅没有消失，反而越发鲜明。例如，哈佛大学博雅教育课程里既包括文学、哲学、美术和音乐等文学艺术领域的课程，以及物理学原理、科学史和生物学原理等自然科学领域的课程，也包括美国民主、人际关系、西方的思想与制度等社会科学领域的内容。而且，与专业教育不同，哈佛大学博雅教育里的这些课程彼此之间呈现出合理的综合、融合

---

① Whitfield J H. A Short History of Italian Literature. Detroit: Penguin Books, 1960, 74, 80.
② Fiero G K. Landmarks in Humanities. New York: McGraw-Hill Company, 2006, 373.
③ Plato. Republic. Loeb Classical Library Plato Ⅵ. Boston: Harvard University Press, 1935, 59.
④ Harvard University Committee. General Education in a Free Society: Report of the Harvard Committee. Boston: Harvard University Press, 1945, 154.

趋势，如物理学与数学或化学的融合，生物学、动物学和植物学的融合等。[①]

二、书本化

继承人类优秀的精神文化遗产是古老的西方博雅教育的重要功能。尤其是在文艺复兴时期之前，西方传统文化里一切以书本为主。由于羊皮纸很贵、印刷术缺乏，能看的书很少，人们用石板或涂蜡的板书写。所以，文艺复兴之前，西方教育的重要目标是更好地理解《圣经》。读书、写字以及对一般实际需要知识的学习是学习《圣经》的首要条件，这主要包括七艺。例如，学习逻辑、语法可以使人们分辨对错，了解写作的规则；学习算术（也包括学习一些历法的知识）可以使人们学会推演出复活节的日期，了解一些数字的寓意；学习音乐有助于人们咏唱赞美诗等。大学"对一些书籍的细致讲评是老师讲座的重要内容。由于书籍很贵，所以学生们上课的主要任务是摘抄、记笔记，从而建立起自己的图书收藏"[②]。而学习七艺的渠道或者说课本均源自古希腊罗马人的论著。例如，几何学、天文学的学习分别采用的是古希腊欧几里得的欧式几何、罗马作家普利尼的书籍；学习语法、逻辑分别采用普里西安、亚里士多德的作品；学习修辞学依据西塞罗作品或昆体良的《雄辩术原理》。至于学习这些书本知识的方法基本上就是死记硬背。除七艺外，其他学科，特别是中世纪后期一些新兴的自然科学的学习也不例外。例如，12世纪诞生的大学里有关医学的学习，基本上也是采用古希腊医学家、生物学家盖伦和希波克拉底的著作，即书本知识而非实验。同样，那时法律教学的基础是查士丁尼（Justinianus）的《民法大全》，核心书籍是包括罗马法律科学中最成熟部分内容在内的《学说汇纂》。[③]

文艺复兴时期，虽然印刷术出现，书籍易得，自然科学风起云涌，出现了达·芬奇、伽利略等科学巨人，但是，总体来看，无论是大学教育，还是当时的人文教育，均以书本知识为上。例如，人文教育主要将古典著作作为教材，即便是最注重实验、实践的科学医学，17世纪之前，大学里有关医学的教育囿于书本，传统亚里士多德主义占主导地位，"亚里士多德-盖伦体系成了医学教育的基础"[④]，实验室根本不存

[①] Harvard University Committee. General Education in a Free Society: Report of the Harvard Committee. Boston: Harvard University Press, 1945, 159-178.

[②] Cunningham L, Reich J. Culture and Values: A Survey of the Humanities. Wandsworth: Cengage Learning, 2010, 176.

[③] 〔美〕查尔斯·霍默·哈斯金斯：《大学的兴起》，梅义征译，上海三联书店2007年版，第33页。

[④] 〔美〕埃伦·G. 杜布斯：《文艺复兴时期的人与自然》，陆建华、刘源译，浙江人民出版社1988年版，第31页。

在。随着基础文化知识的逐渐普及与大众化，七艺课程里人们主要学习的是逻辑学和哲学，以及通过对亚里士多德的"自然方面的著作"的学院式研究所能理解的自然科学。而以七艺为基础的人文教育方面课程的学习更是以古希腊罗马书本知识为本。特别是15—16世纪，以意大利为核心的人文教育盛行，成为人们进一步从事专业教育的基础教育（或者说准备阶段的学习），一般需要六年。例如，律师或医生也常常需要先学完人文课程，神学的学习深造更是必须具备博雅教育科的基础。[①]这种侧重书本的人文教育一直延续到19世纪及以后。例如，即便是在自然科学教育开始得较早的德国，20世纪各级各类学校依然存在着意大利人文教育。魏玛共和国时期，《德国宪法》第四章第142条规定："艺术、科学及这方面的教育享有自由，国家予以保护，关心其培育。"[②]1964年10月28日，联邦德国教育发展过程中的重要文件"汉堡协定"也规定：完全中学里有3门外语，即英语、拉丁语、法语。想获得古典语完全中学毕业证书的学生，从第9年级开始必须学习希腊语课。[③]

因此，文艺复兴时期以意大利为代表的人文教育与自然科学教育在许多方面形成了鲜明的对照，如自然科学聚焦于自然而不是人类，与之相反，人文主义聚焦于人类而非自然。无论是教学内容还是方式，最初的人文教育基本上是远离科学的纯书本教育，这种教育的弊端是显而易见的。诚如法国教育家爱弥尔·涂尔干（Émile Durkheim）所说：17—18世纪，在法国的学院里的那种教育，只让孩子熟悉人间世界（因为物理科学和自然科学的世界是被排除在教育之外的），但也只是让他熟悉人类的那些最一般的特性。这样的教育显然会将心智持久地囚禁在一种特定环境中，其中完全只有抽象概念，简单化的类型和类属化的实体……心智不适于思考抽象概念之外的任何东西，人文主义者的教育也不能避免产生同样的效应。[④]事实上，人文教育在17世纪达到鼎盛阶段，简单化倾向的教育与人文教育接踵而来。"这就明确地证明了简单化倾向与人文主义教育之间的关联。"[⑤]然而，20世纪以来的西方博雅教育依然坚守以古希腊罗马为核心的经典书面文本的教育。例如，20世纪30年代以来，牛津大学博雅教育的课程以希腊和拉丁原文学习古代世界的文学、历史和思想，被称为"大课程"或"人文学科"（literae humaniores）。[⑥]哈佛大学委员会于1945年发布了报告《自由社会中的通识教育》，

---

① 〔美〕查尔斯·霍默·哈斯金斯：《大学的兴起》，梅义征译，上海三联书店2007年版，第22页。
② 夏之莲：《外国教育发展史料选粹》上，北京师范大学出版社1999年版，第112页。
③ 夏之莲：《外国教育发展史料选粹》上，北京师范大学出版社1999年版，第112页。
④ 〔法〕爱弥尔·涂尔干：《教育思想的演进》，李康译，上海人民出版社2007年版，第292页。
⑤ 〔法〕爱弥尔·涂尔干：《教育思想的演进》，李康译，上海人民出版社2007年版，第291页。
⑥ Bullock A. The Humanist Tradition in the West. London: Thames & Hudson Ltd., 1985, 5.

该报告明确建议:"所有学生应该学习的博雅教育领域里的课程,都应能够被称为'伟大的文学文本'。此类课程开设的目的是让学生对作品或文学的发展以及任何其他事件有所了解,其内容只有在需要用它们来解释作品的时候才可以被引用。"①

总之,不论是古希腊罗马人的自由艺术、中世纪的七艺,还是文艺复兴时期的人文教育、19世纪以来的人文学,以及多学科领域所体现出来的综合性,以书面文本为主是西方博雅教育从一开始就表现出来的比较鲜明的特征。20世纪以来的西方博雅教育亦是如此。例如,文学艺术、历史研究、社会分析、哲学研究、外国语文和文化、道德思考、科学,是以哈佛大学为代表的西方博雅教育课程所涉及的主要领域。除人文科学领域外,其所涉及的学科既包括以数学为代表的自然科学领域,也包括以经济学为代表的社会科学领域。而这些领域课程的学习基本上以书面文本为主,如其中涉及自然科学的课程的学习重点是让学生了解这些科学的概念、基本知识和发展史,探讨其产生和发展或形成的基本原理或法则。

第三节 人的教育与非实用性

求知是人的天性。人类对知识的需求使得各种知识都是教育的内容,所有学科都涉及学习、教育问题。与一般学科相比,六种类型的西方传统博雅教育更突出强调道德教化。它们的倡导者及其实践者都把培养人、使人成为真正意义上的自由人视作该学科的终极目标。本节,笔者拟对此展开论述。

一、人的教育

正式诞生于意大利文艺复兴时期的这种以人为本,注重文化传承和人的语言能力、美德教育的博雅教育思想与教育古已有之,两河流域人们将其称为自由人教育。以柏拉图、西塞罗为代表的古希腊罗马人、文艺复兴时期的人文主义者直接继承了这类教育。柏拉图、西塞罗直接把自己所说的人性学问称为自由人教育。亚里士多德比较早地明确把接受过博雅教育科教育的人称为有文化的或有教养的人②,

---

① Harvard University Committee. General Education in a Free Society: Report of the Harvard Committee. Boston: Harvard University Press, 1945, 160.
② 〔古希腊〕亚里士多德:《亚里士多德全集(典藏本)》第8卷,苗力田主编,中国人民大学出版社2016年版,第32页。

认为这种人追求对最初本原和原因思辨的科学——形而上学。他论证道："这种知识一开始就不是创制科学。不论现在，还是最初，人都是由于好奇而开始哲学思考，开始对身边所不懂的东西感到奇怪，继而逐步前进，而对更重大的事情产生疑问，例如关于月象的变化、关于太阳和星辰的变化，以及关于万物的生成。一个感到疑难和好奇的人，便觉得自己无知（所以，在某种意义上，一个爱智慧的人也就是爱奥秘的人，奥秘由奇异构成）。如若人们为了摆脱无知而进行哲学思考，那么，很显然他们是为了知而追求知识，并不以某种实用为目的……我们追求它并不是为了其他效用，正如我们把一个为自己、并不为他人而存在的人称为自由人一样，在各种科学中只有这种科学才是自由的，只有它才仅是为了自身而存在。"①显然，亚里士多德不仅把自由人教育称为科学，而且认为它是非实用性的。这里的"非实用性"指述的是自由人教育不是职业训练，而是人的教育。

文艺复兴时期的人文教育亦如此。正是为了培养源自两河流域，至古希腊罗马的古老西方博雅教育所倡导的具有美好人性的自由人，人文主义者才经常以"自由人学科"或"自由人艺术"称呼当时兴起于意大利的人文教育。例如，韦尔杰里奥撰写了世界上第一部有关人文教育方面的论著《适合自由人教育的学科》，阐述了历史、伦理学、诗学等教学科目给学生的益处，并沿用古罗马人的概念和术语明确界定：这些与一个自由人相称的学科是为自由人所设立的，它们是训练美德和智慧的学科或追求美德和智慧的学科，是使人的身心两方面都倾向于一切最美好的事物的学科。我们称这些对一个自由人有价值的学科为自由艺术。②

事实上，15世纪意大利人文教育的兴起与当时古典文化的缺失密切相关。12世纪以后，随着短暂的古典文化复兴所带来的大学兴起、托勒密天文学和欧几里得著作全集以及亚里士多德逻辑学的重新出现，人文教育科内容贫乏的现象才有了很大的改观。按照最早的大学法规，如1215年巴黎大学制定的校规，学生要学习亚里士多德的全部逻辑学著作。事实上，整个中世纪，这些著作一直是人文课程的骨干。在语法学领域，人们对拉丁语经典的研究和阅读的兴趣大增，以勒芒的希尔德伯特主教为代表的人用拉丁文创作诗歌，且文章质量非常高，这种现象集中发生在夏尔特尔和奥尔良大教堂学校。1231年，巴黎大学所设立的四个学院里就有博雅教育院。③尽管如此，12世纪后期直到文艺复兴时期，以古希腊罗马为代表的古

---

① 〔古希腊〕亚里士多德：《亚里士多德全集（典藏本）》第7卷，苗力田主编，中国人民大学出版社2016年版，第31页。
② 〔美〕C. W. 凯林道夫：《人文主义教育经典文选》，任钟印译，北京大学出版社2012年版，第34-35页。
③ 其他三个学院分别是教会法学院、医学院和神学院。

代文化的缺席依然是当时大学人文课程设置的一个显著特点。当时大学课程设置的基础虽然是七艺，但是，这种大学教育培养的主要是实用抄写员、掌握"三科""四艺"技艺的职业者。并且受经院哲学的影响，教师更注重神学、法律、逻辑学、修辞学和辩证法，而非其他学科的学习。诚如当时一个诗人所描述的："逻辑学听者甚众，但听语法的人在减少……民法高歌猛进，教会法高视阔步，其他学科在后面亦步亦趋。"[1]因此，中世纪经院主义教育压倒一切的重心是放在实际的、专业的、科学的学科上，它把男人造就成医生、律师或专业的神学家，主要是教授经过批准的逻辑学、自然哲学、医学、法学和神学教科书[2]。15世纪意大利人文教育学者之所以大力倡导自由艺术教育，一个重要原因是对中世纪重视实用而忽略人的教育的不满，这与源自两河流域流经古希腊罗马的自由人教育精神完全一致。其实，即便是中世纪的七艺教育，其训练的"内在理念也是返回古典，而它所依据的著作都是西方文化传统中的经典"[3]。16世纪后期，人文教育改革家蒙田认为意大利人文教育更是如此，其重心是学生的内心世界。教师"应该使学生的心灵充满对德行的热爱和敬畏，更多的是对德行的热爱"[4]。

二、非实用性

博雅教育者"更关注的是人的道德改善而不是具有传统的高等教育特点的逻辑性和学院式的论战"[5]。因此，与那些掌握了某种特殊专业技能的人相比，着重培养有知识、有文化、有美德自由人的西方传统博雅教育具有非实用性。这里所说的"实用性"是相对于那些以专门培养某种实际生活技能的职业教育，以及那些忽视个人道德品质的有关语法、逻辑、修辞和论辩技巧的教育而言的。即便是19—20世纪，拉丁语、希腊语等古典语言学习依然受到德国、法国政府的高度重视。例如，拿破仑于1808年3月17日颁布了一项政令，要求国立中学教授古典语言、历史、修辞、逻辑、数学和物理学的基本知识；市立中学教授古典语言基础、历史和其他科目的基本原理。[6]19世纪30年代，法国初等教育比较发达，主要表现在基佐开展的法国教育改革。基佐是法国政治家、历史学家，他在1832—

---

[1] 〔美〕查尔斯·霍默·哈斯金斯：《大学的兴起》，梅义征译，上海三联书店2007年版。第19-20页。
[2] 〔美〕C. W. 凯林道夫：《人文主义教育经典文选》，任钟印译，北京大学出版社2012年版，第35页。
[3] Harvard University Committee. General Education in a Free Society: Report of the Harvard Committee. Boston: Harvard University Press, 1945, 33.
[4] 吴元训：《中世纪教育文选》，人民教育出版社2005年版，第420页。
[5] 〔美〕埃伦·G. 杜布斯：《文艺复兴时期的人与自然》，陆建华、刘源译，浙江人民出版社1988年版，第4页。
[6] 夏之莲：《外国教育发展史料选粹》上，北京师范大学出版社1999年版，第34页。

1837年担任教育大臣期间，把初等教育分为两级，即初级和高级，认为如果人缺乏知识、智慧与道德上的培养，就不能被称为人，中等学校必须开设非常昂贵的古典或科学教育。①1923年5月3日，法国总统阿·米勒兰（Alexandre Millerand）颁布的一项法令规定：中等教育学习期限为7年，所有学生都要学习包括4年的拉丁文、2年的希腊文科目。②

然而，随着人类自然科学的发展，意大利这种人文教育的缺失也渐渐展露出来。17世纪，德国思想家莱布尼兹宣称：德国文化的特性之一，就是对于现实世界的偏好。"我愿向意大利人和法国人，向利奥十世和弗朗索瓦一世致敬，感谢他们恢复了人文教育，但有一个问题，他们本身也认识到，处理现实的学问几乎无一例外地肇始于德国。"③20世纪初，法国教育家涂尔干也认为：与注重现实世界、注重具体事物的自然科学教育不同，侧重研究人的人文教育注重人事现象、心智的世界而非自然的现象、物质的世界，"它已经在我们的学校里存在几百年，甚至很长一段时期，它是这些学校里提供的唯一一种教育……人文主义者为教育做出的贡献，恰恰是让学生们反思性地思考认识，至于经院哲学家们更是如此"④。

总之，重视人本身内在心灵的教育和非实用性是历史上不同类型的西方博雅教育的突出特点。这种教育把注意力"放在真正的人性，以及作为个别现象和作为这样一种人性的神性的形成发展上，并坚信，这样的话，真正被陶冶为人的每一个人也将被教育为适应公民生活和社会生活中任何个别要求和个别需要的人"⑤。即便是20世纪以来以美国博雅教育为代表的西方博雅教育课程里增设了自然科学的内容，但其也是以非实用性教育为目的的。例如，哈佛大学博雅教育课程都涉及自然科学领域的内容，但是，此类课程是学校为那些没有打算成为自然科学家的、非主修数理和科学的学生开设的，其教育目标是让学生对科学有一般性的、广泛的了解，使之成为学生观察和认识世界的一种视角。

第四节 悠闲的贵族教育

两河流域泥板屋、以柏拉图和西塞罗为代表的古希腊罗马的自由人教育、中

---

① 夏之莲：《外国教育发展史料选粹》下，北京师范大学出版社1999年版，第377页。
② 夏之莲：《外国教育发展史料选粹》下，北京师范大学出版社1999年版，第366页。
③〔法〕爱弥尔·涂尔干：《教育思想的演进》，李康译，上海人民出版社2007年版，第309页。
④〔法〕爱弥尔·涂尔干：《教育思想的演进》，李康译，上海人民出版社2007年版，第340页。
⑤〔德〕福禄培尔：《人的教育》，孙祖复译，人民教育出版社2001年版，第326页。

第六章　名异实同：六种博雅教育

世纪七艺教育、15世纪意大利人文教育、19世纪以来的人文学本质上都是一种贵族教育，19世纪之前更是一种男性贵族教育，这突出体现在它们所培养的是拥有一定古典文化知识的、从事管理国家事务的男性自由人。本节，笔者拟对此展开论述。

一、男性拉丁语学习

文艺复兴时期之前，西方社会读书识字的人并不多，且基本上集中在王公贵族主导的上流社会。拉丁文是有文化教养者的通用语言，正如苏美尔楔形文字对于两河文明自由人一样。由于人文主义者是重视并倡导阅读古典文本，特别是拉丁语著作的知识阶层，文艺复兴时期，拉丁语逐渐成为西欧知识阶层的通用语言。与我们今天的教育相似，除教士是在神学院提高拉丁语水平外，其他男性知识阶层都是通过上大学来成为医生、律师和神学家的。这一知识阶层或者做统治者的顾问，或者做管理城市和州郡的官员，或者做各级各类教育机构的教师。因此，自两河流域苏美尔人到文艺复兴时期，所谓的自由人教育、人文教育对于普通百姓而言都是现实生活中的奢侈品，基本囿于有钱有势的贵族阶层，培养的人都属于统治阶层而非普通百姓。即便是在文艺复兴时期，中等学校和大学讲授的数学也都集中在理论层面，不为当时商界的实用目的服务。[1]而且，文艺复兴时期是父权制社会，因为接受人文教育的都是青年男子，特别是贵族社会阶层的，贵族阶级的女孩子则被期望掌握刺绣类技艺。直到17世纪，女孩子和妇女仍只活动于家庭和修道院中，贵族阶层的女孩子和妇女亦如此，她们的教育通常是在宗教环境特别是在修道院中完成的，与中世纪的情况没有太大区别。公主之类的王室女成员常与其兄弟在家庭教师的传授下一起上课，那些有可能成为统治者伴侣的女人接受的往往是宫廷礼仪和语言方面的培训。

尽管16世纪有几所专门招收贵族家庭女孩子的学校建立起来，但是，其教育的主要目的是宗教培养和道德训练，如瓜斯泰拉公爵的女儿卢多维卡·托雷利（Paola Ludovica Torelli）于1557年在米兰建立的耶稣会学校。在人文教育浪潮下，文艺复兴时期的一些人文教育者开始关注贵族女性教育，如卢多维科·多尔切（Lodovico Dolce）于1545年著有《关于女士教育的对话》一文，其中，他鼓励那些出身高贵、注定拥有权位的妇女学习全部人文教育课程。[2]与此同时，文艺复兴

---

[1]〔美〕C.W. 凯林道夫：《人文主义教育经典文选》，任钟印译，北京大学出版社2012年版，第128页。
[2]〔美〕桑德拉·塞德尔：《探寻欧洲文艺复兴文明》，徐波译，商务印书馆2009年版，第456页。

时期，北部意大利以及西欧许多地区有权势的一些贵族妇女开始接受相关人文教育，这主要发生在一些宗教机构举办的学校。例如，16世纪后半期，在主要分布在北欧和威尼斯的乌苏拉会的修女举办的学校里，修女除接受宗教教育外，还以古希腊、罗马有学问的妇女为榜样，学习拉丁语、地理和写作。于是，文艺复兴时期出现了一批女性人文教育者，她们基本上出身于贵族阶层。例如，英国的人文主义者罗吉尔·阿沙姆（Roger Ascham）被亨利八世请来担任伊丽莎白的家庭教师，他于1570年撰写的教育学论著《教师手册》是为伊丽莎白制定的一个大致的课程大纲。法国国王的姐姐玛格丽特·德·那瓦尔（Marguerite de Navarre）是著名的贵族女性人文主义者，著有《七日谈》。诗人克里斯蒂娜·德·皮桑（Christine de Pizan）的父亲是法国的皇家占星学家，她也受过良好的人文教育，于1405年撰写的著作《妇女城》在贵族阶层中流行，该书抄本上有她写给王后和其他贵族成员的话。15世纪晚期，西欧其他地区的年轻贵族妇女都有拉丁语和希腊语的家庭教师。这些知识女性大多进修道院学习希腊语、拉丁语，并用拉丁语发表演讲。①

二、俗语与平民教育

以拉丁语为主的人文教育所具有的贵族性是与以俗语为主的其他阶层的平民教育相对的。"俗语""土话"（vernacular）来源于拉丁语单词"本地的"（vernaculus），而后者又源于拉丁单语"verna"，意思是一个在主人家出生的奴隶。可见，接受俗语教育的是社会中低阶层，大多数是非大学生的各阶级青少年。俗语教育相对随意灵活，没有专门的学校、教学大纲和相关制度规定，使用的教材是教师或父母能够提供的课本，涉及与《圣经》有关的教义、圣徒故事，以及培养美德的道德教材，如流行于意大利的课本《美德菁华》。这些课本通俗易懂，不仅使用简单的词汇和语法，而且配有插图。与贵族阶层接受博雅教育时所学习的数学不同，那些打算进入商界的平民学生学习的数学是侧重实践应用的实用数学，如确定商品价格、度量衡标准、处理日常事务等。与自由人相反，不一定有专门学校的俗语教育的一项重要内容是培养掌握职业技能的人。"做学徒"（apprenticing）这个词源自拉丁语"apprendere"（意为学习），学徒培养就是年轻人学习一个职业的制度。16世纪，欧洲有很多大学，但大多数人不上大学，而是学习绘画、雕刻、建筑等手工艺或者从事商业活动。学徒生活最重要的是模仿，他们或者师承师父学习特殊的技术或工

---

① Lamm R C, Cross N. The Humanities in Western Culture: A Search for Human Values. New York: McGraw-Hill, 1996, 67-73.

艺，或者师从父母学习某种技能，如平民阶层的女子跟随母亲学习缝纫、纺纱、织布等技能。除学习职业技能外，学徒主要基于宗教生活的需要学习读和写，尤其是俗语的读写。[①]

三、柏拉图式理想

文艺复兴时期，一个人的社会阶层决定了他所接受的基础教育的范围。上层阶级的男女青年接受的是比较全面系统的人文教育，而下层阶级的只能接受一般的俗语教育或平民教育，学习最基本的识字、读、写，目的是更好地理解《圣经》、进行祈祷。人文教育所具有的这种贵族性，一直不同程度地在各个历史时期存在着。19世纪60年代，英国学者哈伊（Denys Hay）甚至说："我们至今（或不久之前）还直接处于这种教育体系的影响之下。"[②]19世纪后，"英国所抱的是自由教育的理想"，"但没涉及广大人民群众"，"德国出现了施于广大平民的教育和少数精英的知识教学的分化。但是，英国文雅教育的倡导者所希望避免的正是这种教育和高等教学的分化"，"只有英国，这个民族的精英和语言拒绝接受对这词的原始意义作任何缩减。这词依然意味着既是心智也是性格的修养，既是智力也是实际的训练"。[③]这种贵族式人文教育对于西方文明意义巨大。当代英国教育家怀特海（Alfred North Whitehead）自称是英国首相府"古典文化在教育中的地位"工作委员会的一个成员。以柏拉图自由人类型教育为例，他认为西方博雅教育"是一种需要悠闲的贵族教育。这种柏拉图式的理想对欧洲文明作出了不朽的贡献。它促进了艺术，它培养了那种代表科学之源的无偏见的求知精神；它使精神面对世俗物质力的影响时保持了高贵的尊严。那是一种要求思想自由的尊严……他的那种文化是思想开明的贵族阶层的特殊灵感，欧洲便是从这个自由的贵族阶级得到了确定它今天所拥有的那种自由的力量"。[④]当代英国教育家德尼斯（Denys）追溯了怀特海所说的这种"悠闲的贵族教育"的根源，认为自由艺术教育理念的根在古希腊自由人的观念里。西塞罗描述了教育特别适合训练人的自由。他论证指出：人的动物需求得到满足之后，人们便开始寻求真理，而"一旦我们从需求的压力中解放出来，我们进一步渴望去看、去听、去思考那些潜藏在我们周遭的或发生在我们身

---

① 〔美〕桑德拉·塞德尔：《探寻欧洲文艺复兴文明》，徐波译，商务印书馆2009年版，第452页。
② 〔英〕丹尼斯·哈伊：《意大利文艺复兴的历史背景》，李玉成译，生活·读书·新知三联书店1988年版，第154-155页。
③ 〔英〕梅尔茨：《十九世纪欧洲思想史》第1卷，周昌忠译，商务印书馆1999年版，第214、217、218页。
④ 〔英〕怀特海：《教育的目的》，徐汝舟译，生活·读书·新知三联书店2002年版，第81、107页。

上的奇妙知识"①。从此，自由学习的观念隐含休闲课程的意思，它排除了奴隶和手工艺人（他们构成了人口的绝大多数）。同时，它也假设人的最高目的是追求真理，这种对真理的追求一直都局限于欧洲少数人。②

总之，19世纪之前以男性为主的西方传统博雅教育从本质上来说是一种悠闲的贵族教育。该教育源自希腊和罗马传统，对西方教育发挥着巨大影响。阿伦·布洛克曾指出：在牛津大学，人文学源远流长，至少可以追溯到伊拉斯谟、科莱特、托马斯·莫尔，以及文艺复兴时期的"新学问"。人文学是20世纪牛津大学最具威望的学科，其所开设的课程被称作"大课程"，也叫"人文学科"，即以希腊和拉丁原文学习古代世界的文学、历史和思想的学科。③

第五节 跨学科博雅教育

如果说19世纪之前，西方博雅教育书本化、非实用性表现得比较突出的话，那么，19世纪中后期特别是20世纪以来，这种情况有所改变，其比较鲜明的标志就是综合性更强。尽管自诞生以来，当代所说的自然科学与人文科学里的一些学科，一直包含在西方传统博雅教育里，换言之，无论是自由人教育、自由艺术、通识教育、七艺，还是人文教育、人文学，其中都同时包含了文科和理科的一些课程，但是，若从现当代学科角度审视，西方传统博雅教育所具有的综合性突出体现在跨学科方面。本节，笔者拟通过对西方博雅教育特点及其各个历史时期人们的相关论述的分析来阐述之。

一、一致性

虽然历史时间跨度巨大，具体称呼不同，但是，在教育实践活动中，两河流域苏美尔人泥板屋的自由人教育、古希腊人柏拉图所说的"人性学问"、罗马时期的自由艺术和通识教育、中世纪的七艺、15世纪意大利文艺复兴时期的人文教育，以及19世纪以来西方人所说的"人文学"，它们教学的主要内容是基本相同的。这

---

① 转引自：Weeks D, Glyer D P. The Liberal Arts in Higher Education. Lanham: University Press of America, 1998, 231.

② Weeks D, Glyer D P. The Liberal Arts in Higher Education. Lanham: University Press of America, 1998, 231.

③ Bullock A. The Humanist Tradition in the West. London: Thames & Hudson Ltd., 1985, 2-5.

突出表现在四个方面：①文理不分。若按我们现在学科分类的方法，从构成某个整体的学科性质来看，这些单列学科里既有属于文科的语法、音乐、文学等，也有属于理科的算术、几何学、天文学等。②内容大同小异。尽管产生的年代、国家、民族、文化等不同，但是，构成两河流域苏美尔人泥板屋的自由人教育、古希腊人柏拉图所说的"人性学问"、罗马时期的自由艺术和通识教育、中世纪的七艺、15世纪意大利文艺复兴时期的人文教育，以及19世纪以来西方人所说的"人文学"这六种博雅教育整体的单列学科绝大多数是相同的，以七艺为基础。③统一性。组成这些整体的学科既不是任意，也不是随意堆积在一起的，而是服从一个统一思想，即自由人的教育。④层次性。六种博雅教育类型的内部结构并非一盘散沙，构成它们的各个学科之间存在着一定的次序关系，如"三科""四艺"之分。前者包括的科目有语法、修辞和逻辑，后者包括的科目有算术、几何、音乐和天文；前者侧重学生读书识字的基础训练，后者侧重学生独立观察问题、分析问题和解决问题能力的培养。

二、两种分歧

随着中世纪后期大学兴起、文艺复兴、15世纪意大利人文教育兴起，特别是自然科学的进步，其他学科飞速兴起或发展，诸如古典语言学、历史、哲学、文学、物理学、天文学、解剖学、绘画等，人们逐渐开始反思源自两河文明的自由人教育。从15世纪的意大利人文教育的诞生，我们可以清楚地看到这一点。尽管主要出于对当时学校侧重培养学生实用技艺的不满，人们比较普遍地使用传统术语"自由艺术"指称人文教育，并且都以七艺为基础，以古希腊罗马为代表的古代语言文学为核心，但是，对于人文教育究竟应该具备包括哪些科目或学科，人们并没有取得一致意见。总体来看，主要存在着以下两种分歧。

第一种是增加新学科。这指的是人们在传统自由艺术教育里增加新学科。例如，韦尔杰里奥直接沿用自由艺术论证或阐释当时新兴的"人文教育"，并认为我们应将这些对一个自由人有价值的学科称为自由艺术。然而，他在《论贵族性格与青年人的自由艺术学习》里所说的"自由艺术"，即用来教育年轻人的学科，主要包括历史、文学、道德哲学、雄辩术、诗歌、音乐、算术、几何学、天文学、医学等。显然，韦尔杰里奥一方面继承了西方传统博雅教育，即使使用"自由艺术"一词，也以七艺为基础；另一方面又对其进行了补充和发展，即他明确把历史、医学等学科归入了人文教育。而皮科洛米尼积极倡导把体育教育归入当时的"自由艺术"（即人文教育）。严格来说，他的这种做法不算是增加新学科，而是恢复了柏拉图的自由人教育思想。①

第二种是文理分离。尽管存在着上述两种情形，但是，与西方传统自由人教育相比，意大利人文教育有一个明显的文理分离趋势。从意大利人文教育以拉丁文著作为主，以古希腊罗马语言文学为核心，我们就可以窥见一斑。它实际上是"作为包括道德哲学、历史、语法、修辞和诗学在内的一套智力上的追求"②。

尽管存在着上述两种分歧，但是，文艺复兴之后至今，西方博雅教育的一个突出特征依然是文理混合所带来的教学内容的跨学科性。

三、博雅教育科

在比较全面、系统地继承西方传统博雅教育方面，美国的博雅教育最具代表性。特别是随着历史步入 20 世纪，推崇古典教育的美国博雅教育发生了巨大变化，突出体现在内容拓展与学科杂糅上。例如，毕业于耶鲁大学并在耶鲁大学法学院执教的校长、1929 年任芝加哥大学校长的哈钦斯（Hutchins）极力改变大学教育的发展方向和课程安排，设计了一种多科系组合的科目，将全部课程组合成四个部分，即博雅教育、社会学、生物学、物理学，并且主张所有课程都必须建立在基本而具有永恒价值的博雅教育学习上。第二次世界大战后，哈佛大学第 23 任校长科南特（James Bryant Conant）把所有课程分为博雅教育科、社会科学和自然科学三大领域。实施 20 多年后，哈佛大学博雅教育包括人文、社会、自然三大科里的内容，成了包罗万象的大杂烩。虽然人们不断对此进行了一系列改革，但是，其基本框架和领域依然不脱离上述三大学科。从 20 世纪末期至今，美国大学的博雅教育课程里都同时包括文理科内容。以接受科学技术或工程教育的学生为例，在马萨诸塞科学技术学院，所有学生必须学习两年的西方文学课程，之后，人文学类课程在他们要学习的课程中约占一半。在伊利诺伊科学技术学院，一个联合中西部 30 个自由艺术学院的网络已经建立，自由艺术学院可提供三年的博雅教育学习，伊利诺伊科学技术学院可提供两年的工程学习。美国博雅教育学家弗鲁姆（Victor H. Vroom）明确宣称："人文学的科目是经验式的，第二次世界大战之后，我学院开始格外重视人文学。"③总之，20 世纪以来，美国博雅教育是一个包括众多学科的概念。有些博雅教育学家因此称其为"跨学科人文学"，认为博雅教育预先设定了一个开发

---

① Fiero G K. The Humanistic Tradition. New York: McGraw-Hill Company, 2002, 295-303.
② Matthews R T, Platt F D. The Western Humanities. New York: McGraw-Hill Company, 2007, 378.
③ 转引自：Levine G, Thomas O. The Scientist vs. the Humanist. New York: W. W. Norton & Company, 1963, 113.

智力、增强人们对不熟悉事物的感知能力，以及试图理解后再判断的前提条件，以跨学科的方法鼓励超越传统界限的猜想和比较。[1]

综上所述，随着时代的变迁，尽管名称不同，但是，源自两河流域的西方古老的博雅教育里的一些根本性的问题基本相同，都同时包括自然科学、人文科学里的核心内容。多领域的学科交叉、融合是西方博雅教育一个十分显著的特征。20世纪以来，西方博雅教育的一个重要发展趋势是与其他学科的相互渗透，这使它变成一个更为复杂的、综合性的"跨学科人文学"。

小 结

从两河文明自由人教育、古希腊罗马自由艺术、中世纪七艺、文艺复兴时期意大利人文教育到19世纪人文学，西方博雅教育走过了漫长的路程，其间，随着历史、文化、社会、国家和民族等的不同，西方博雅教育的诸多方面都发生了变化。然而，尽管求知是人的天性，人类对知识的需求使得各种知识都是教育的内容，所有学科都涉及学习、教育问题。但是，与一般学科相比，西方传统博雅教育的终极关怀是人的教育。这种教育具有综合贯通的特点，缺乏实用色彩，既不是专业化的，也不是非职业化的，其目的是培养一个爱思考与追求美好人生的自由人，一个对自身以及对其在社会和宇宙中所处的位置有着全面理解的完整的人。[2]而且，不同历史时期的博雅教育呈现出一些共同的特质，同时也呈现出一定的差异性，尤其是跨学科性在现当代以美国为代表的博雅教育中得到了强化。在具体组成学科上，虽然存在着分歧，但是，西方博雅教育对于人类学科的发展意义重大。一个直接影响是它带动并促进了现当代学科的发展，这主要体现在三个方面：①一些学科相对独立出来，如历史、哲学、语言学、文学、艺术等；②博雅教育内部一些学科开始解构、重构，人们重新认识并界定它的内容和边界；③自然科学、社会科学等快速发展，并与人文教育抗衡。

---

[1] Witt M A, Brown C V, Dunbar R A, et al. The Humanities: Cultural Roots and Continuities. Lexingdun: D. C. Heath & Company, 1999, 26.

[2] Harvard University Committee. General Education in a Free Society: Report of the Harvard Committee. Boston: Harvard University Press, 1945, 40.

第七章 分离与重组：学科嬗变

19世纪后期至20世纪，随着自然科学的迅速发展以及各种学科的相对独立发展，西方涌现出一批尝试从多种角度对人类各种知识进行界定、分类的学者。例如，德国人类学家舍勒（Max Scheler）把知识分为工具性知识、理解性知识和宗教性知识；德国哲学家狄尔泰、李凯尔特分别把整个人类知识分为"精神科学"与自然科学、文化科学和自然科学；德国哲学家卡西尔则直接沿用李凯尔特"文化科学"一词等，从而引发了整合人类知识、重构学科或科学概念，以及重建学科或科学门类的学术热潮。20世纪50年代以后，人类知识越来越细化。美国哲学心理学家奥本海默在《知识之树》里提出：我们世界今天的学问——我们的知识之树，和雅典、18世纪启蒙运动时期或15—16世纪科学的黎明时期有着巨大不同。与柏拉图时期相比，我们更加分门别类。我们建立了如此清晰的传统，今天的科学知识不只是丰富了一般文化，而是形成了众多高度专业化的领域和社团。这些专业知识不是一般人所能理解的。[①]20世纪70年代，比较明确地从三大学科联系视域对人类知识进行探讨的代表人物是皮亚杰，他基本沿用了狄尔泰的思想。德国学者韦伯（Max Weber）也撰写了一系列关于"文化科学"的论著。韦伯经常使用的"文化科学""社会科学"概念既包括人文科学，也包括社会科学。虽然使用的术语不同，但是他们所说的与自然科学相对的"精神科学""文化科学""人文科学""社会科学"里既包括经济学、管理学，也包括人文学。因此，现当代人们对各种人类知识的重新分离与重组，本质上进一步深化了人们对西方传统博雅教育特质、价值和意义的认识。本章，笔者拟以狄尔泰、李凯尔特、卡西尔等为个案，探讨文艺复兴之后人们对人类知识、学科的认识，以及在人文科学、自然科学、社会科学逐渐形成三足鼎立局面的时代，西方古老博雅教育的命运。

[①] 转引自 Levine G R, Thomas O. The Scientist vs. the Humanist. New York: W. W. Norton & Company, 1963, 146.

第七章 分离与重组：学科嬗变

第一节 自然科学与精神科学

18世纪末至19世纪初，随着自然科学突飞猛进的发展，哲学、历史、语言学、文学等的相对独立，特别是各级各类学校自然科学教育的开展，人们渐渐认识到仅仅用自由艺术或通识教育、博雅教育、人文教育等，似乎不足以指称自然科学以外的其他众多学科，如历史、政治学、文学、法学、经济学、神学、社会科学、伦理等。于是，在文化知识领域，一些有识之士在整理、重新评估、命名人类历史文化中的一些学科的基础上，运用当时最先进的自然科学、心理学、精神分析学、文化学等理念，提出并论证、规范了一些新的学科。本节，笔者拟对其中影响较大、具有代表性的狄尔泰的相关思想和观点展开论述。

一、精神科学

狄尔泰是德国哲学家、心理学家、历史学家和社会学家。1883年，他出版了著名的《精神科学导论》①。在该书前言里，狄尔泰明确指出，他撰写该著作的一个重要原因是基于当时人们对历史现象的研究和评判依然与意识事实的分析毫无联系，缺乏哲学基础，缺乏一种与认识论和心理学有益联系的现状。于是，他比较早地在比较纯粹的学理，特别是逻辑学、心理学层面，对19世纪迅速发展的我们现在所说的"自然科学""人文科学""社会科学"三大学科进行系统、专题性的探讨。他沿用当时人们常用的一个德语术语"geisteswissenschaften"（精神科学）指称除自然科学以外的其他学科，该书的英译者后来将其英译为"humane science"（人文科学）。所以，整体来看，狄尔泰的《精神科学导论》是一部集大成之作。他首次从学科意义上，在与自然科学的比较研究的基础上，对文艺复兴时期以来纷纷相对独立发展的众多学科进行了整合，并以"科学"统称之。狄尔泰比较早地明确以此指称我们现在所说的人文科学、社会科学。他论证指出，"科学"通常意味着一系列命题的综合：①哪些元素是被完全限定的概念，也就是说，哪些元素在总的逻辑系统内永远和普遍有效；②哪些联系是具有充分根据的；③部分为了联系而成为一个整体。②狄尔泰认为，人们通常用"科学"概念指称研究物质世界的"自然

---

① 国内采用英译本，将"精神科学"翻译为"人文科学"。为保持原作者之意，笔者在本书正文里采用"精神科学"这一表述。关于此，本章最后一节有专论，兹不赘述。
② 〔德〕韦尔海姆·狄尔泰：《人文科学导论》，赵稀方译，华夏出版社2004年版，第5页。本节所引狄尔泰的观点和话语，如不详注，均出自此。

科学"，却没有用来指称研究精神世界的概念，于是，他使用与"自然科学"相对的"精神科学"，并主要以"政治科学""历史科学"为例，认为前者不仅使我们能够通过这种命题间的联系来构思它整体内的实在片段，还能通过它来调节人类活动的范围；而关于后者，狄尔泰更多地谈到并论述的是生物学、生理学等。他解释道："科学"这一术语用来指明任何精神事实的综合，它承载了上述特性，因而通常与"科学"这一名称相符。经验的方法的要求是，根据精神科学的主旨，以历史批评的方式，建立一种研究必需的具体程序的价值。狄尔泰旗帜鲜明地说：精神科学指的是"所有以社会历史真实为宗旨的学科"，"使这些科学构成一个整体的基本概念，及其对于这一整体相对于自然科学的描述"[1]，正如物理和化学是有机生命研究的资源，人类学、法学和政治学是历史研究的资源。因此，在《精神科学导论》里，狄尔泰也常将其称为"具体精神科学"，并认为该科学不断从其他科学汲取新的社会历史事实，尤其是"通过一种比较方法和心理学的基础，它们获得了一般理论的特性"[2]。

二、精神科学与自然科学的关系

在《精神科学导论》一书里，狄尔泰基本上一直把精神科学与自然科学相对而谈，比较全面、深入地探讨了二者之间的联系。他不仅首次全面系统而深入地从学科意义上论证了精神科学存在的价值和意义，而且对研究物质世界的整个自然科学进行了整理。与自然科学相比，他认为研究人的精神世界的人文科学由三个层次构成，即事实、命题、价值判断和规则。在精神科学中，主体是真正的单位，是内在经验的事实。自然科学中，物质是由小的基本粒子构成的。[3]并且，在论述各种文化系统的科学里，狄尔泰不仅常把包括视觉艺术、空间艺术在内的艺术与科学并提，而且提到了社会学、法律、道德理论以及社会外部组织的科学，如心理学等。因此，他所说的精神科学的范围实际上广泛涉及历史、法学、政治、经济学、神学、人类学、文学、艺术、美学、逻辑、修辞、语法、伦理学、心理学等，不仅包括传统西方自由艺术或博雅教育里的学科，也包括我们现在所说的社会科学，以及当时和15世纪意大利人文教育之后兴起的一些新的学科，特别是一些交叉学科，如狄尔泰论及了政治经济学、精神哲学、历史哲学、精神物理学等。其实，正如他所说：大凡研究对象以社会-历史现实为课题的学科都属于精神科学。很显然，狄尔泰的

---

[1]〔德〕韦尔海姆·狄尔泰:《人文科学导论》，赵稀方译，华夏出版社2004年版，第5-6页。
[2]〔德〕韦尔海姆·狄尔泰:《人文科学导论》，赵稀方译，华夏出版社2004年版，第86、103页。
[3]〔德〕韦尔海姆·狄尔泰:《人文科学导论》，赵稀方译，华夏出版社2004年版，第27、104页。

精神科学也是一个学科群概念。其中，各个学科之间不是相互排斥的，而是相互联系，甚至互渗的关系。例如，宗教、国家和艺术是精神物理学交互作用的构成因素，同样也是具体精神科学的研究对象。只不过与之前人们所说的所有学科群相比，狄尔泰所说的精神科学所包括的学科更加庞杂。

在人类博雅教育发展史上，狄尔泰的《精神科学导论》具有里程碑意义。严格来看，西方传统的六种博雅教育类型都属于教育实践性科学。尽管柏拉图在《理想国》里比较集中和系统地论述了人性学问或自由艺术，但是，他也是在如何教育人的层面探讨的。基于历史理性批判，即对于人了解自己及他所创造的社会历史的能力的批评，狄尔泰则首次对人类学科，特别是现代以来迅速崛起的、与自然科学相对的其他众多学科进行了总结。他给自己制定的目标是发展一种精神科学认识论基础，并运用这一基础所创造的资源来确定具体精神科学之间的相互联系，在这些科学中确定知识可能的范围及其与真理之间的关系。为实现"发展一种精神科学认识论"这个目标，狄尔泰一方面把认识论与逻辑学联系起来，力图完成百科全书和方法论任务；另一方面把任务限定在精神科学的范围内，认为与自然科学一样，精神科学就有独立存在的价值。他进一步论证指出：这里存在着一种事实、法则、价值和规则情感的特殊独立性。它们在自然科学中是不存在的。这种独立性只能通过自我反省得以认识。这里，自我反省又必须解决一个精神科学的特殊问题。我们知道，它是历史哲学的形而上学立场所不能解决的。而精神科学的方法——它们的对象早在它们之前，就被人作为一个整体理解了——实际上与那些自然科学的方法截然不同。[1]

总之，狄尔泰从学科意义上对人类知识领域进行了归纳、总结，对精神科学与自然科学的哲学思辨影响深远，为当代全球范围内流行的关于人类学科的三大基础分类，即人文社会科学、自然科学和社会科学奠定了基础。

第二节　文化科学和自然科学

在狄尔泰的《精神科学导论》出版16年后，德语世界又出现了另一部比较系统、深入探讨与自然科学相对的其他各种学科的著作，这就是德国哲学家李凯尔特于1899年正式出版的《文化科学和自然科学》。1896—1902年，李凯尔特还完成

---

[1] 〔德〕韦尔海姆·狄尔泰：《人文科学导论》，赵稀方译，华夏出版社2004年版，第109页。

了专门探讨自然科学的著作,即《自然科学概念形成的界限》。很显然,与狄尔泰不同,李凯尔特使用的"文化科学"术语与"自然科学"相对。他自称曾于1898年在本地的"文化科学协会"第一次会议上做过演讲。该演讲有一个非常重要的点,即价值之于文化科学的意义。可是,有感于没有讲透彻,他又对此进行了修改、补充,于是便有了《文化科学和自然科学》一书。本节,笔者拟通过对《文化科学和自然科学》主要内容的剖析,阐释李凯尔特关于文化科学的基本思想和观点。

一、文化科学

与狄尔泰一样,李凯尔特也以"科学"统称包括自然科学和我们现在所说的人文科学、社会科学在内的当时一切学科。然而,他反对当时人们比较多地采用"精神"术语以与"自然"相对的做法,主张用自然科学和文化科学的区分代替通常的自然科学与精神科学的划分,认为从自然和精神的对立出发进行的分类研究,不能达到理解经验科学之间实际存在着的区别的目的,尽管非自然科学的经验科学主要与心理的存在有关,但是,把经验科学标志为精神科学,其认识论的本质特征却没有被描述出来。而"文化科学"这个词最能表达与自然科学相对的"经验学科"这个概念,能规定非自然科学的经验科学的共同的兴趣、问题和方法,并且能与自然科学家的共同的兴趣、问题和方法划清界限。[1]李凯尔特把是否具有"价值"作为文化科学与自然科学相区别的重要标志。以宗教、法学、史学、哲学、政治经济学等为例,他论证指出:"价值(wert)是文化对象所固有的,因此我们把文化现象称为'财富',以便使文化对象作为富有价值的现实同那不具有任何现实性并且可以撇开现实性的价值本身区别开来,自然现象不能当成财富,因其与价值没有联系","在一切文化现象中都体现出某种为人所承认的价值,由于这个缘故,文化现象或者是被生产出来的,或者是即使早已形成但被故意地保存着的;反之,一切自行生出来或成长起来的东西,却可以不从价值的观点加以考察"。[2]

二、文化科学与自然科学的关系

李凯尔特着重探讨了文化科学与自然科学之间的联系与区别。从内容、研究方法等方面考察,他认为文化科学与自然科学之间是相互联系的。他指出:内容上的文化科学研究和方法上的自然科学研究,以及内容上的自然科学研究和方法上的历史研究,是相互紧密地联系着的。当对一切文化对象所做的必要考察,是按照历

---

[1] 〔德〕H.李凯尔特:《文化科学和自然科学》,涂纪亮译,商务印书馆2000年版,第1-15页。
[2] 〔德〕H.李凯尔特:《文化科学和自然科学》,涂纪亮译,商务印书馆2000年版,第21页。

史方法对它们进行叙述时,我们的两种分类原则之间是存在联系的。①当然,自然科学方法现在也深深地延伸到文化科学领域。尽管如此,李凯尔特强调指出:这种联系并不是那种由此使专门研究中的自然科学和文化科学的对立一概排除的联系。毋宁说,我们可以借助于我们的概念获得所寻求的经验科学的基本对立。价值绝不是现实:既不是物理的现实,也不是心理的现实。价值的实质在于它的有效性。但是,价值是与现实联系着的。②

在论述文化科学与自然科学的区别时,李凯尔特提到了两个对立的概念——"自然物"与"文化人"。他说:"当某个人重视和关怀宗教、伦理、法权、科学等财富的时候,简言之,当他不是一个简单的'自然物'而是一个'文化人'的时候,他便是'精神的',而区别于纯粹心理的。"③李凯尔特认为人们在此意义上所说的"精神科学"相当于他所说的"文化科学"。然而,在文化科学的基础是否是心理学问题上,李凯尔特既展示了自己与狄尔泰的差异,也显示了自己对"文化科学"的深刻认识。他认为文化科学的基础不是心理学,它"没有统一性和系统的结构,反之,自然科学,特别是力学,只要它们是研究物体科学,都有一个坚固的基础"④。

三、研究自然科学与文化科学的意义

19世纪后期至20世纪,以狄尔泰为代表的欧美学者主要立足于历史学、心理学,试图探讨并归总当时迅速发展起来的与自然科学相对的其他学科。李凯尔特采用一边批判吸收其他人的观点一边阐释自己观点的方法,主要通过对历史与自然、历史学与心理学、历史学和艺术等的具体剖析,论证了以"文化科学"指称自然科学以外其他学科的意义,以及文化科学与自然科学对立的意义。他认为文化概念的引入使历史得以成为一门科学,"在无限众多的、个别的即异质的对象中,历史学家首先研究的,只是那些在其个别特性中或者体现出文化价值本身或者与文化价值有联系的对象;而在任何一个单一的对象从其异质性方面向历史学家提供的那无限众多的成分当中,历史学家又选择那些作为文化意义的依据,构成历史的个别性并与纯粹的异质性不同的成分。因此,文化概念为历史概念的形成提供了一条选择本质成分的原则,犹如作为现实的自然概念从普遍的观点对自然科学所作的那

---

① 〔德〕H. 李凯尔特:《文化科学和自然科学》,涂纪亮译,商务印书馆2000年版,第17-18页。
② 〔德〕H. 李凯尔特:《文化科学和自然科学》,涂纪亮译,商务印书馆2000年版,第18页。
③ 〔德〕H. 李凯尔特:《文化科学和自然科学》,涂纪亮译,商务印书馆2000年版,第73页。
④ 〔德〕H. 李凯尔特:《文化科学和自然科学》,涂纪亮译,商务印书馆2000年版,第123页。

样。通过文化所固有的价值以及通过与价值的联系,可以叙述的、历史的个别性概念才得以形成"①。

四、历史学与艺术

在《文化科学和自然科学》专著里,李凯尔特声明不涉及具体学科论述,但是,为阐述起见,他专辟两节,即"历史学与心理学""历史学与艺术",分别探讨了作为相对独立学科的历史学与心理学、艺术之间的关系。他所说的"艺术"指述的对象包括文学、绘画等。由于现实的个别性可以借助于直观的形象而被叙述出来,所以,不少人把历史学和艺术等同起来。李凯尔特反对这种做法,认为艺术或者能创造出一个崭新的世界,或者至少能够在其表现现实时对现实进行改造。但是,这种改造所依据的原则并非逻辑学的,而是美学的。由于美学因素本身在科学中不可能具有决定性的意义,如果认为历史学的课题就在于得到一种没有美学形式的直观,那么,历史学除了单纯地重现现实之外,就没有其他目的了。更进一步,李凯尔特举例论述道:历史学与艺术相对立。一幅画像的特殊的艺术本质并不在于它的相似程度或理论上的真实性,同样,一部小说的审美价值也不在于它与历史事实的一致性。诚然,一幅画像和一段历史叙述有相似之处,但这仅仅是由于它们含有一些在艺术上没有意义而在历史上有意义的成分。②

总之,李凯尔特竭力倡导文化科学与自然科学相对立,并以此指述日益发展壮大的历史学、心理学、艺术学等。特别是"文化人""艺术""历史文化科学"是他惯用的命题。在他的"文化科学"里,历史学、艺术具有举足轻重的地位。李凯尔特的这种文化科学思想对19世纪后期到20世纪中叶的欧洲思想界影响广泛。仅在1898—1926年,《文化科学和自然科学》就再版了7次。③李凯尔特之后,紧随其后的是卡西尔。

第三节 符号形式与人类文化

德国哲学家卡西尔是像文艺复兴时期的"全能人"和人文教育者,其学术研究领域涉及哲学、历史、文学、语言学、神话学、物理学、政治、宗教、艺术、

---

① 〔德〕H. 李凯尔特:《文化科学和自然科学》,涂纪亮译,商务印书馆2000年版,第73页。
② 〔德〕H. 李凯尔特:《文化科学和自然科学》,涂纪亮译,商务印书馆2000年版,第66-67页。
③ 李凯尔特给每一版都写了前言,参见H. 李凯尔特:《文化科学和自然科学》,李超杰译,商务印书馆2020年版,第3-15页。

音乐等众多领域。当时，自然科学迅猛发展吸引了他的注意力，他属于当时侧重科学研究的马堡学派。然而，卡西尔不断从历史上的人文主义思潮中汲取营养，在20世纪初出版了《近世哲学与科学中的认识问题》《符号形式哲学》《文化科学的逻辑》①《人论》等一系列人文科学方面的著作，肯定了人类精神活动之于人类存在的建构意义。本节，笔者拟围绕着这些著作，阐述卡西尔有关自然科学和文化科学的思想与观点。

一、自然概念和人文概念

卡西尔着重探讨了歌德和黑格尔之后自然科学与文化科学之间的关系。与李凯尔特相同，卡西尔所说的"文化科学"范围比较小，主要包括历史、语言学、考古学、文学和艺术学、宗教学、神话学等，尤其是艺术学。卡西尔认为，自然科学与文化科学是两种不同的学问，其实都涉及高度精巧与繁复的概念转接。这一概念转接在一种情况中表现为事物概念和法则概念，而在另一情况中则表现为形式概念与风格概念。在这一过程中，历史知识是不可或缺的要素。然而它不是目的，只是手段。②历史的职责在于教导人们去阐释历史。正如任何其他对象一般，人文对象也存在于空间与时间中，理解文化科学最好的渠道是观察它们所创造出来的一些不朽的作品。③因此，基于我们必须重新回到逻辑之中，并探求人文概念的逻辑性格，卡西尔没有像狄尔泰那样聚焦于探讨精神科学与自然科学的区别，而是从哲学、逻辑学、历史、心理学等角度探究它们，特别是探究文化科学内部各学科彼此之间的交互关系或交互渗透的一面。例如，在论述自然概念和人文概念问题时，他认为物理性概念、历史性概念与心理性概念经常参与人文对象的描述，因为物理性的、心理性的乃至历史性的，三者其实都必然地参赞人文对象之概念。它们乃是人文对象之概念得以构成的三个要素。对于一个努力寻求并掌握和显示文化科学"全相"的人来说，物理学的观点、心理学的观点和历史的观点都是必需的。④据此，在方法学上，卡西尔引进符号学思想，探讨了语言哲学、语言心理学、艺术心理学、宗教心理学等交叉学科。

---

① 《文化科学的逻辑》是卡西尔是用德文撰写的。该书名的德文为"Zur Logik der Kulturwissenschaften"。由于德文"Kulturwissenschaften"一词通常被译作"文化"，所以，笔者将该书名译作"文化科学的逻辑"。国内关于该书的中文本译者关之尹将其译作"人文科学的逻辑"（上海译文出版社2004年版）。为保持原作者之意，笔者在本书正文里一律使用"文化科学"这一表述。
② 〔德〕卡西尔：《人文科学的逻辑》，关之尹译，上海译文出版社2004年版，第123-124页。
③ 〔德〕卡西尔：《人文科学的逻辑》，关之尹译，上海译文出版社2004年版，第69页。
④ 〔德〕卡西尔：《人文科学的逻辑》，关之尹译，上海译文出版社2004年版，第92-93页。

二、文化符号

语言学、艺术学被卡西尔视作文化科学的两大领域。以美术史上一些美术史家论著或画家作品为例，他认为就其所使用概念的普遍形式而言，二者是有关联的。以艺术为例，倘若美术史被严格限制于一些历史性的省察，即被限制于对一些已经发生了的事情的描述的话，则美术史实在难以向前挺进。卡西尔引用柏拉图"单纯的变化是不能构成科学知识"的观点，并以韦尔夫林美术史为例，进一步指出：人们若要对变化予以贯穿、予以看透和予以掌握的话，必须事先于"存在"中找到一定的立足点和支撑点。任何历史知识都是与某些有关"形式"和"本质"的知识相关的，都是以这些知识作为基础的。[①]在卡西尔看来，任何文化学科都同时具有历时与共时特点，事实上，他的《文化科学的逻辑》是他"符号形式的哲学"构想的一部分。"人类是文化符号的缔造者"是卡西尔关于人类的一个基本思想。他认为，文化源源不绝地创造出崭新的语言符号、艺术符号和宗教符号。科学和哲学必须把这些语言符号的各种成分分解出来，以便于人们加以认识。自然科学教导人们如何观察现象，以便把这些现象诠释为经验；文化科学则教导人们如何诠释符号，以使人们能够把隐藏于其中的内容揭示出来，即把这些符号所表现出来的生命再度展现于人们面前。[②]

三、交互主体世界

正是因为以符号形式对各学科进行哲学思辨，所以卡西尔认为"文化同时地又是一'交互主体之世界'（intersubjektive Welt）；此一世界并不在于'我'之中，而是对一切主体来说都开放的，而且是所有主体所应该参与的。然而，这一种参与之方式却与物理世界中的所谓参与迥异。与其共同地关联于事物的同一的时空世界，众主体却参与于一共同之行动，并因此而互相统一起来。藉着此一行动之共同参与，众主体乃互相认识，并且于那构成文化的各种不同的形式世界的介质中彼此了解。自一'我'过渡至于一'你'这第一步和这关键性的一步，亦得由感知踏出。然而，正如有感觉或单纯的'印象'对于构成对象知识为不充分一般，那被动的表达经历对于自'我'到'你'之过渡而言也是不充分的。真正的'综合'只有到了一主动的交流之层次方能成就，这种主动的交流（aktiver Austausch）最典型地表现于每一种语言层面的'沟通'（sprachliche 'Verständigung'）之上"[③]。卡西尔这里所

---

① 〔德〕卡西尔：《人文科学的逻辑》，关之尹译，上海译文出版社 2004 年版，第 95-96 页。
② 〔德〕卡西尔：《人文科学的逻辑》，关之尹译，上海译文出版社 2004 年版，第 138 页。
③ 〔德〕卡西尔：《人文科学的逻辑》，关之尹译，上海译文出版社 2004 年版，第 121-122 页。

说的"语言层面"是非常广义的,并非特指语言学,而是从人生活在言说的世界这一存在意义上而言的,具体表现为诗歌与造型艺术的形态、音乐的形式、宗教构想的图像、宗教信仰等。只有在这些表现形式中,人们才能彼此初步了解对方。

然而,卡西尔提出"交互主体之世界"文化的目的并非寻求单纯语言学层面的一些规则、语法,而是探究意义上的恒常性。他认为,文化发展得越进步,或者其涉及的个别领域越繁多,则此一意义之世界便显得越丰富和越多样化。更进一步,他以对泰纳(Taine)的《艺术哲学》比较详细的分析为例,说明语言、艺术、宗教等在形态纷呈的杂多面相和无休止的更换过程中,必须重踏自然科学曾经走过的路,必须把事实化约为法则,把法则化约为原则。如此,在卡西尔看来,杂多性之表相骤然消失,取而代之的是一种足以能与严格的自然科学争辉的规则性与单一性。[1]

四、自由和自律

卡西尔是在人类文化的意义上说"文化"的,加之他所说的"文化科学"与李凯尔特一样,基本上是以文学艺术为核心的,因此,20世纪以来,与以狄尔泰为代表的人们单纯从学理上对人文科学的探讨不同,卡西尔的探讨关涉西方传统博雅教育里的一些基本思想。例如,他指出:人文科学是无法否认其拟人文主义和人类本位主义色彩的。人文科学有着其独特的认知上的理想,它所希望认识的乃是形式的整体,而人类的生命即是在这些形式之中展开的。[2]至于人类文化存在的价值,卡西尔认为幸福不是人类奋斗的真正目的,文化存在的理由在于人类引进了另一个价值标准,即真正的价值完全在于人类自身的行为,以及人类凭借此行为所要成全的、人类文化所应允的和所能为人类带来的、并不是一般意义的幸福,而是一些与人类的尊严相匹配的福祉。文化的目标并非要实现世间上的福泽,而是要实现自由和实现真正的自律。这种"自由和自律"并不是指人类施于自然之上的技术性驾驭,而是指人类施于其自身的道德驾驭。[3]所以,通过对齐美尔(Georg Simmel)的文化哲学思想的批判,卡西尔认为文化里真正伟大的果实永远不会只如一些静止的、僵化的作品一般陈置于人们面前,对人们心智的自由运动产生压抑作用。伟大的文化果实之所以对自我而言有内容,是因为它可以不断更新以被后世吸纳,从而不断地以崭新的方式进行再创造,而任何一个既往文化的"再生"都足以作为一

---

[1] 〔德〕卡西尔:《人文科学的逻辑》,关之尹译,上海译文出版社2004年版,第122-126页。
[2] 〔德〕卡西尔:《人文科学的逻辑》,关之尹译,上海译文出版社2004年版,第123页。
[3] 〔德〕卡西尔:《人文科学的逻辑》,关之尹译,上海译文出版社2004年版,第164-165页。

个范例。更进一步，卡西尔以此为立足点概要梳理了中世纪至 19 世纪，以彼特拉克、伊斯拉谟、拉伯雷、蒙田、高乃依、拉辛、温克尔曼、歌德、洪堡特等为代表的欧洲各个历史时期人们对古代文化的复兴情况，并指出：意大利、荷兰、法国、德国的文艺复兴运动都不约而同地从古代文化中感受到一股无与伦比的力量源泉，而且它们都不约而同地凭借着这种力量去促成其自身的观念与理想的突破。①

很显然，卡西尔关于文化科学的基本思想与西方传统博雅教育文化人的观念一致。正是在直接继承这一观念的基础上，卡西尔通过对一些作家作品的分析，探讨了各种个别艺术在技术层面上显而易见的对传统的依附性，从而更进一步地提出了人是文化符号的缔造者和传承者的思想。他说："一个画家、一雕塑家和一建筑家都分别继承了一份形式遗产。正如一种语言必有其句法（syntax）一般，上述这几个领域都分别有其独特的'句法'。而这一切都是不能随意地被'杜撰'（erfunden）的。此中，传统（tradition）一再地展示了它的权柄，因为，只有藉着传统之作用，创作之延续性才可以被建立和才可以被确保，而包括了图像性语言的一切理解与沟通其实都是要建基于这一种延续性之上的。"②

第四节 人文科学与科学

在自然科学、人文科学、社会科学日益形成三足鼎立局面的时代，卡西尔聚焦的不是三者泾渭分明的界限，而是它们内在的不可分割性。不论是"交互主体之世界"，还是"符号形式"，卡西尔狭义文化科学论述的重心都是文学、艺术、语言、哲学、历史之间共同的形式问题。20 世纪 70 年代，比较明确侧重且全面探讨三大学科之间联系的人是瑞士学者皮亚杰。本节，笔者通过对其相关思想和理论的解读，分析阐释皮亚杰关于科学及其与人文科学之间的关系、人文科学的边界等问题。

一、古典人文科学与历史科学

皮亚杰著有《人文科学认识论》一书。在该书中，他虽然明确使用了"人文科学"一词，但是，其基本沿袭了狄尔泰有关"科学"的思想。例如，他也用"科学"统称所有学科，认为科学包括社会学、经济学、语言学等，还有心理学等，人文科学是整个科学体系的一个组成部分。人文科学尽管是最复杂、最困难的学科，但在

---

① 〔德〕卡西尔：《人文科学的逻辑》，关之尹译，上海译文出版社 2004 年版，第 177-179 页。
② 〔德〕卡西尔：《人文科学的逻辑》，关之尹译，上海译文出版社 2004 年版，第 187 页。

科学的圆圈中却占据着优越的位置。人文科学是建造其他科学的主体科学，却不能与其他科学分离而避免一种带有歪曲性和人为的简单化。但是，如果把主体人重新放回到他的真正位置上，即放回到从物理学和生物学的客体的角度看是末端、从行动和思想的角度看又是创造出发点的这个位置上，那么只有人文科学能使这个科学圆圈的封闭性，或者更确切地说，它的内在紧密性，变得可以理解。①因此，皮亚杰一方面明确把社会科学与人文科学并提，另一方面又认为二者之间不存在任何本质上的区别，因为各国大学各系学科的设置情况大相径庭，不足以提供一个分类的原则。例如，他既把包括心理学、社会学、法律、人种学、哲学、语言学、人类行为学、文化人类学、经济学以及人口统计学等探究规律的学科称为人文科学或"正题法则"科学，也把传统所说的以古希腊文、拉丁文、古典文学为核心的博雅教育称为古典人文科学。与狄尔泰一样，皮亚杰也主要在与自然科学的区别中探讨人文科学各个学科的特点，以及人文科学在方法上与自然科学之间的联系。并且，他也以"历史科学"统称包括博雅教育科中的一些领域，指出我们把那些以重视和理解在时间的长河中展开的社会生活的全部画卷为己任的学科称为"人文历史科学"，它主要涉及文学与艺术、技术与科学、哲学与宗教、经济等。②

二、学科之间的共同性与相互渗透

然而，近年来科学运动的最突出事实之一是新知识分支的增多，这些新分支产生于邻近学科的组合却有着自己的新目的，这些目的又反射到母学科并丰富了母学科的认识。与狄尔泰显著不同的是，皮亚杰比较深入地探讨了在现代社会里，社会学与人文科学、自然科学之间的关系。他认为，人文科学必将越来越多地应用统计方法、概率方法，以及在自然科学领域里发展起来的抽象模式。"社会学和人种学在人文科学中也许占据着最为困难的位置。"③而逻辑学既属于精确的自然科学，又属于人文科学，它在两者之间起衔接作用，因而无法对其进行线性分类。更重要的是基于学科之间结构或共同机制、共同方法，以及三大学科之间相互渗透的认识，皮亚杰倡导比较研究法、跨学科研究。他认为自然科学所提供的模式对人文科学发展起决定性影响，人文科学领域所设计和制定的许多技术反过来影响了生物学，甚至影响了物理、化学。因此，他着重对精确的自然科学中的跨学科合作、人文科学内部各问题的汇合，以及它们同生命科学问题的相对姻亲关系结构、非演绎

---

① 〔瑞士〕皮亚杰：《人文科学认识论》，郑文彬译，中央编译出版社1999年版，第1、61页。
② 〔瑞士〕皮亚杰：《人文科学认识论》，郑文彬译，中央编译出版社1999年版，第1-4页。
③ 〔瑞士〕皮亚杰：《人文科学认识论》，郑文彬译，中央编译出版社1999年版，第43页。

的规范系统、法律社会学、习惯与习惯图式、机制与价值等问题进行了比较深入的探讨。①

如果说狄尔泰主要致力于厘清人文科学的边界的话，那么，皮亚杰则主要致力于探讨人文科学与其他学科之间的相互影响与渗透。除谈到文化人类学、人类行为学、精神形态学、动物生态学、精神病理学等最新跨学科领域外，皮亚杰比狄尔泰更加重视心理学对于其他学科的意义，他提到并论述了社会心理学、科学心理学、哲学心理学、儿童心理学、人类心理学、动物心理学、发生心理学、比较心理学、心理语言学等。皮亚杰认为这些最初是异质领域的一种"杂交"，即现代生物学意义上的"发生重新组合"，只有遗传型更平衡、更适应，并有替代进化机制概念中的突变趋势时才有意义。②依皮亚杰之见，博雅教育科中产生了许多新分支，我们可以彰明这些"杂交"，揭示它们相对于母科学而具有的生产意义。

总之，20世纪中叶以后，在学科意义上各学科迅速发展、新的学科增长点不断增加、学科之间的分工越来越精细且各自独立的时代，皮亚杰更注重各个学科之间的联系，以及跨学科研究的可能性与可行性，尤其是明确论述了博雅教育学科之间的融合问题。

第五节 科学与学科

"近代意义上的科学认识论是19世纪20年代产生的，其主要对象是物理学。"③然而，随着历史、语言学、艺术、哲学、人类学、心理学、美学等其他众多学科的相对独立发展，知识界、学术界甚至社会各界迫切需要一个规范、统一的术语或概念来指称那些与自然科学相对的其他众多学科。于是，狄尔泰等的"精神科学""文化科学""人文科学"等说法应运而生。对此，李凯尔特于1899年明确指出："当自然科学家们对于应该如何称呼那条把他们联系起来的纽带而没有任何疑问的时候，在另一类人那里，至少就专门科学研究者的看法来说，简直还没有一个表达共同活动的标志，缺乏普遍流行的和众所公认的名称。"④在这种学术背景下，狄尔泰的"精神科学"、皮亚杰的"人文科学"，以及李凯尔特和卡西

---

① 〔瑞士〕皮亚杰：《人文科学认识论》，郑文彬译，中央编译出版社1999年版，第54-58、231-232页。
② 〔瑞士〕皮亚杰：《人文科学认识论》，郑文彬译，中央编译出版社1999年版，第15-16、232页。
③ 〔德〕波赛尔：《科学：什么是科学》，李文潮译，上海三联书店2002年版，第1页。
④ 〔德〕H.李凯尔特：《文化科学和自然科学》，涂纪亮译，商务印书馆2000年版，第5页。

尔的"文化科学"的出现,不过是人们在现代"科学"意义上重新审视、认识并总结那些与西方传统博雅教育、自然科学相对的一些古老的学科,以及文艺复兴以后快速独立发展起来的种种新学科而已。本节,笔者拟聚焦于对狄尔泰、李凯尔特、卡西尔、皮亚杰相关术语和概念的辨析来阐述之。

一、学科的统一体

与传统西方博雅教育一样,"精神科学""文化科学""人文科学"等都是学科群的概念,而且它们均是与自然科学相对的概念,这与文艺复兴之后人们一直在与自然科学的比较中反思、认识西方传统博雅教育的做法完全一致。狄尔泰比较早地明确使用了"精神科学"一词。该术语并不是狄尔泰发明创造的,他只不过使用了当时人们,如著名学者孔德(Auguste Comte)、巴克尔(Henry Thomas Buckle)等比较常用的一个用于指称其他学科的、与自然科学相对立的术语。事实上,直到1899年,人们比较普遍使用的还是该术语。李凯尔特说:"目前在哲学中仍然几乎普遍地流行着这样的看法,即把自然概念和精神概念作为分类原则的基础。"[①]狄尔泰也是如此。他认为与人们以往使用的"社会科学""社会学""伦理""历史""文化科学"概念一样,"精神科学"概念虽然也存在一个同样的缺陷,即过于狭窄从而不能涵盖其主旨,但却是局限性最小的一个概念。在狄尔泰看来,当时精神科学形成了一种与自然科学并列的独立整体的思想体系。因此,他断言:无论多么不完美,这里选择的"精神科学"一词至少有这样的优势,即恰当地表现了事实的核心范围,据此,人们实际探测出了这些学科的统一体,勾勒出了它们的范围,确定了它们与自然科学的区别。[②]事实上,直到21世纪的今天,尽管人们也逐渐开始使用"人文科学",但德语里人们经常用的与"自然科学"相对的表述依然是"精神科学"。

与传统西方博雅教育相比,"精神科学""文化科学""人文科学"的内容既单一又复杂。在"精神科学""文化科学""人文科学"里,西方传统博雅教育里的一些学科不同程度地经历了被拆解、重组、整合、重构的过程。例如,它们都剔除了天文学、数学之类纯自然科学的学科,与此同时,它们都增加了其他一些新的学科,如历史学、哲学、心理学、人类学、艺术等。而且,西方传统博雅教育里对古希腊罗马语言、语法、修辞学的学习被整合为语言学,这些新学科群内部都包括传统西

[①] 〔德〕H.李凯尔特:《文化科学和自然科学》,涂纪亮译,商务印书馆2000年版,第14页。
[②] 〔德〕韦尔海姆·狄尔泰:《人文科学导论》,赵稀方译,华夏出版社2004年版,第6页。

方博雅教育里的一些内容，即文艺复兴之后独立发展成的一些学科，如文学、艺术、语言等。因此，不论是拆解还是被重组、整合，狄尔泰、李凯尔特、卡西尔和皮亚杰所倡导的"精神科学""文化科学""人文科学"的基本关怀依然是人。

二、整体人类文化

19世纪以来，人们之所以比较普遍地以"人文学"指称西方传统的博雅教育，其中一个重要原因是基于他们文化人的观念。两河流域的人们已经明确地从历史文化视域认识到不同时代、不同国家、不同民族的人并非孤立地存在着，而是作为有着共同历史文化遗产的文化人，准确地说是文化传承人而存在。古希腊人强化了这种认识，几乎完全继承古希腊人文化遗产的古罗马人用自己的实际行动证明了这一点。文艺复兴时期的人文主义者、17—18世纪以歌德为代表的理性人文主义者把西方传统文化人的思想贯彻到底，从而复活、更新了人类历史文化，推动了人类文明的进一步发展，特别是"18世纪初，当时的历史科学已经取得了一定的进展，他们在古典文明那里所寻求的，就是在他们看来构成所有人类文明的共同基础的东西"[1]。作为人文主义的产物，人文主义者所倡导的人类作为历史文化整体的思想，使人们认识到人类的多样性、复杂性和统一性。诚如葛兰西以意大利文艺复兴的最后一位代表人物克罗齐为例所说的："他表达了种种世界性的要求和关系。这丝毫不意味着，克罗齐不代表现代意义上的'民族的因素'，而是说，在种种民族的要求和关系当中，他着重表达那些更带有普遍性的、同远远逾越民族范畴的欧洲文明（即通常所称的西方文明）相联系的那些关系和要求。克罗齐以他的个性和他的世界文化主将的地位，成功地重新承担起面向世界的知识分子的作用；从中世纪到十七世纪末，意大利知识分子几乎是作为一个整体发挥过这样的作用……为了让意大利文化和习俗摆脱褊狭的地方观念（它作为政治上、思想上四分五裂的历史残余而遗留下来），需要通过同国际世界的接触和思想交流，来提高精神生活的水平。"[2]

19世纪后期，法国教育思想家涂尔干也认为作为人文主义的产物，文艺复兴时期的人文教育使人们认识到人类的多种多样。他解释道："我们骨子里的那种世界主义，显然是从这里生发出来的。当一个社会已经被以这种方式训练，在理解人的时候只从他最一般、最抽象的化身着眼，而不考虑任何有关其民族或历史方面的

---

[1]〔法〕爱弥尔·涂尔干：《教育思想的演进》，李康译，上海人民出版社2006年版，第273页。
[2]〔法〕葛兰西：《克罗齐是文艺复兴的最后一位代表》，吕同六译，见吕同六主编：《意大利经典散文》，上海文艺出版社2004年版，第160-163页。

偶然属性,那么这个社会就只能够赞成适用于整体上的人类的理念,因此,从这方面来看,法国人只能是从不那么具有狭隘民族性的角度来设定道德和政治方面的问题,以此避免与自己的精神本性相违背。当他在立法的时候,他认为是在为整个人类立法,因为人类是唯一真实的存在。人类所呈现的各种表面形式,使它在历史的不同环节上各有其具体表现的那些形式,并不值得引起哲学家和政治家比诗人们更多的认真关注。正因为这一点,当立宪者着手起草他们认为最基本的自由权利清单时,他们会宣称自己并不是为了作为生活在18世纪的法国人,而是为了生活在任何时间、任何地域的任何人……人文主义影响……在这种普遍主义、精神上的世界主义与古希腊罗马文化之间,确实存在着某种关联。"[1]

在世界主义日益泛滥、第二次世界大战,以及人类一体化进程越来越不可阻挡的20世纪40年代,德国哲学家卡西尔深感人类自我认识的危机,重申回归内省的认识自我。在1944年出版的《人论》(原书副标题为"人类文化哲学导论")里,卡西尔回答了一个问题,即"人是什么"。通过批判性地检视以苏格拉底、柏拉图、奥勒良、奥古斯丁、笛卡儿为代表的西方传统关于人的经典定义,以及动物与人的比较,卡西尔用"人是符号的动物"取代了"人是理性的动物"之说,并指出:人如此地使自己被包围在语言的形式、艺术的想象、神话的符号以及宗教的仪式之中,我们绝不能用探测物理事物的本性的方法来发现人的本性,只有在我们与人类的直接交往中,我们才能洞察人的特性。[2]特别是在该书的第二部分,在整个人类文化视域里,通过对神话和宗教、语言、艺术、历史和科学的描述分析,特别是以神话和原始宗教为例,卡西尔论证了文化人的思想。他认为在人类生活中,这两种文化现象似乎是最保守的力量,甚至连语言也是人类文化中最牢固的保守力量之一。卡西尔以人类文化为依据确定人的本质,反对人们强调不同符号形式,诸如神话、语言、艺术、宗教、历史和科学的特殊性(如特殊品性和特殊结构),以及人类文化具有不连续性和根本的异质性,主张人类文化的统一性、整体性。他指出:一个整体的人类文化,是不断自我解放的历程。语言、艺术、宗教、科学,是这个历程中的不同阶段。在所有这些阶段中,人都发现并且证实了一种新的力量——建设一个人自己的世界、一个理想世界的力量。[3]因此,卡西尔关于人的界定看似与传统博雅教育不同,实则重新诠释了古老的西方博雅教育里文化人的思想。

法国当代比较文学家弗兰克则认为,19世纪新语词及其概念"人文学""人文

---

[1] 〔法〕爱弥尔·涂尔干:《教育思想的演进》,李康译,上海人民出版社2006年版,第291页。
[2] 〔德〕卡西尔:《人论》,甘阳译,上海译文出版社1985年版,第3-33页。
[3] 〔德〕卡西尔:《人论》,甘阳译,上海译文出版社1985年版,第285-288页。

主义"的出现都与欧洲人的理想主义相联系。人文学是某种与知识相关的内容类型的名称，其拉丁语"humanitas"非常接近希腊语"païdeïa"，后者的意思是"文化""教育""文明"。他进一步解释道：1878年，利特雷在定义"humanities"时使它与"letters"的含义保持一致，并且在高中生上语法课之后及上哲学课之前，教授他们人文学。这使人文学集中于文学，至少从文艺复兴开始，欧洲文化源于基督教及希腊、拉丁遗产，欧洲知识和伦理是建立在世界主义基础上的。人文学联系着希腊和拉丁文学，希腊和拉丁文学是所有欧洲文化的共同遗产。人文学与自然科学、人文科学的区别不仅体现在对待知识的科学方法上，还体现在一种更深层次的、近乎形而上学的思维方式上。[1]海德格尔于1946年专门写了一篇《关于人道主义的书信》，其中使用了"studium humanitatis""humanitas""roman humanism""christian humanism""renaissance humanism"等术语。在追溯"humanism"这个词的历史时，他把它与古希腊以教化人为目的的自由人教育联系在一起，认为文艺复兴时期的人文教育、人文主义只不过是它们的一种翻译而已，"renaissance humanism"（文艺复兴人文主义）只是再次重复了它们。海德格尔指出："历史地理解'人文主义'必须始终包括'人文教育'。它表面上使人想起古代文化，从而总是变成古希腊的再生。"[2]

三、重构现代人文科学

20世纪后期，在翻译狄尔泰的著作时，英译本译者马克利尔（Rudolf A Makkreel）和罗迪（Frithjof Rodi）明确指出：狄尔泰所说的包括"精神科学"在内的其他德语语境里的那些术语所存在的"缺陷"，并不适用于英语世界与之对等的术语"人文科学"（human science）。英语世界所有关于狄尔泰的著作，以及有关狄尔泰的论文经常使用的术语是"人文研究"（human studies）。在整个翻译过程中，马克利尔和罗迪通过比较详细的注释方式，对"精神科学"与"人文研究"的所指内涵进行了多方面的解释。例如，他们明确指出：狄尔泰的"精神科学"包括他们所说的"人文学"（humanities）和"社会科学"（social sciences）。[3]实际上，无论是就狄尔泰"精神科学"的具体内涵来看，还是就英语世界人们对此的接受度来看，二者都与博雅教育有关。狄尔泰本质上是打算从科学意义上重构现代人文科学，他

---

[1] Franco B. European comparative literature as humanism. Comparative Literature and Culture, 2003, 15(7), 17-34.

[2] 〔德〕海德格尔：《海德格尔选集》，孙周兴选编，上海三联书店1996年版，第354页。

[3] 〔德〕韦尔海姆·狄尔泰：《人文科学导论》，赵稀方译，华夏出版社2004年版，第6页。

第七章 分离与重组：学科嬗变

的"精神科学"是对包括传统博雅教育在内的一切与自然科学相对的众多学科的重组。而李凯尔特、卡西尔所用的"文化科学"一词亦如此，他们所用的"文化科学"都聚焦于艺术，尤其是卡西尔。他们关于文化人、人是文化符号的创造者的观点，都传承了西方传统博雅教育的基本思想。中译者一般也把卡西尔的"文化科学"译为"人文科学"，认为近代英语世界里的"humanities"（人文学）、"moral sciences"（伦理学）和"human sciences"（人文科学）等概念和德语世界里的"精神科学"、卡西尔的"文化科学"都是从不同角度为"人的学问"定位，而且明显地与自然科学对立。①至于皮亚杰，他则直接用"人文科学"指称那些与自然科学相对立的科学。据他本人所说，他的著作《人文科学认识论》其实是1970年联合国教科文组织出版的研究报告《人类和社会科学研究的主要趋势》的部分内容。②

19世纪以来，西方世界的"精神科学""文化科学""人文科学"等众多新语词共同的一点也都在"科学"二字。事实上，采用这些说法的人从本质上都是对人类与自然科学相对的其他所有学科的重组与整合。而人们进行这种二元之分的重组与整合的一个根本理据是基于对"科学"一词的认识。西方语言语境中的"科学"一词并非自然科学独属。从语源学来看，希腊语、德语、英语的"科学"一词都含有"学问"之义，特别是德语的"科学"是从"知识"引申而来的。康德对它的界定是："任何一门学问（Lehre），只要能构成一系统，即一按原则而被组织起来的知识的整体，都可称为科学（Wissenschaft）。"③现代西方学界以狄尔泰为代表的许多学者也正是在此意义上比较早地把语言、道德、历史、心理学、文化等称为"科学"。正是在此意义上，西方五种类型的博雅教育也都是科学，而非单纯的人类教育实践活动，因为它们都是有一定规模，根植于一些基本原则的、系统的知识整体，其中包括一些相对独立存在的学问，而非单纯的人类教育实践活动。因此，在现代"科学"意义上对人类之前的一切知识、学问进行重新反思、归类、分析、整合，是以狄尔泰、李凯尔特、卡西尔、皮亚杰等为代表的现当代学者对西方传统博雅教育乃至知识界的贡献，提升了我们对西方传统博雅教育的认识水平，"科学"观照下的西方博雅教育更有助于增进我们对人的认识和理解。

综上所述，19世纪以来不断进步的自然科学及新兴领域的突破，大大加快了科学发展的速度。人们主要从一个统一的学科整体、整体人类文化角度，为包括传

---

① 〔德〕卡西尔：《人文科学的逻辑》，关之尹译，上海译文出版社2004年版，第8页。
② 〔瑞士〕皮亚杰：《人文科学认识论》，郑文彬译，中央编译出版社1999年版，第1页。
③ 转引自卡西尔：《人文科学的逻辑》，关之尹译，上海译文出版社2004年版，译者序第11页。

统博雅教育在内的许多学问寻找归属地，重新审视并确定它们在现当代人类生活中的价值和地位。

小　　结

　　文艺复兴之后，随着自然科学的进步以及各门自然科学的相对独立发展，与之相对应的其他学科或者纷纷独立快速发展，或者如雨后春笋般蓬勃涌现。西方传统博雅教育里的一些学科或者相对独立，或者与其他学科交叉形成新的学科。于是，从现代学科意义上，以狄尔泰、李凯尔特、卡西尔、皮亚杰等为代表的一些有识之士开始对作为学科群的传统西方博雅教育进行分离、重组和重新认识。他们找到了用来统称自然科学以外的人类其他所有学科的新术语，即"精神科学""文化科学""科学与艺术""人文科学"等。这些术语的名称、所指内涵都与西方古老的博雅教育不同，它们都是用来表示与自然科学相对的、另外一个更大的学科群的术语。虽然这些学科群的内涵，特别是其所包括的具体学科的门类存在一定程度的差异，但是，其中都在一定程度上包含着西方传统博雅教育里的一些学科。因此，19世纪末、20世纪初期的狄尔泰、李凯尔特、卡西尔和皮亚杰等关于学科的探索，进一步推动了西方人对古老博雅教育的反思和认识。

第八章 解构与重构：西方持续的经典论辩

在近代科学诞生的 19 世纪之前，西方传统博雅教育在西方文化、教育以及知识界具有统摄一切其他学科的地位。然而，自然科学的凶猛发展及其给人类社会带来的巨大变革，不断促使人们思考人类文明中自然科学与博雅教育的地位、作用和意义。从古典时期至今，西方历史上持续不断的经典论辩是有关科学家与人文学者的。诚如美国学者莱文和托马斯所言：历史上经典的论辩中，没有什么比"科学家与人文学者"更与我们时代相关。没有什么争论比它更集中于一个受教育者对社会的界定，没有什么讨论比它对面临职业选择的学生更重要，没有什么论辩比它更清楚地聚焦于长期对抗的有关生活的意义的两种人，即那些从物质进步和自然世界知识的增长出发考虑生活的意义的人、与那些只是在人性的自我实现——从他的道德、智力和美学能力方面考虑生活的意义的人。这个对抗也许是人为的，也许不是。尽管一定有一个是错误的，但是，对论辩中涌现出的这个问题没有一个单一或简单的答案。出于这个原因，并且由于问题超越了一般和社会扩展到个人——延伸到整个现代社会"个性认同"的边界问题——我们中的每个人都有义务考察有关这个问题的经典和原始的系统阐述，继而决定我们自己的答案。[1]本章，笔者拟以西方世界自文艺复兴时期以来有关人文学与自然科学的一些经典论辩为论述对象，从另一个角度检视不同时期人们对博雅教育的认识，特别是现当代人们在对传统博雅教育话语体系理解、继承基础上的解构与重构。

---

[1] Levine G, Thomas O. The Scientist vs. the Humanist. New York: W. W. Norton & Company, 1963, 29.

第一节　人文学与自然科学

人类是爱思考、探究一切事物的动物，人类从不被动地适应而是积极地探究自身所赖以生存的世界。两河流域苏美尔人所拥有的文明，以及古巴比伦、古埃及、古波斯，特别是古希腊罗马等国家高度发达的文化成就都表明，对于我们现在所说的人文科学与自然科学拥有的各自特点，以及两者之间的相互关系，人类早期都已经思考并探讨过。对此进行过比较深入探讨的美国学者莱文和托马斯认为：关于科学家与人文学者的这种论辩可以追溯至古典时代。①中世纪后期至文艺复兴时期，伴随着大学兴起而快速发展的自然科学更加引发了人文主义者的思考，他们开始探讨自然科学与西方传统博雅教育之间的关系及其对人的意义。由于我们现在所说的"学科"概念产生于19世纪，文艺复兴时期人们谈人文教育、古代语言学、哲学，包括数学、物理学、医学时，基本上是在教育层面而言的。他们总是以教育，特别是道德教育为终极目的，从是否有利于人的教育角度谈论各个学科。本节，笔者拟通过反思文艺复兴时期的人文教育，分析人文学者有关人文教育、自然科学等方面的论述，阐释同时兼具人文科学和自然科学特性的西方博雅教育实践活动。

一、质疑自然科学

总体来看，文艺复兴时期的教育改革大多面向的是基础教育，而不是大学教育。通过质疑单纯的自然科学教育、人文教育，当时人们比较集中地探讨了如何开展基础教育的问题。以彼特拉克为代表的一些早期人文主义者强调博雅教育学习，偏爱古代语言学、修辞学和历史学，对自然科学教育持有怀疑态度。当时，人文主义者针对是否开设数学课展开了论战。伊拉斯谟认为对一个受过教育的人来说，数学未必具有十分重要的意义。通过研读古代作家作品的常规博雅教育课程，学生们足以了解自然。②文艺复兴时期著名教育家琼·路易·维费斯（Juan Luis Vives）甚至认为数学使人的思想脱离对生活的关注，从而使人不容易融入具体的、世俗的现实生活。③而我们从前面对文艺复兴时期人文教育的考察也可以看出：在人文教育

---
① Levine G, Thomas O. The Scientist vs. the Humanist. New York: W. W. Norton & Company, 1963, 3.
② 《文艺复兴书信集》，李瑜译，学林出版社2002年版，第14页。
③ 转引自：〔美〕埃伦·G. 杜布斯：《文艺复兴时期的人与自然》，陆建华、刘源译，浙江人民出版社1988年版，第5页。

盛行的文艺复兴时期，现代学科意义上的自然科学教育在各级各类教育中缺失。"从 14、15 世纪进行的基础教育改革来看，这显然是反科学的。"①伽利略也以讥讽的口吻描述了当时人们鄙视自然科学的做法。他说他曾为重要学派的重要哲学家提供了许多次展示众多行星和月亮的机会，"但他们像毒蛇一样顽固，从不想看一看那些行星、月亮和望远镜……像一些人堵住了自己的耳朵一样，这些人对真理之光闭上了自己的眼睛。这是一件非常可怕的实景……这些人认为哲学是像《伊利亚特》《奥德赛》一样的书，人们不应当在自然世界中而是在文本的比较中寻找真理（用他们自己的话语）……'高等学校'最伟大的哲学家用合乎逻辑的推理——仿佛它们是有魔力的公式，想撕扯下天空的行星，直到它们一个都不剩"②。

当时质疑人文教育的大多是大学里从事教学、研究的人。例如，彼得·拉莫斯（Peter Ramus）曾以自己的亲身经历，批评了他花三年半时间所受的经院哲学教育，认为它既没有使他获得更多的历史和古代知识，也没有使自己的辩才有所长进，更没有使他成为一个诗人。而 14 世纪的巴黎大学、牛津大学对古代的科学课程采取了批判接受的态度，人们还在争论自然科学要不要实验。美国人类学家塞德尔曾对此议论道："对作为一个整体的自然的全面研究被称为自然哲学和自然科学（scientia 一词在拉丁文中是知识的意思）。自然哲学主要源自亚里士多德的著作，它分成两个学派，一个偏重理论，一个偏重实用。例如医学和解剖学就归属后一类。文艺复兴时期从事自然科学研究的学者之间的一些争论是由主张'书本知识'还是提倡实际经验引发的。"③一些人文教育者勇敢地对以古代书本知识进行的自然科学学习与研究提出批评，如巴黎是 16—17 世纪盖伦医学的堡垒。1559 年，医生约翰·吉内斯（John Gines）指出了盖伦（Claudius Galenus）医学里不正确的地方。在他看来，人们应该通过具体实践或实验而非古人书本学习医学。

二、互相影响

虽然存在着上述两种不同的观点，但是，整体来看，中世纪晚期至文艺复兴时期自然科学与人性学问或人文教育并不是截然对立的，而是相互联系、相互作用的，二者之间的共同作用成就了人类历史上一个辉煌的时代。许多人文教育者同时也是一流科学家。"文艺复兴时期的最优秀科学家二者都不偏废"④，既注重人文教

---

① 〔美〕埃伦·G. 杜布斯：《文艺复兴时期的人与自然》，陆建华、刘源译，浙江人民出版社 1988 年版，第 6 页。
② 《文艺复兴书信集》，李瑜译，学林出版社 2002 年版，第 137 页。
③ 〔美〕桑德拉·塞德尔：《探寻欧洲文艺复兴文明》，徐波译，商务印书馆 2009 年版，第 403 页。
④ 〔美〕桑德拉·塞德尔：《探寻欧洲文艺复兴文明》，徐波译，商务印书馆 2009 年版，第 403 页。

育也推崇自然科学。例如，以哥白尼为代表的从事自然科学研究的人大多集人文主义者、教士（或修士、教主）于一身。而文艺复兴时期人文主义者并非都是致力于古代语言学、文学研究的人文教育学者，还包括大量从事自然科学研究的科学家。特别是医学，一开始医学的地位就凌驾于其他学科之上。文艺复兴时期新柏拉图主义有神父-医生观，认为"科学以及观察自然是神授的形式，是一种与神的真实联系，从某种意义上说，研究自然就是为上帝服务"[①]。文艺复兴时期，瑞士自然哲学家、医生和炼金术士帕拉塞尔苏斯（Paracelsus）早年取得医学学位，在军队做外科医生，他一生远离以书本教育为核心的大学教育，以亲身行医实践经验，强调观察和实验，开创了化学哲学新理念，对后世自然科学的影响巨大。英国的医学人文主义者、1518年英国伦敦皇家医学院的创始人托马斯·利纳克雷（Thomas Linacre），巴黎大学的医学教授约翰内斯·津瑟（Johannes Zinsser），一方面继承了盖伦医学，另一方面又在临床、瘟疫、妇产等方面作出贡献。

事实上，当时迅速发展的自然科学已经不知不觉地影响着人文主义者的行为和方式，与此同时，流行的人文教育也直接影响着人们对自然科学的兴趣和研究。诚如布克哈特所说："人文主义把这个国家最优秀的人才都吸引到了它那方面去，因此，无疑地影响了自然科学的推理的研究。"[②]人文教育者对古代文献的实证调查研究方法与科学家相似。他们强调同情、忍受和谦让，以及人性积极能动的方面，尤其是他们大多提供了人类创造能力的图景，这一切都激发了科学家对自然界万物的尊重，鼓励了他们的科学探索。而通过人文教育和自然科学的联合努力，提高人类物质和精神生活作为一门学问的基本目标已经变得日益明确，这种精神生活是通过对个人和他们环境的更好理解实现的。于是，我们得以看到16世纪博雅教育的重要变化是向重估人的本质、人的境遇方面转变。当然，更重要的是人们的怀疑、批判精神随着注重书本教育的文艺复兴时期的人文教育出现了。例如，16世纪晚期，若干所新教大学出现在尼德兰，新教本身就对同时代宗教权威产生怀疑，因而对天主教固有的思想体系质疑。新教大学教导学生，个人无须教士或教皇作为中介，只用他们自己的语言阅读和理解《圣经》及相关文献，就会揭示宗教的真理。到16世纪中期，新教学者根据他们通过研究手头的文献得出的语文学结论来进行神学论题的争论，而且宗教法规条款被放置在一旁或遭到质疑。学生会认为形而上学的真理是靠不住的，而自我省悟则引发了对真理本身性质的哲学质疑。

---

① 〔美〕埃伦·G.杜布斯：《文艺复兴时期的人与自然》，陆建华、刘源译，浙江人民出版社1988年版，第38页。

② 〔瑞士〕雅各布·布克哈特：《意大利文艺复兴时期的文化》，何新译，商务印书馆1979年版，第286页。

三、求实精神

实际上，对真理本身性质的哲学质疑，比较早地出现在那些校订古典文献的人文主义者身上，他们觉醒了的、具有批判精神的、爱钻研的态度有助于 17 世纪实验科学的发展。[①]当时自然科学的相对独立发展及其一系列成就，颠覆了人们的一些传统观念。人们不再单纯相信一切形而上的东西，客观真实的重要性、客观论证逐渐成为一切科学方法和现代哲学的基准。例如，中世纪的思想家信赖亚里士多德，抽象演绎是他们研究或思考问题的基本方法，他们往往基于一般性的理论，然后寻找特别的例子来证实它们。自然科学家则相反，他们采用客观求证的方法或归纳法，即由特殊事例入手，由此建立一般性的理论。而且，自然科学家的研究通常从发明新仪器开始。例如，伽利略毕生致力于建立和完善一种新的方法来解决科学问题。与以亚里士多德为代表的古代哲学家、科学家相反，他不是试图去了解自然事件和现象的最后原因或宇宙目的，而是努力解释它们发生的特性和方式，并把"为什么"的问题改成了"什么"和"如何"的问题。他所创造的望远镜使他得以研究天空并带来天文学的革命，人们也因此将其视作现代科学的开始。于是，作为工具的仪器本身对于自然科学研究至关重要。它的存在促使人们不再把任何事情视为理所当然的，也不把任何观点看成是确定的和不变的。

综上所述，即便是文艺复兴时期以意大利为核心的人文教育，也与自然科学存在着千丝万缕的联系。无论是思想还是实践，人文教育者都不排斥自然科学。

第二节 新工具与新科学

随着大学的兴起，自然科学发展迅速，文艺复兴时期尤其是后期，人们开始比较普遍地对"科学"概念进行探讨，并力图深入理解它。人们追问究竟什么是"科学"，或在某种学科或学问之前加一个"新"字。"十七世纪有一个异常突出的特点，就是在科学的和假科学的著作标题上频繁出现'新'和'前所未闻'之类字眼。单枪匹马地创建一种新科学比起扩充甚至改革一种旧科学在当时是一种更大的荣誉。"[②]他们所说的"新"指的是以观察、实验为核心的学问，而非传统上所说的以书本为核心的种种博雅教育。本节，笔者拟以培根、维柯（Giovanni Battista Vico）为个案，通过他们的相关论述阐述之。

[①] 〔美〕桑德拉·塞德尔：《探寻欧洲文艺复兴文明》，徐波译，商务印书馆 2009 年版，第 450 页。
[②] 〔意〕维柯：《新科学》（上册），朱光潜译，商务印书馆 1989 年，第 1 页。

16世纪后期至17世纪初,欧洲科学革命的领袖人物是培根。他从理论上比较早地阐述了重视实验科学方法和实用性。在《新工具》里,他从教育角度把知识分为培养知识和发明知识两种,反对形而上学或重复前人的做法,倡导从感官和特殊的东西出发,重视逐渐循级上升到自然秩序的实验科学。而他所谈到的"学问"包括史学、诗歌、数学、伦理学、逻辑学、修辞学。[1]很显然,这既涉及我们现在所说的人文科学,也涉及我们现在所说的自然科学。狄尔泰认为,培根的《新工具》面世后,"各种各样讨论自然科学的基础和方法的论文——特别是自然科学家向我们介绍他们在自然科学领域的研究的论文纷纷出现"[2]。培根之后,人们对"科学"的理解和探讨聚焦于"科学和两种人文主义"[3],代表性的人物是17—18世纪的维柯。在博雅教育历史上,文艺复兴时期的人文教育者比较早地明确将人文教育与科学并提,认为二者并不是完全对立的,而是相互联系、互相促进的。例如,维柯以皇家那不勒斯大学的修辞学教授的身份,在1699—1707年的每年10月的新学年集会上用拉丁文发表了6次演讲。在这6篇劝学的演讲里,他大量援引以柏拉图、西塞罗为代表的古希腊罗马人的言论和思想,把人类全部知识或学问分为科学和博雅教育(或自由艺术)两大部分,经常将科学与人性学问或人文教育、自由艺术并提。例如,他告诫年轻人要"研习自由艺术和科学的各门学问"[4]。虽然没有明确指出,但从他所提到的学科来看,他所说的博雅教育或自由艺术包括神学、历史、雄辩术、文学、修辞学、道德哲学、拉丁语、希腊语、法学等各门知识;科学则主要包括数学、物理学、天文学、医学、几何学、光学、建筑学、力学等各门自然科学知识。在演讲过程中,维柯常常以个别具体学科为例,说明对博雅教育和科学各门知识的掌握有益于人自己认识自己,增进人的智慧,特别是博雅教育的学习更有助于培养人的精神和心灵。

维柯完全继承了古希腊罗马博雅教育思想里关于肉体与灵魂的观念,认为阿波罗说的"认识你自己",实际上说的是"认识你的灵魂"。[5]因此,他有时用"humane letters"代指"人文教育",告诫学生要有高贵的品性和远大的抱负,摒弃虚荣,本着崇高的目的学习博雅教育和科学知识,使自己的学问与国家的利益和自己最大的收益相互协调,勇于承担自己应尽的、毫不违背人道的各项义务。而在比较多地

---

[1]〔英〕培根:《培根论说文集》,水天同译,商务印书馆1958年版,第180页。
[2]〔德〕韦尔海姆·狄尔泰:《人文科学导论》,赵稀方译,华夏出版社2004年版,第3页。
[3]〔美〕埃伦·G.杜布斯:《文艺复兴时期的人与自然》,陆建华、刘源译,浙江人民出版社1988年版,第172页。
[4]〔意〕维柯:《论人文教育》,王楠译,上海三联书店2007年版,第33页。
[5]〔意〕维柯:《论人文教育》,王楠译,上海三联书店2007年版,第36页。

使用"liberal arts""humanities""humanity"等术语时，维柯突出强调了博雅教育或人文学和科学知识的学习对于培养人性的重要性。他比较集中地论述博雅教育思想的著作是《新科学》。其中，维柯探讨了各民族的共同性。他主要依靠确凿可凭的历史事实，以及综合运用历史学、神学、宗教、人类学、神话、文学、民族学、语言学等学科知识，在对全世界各民族进行宏观观照的基础上，总结归纳出了一些科学的原则。维柯所说的"科学"是在探求普遍永恒原则意义上而言的，这种"科学"是哲学与语言学相互结合的产物。

维柯以真实历史事实为依据的"新科学"观念直接影响了19世纪与20世纪之交的狄尔泰，他认为"维科[①]、杜尔哥、孔多塞和赫尔德，是最早的、最重要的、博学的、具有哲学倾向的历史学家。他们结合了不同学科（维科是法学和哲学，赫尔德是自然史和历史，杜尔哥是政治经济学、自然科学和历史）的开阔的视野，开辟了现代历史科学的道路"[②]。从19世纪开始，出现了两种倾向：一种是学科门类越分越细；另一种是渐趋综合、整合。然而，总体来看，文艺复兴时期人们更多地用"科学"或"新科学"指称自然科学，即抛弃了亚里士多德开创的那种逻辑-数学或物理、动植物等做法的，而以观察、实验为主的学科。意大利布努斯把化学、地理学、天文学、音乐等放在一起论述，将其称为具有某种实用目的和适用范围的科学学科领域。[③]伽利略的《关于两门新科学的对话》探讨了物理学上力学及机械装置等问题。

第三节 科学文化与文学艺术

或许是考虑到博雅教育、自然科学都是一个相对独立的研究领域或学科群，与培根、维柯一样，18世纪后期至19世纪初，一批学者，特别是德国哲学家开始使用类似文化、自然科学之类高度概括的术语，统称除西方传统博雅教育或自由艺术、人文教育之外的其他相对独立的、快速发展的学科，并且在此基础上探讨博雅教育或人文学与自然科学或文化、科学等的关系。本节，我们拟主要以狄尔泰、赫胥黎、阿诺德、穆勒为个案，聚焦于他们有关科学文化、人文学、文学

[①] 因翻译不同，此处"维科"同"维柯"。
[②] 〔德〕韦尔海姆·狄尔泰：《人文科学导论》，赵稀方译，华夏出版社2004年版，第102页。
[③] 〔美〕埃伦·G. 杜布斯：《文艺复兴时期的人与自然》，陆建华、刘源译，浙江人民出版社1988年版，第26页。

艺术等的论述，在厘清西方传统博雅教育在西方现当代社会传承过程中所发生的一系列解构、重构、再构的基础上，进一步揭示西方博雅教育在当代西方社会的特质。

一、狄尔泰的"精神科学"与"文化科学"

比较早地明确将"精神科学"与"文化科学"放在一起论述的代表性人物是狄尔泰。他全面、系统地对他之前的人们关于学科的种种探讨进行了总结，评析了18世纪后期至19世纪初期欧洲一些学者以"文化科学""精神科学"统称自然科学之外的其他学科的做法，沿用人们比较普遍使用的"精神科学"一词，在整个人类文化系统中审视自然科学与精神科学现象。在著作《精神科学导论》里，他辟专章，分别就"精神科学与自然科学的关系""人类种族与具体人群的自然表现""各种文化系统的科学"等问题进行了深入探讨，其总的特点是贯穿人文主义思想、自然科学与人文科学的重叠。

（一）贯穿人文主义思想

尽管狄尔泰没有提到传统博雅教育或自由艺术，他所说的"精神科学"里仅仅包括博雅教育里的一些领域，但是，立足于人类本性、以整个人类历史文化发展为关怀的人文主义思想始终渗透在他的《精神科学导论》里。例如，在该书序言里，他明确声称：他把本书所运用的方法与整个人类本性联系起来，然后寻找这些成分之间的联系。而且，他认为所有问题的解答首先不应该由僵硬的认识论的假设来回答，而应该由我们人类全体的一种发展的历史过程来回答。[1]他进一步论证道：我们要把世界作为一个整体来理解。人文科学中知识的本性，必须通过对人类发展的全部过程的观察加以说明。所有以社会历史真实为宗旨的学科，那些在人类历史上发展起来的被作为人本的、历史的和社会的科学的东西，组成了我们不奢求掌握却寻求初步理解的精神事实的范围。而个人是社会相互作用中的一个方面的元素，是这些相互作用各种系统中的一个交叉口，以有意识的意图和行为对社会的影响做出反应，与此同时它又是思考和研究所有这些的一个智者。个人在社会生活中经验和了解自己——是这种社会机体的一个构成部分。在各种人文科学中发挥作用的理解能力，存在于人的整体之中，人文科学的巨大成就并不单独产生于才智的能力，而产生于人的生命的丰富和力量。[2]

---

[1] 〔德〕韦尔海姆·狄尔泰：《人文科学导论》，赵稀方译，华夏出版社2004年版，第3-4页。
[2] 〔德〕韦尔海姆·狄尔泰：《人文科学导论》，赵稀方译，华夏出版社2004年版，第38-39页。

（二）自然科学与人文科学的重叠

狄尔泰在探讨博雅教育学科问题时，将人文科学的认识论基础的主要思想和原理与当代科学思想的各个方向结合起来。例如，在谈及自然科学，如数学、物理、化学、生理学等与人文科学的区别时，狄尔泰实际上说的是物质和精神的区别。基于自然影响精神发展，同时它也受到影响或形成了影响其他精神发展的认识，他断言自然科学知识与人文科学重叠，并认为人文科学的确涵盖了自然的事实，并建立在关于自然知识的基础上。自然事实是人类生活的根本条件，因为人的领域，包括人类社会和历史，是经验世界的最高现象，人的领域知识必须充分地建立在整个自然中解释其发展的假设系统的基础上。[①]19世纪后期到20世纪30年代，自然科学无可争辩地是建立一个良好、健康、安全世界的重要源泉，自然科学带来的益处随处可见。人类疾病被战胜了，食物供应更加丰富，旅游和交通更加便捷，对生活满足的普通人大量增加。爱因斯坦（Albert Einstein）科学受到像牛顿时代那样的尊重。于是，19世纪，随着科学技术的迅猛发展，为满足社会需要，人们开始对以学习博雅教育为主的西方传统教育提出了质疑，他们开始询问：它是否是一种像人们所设想的那样，并且已经被实践证明的最好的教育。美国甚至出现了剥夺过去在教育中居于支配地位的书本教育、把教育的重心转移到自然科学上去的运动。

二、赫胥黎的"科学与文化"

尽管狄尔泰将人文主义基本思想贯穿于人文科学的界定、规范，卡西尔也论证了带有人文主义色彩的西方传统博雅教育对于20世纪人类的意义，但是，到了19世纪后期，始于文艺复兴时期的人文教育与科学论争在欧美学界演变为一场浩浩荡荡的大论辩。该论辩以赫胥黎和阿诺德为代表。"科学"与"文化"或"文学"与"艺术"等并提是19世纪知识界、学界长盛不衰的话题。特别是前两个，当人们把它们并提时往往有着特殊的含义。总体来看，大多数人认同狄尔泰的人文科学也是一种科学的观点，并对此进行了更深入的探讨，代表性人物有赫胥黎、阿诺德等。与狄尔泰致力于自然科学与人文科学之间联系的探讨不同，赫胥黎、阿诺德等并不是主要以"人文科学"笼统地统摄除自然科学以外的其他学科，而是继承文艺复兴时期人文教育者的做法，着重从科学角度探讨人文教育。

---

① 〔德〕韦尔海姆·狄尔泰：《人文科学导论》，赵稀方译，华夏出版社2004年版，第15-17页。

（一）人文学、文化与文学

英国著名科学家赫胥黎倡导以古希腊罗马文化、博雅教育为内容的经典教育，19世纪70年代致力于教育改革，确定在英国普及小学教育的方式，并改组高等教育。他撰写了《科学与文化》一文。在该文里，赫胥黎以拥有文化专利和古代精神继承权来描述人文学者，并明确界定了人文学，认为它的研究对象、范畴是欧洲传统的一门以学习或研究希腊罗马古典文化遗产为内容或研究对象的学问。他认为：有关古希腊罗马的知识就是人们所说的"humanities"。因此，赫胥黎也经常用"文化"（culture）指称"人文学"。不仅如此，他所说的非常广义上的"文学"（literary）指的也是西方传统上所说的多种类型的"博雅教育"。例如，他把教育分为"文学教育"和"科学教育"，自由教育属于前者。他指出：绝大部分受过教育的英国人，深受学校和大学传统的影响。在他们的信念中，文化仅通过自由教育获得；自由教育不仅仅是文学中的教育和训练的同义词，而且以一种特殊的、古希腊罗马式的文学形式呈现出来。他们坚持认为一个人尽管学了一点拉丁语和希腊语，但他也是受过教育的；尽管他精通其他领域的知识，也或多或少是值得尊敬的专家，但他不能进入有教养的特权阶级，受过教育（或有知识）的人、大学学位这些标记与他无缘。[①]很显然，赫胥黎说的"文学教育"就是西方传统自由人教育。

（二）科学教育

然而，赫胥黎并不墨守成规，而是坚持与时俱进，根据时代发展的需要不断调整传统博雅教育的内容，使其更好地服务于当代生活。他批评指出：19世纪的西方人文学者如此坚定地把古典教育或自由教育视作唯一的文化通道，好像我们依然生活在文艺复兴时期一样。他认为19世纪与中世纪、文艺复兴时期最显著的不同是，自然科学知识大量增加。他批评了19世纪教育依然学习古希腊罗马文化和拉丁语、希腊语的做法，提倡英国、法国、德国人使用自己的本土语言，认为它们几乎是完美的文学表达工具，有自己的文学模式。据此，赫胥黎明确提出了科学教育，认为科学发展也包含着文化因素。他进一步论证道，从把自然科学纳入日常教育的建议被第一次私下谈论直到现在，科学教育的倡导一直遇到了两种人的反对：一方面，它们被以实践经验代表自豪的商人所蔑视；另一方面，它们被经典学者从文化方舟和垄断的自由教育里开除。因此，仅就《科学与文化》一文来看，赫胥黎其实倡导的是一种相当完整的文化：既包含经典的或古典的书本教育，也包含科学

[①] Levine G, Thomas O. The Scientist vs. the Humanist. New York: W. W. Norton & Company, 1963, 31-40.

教育。此"文化"肯定意味着某种与学问或技术技巧相当不同的东西，它暗示着一种延续的思想观念，以及与理论标准相比较而言的一种惯常的、评估事物的价值体系。这种完美的文化应该适用于建立在一种有着清晰范围和界限知识基础上的完全的生活理论。①

这种"文化"指述的就是人文学或博雅教育。1962年，美国文学批评家特瑞林（Lionel Trilling）撰写了一篇论文《科学、文学与文化》。在该文中，他认为：自1867年出版了《文化和无秩序》以来，"文化"一词就成了阿诺德个人的签名。赫胥黎特别用它来指阿诺德所表达出来的有关人文研究价值的观点。而阿诺德并没有在被用作人类学、社会学、历史学思想和艺术的现代意义上使用"文化"一词。这个意义还多多少少被斯诺所使用。对阿诺德来说，"文化"是"世界上曾经想过、说过的最好的"东西，个体人与这个思想和表达整体相联系。事实上，赫胥黎所说的"文化"概念来自阿诺德。在《科学与文化》一文里，赫胥黎也直接引用了阿诺德关于"文化"的这句话，并认为文化是包含在文学内的生活批评。②

三、阿诺德的"文学与科学"

英国教育家阿诺德著有《文学与科学》一文。他所说的"科学"指的是自然科学，而"文学"或"文学研究"是可以和"人文学"互换的术语。针对有人认为人文学不是科学，阿诺德赞同沃尔夫"当经典的古代遗产被以原始语言正确地研究，这种经典古代知识就是科学的"的观点，指出：所有系统设计和探究它的原始根源的学问都是科学的，真正的人文主义是科学的。而阿诺德所说的与"科学"并提的"文学"，其实就是指西方传统上所说的"文化"。针对赫胥黎以古希腊罗马古典经典为"人文学"的思想，阿诺德提出了相反的观点。他认为赫胥黎的这种定义太狭义，事实上，西方传统上所说的博雅教育的内容包括一切书面文本。他认为西方传统博雅教育里所说的"文学"其实是在非常广义的"文献"意义上使用的。换言之，传统西方博雅教育者是在指称一切书面文本意义上使用"文学"术语的。以欧几里得的《原子》和牛顿的《原理》为例，阿诺德打比方说："'人文学'里所说的'文学'是一个广义词，它包括一切书写或印刷的书面文本。"因此，阿诺德实际上是以"文学"代指以书本知识为核心的传统博雅教育，如他明确提出了"纯粹书本训练和教育"和"健全、广阔和实践的科学知识"之间的

---

① Levine G, Thomas O. The Scientist vs. the Humanist. New York: W. W. Norton & Company, 1963, 37-45.

② Levine G, Thomas O. The Scientist vs. the Humanist. New York: W. W. Norton & Company, 1963, 40-41.

区别。①

由于传承古希腊罗马文化遗产是西方传统博雅教育的重要内容，除自由艺术外，用广义的书面文本概念"文学"代指"人文学"或"博雅教育"的做法在20世纪以后的美国比较常见，人们往往把人文学与比较文学、一般文学、世界文学并提，相关的教学也被称为"人文学教学"。美国关于比较文学和一般文学的刊物里都收录了人文学文章。人文学课程常被设计为主要包括文学和哲学在内的整体文学（integrate literature），如1954年美国各大学开设有中国文学课程，哥伦比亚大学所开设的该课程名称为"东方人文学"。②

赫胥黎努力使"书本教育"与"科学教育"并驾齐驱是有原因的，因为在19世纪后期，博雅教育或人文学与科学之间的鸿沟开始出现。除"文学""传统""文化"等术语外，人们还比较广泛地把"艺术"与科学相对，特别是德国人。此"艺术"实际上就是"自由艺术"的简称，因此，"自由艺术和科学"的表述在当时比较普遍。

四、穆勒的"科学文化"

在德国哲学家比较多地使用"文化科学""科学与艺术"等术语时，美国科学家则比较多地采用的是"科学文化"。与赫胥黎的"科学"也包括文化因素的说法相同，以美国教育家穆勒为代表的一些学者直接明确地提出了"科学文化"的命题。穆勒在《什么是科学》一文中引用爱因斯坦的话指出：当时一个流行的观念是科学需要在实验室使用工具，知识不是真正的科学。爱因斯坦告诉我们如何理解科学家的方法："不要听他说，检查他的成果。"也就是说，要看他所做的工作，以及检查他获得知识的实际操作。粗略地说，科学方法就是：去并且看、再看。最复杂的实验和抽象方程式都是为回答"什么是事实"而设置的。穆勒认为这种观点过于简单化，他认为科学本身就是一种包含文化、个人因素的创造。他论证道：科学家是人，这涉及了"科学是什么"这个问题的核心。科学进步不是自动的，不是一条直线。事实并不是简单摆在那里等待科学家发现的，而是需要科学家根据观察、实验等来寻找，并从大量可能性中进行选择。科学首先是科学家的创造，它总是带着人的情绪、特殊的兴趣和爱好等。更重要的是，科学是一种对某种现象感兴趣的有限智力的创造，更有意义的是，它是一种有着特殊兴趣的社会的文化创造，甚至似乎完全

---

① Levine G, Thomas O. The Scientist vs. the Humanist. New York: W. W. Norton & Company, 1963, 31.
② Anderson G L. The Study of Oriental Languages and Literatures in American Colleges and Universities. Yearbook of Comparative and General Literature. New York: Russell & Russell, 1965, 38.

非个人的和自动化的物理学，也被巨大的社会兴趣所影响。因此，穆勒认为科学发展受制于社会利益这一点并不是贬低科学，而是把它从可怕的讲绝对真理的责任中解救了出来，强调了科学不断有机进化、文明演进的历程，以及其满足重要的社会需求的目的。科学家不像诗人那样能接受他的创造是纯粹的观念性的思想，这使今天的科学文化模式很清楚：科学家不像诗人那样，能接受他的创造是纯粹的观念性的思想。今天的科学文化模式清楚地表明，它本身的模式、领域以及有机整体的观念，在所有科学中都很重要。[①]

由以上论述可以看出，随着当代多种学科的兴起以及社会文化的发展，众多新的术语或概念涌现出来了，人们试图用它们来概括总结、重新界定人类历史上一些传统的学科。然而，无论是狄尔泰的"精神科学"、赫胥黎的"科学与文化"、阿诺德的"文学与科学"，还是穆勒的"科学文化"，都与西方传统博雅教育有着千丝万缕的联系：狄尔泰的"精神科学"和穆勒的"科学文化"里都贯穿或包含着西方传统博雅教育里的一些基本的人文精神，而赫胥黎和阿诺德则明确指出他们所说的"文化""文学"指的就是人文学。

第四节 文 化 学 说

尽管存在着穆勒"科学文化"的说法，但是，随着科学技术的进步，博雅教育与科学之间的鸿沟越来越大。20世纪中后期，以赫胥黎、阿诺德、穆勒为代表的关于科学与文化或文学的大论辩，再次在欧美学界爆发。本节，笔者拟以斯诺相关论述为个案阐述之。

1959年，英国学者斯诺在剑桥大学"瑞雷讲座"（Rede lecture）上发表了题为"两种文化和科学革命"的演讲，从而在英国掀起了有关"科学"与"文化"或"文学"论辩的风暴。斯诺没有重新界定"文化"术语，而是综合前人的观点，明确把人类文化分为两种相对的文化，即传统文化和科学文化。前者主要是由文学、哲学、艺术等古典书本知识构成的，其实就是由博雅教育构成的书本知识；后者以物理、化学、生物学为主要内容。斯诺一方面谈到了两种文化之间存在区别，另一方面谈到了它们之间存在部分交叉。例如，他认为哲学尤其是形而上学与科学关系甚微，离开自然科学，人们不可能理解世界。科学家把"知道什么"而不是"思考什么"

[①] Levine G, Thomas O. The Scientist vs. the Humanist. New York: W. W. Norton & Company, 1963, 7-11.

视作一种重要的知识品德。他们也许用到语言分析，但不是存在主义式地把人看作一种语言性的存在者，并据此追问存在的意义和真理的本质。自然科学里唯一的艺术门类是音乐，与之相反，除建筑之外的图像艺术所占比例较低，诗歌更是无立足之地。①大部分科学家可能宣称：你不可能理解世界，除非你知道科学的结构，特别是自然科学的。这句话从某种意义上来说是完全正确的。②尽管如此，斯诺旗帜鲜明地提出的这两种文化的区分引起了之后学者10多年的争论。

一、两种文化

斯诺的两种文化学说在英国和美国相当流行，它是在欧美学界活跃了很长时期的一个话题。剑桥学者利维斯（Frank Raymond Leavis）发表了题名为"两种文化？C. P. 斯诺的意义"的演讲，公开质疑斯诺的观点。他强调"科学革命"的重要性，认为与18世纪相比，科学的迅猛发展为人类做出了很大的贡献，它提高了发达国家乃至全世界人们的物质生活水平。③特瑞林在《科学、文学与文化》一文里重提并评论了19世纪后期赫胥黎和阿诺德的论辩，进一步提出重新审视教育理论问题，以及什么是与人心灵最真正密切相关的知识问题，认为斯诺的"两种文化"学说很大程度上是一个错误，他所说的"文化"是一个具有很大吸引力却无用的概念，因为文化里既包括好的东西，也包括坏的东西。因此，特瑞林同意阿诺德的观点，进一步提出好的或优秀的文学或科学文化。而他所说的"文学"就是阿诺德所说的"生活的批评"。特瑞林进一步阐释说：阿诺德行文中常把"文人"与科学家相对。有特征的文学文化被他称为传统文化，与此相关的是"文人和他们的书籍"。而被阿诺德称作"科学文化"的则与工作在实验室的科学家相关。其中，特瑞林特别谈到了利维斯对斯诺的批评，认为对利维斯来说，"传统的"和"书面的"两个语词是可以互换的，这种文化是书面的。④

二、三种文化

与两种文化说不同，20世纪后期，还有一些人反对人们对"文化"的上述理解。其中最具代表性的是英国教育哲学家班托克（Geoffrey Herman Bantock）。1968

---

① Levine G, Thomas O. The Scientist vs. the Humanist. New York: W. W. Norton & Company, 1963, 49-53.
② Levine G, Thomas O. The Scientist vs. the Humanist. New York: W. W. Norton & Company, 1963, 3.
③ Levine G, Thomas O. The Scientist vs. the Humanist. New York: W. W. Norton & Company, 1963, 3.
④ Levine G, Thomas O. The Scientist vs. the Humanist. New York: W. W. Norton & Company, 1963, 57-71.

年，在驳斥两种文化说的基础上，他在《文化、工业和教育》一书中旗帜鲜明地提出了三种文化说，并论证指出，人们通常在两种广义上使用"文化"一词：它被人类学家用来指称社会生活的整个模式，如人们联合或冲突的方式，社交和政治结构，禁忌、祭祀和仪式，培养年轻人的方式，以及他们的羞耻和犯罪等所有细小的或深刻的东西，都被他视作平等的文化呈现。在这种方式上使用"文化"这个词没有价值含义———切事情都揭示了文化，而不只是一些筛选出来的重要的事情。然而，另一种对"文化"一词的典型使用则融入了高度的选择性。它指称一种珍藏在人们心里的，对科学的、艺术的和实践的产品的一套特殊的技巧、理解方式和感情模式。在这个意义上，一个文化人是一个比较罕见的存在——拥有丰富的精神世界、很强的阅读能力和渊博的文化知识。这种人追求一种唯一可以使人接受长期教育的、变得高度有文化的人的生活方式。阿诺德所说的"文化"是能使我们达到完美的东西，他还明确把"文化"等同于"人文学"。[1]与这两种观点相反，班托克指出他是在第三种意义上使用"文化"一词的，并声称：他所说的文化不是包括一切，因为它涉及一些琐碎的事情，所以它被有选择地使用。但就它本身而言，它不打算暗指任何有关这些活动和思想的价值或品质问题。班托克进一步解释道：他所说的"文化"指人类思想和行为的一些重要形式。它们在表现形式上没有任何价值上的区分。关于文化，还有一点需要强调：我们的文化，无论是好的还是坏的，都对我们有深刻的影响。它构成了我们理解世界的重要方面，提供了我们看待世界的方式，如它提供了语言、文学和艺术等。[2]总之，无论是以阿诺德、赫胥黎、斯诺、特瑞林等为代表的两种文化说，还是以班托克为代表的三种文化说，都聚焦于博雅教育、自然科学、人类传统文化。这充分展示了20世纪以来，在自然科学的观照下，西方欧美世界人们对古老西方博雅教育的重新深入反思，他们试图在解构它的同时也在重构当代博雅教育。

第五节　理想人的教育

在美国，人们还有一种普遍的做法，就是直接把自然科学（常被简称为"科学"）与人文学或自由艺术、博雅教育并列对举。为避免空泛罗列议论起见，本节，笔者拟以拉比（Isidor Isaac Rabi）为个案，通过对他相关论述的分析，阐释在自然科学

---

[1] Bantock G H. Culture, Industrialisation and Education. London: Routledge, 1968, 1-2.

[2] Bantock G H. Culture, Industrialisation and Education. London: Routledge, 1968, 3.

迅猛发展的美国，人们对作为一种知识系统的西方传统博雅教育的归属及其性质的认识。

一、学习理解自己

美国物理学家拉比基本继承了阿诺德的观点，他不仅把科学，即自然科学与博雅教育相对，而且与阿诺德以"文学"代指人文学或西方传统博雅教育的做法不同，他直接把科学与人文学或自由艺术、文学并提。例如，在《科学家与人文学者：心智能相遇吗？》一文里，拉比指出，我们大多数大学提供给学生的训练属于自由艺术和科学两个领域。通常，人们对大学这种分类教育的解释是：目前自由艺术或人文学已经取代了曾经的"三科""四艺"教育，科学和数学已经取代了古代的"四艺"教育。因此，自由艺术（或博雅教育）被理解为主要包括文学、语言、哲学、艺术和所有聚集在历史周围的学科；而硬和软科学则聚集在他们理想的体现者——物理学周围。博雅教育各学科有它们共同的方法。这就是传统的历史方法，它是通过文本和概念的比较进行的。这些文本和概念是从那些被认为具有当代意义的过去文献中精选出来的。科学各学科有它们共同的科学方法，以及用数学语言表达或至少实现比较精确表达它们过程和结果的愿望。[①]

基于以上认识，拉比把人类知识分为两大分支，即科学和人文学，倡导两者的相遇。他论证指出：科学和人文学不是一回事，二者的研究对象不同。精神和传统也不同，然而，科学和人文学的相同之处主要在于这些学科所共同追求的精神和文化传统。在寻找智慧中，我们的问题是在个别男人和女人头脑中混合科学和人文学两个传统。如果我们希望获得智慧，就不能让它们彼此依旧是分离、敌对的学科。文学就是人文学。以本土语言或好的翻译本研究希腊和罗马古典著作，这种文学在任何时代都是不可超越的。我们依然被这种文学强烈感动的原因是基于这样一个事实：伟大艺术和深刻的洞见具有独立于任何时代的特质。人文学保存和创造价值，更有甚者，它们表达着人类精神所具有的符号性、诗意和预言性品质。没有人文学，我们可能意识不到我们的历史，我们可能丢失许多曾经感动过人心灵的、我们的渴望和尊严的表达。人文学能真正评价人的生活质量。人们一直宣称学习人文学的一个主要理由是它教给我们价值。事实上，一些人更进一步宣称，与更具精神价值的宗教相比，人文学，即包括文学、哲学的一部分和历史以及对美术的欣赏，是价值的唯一来源。然而，针对某些人所说的脱离自然科学的、纯粹的人文学，拉

[①] Levine G, Thomas O. The Scientist vs. the Humanist. New York: W. W. Norton & Company, 1963, 14.

比认为在 20 世纪中后期这个已经取得了充满智慧的整体平衡的知识背景下，这种观点是无知和反理性态度的同义词。它对当代人的精神缺乏自信和忠实，因为为了学习理解自己，他必须学习理解他生存其中的宇宙①，人文学与自然科学的学习对于人们同等重要。

二、智慧与知识

针对当时某些人割裂人文学与自然科学的学习、竖起"回到人文学"标语的行为，拉比议论道：打起这样的标语，人们真正在寻找什么？什么是知识？什么是向导？拯救的希望是什么？鼓励是什么？人们希望从人文学知识中获得什么样的慰藉？其实，人们不是希望用他们的母语重建古希腊罗马经典的学问，或在"波士顿大都会"重造古希腊国家，人们真正寻找的是智慧。智慧不是出自惯用语句、警句或格言，而是出自活生生的现实。过去对理解现在是重要的，但是，它不是现在，在真正意义上，它是基于现在被创造的，而且从每代人的观点来看，它是变化的。因此，智慧使每代人不得不重新审视其文化、价值和目标。变化的场域往往会使旧习惯和无价值的习俗被废弃。而且，随着现代文明的进步，尤其是在各种知识剧增的当代，对于我们巨大的知识宝库而言，我们需要增加智慧的品质。而智慧与知识不可分割，智慧是蕴含着内在于人类的特性的知识。没有它，知识是干涸的，几乎不适宜人消化，而且在应用中是危险的。智慧的缺乏是十分明显的，自从有记录历史以来，知识"傻瓜"和受教育者就并存。从知识可满足人的需求这一方面而言，智慧给知识增加了味道、秩序和尺度，使之更加完善。②古希腊人比较早地明确把对智慧而非单纯知识的获得作为学习人文学的目的。这里，拉比从历史发展的角度，不仅重新论证了智慧与知识的关系问题，而且再次强调了智慧对于知识的重要性。

三、寻找思想共同体

拉比所倡导的"智慧"说其实就是希望人们不要割裂传统人文学与自然科学之间的固有联系。他认为自然科学和人文学应该联合起来，这才是人类获取智慧的途径。智慧本身具有跨学科的品质，不是专家搜集来的产品。大多数大学和学院依然把自然科学与人文学分开进行，但他认为这样做是有缺点的。各学院试图把学生塑造成 20 世纪某种特定受教育者的典型，这种教育经常是各个专业的专家所实施

---

① Levine G, Thomas O. The Scientist vs. the Humanist. New York: W. W. Norton & Company, 1963, 131-138.
② Levine G, Thomas O. The Scientist vs. the Humanist. New York: W. W. Norton & Company, 1963, 136-142.

的。依拉比之见，我们应该通过调节各个院系的课程，在学生头脑中把科学、人文学各放进去一点，我们希望这些"配料"将通过某种神秘的炼金术混合起来，其结果是培养受教育的、全面的、智慧的人。许多学院和大学正在试图这样做，但在方法上有一个严重的缺点，即在绝大多数情况下，在学生头脑中，由于学科被分成了各自独立的几个部分，这些"配料"仍然分别停留在那里，或者形成一个无法消化的沉淀物。在治疗者把它清除出去之前，它在人体里不仅没有任何益处，而且有害处。因此，拉比提出了"理想人的教育"问题。他认为能培养出这种人取决于知识的融合达到了判断和理解的平衡，这是智慧的品质。通过一种更广泛、更强烈的相互作用，智慧可以跨越科学家和人文学者之间的界限，使人获得一种会通的力量。①

显然，拉比所倡导的跨越科学与人文学界限、培养"理想人的教育"说法，深得古老西方传统博雅教育的精髓，因为自古以培养自由人为目标的博雅教育里就包括自然科学的内容。这样，在一个人们还是更加看重研究人的博雅教育而轻视自然科学的年代，拉比实际上还原了博雅教育的本来面目。他论证道："只有科学与人文学的联合努力，我们才能希望发现一个思想共同体，它能领导我们走出压迫人类的黑暗和混乱。"②

综上所述，在自然科学高度发达的当代美国社会，美国物理学家拉比通过对智慧与知识、认识自己，以及学科会通等问题的比较深入的阐述，重申了古老的西方博雅教育传统对于人类进步，特别是"理想人的教育"所具有的、无可取代的价值和意义。拉比的这种观点在西方当代社会具有代表性。人们通常把人文学或自由艺术、博雅教育与自然科学或科学并提。

小　结

如果说以狄尔泰、李凯尔特、卡西尔等为代表的学者关于"精神科学与自然科学""文化科学与自然科学""人文科学与自然科学"等的探讨，即学科意义上对人类知识的归类、界定，与西方传统博雅教育的联系不是十分紧密的话，那么，培根对"科学"、维柯对"科学与博雅教育或自由艺术"的探讨，以及19世纪中叶以来以赫胥黎、阿诺德、斯诺、特瑞林、拉比等为代表的学者分别关于"科学与文化"

---

① Levine G, Thomas O. The Scientist vs. the Humanist. New York: W. W. Norton & Company, 1963, 142-144.
② Levine G, Thomas O. The Scientist vs. the Humanist. New York: W. W. Norton & Company, 1963, 144.

"传统文化与科学文化""科学与艺术""科学与人文学或自由艺术"等的探讨,则是人们对自然科学与博雅教育的直接探讨,特别是分别以阿诺德和赫胥黎、斯诺为代表的19世纪、20世纪两次关于科学与文化的论辩,进一步深化了人们对西方传统博雅教育的认识。或许是因为狄尔泰、卡西尔等从学科意义上对人文科学的探讨,在这些论辩中,西方学术界关于传统博雅教育的称呼发生了变化,除"人文学""自由艺术"外,还有"文学"或"文化"。由于博雅教育关涉书本知识,以及古代的东西,所以,不少学者或者直接用英语语言世界文献意义上泛指一切书面文本的"文学"代指"人文学",或者直接用指称对象和范围更加广义的"文化"代指"人文学"。因此,19世纪中叶以后,看似与博雅教育无关的一些概念(特别是与科学相对而言时),诸如"文学""文化""传统""艺术",其实都与博雅教育有关,甚至指述的基本内容就是传统博雅教育。不论坚持博雅教育与自然科学是相对独立的两种文化,还是坚持二者相互联系、相互渗透,现当代西方学者都在继承传统博雅教育的基础上力图重新建构适应时代变化的、属于自己时代的博雅教育或自由艺术。当然,最能呈现西方传统博雅教育的不是它的一些基本思想、观念,而是它的教育实践。

第九章 回归基本：传承与扬弃

随着 19 世纪的到来，文艺复兴时期的人文主义、以歌德为代表的新古典主义文化思潮逐渐淡出了人们的视野。叔本华、尼采的唯意志论，颠覆并撼动着人们心目中古老的信仰。人们首先被大量浪漫主义文学作品所吸引，他们沉湎于主观想象而非客观现实的描写，特别依恋自然世界，喜好异国风味。与文艺复兴时期以彼特拉克为代表的人文主义者一样，爱情与女人是他们作品的重要题材。其实，以歌德为代表的理性人文主义者在仿效古典作品进行创作的同时，也创作出浪漫主义作品。随着浪漫主义文学家、艺术家对想象力、创造力和自我表现的追捧，他们的作品越来越远离日常生活、现实社会、普通百姓，他们为自己而写作。尽管康德、黑格尔关于浪漫主义想象力有精辟的思想，人们寻找新的主题风格，特别是新的经验领域得到探索，下意识、印象派等新的观看世界的方式为艺术表现打开了新的疆域，但是，失去宗教和哲学依托的文学、艺术随着不断变化的时代愈加感性化、情绪化。19 世纪中后期的自然主义、实证主义文化思潮，特别是 20 世纪以后两次世界大战的冲击与震撼，更是颠覆了西方传统的一些价值观念。叶芝、艾略特、乔伊斯、卡夫卡、伍尔夫等作家探索并描写了人的心理、潜意识，文学艺术等领域涌现出了超现实主义、未来主义等思潮。21 世纪，人类历史进入了一个多元化时代，全球化的文化观念深入人心。人们像希腊哲学家一样，对可见世界中的统一性和多样性现象产生种种困惑：我们是一个人，但我们也是许多人。人们不断询问我是谁、我在这里做什么、我将去哪里。所有这一切都促使人们重新反思西方传统博雅教育及人文主义思想。本章，笔者拟分五节，以美国博雅教育思想、理论和观点及其实践为个案，主要通过对美国通识教育、自由教育与人文学、自由艺术与人文学、文化群与个人文化、多元一体等理论和思想的分析与阐释，进一步揭示西方传统博雅教育的特质、功能、价值和意义。

第九章 回归基本：传承与扬弃

第一节 美国通识教育

　　文艺复兴以来，英国的人文教育传承人类优秀文化遗产，基本恪守西方古老博雅教育传统，以传授文化本身的价值和良好教育为使命，造就了一批文化精英。其中一些人漂洋过海，把古老的西方博雅教育传统带到了美洲。英国人文教育的思想、观念和价值，尤其是自我精进、崇尚教育和美德等，都成了美国早期文化建构过程中的核心内容。如果说19世纪之前，西方博雅教育的重镇或者说场域基本上是在西欧的话，那么，19世纪后期，特别是20世纪以来，它转移到了美国。本节，笔者拟在简要爬梳美国博雅教育史，描述和分析美国对西方古老博雅教育的继承、创新与发展历程的基础上，阐释其博雅教育的基本思想和意义。

一、自由教育

　　21世纪以来具有独特性的美国教育制度，其继承的是来自欧洲的传统。美国最初的教育随着较早一批欧洲人前往美国就已经存在。最初定居在大西洋沿岸的几十名殖民者以及后来的数千名殖民者，将来自欧洲的教育理念和经验带到了美洲，为美国教育制度教育的演进奠定了基础。其中，对美国教育产生重要影响的是文艺复兴时期的人文主义思想和古典人文教育。[1]17世纪中期至18世纪，美国一些著名高校的课程大多沿袭欧洲大学，特别是英国牛津大学和剑桥大学的传统，以修习七艺和自由艺术等为主要学科，称为"自由教育"[2]。例如，美国第一个大学部的正式课程是于1642年在哈佛大学开设的，所有年级的全部12门科目由哈佛大学第一任校长邓斯特教授。一年级学生全体研读逻辑、希腊文、希伯来文、修辞、教义问答的神学、历史和植物学七科；二年级学生研读伦理与政治、希腊文、修辞、阿拉伯文和教义问答的神学五科；三、四年级学生修读数学、天文、希腊文、修辞、古叙利亚文和教义问答的神学六科。这12门科目，其实包含语文（分量最多，因为修辞就是英文写作，其余希腊文、阿拉伯文等可被视为今天的外语或外国文化）、人文（教义问答的神学、历史、逻辑）、社会（伦理与政治）、自然（植物学、天文、数学），这和今天美国大学的教育要求回归基本，即注重英文写作和外国文化，以

---

[1] Webb L D. The History of American Education: A Great American Experiment. Upper Saddle River: Prentice Hall, 2005, 41-43.
[2] 中国当代汉语语境中常把"liberal education"译作"博雅教育"。

及通识课程常以人文、社会、自然三大类为基本范畴的精神一致。可见,哈佛大学从一开始就是一个以欧洲古老传统和自由艺术为主的大学。

二、应用学科

为了更好地适应社会的发展,以富兰克林(Benjamin Franklin)为代表的政治家比较早地倡导实用性的应用学科教育。尽管如此,美国早期应用学科教育里都不同程度地融入了自由教育的内容。例如,富兰克林于1751年创办了费城阿卡德米学校,该校于1755年改为宾夕法尼亚州立大学,于1779年改名为宾夕法尼亚大学,是一所包括英语教学在内的、把传统古典课程与现代实用课程相结合的高等学校。富兰克林主张学生既要学习包括算术、几何、会计等在内的最实用的知识,也要学习包括语言、文法、修辞、历史、伦理学等在内的传统文法学校里的知识。并且,所有这一切都必须充满对美德和善的灵魂的追求。[①]杰斐逊(Thomas Jefferson)则于1779年颁布了《知识普及法案》(Bill for the More General Diffusion of Knowledge),该提案同时倡导人们学习古代和现代的最有用的语言,规定人们用希腊史、罗马史、欧洲史和美国历史最有实用价值的知识把他们的头脑充实起来,学习古代和现代最有用的语言。在该法案前言里,杰斐逊明确指出:为了促进大众幸福,我们应该使那些被自然赋予天赋和美德的人成为有资格去接受自由教育、有能力去保护他们神圣权利的自由人。[②]

美国独立之后,为培养各种人才,大学部限于自由艺术学科的教学,并且以培养牧师为主要的教育目标。18世纪后期,新兴自然科学、现代语、法律等学科兴起,人们开始质疑传统的古典自由艺术学科的价值和功用,大量开设实用性的应用学科。1779年,威廉-玛利学院首先开设了全美第一个法律讲座,同时允许小部分学生选修。1785年,佐治亚大学成立,该校是全美第一个州立大学,学科不限于文雅古典科目。19世纪以后,美国的自然科学和社会科学迅速发展起来,相关教育也应运而生。多学科的情况在各级各类学校也不同程度地出现了,人文科学与自然科学被整合在一起,共同构成了现代美国校园中常见的大学文科课程。1824年,杰斐逊所创设的弗吉尼亚大学成立,学生研读从天文学、医学到古典语文等八大类课程。1825年,俄亥俄州的迈阿密大学允许学生以现代语文、应用数学和政治经济学等代替传统或古典的科目。1825年,纳什维尔大学的校长温斯莱开始设立功利的、职业的课

---

① Webb L D. The History of American Education: A Great American Experiment. Upper Saddle River: Prentice Hall, 2005, 90.

② Webb L D. The History of American Education: A Great American Experiment. Upper Saddle River: Prentice Hall, 2005, 1-2.

程。1830年，哥伦比亚大学开授科学和现代语文科目。

三、通识教育

然而，19世纪30—40年代，美国大学的课程分门别类，越来越零碎。这样虽然有利于学生进行专精研究与学习，却也使知识或人类的经验被过分割裂与孤立。学科之间存在隔阂，学生所习得的知识仅限于人类知识整体的一小部分，不能顾及全体人类智慧的经验。美国大学教育在当时存在注重职业实用的倾向，这侵蚀了大学在智力探求上的理想，违反了大学崇高的自由教育的目的。因此，在人们大力开展职业应用性教育、质疑和攻击古典文雅学科的学风下，1828年，耶鲁大学的教授们为了维护古典自由艺术学科，发表了著名的《1828年耶鲁报告》，这是美国高等教育史上第一篇正式为共同必修科目做强有力辩护的报告。该报告宣称：大学的目的在于"提供心灵的训练和教养"。"训练"指要扩展精神力量，"教养"指充实具有知识的心灵。而以古希腊罗马为代表的古典学科的学习，为美国各州学校学生奠定了文化基础，有助于训练学生的理性思想，培养他们的美德，从而为更进一步的专业学习做好准备。[1]反对专业化的课程设置，提倡广博的通识教育的《1828年耶鲁报告》及其后派加德提倡的"通识教育"，在美国常被称为第一次"通识教育运动"。这种教育沿袭的是意大利文艺复兴时期人文学者所说的人文教育，维护的是古典科目，特别是古典语文，排斥现代语文、职业应用科目，轻视社会科学、自然科学，本质上就是以自由艺术教育为代表的西方传统博雅教育。

因此，在美国，如果说最早的高等教育机构是同时期英国学院模式的复制品的话，那么，19世纪后期创立大学时，美国转而以欧洲大陆的大学为榜样，从而再一次回到了西方古代的传统。"美国大学已经发展了一套独特的制度，然而它的传统依赖于过去的大学。"[2]特别是19世纪末，美国发展为世界第一强国，它对古典教育的重视到19世纪甚至到当代也达到了高峰。例如，早在1893年，美国《十人委员会报告》遵循与《1828年耶鲁报告》的制定者一样的理性主义原则，建议学校开设四种不同的大学预备课程（即古典学科、拉丁语和自然科学、现代语、英语），并列举了中学阶段课程表（即中学一年级至四年级都学拉丁语、希腊语、英语、德语、法语、英国文学、英语写作、英语文法），认为这些课程的学习对所有学生都是有益的，因为它们能训练学生的推理、观察、记忆和表达能力。虽然该

---

[1] Webb L D. The History of American Education: A Great American Experiment. Upper Saddle River: Prentice Hall, 2005, 103.

[2] 〔美〕查尔斯·霍默·哈斯金斯：《大学的兴起》，梅义征译，上海三联书店2007年版，第121页。

报告当时受到了一些人的反对，但是，数十年间里，该报告一直致力于实现课程模式的标准化，这为20世纪以来美国的通识教育奠定了基础。[①]在《自由社会中的通识教育》这一报告的导言里，哈佛大学校长科南特明确以"通识教育"代替"自由教育"或"自由艺术"，并论证指出：通识教育的核心在于传递自由传统和人文传统。不论人们是否把"自由教育"等同于"通识教育"，在综合考察美国教育的多样化时，他们都会发现"通识教育"更具有优势。一个有着良好的数学、物理学和生物学基础，同时又精通几门外语的人，并非他就是一个合格的公民。因为这样的教育并没有与其个体性的情感经历和社会实践经验联系起来，从来没有被视作"时代智慧"（即"文化模式"）的内容，也没有容纳历史、艺术、文学以及哲学等内容。真正有价值的教育，应该在每个教育阶段都持续地为学生提供价值判断的机会，否则就达不到理性的教育目的。不论是中学生、大学生还是研究生，都不仅应该在数学，还应该在道德伦理意义上判断事物的"正确"与"错误"。因为我们教育的重心是要将自由的和人文的传统融入整个教育系统中，目的是培养公民理解自己的责任和利益，因为他们是自由人。[②]该报告明确把教育分为两个部分，即通识教育与专业教育，并明确规定通识教育不是关于一般知识的教育，也不是普及教育意义上的针对所有人的教育。它是学生整个教育中的一部分，旨在培养学生成为有责任心的人和公民。专业教育则旨在培养学生从事某种职业所需要的能力。二者是人生活的两个方面，不可分离。而从西方传统自由教育的根本含义在于有助于造就自由人的意义上来说，通识教育和自由教育的目标是相同的。[③]

事实上，从最终培养目标来看，我们可以把20世纪以来的美国高等学校区分为两大类：一类是自由艺术学院；另一类是职业学院。前者的目标是造就全面发展的人，后者的目标则是培养有专业技能的人。这种做法与西方传统教育完全一致。其中的自由艺术学院所实施的就是古老的西方传统博雅教育。在这方面，哈佛大学始终是美国西方传统博雅教育的重镇。哈佛大学用拉丁文写的校训是：与柏拉图为友，与亚里士多德为友，更与真理为友。很显然，这个校训凸显了哈佛大学对以柏拉图、亚里士多德为代表的古希腊文化传统，特别是做人和教育传统的坚守。哈佛大学的教育设置分为两个部分：大学部和研究生部。前者以培养有知识、修养和社

---

① Webb L D. The History of American Education: A Great American Experiment. Upper Saddle River: Prentice Hall, 2005, 208-209.

② Harvard University Committee. General Education in a Free Society: Report of the Harvard Committee. Boston: Harvard University Press, 1945, 4-5.

③ Harvard University Committee. General Education in a Free Society: Report of the Harvard Committee. Boston: Harvard University Press, 1945, 40.

会责任心的、具有人文关怀的人为使命；后者以培养掌握某个领域的专业技术人才为目的。可见，与传统西方博雅教育一样，哈佛大学把培育人作为教育基础，并在此基础上进一步培训接受专业训练的人，从而服务于社会方方面面。百年来，哈佛大学的这种人才培养模式已经成为美国大学教育的深厚传统。

第二节　自由教育与人文学

从诞生之时，自由艺术就被相信可以培养出能以所有可能的方式思想或使用符号的人，并且当他在学校的日子结束后也能继续教育自己的人，其最终的产品是能完全拥有人性的自由人。不像人工艺术，自由艺术不是直接指向具体产品，而是指向一种能转而产生各种智力的力量。奥古斯丁曾说"三科"方面的训练武装了他，使他能读任何书写的东西、理解任何所讲的东西和表达任何他想表达的东西，也使他成为一个圣人。[1]从这个角度审视，美国的自由教育、通识教育本质上都是自由艺术，与传统西方博雅教育血脉相连。本节，笔者拟通过对一些具有代表性的相关论述、教材和课程的分析来阐述之。

一、自由艺术的场所

谈到美国高校自由艺术教育，美国学者哈尼（Kathleen Haney）于1989年在为巴拉德《哲学与自由艺术》一书写的序言里说："自由艺术是综合性大学的场所。自由艺术，具体来说，是本科课程的艺术，逻辑、语法和修辞，它们本身缺乏一个具体的主题。只是近来，它们以各种主题作为'人文学'被专横地联系在一起，综合性大学原来以产生能擅长操作符号的人为单一的目的，现在也变得复杂了。"[2]与巴拉德一样，哈尼此处说的"操作符号"，指的是包括自然语言或更抽象和具体的数学和科学语言，以及普通生活中的各种符号的广义语言。显然，当代人们明确地以培养能操作符号的人为教育的目的，就是把古代自由艺术里的"三科""四艺"视作一个相对完整、统一的整体。事实上，以巴拉德为代表的把自由艺术视作使用语言的艺术是20世纪以来美国学界的共识，正如哈尼所说："自由艺术概念首次在柏拉图《理想国》里得到了系统阐释。我认为这个观念背后隐藏着这样的思想：人类以其独特的制作和使用语言表达、交流和发现的能力

---

[1] Pusey E B. The Confessions of St. Augustine. New York: E. P. Dutton & Company, 1950, 159.
[2] Ballard E G. Philosophy and the Liberal Arts. Dordrecht: Kluwer Academic Publishers, 1989, 1.

区别于其他动物。现在，自由艺术被精确为使用语言的艺术。因此，如果一个人掌握了这些艺术，能流利使用语言，那么，他也能掌握他特有的人性。这就产生了解放意义上的'自由'：这样的人能使自己从不断困扰人类的古代敌人那里解放出来。自由艺术是把个体从古代的'敌人'——无知和偏见中解放出来的艺术。根据古希腊人的用法，像其他艺术一样，自由艺术的制作产生产品。它们的产品据说不仅体现在著作中语言的表达，而且体现在理解它们所训练的人。"[1]于是，自由艺术便与19世纪以来被人们创造出来的、用于指称文艺复兴时期人文教育的"人文学"联系起来。美国教育学家克莱于1967年曾明确指出："谈到20世纪中期，几乎人人都以极大的精力和太多的焦虑关注美国未来的自由教育，这个问题准确地说就是人文学。"[2]

二、高校人文教材

实际上，纵观美国现当代自由艺术教育，特别是当代高等学校教育，除自由艺术、自由教育、通识教育外，"人文学"不仅是一个常用的术语，而且是20世纪以来人们使用得最多的术语。美国以该术语命名的书籍的作者基本上是美国各大学教师。美国各大学关于通识教育的课程，以及教材或课本，绝大多数以"人文学"或"艺术与人文学"命名。换言之，美国题名为"人文学"的书基本上是作为高等教育的教材，如芝加哥大学六门通识教育课程里排在第一位的就是包括外国语言和历史研究的人文学。作为教材的人文学类书除个别是单行本外，大部分都是两卷本或四卷本的著作。为了便于教学，不少著作同时还有简写本。20世纪以来，美国各高校人文学教材层出不穷。其中由加利福尼亚州立大学、耶鲁大学等5所大学8位教师合著的教材《人文学：文化的根与持续性》一共有四册，为适应单学期博雅教育课程教学的需要而被改编为只有一本的简写本。该教材的全四册和简写本的共同特点是研究内容一致、研究方法单一、统一的研究视域、观点基本相同，以及研究相对教条、模式化，这集中体现在以下两个方面：一是具体研究对象包括文学在内的绘画、建筑、雕塑、音乐艺术；二是内容主要包括历史上一些重要文学家、艺术家及其作品的介绍与分析。[3]马丁和雅各布斯合著的《艺术人文学》是美国40

---

[1] Ballard E G. Philosophy and the Liberal Arts. Dordrecht: Kluwer Academic Publishers, 1989, 1.

[2] Crane R S. The Idea of the Humanities and Other Essays Critical and Historical. Chicago: University of Chicago Press, 1967, 3.

[3] Witt M A, Brown C V, Dunbar R A, et al. The Humanities: Cultural Roots and Continuities. Lexingdun: D. C. Heath & Company, 1999, 47.

个州 260 多所大学使用的教材,重印 6 版,畅销不衰。该书由三大部分构成,即第一部分概述、第二部分艺术、第三部分相互关系,其中内容最多的是第二部分。第一部分包括 3 章,作者简要地介绍了博雅教育、艺术品和艺术批评;第二部分包括 9 章,即绘画、雕塑、建筑、文学、戏剧、音乐、舞蹈、电影、摄影;第三部分包括 3 章,作者探讨了艺术门类之间的相互关系、艺术与实用性工艺品、装饰艺术以及博雅教育科之间的关系。[1]

三、包罗万象

尽管文学艺术始终是美国人文学教育的核心对象和内容,但是,当代美国人文学教育发展的一个趋势就是对象和内容越来越广泛、全球化。例如,1959 年 10 月,佛罗里达大学的戴维森(Robert Davidson)和鲁夫(William Ruff),以及佛罗里达州立大学的何恩顿(Sarah Herndon)和瑞沃(Russell Reaver)为大学生编著了教材《当代人文学》,他们在该书的前言里明确声称:该教材的作用是使学生用新的勇气、洞见或确信的力量面对当代生活中的困惑和机会,目的是为我们当代生活中的文学、哲学、艺术和音乐提供一种理解。比起发展个人欣赏和享受博雅教育,这种研究也更能加深学生们对生存问题的理解。他们的价值意识能变得确定,他们的洞察和他们对表象的批评能更加具有穿透力。[2]与其他关于人类文化发展史的众多教材不同,该教材聚焦于当代,作者论述的时代包括 20 世纪初至 20 世纪 60 年代。全书分为四部分,第一部分是当代社会中的人,包括哲学中的社会倾向、作为宗教的社会理想、建筑物的社会意义、反映社会的绘画、文学中的社会关怀、音乐中的民族主义。第二部分是科学思想的影响,具体包括以下几个方面,即宗教和科学精神;科学和道德生活;逻辑实证主义;建筑:国际风格;绘画:印象派、后印象派和立体派;文学:民族主义和理想主义;音乐:当代新古典主义。第三部分是直觉思想的世界,具体包括以下几个方面,即无意识的开发;哲学中的反唯理智论;宗教存在主义;有机建筑;绘画:表现主义和抽象主义;文学:浪漫主义和象征主义;音乐:浪漫主义、印象主义和当代爵士乐。第四部分是在当代生活中寻找价值,具体包括历史的视角、哲学的视角、宗教的视角、创造想象的视角几个方面。可见,其内容和对象包罗万象。[3]

---

[1] Martin F D, Jacobus L A. The Humanities through the Arts. New York: McGraw-Hill Company, 2004, 49.

[2] Davidson R F, Herndon S, Reaver J R, et al. The Humanities in Contemporary Life. New York: Henry Holt & Company, 1960, 33.

[3] Davidson R F, Herndon S, Reaver J R, et al. The Humanities in Contemporary Life. New York: Henry Holt & Company, 1960, 34-35.

总之，19世纪被人们新创造出来的术语"人文学"在美国广泛流行，但它不过是通识教育、自由教育的另外一种称呼而已。美国当代博雅教育者马修斯和普拉特研究指出：直到20世纪初以前，欧洲教育理想仍以罗马教育课程为基础，按罗马的课程设置，学生要学"三科""四艺"。即使在今天，这个理想依然是西方博雅教育的核心。①

第三节 自由艺术与人文学

事实上，20世纪至今，古老的博雅教育传统在西方，特别是在美国始终焕发着新的生命活力。学术界不仅对文艺复兴时期意大利的"人性学问"或"人文教育"进行重新反思与认识，并赋予其新的术语"人文学"，而且一直沿用着古老的术语"自由艺术"。美国哲学家巴拉德就是其中最突出的代表。在风云变幻的20世纪，他始终坚持从经典传统视角理解当代哲学，特别关注柏拉图和自由艺术、人性学问或人文教育。1949—1978年，他撰写了系列论文，比较全面、系统地阐释了西方古老的自由艺术。本节，笔者拟以巴拉德的相关论述为个案，阐释美国当代博雅教育思想。

一、自由艺术是产生和使用语言的艺术

与其他探讨自由艺术的人相比，巴拉德最大的贡献在于他继承了卡西尔的广义语言符号思想，认为自由艺术是产生和使用语言的艺术。在许多其他论文里，巴拉德从不同角度阐释了古老博雅教育里"人是语言动物"的思想。例如，他论证说：亚里士多德仔细区分了"制作"和"做"。"制作"涉及的最终产品外在于我们；"做"虽然是行动，但它的最终结果却是内在的，它是它自己的目的，即我们自己。亚里士多德认为，被实践智慧引导的"做"是依照事物进行行动的实的理性状态，对一个人来说，它是好或坏的。据此，古希腊著名的"认识自己"或成为自己，以及有关自我知识的思想，在巴拉德看来，应该是"做或自我制作"。"做"是"制作"，是一个人自己的"制作"或"自我制作"。于是，"我是我，一个符号制作和使用者"。正是在此意义上，巴拉德继承希腊哲学家的思想，认为人的本质或人性是语言性的。人总是一个潜在的语言使用者。人的潜能就是他的语言性，他所有的能力都是像语言一样的能力。因此，人能引导他自己和其他事

---

① Matthews R T, Platt F D. The Western Humanities. New York: McGraw-Hill Company, 2007, 140.

物进入他自己选择的通道。巴拉德进一步论证道:"知识""制作""做"是人的三种基本潜力,决定着我们的特质,允许我们与其他生物接触。它们是我们活动的三种形式——"知道""创作""成为"——这是"知识""制造物""我们自己"三种存在的目的。我们用它们武装我们的世界。这些是我们存在的方式,凭借此,我们直接走向世界并实现我们人类的目标。①

然而,巴拉德认为人所面临的世界是独一无二的,人的力量或主观性也是完全不同的,人的存在是以不同方式呈现出来的,这就是我们的个性,而赋予个性的特质以独特能力的是自我指涉。自我指涉永久的特性在于它的个性,在于它自身的成长和风格的变化的恒定方向。巴拉德认为,在理解自我指涉时要注意两点:一是它代表自我批判自我,而不是字面上的自我复制(字面上的自我复制不需要任何自我指涉);二是它代表着自我需要探究、掌握语言以及为自己和其他事物命名、发现符号和意象等。总之,巴拉德认为自我指涉的复杂性涉及语言,因此,描述人差异性的最可行的方式是注释他的语言。而人的语言,巴拉德认为受制于各种训练和使用,这些训练和使用成为人类生存的基本模式,人类依靠它们能把山上的石头建成住所,能赋予无生命的事物以灵魂、意义;依靠它们,人类的利己主义被打破了,人类身上的动物性变得人性化了,整个人类也由野蛮变得文明。而能使人的语言性受到各种训练和使用的就是自由艺术。巴拉德认为,自由艺术是把人从无知和偏见中解放出来的艺术。从积极方面来说,这些艺术的目的是释放或真正实现某种本质上的人类的能力。自由艺术就是帮助人们获得这种能力的学科,因为自由艺术是人类思维的艺术,而思维是用语言进行工作的,所以,自由艺术是产生和使用语言的艺术。换言之,不论是自然语言还是人工语言(数学的或科学的),"三艺"和"四艺"构成了使用语言的艺术。人类正是通过语言的使用,成为更有效的人。巴拉德这里所说的"语言"是广义的,既包括口语、书面语,也包括图像语言、艺术语言、数学语言等。他认为哲学家越来越明确承认,历史上任何时候使用的占主导地位的语言是某些指示性的、普遍的类比和隐喻。②

二、自由艺术即人文学

巴拉德高度肯定了柏拉图在自由艺术发展史上的重要地位。他认为在柏拉图对话里,自由艺术在早期和中后期的发展过程中逐渐被认为是哲学的一种合适的训练。自由艺术里的教育课被概述在《理想国》里。自产生起,这些艺术发生了剧

---

① Ballard E G. Philosophy and the Liberal Arts. Dordrecht: Kluwer Academic Publishers, 1989, 299-305.
② Ballard E G. Philosophy and the Liberal Arts. Dordrecht: Kluwer Academic Publishers, 1989, 96-302.

烈变化。"艺术"现在只保留了"自由"的名字，逐渐变得以模糊的方式与文学、美术和人文学相联系。巴拉德进一步解释说：理解"自由艺术"这个短语的起源相当困难。在狭义上，这个短语指使用语言的艺术；在广义上，这个短语也在任何技艺实践意义上被认识；在一个更不明确的意义上，这个短语被作为人文学而得到广泛使用。而基于任何艺术或技艺也许都可以被称作"自由"的认识，巴拉德从教育角度论证了自由艺术与人文学之间的统一性。①

文艺复兴以来，自由艺术与大学就密不可分。大学是自由艺术生存的主要场所。巴拉德也持此观点，他不仅撰有题为"自由艺术与大学"的论文，而且在许多篇论文里都谈及大学里的自由艺术教育问题。通过引述美国大部分本科院校教育者办学的指导方针，即"大学艺术和科学院的目的是通过高质量的自由艺术教育开发整个人"，巴拉德认为这些教育者正视并坚守自由艺术传统，通常表达了他们对自由艺术的义务，自由艺术在美国综合性大学被很好地教授和实践。而正是在训练和使用语言，以及"开发整体人"的意义上，巴拉德明确把西方传统的"自由艺术"等同于19世纪以来英语世界人们创造的新概念"人文学"，认为当时美国大多数大学给学生提供的是自由艺术和科学训练。现代大学人文学科部门或系包括文学、绘画、哲学、音乐、舞蹈、宗教、语言等专业。这种"人文学系"（humanities departments）为学生提供的是"做"和"知道"，是现当代的实践智慧。②巴拉德分析道：在这些大学关于学科的归类里，校方经常解释现在的"自由艺术"或"人文学"已经取代了曾经被"三科"占领的教育，而科学和数学已经取代了古代的"四艺"，"自由艺术"或"人文学"从而被理解为主要包括所有围绕历史的文学、语言、哲学、艺术，以及所有作为它们理想体现的围绕物理而被组织起来的硬科学和软科学。"自由艺术"或"人文学"有共同的方法，即继续进行着的、从拥有现代意义的古老的著作中提取出来的文本和概念比较的传统历史方法。③

三、自由艺术或人文学与科学

19世纪以后，随着自然科学的发展，人们经常把艺术与科学相对。一般来说，"艺术"指的是自由艺术，"科学"指的是自然科学。20世纪后期的巴拉德亦如此，在行文里，他一般以"艺术与科学"代替当时英语世界人们常使用的"人文科学与自然科学"。巴拉德认为，西方传统"自由艺术"里的整体性、统一性就是强调艺

---

① Ballard E G. Philosophy and the Liberal Arts. Dordrecht: Kluwer Academic Publishers, 1989, 93-99.
② Ballard E G. Philosophy and the Liberal Arts. Dordrecht: Kluwer Academic Publishers, 1989, 275-309.
③ Ballard E G. Philosophy and the Liberal Arts. Dordrecht: Kluwer Academic Publishers, 1989, 264-271.

第九章　回归基本：传承与扬弃

术与科学、自由艺术与人文学的内在统一。而当时美国高校的自由艺术教育却忽略了这一根本特质。巴拉德认为美国不少本科院校把艺术与科学相对，没有真正理解什么是自由艺术的传统，以及艺术与科学之间的关系。他认为大学里出现这种现象，与西方人对400年前的文艺复兴时期古典文化复兴现象的误解分不开。依他之见，西方人将"文艺复兴"理解为"再生"。但是"再生"了什么？大多数人认为"再生"了知识；而有些人相当否定他们的观点，认为"再生"了"无知"。这样，文艺复兴之后，历史上产生了两种极端相反的观点：一些人相信我们走在更宽阔、更好、更有效、更自由的世界的大路上，因此，只有在这条路上继续行走，我们才会拥有更好的明天；另一些人则相信我们的历史从中世纪后偏离了适当的目标，因此，我们需要暂停、测量、重新定位我们的运动。巴拉德本人持第二种观点。他认为，当代关于自由艺术教育所存在的艺术与科学分离等现象直接源自文艺复兴时期和新学问的发现、科学发展，以及它们逐渐渗入自由学问（liberal learning）的众多知识生活溪流。他论证说：很多前文艺复兴的自由艺术家认为从"三科"过渡到"四艺"没有什么问题。这两个艺术组似乎只是两个不同的话题。早期西方现代思想家，如笛卡儿和培根没有适当地了解和使用新的学问，这种失败的代价很严重，它反映了我们现在知识生活溪流里传统文学、哲学和历史部分与较新的科学和技术部分之间的分裂。更进一步，巴拉德指出："人文主义"有一个好的意义和一个坏的意义。"世俗人文主义"（secular humanism）是在坏的意义上使用的一个术语，标志着失败的自由艺术和人文学。自由艺术以适合我们时代的方式被理解，我们希望用正确的价值观取代"人文主义"，以此弥补我们文化与大学里科学和人文学的分离，以及自我知识方面的裂口。这就是巴拉德所说的自由艺术在现代科学和现代综合性大学语境中呈现出的新形式和新的紧迫性。[1]

因此，巴拉德对文艺复兴之后学科越来越细化、人类知识各个领域越来越相对独立的状况感到不满。他尖锐地批评了当时各个知识领域各自独立、冲突、不相干、泾渭分明，整个知识和语言领域存在着明显的自然鸿沟，以及缺乏相互尊重、相互交流的现象，特别是大学的碎块化，并指出：作为一个重要贡献，自由艺术在整个历史上的性质、方法是最有益的，最能填补这个缺陷，它能缓解和消除我们文化中无利可图的科学和人文学之间的矛盾冲突。巴拉德把自由艺术的这种功能称为"统一和协和的功能"[2]。

---

[1] Ballard E G. Philosophy and the Liberal Arts. Dordrecht: Kluwer Academic Publishers, 1989, 275-280.

[2] Ballard E G. Philosophy and the Liberal Arts. Dordrecht: Kluwer Academic Publishers, 1989, 276-278.

四、自由艺术的统一性

巴拉德认为,自由艺术能行使这种"统一和协和的功能"必须被适当地理解。他认为自由艺术里的各门艺术没有被很好地理解,不知何时我们丢失了它们。结果,它们整合不同领域知识的力量未被发现和开发。我们对它们理解的失败归结为我们使用并居住在一个不统一的知识世界里。我们现在注重的是各个知识领域里的脱节、冲突,而接近我们理想的自由,以及文化和生活质量,几乎是可笑的失败。依他之见,哲学的兴趣在于头脑、语言,而自由艺术则是使用头脑、语言的艺术。语言能消解知识领域之间的鸿沟,能把我们文化中那些僵化的、无法理解的因素剔除出去,从而使我们的文化进入一个卓有成效的矛盾对立的统一中。显然,正是出于对作为整体的自由艺术的认识,巴拉德倡导用传统自由艺术弥补现当代知识碎片化。在各个对立的知识领域,他特别强调的是加强整体内部的统一性。巴拉德认为,中世纪哲学家明确认为自由艺术是使用我们人类能力,尤其是智力的艺术。自由艺术是统一的,这种统一性在于它对人文学和科学的适用性。"三科"的特征和结构基本关涉具体人的生活,它的产品是自然语言。考虑到数学和科学研究的结构与特征,它们和技术、自由语言产品有共同之处。巴拉德认为自由艺术的终极目的是培养"人性",并指出,20世纪的美国大学一般认为自由艺术是解放艺术,艺术的自由使我们免于无知和偏见。因此,自由艺术是文明艺术,借助于它们,智力和情感被学科化了,我们能够从噩梦中走来,转而控制和理性地使用我们的人性;借助于它们,我们变成了自由人,成为我们自己智力和感情能力的主人:我们能做我们想做的,我们将只想做我们应该做的事。[①]

巴拉德认为,自由艺术的统一性还体现在自由艺术里所包含的各门艺术基本上是知识性的。依他之见,自由艺术里的各门艺术是语言的,这一点经常被强调。人本身是重要的使用符号的存在,他观察和命名事物,他的意识是符号意识,他的经验是语言思考和反思存在的经验。自由艺术就是培训和训练我们的语言能力、发展我们人性的手段。显然,与传统博雅教育一样,在成为人的过程中,巴拉德凸显了自由艺术和语言学习的重要性,强调了博雅教育和科学的统一,并认为大学拥有告知学生这个基本整体的义务。当然,巴拉德并非一味地强调自由艺术里各学科与自然科学之间的联系。他常常在论证它们之间差异性的同时,探讨二者的关系,并明确声称:我不打算模糊它们之间的差异。博雅教育主要关涉价值、探究和交流等;

---

① Ballard E G. Philosophy and the Liberal Arts. Dordrecht: Kluwer Academic Publishers, 1989, 281-282.

科学首先关涉真理、发现和应用真理是科学的首要任务。然而,二者之间存在联系。巴拉德打比方说:没有被劝说接受某个非常明确的价值的引导,学生可能去听物理讲座吗?几乎没有一个人被松弛和流行的、形成今天的民间宗教的人文精神所激励。博雅教育用"善"代表我们的自由参与,科学用"真"代表我们的自由参与。真正的大学依靠二者的统一来规范学生的行为。在"善""真"的共同作用、鞭策和指引下,也许我们会有成就一些灿烂、辉煌的愿望。[①]

由以上四个方面可以看出:巴拉德在比较全面地继承传统西方博雅教育思想的基础上,重新诠释了自己对古老自由艺术的理解。在当代坚守西方自由艺术传统的人里,他的许多思想具有代表性。

第四节 文化群与个人文化

20世纪后期,美国有关学校和大学人文学教学问题的文章、书籍、演讲及会议等铺天盖地。经过一段时期的相对被忽视后,技术和职业教育似乎吸引了人们更多的关注,博雅教育的性质以及教授它的方法已成为人们从多种立场评论和进攻的对象。总的来看,当时存在着"文化右翼"和"文化左翼"两大派之间的冲突。"文化右翼"派的代表人物有作家布鲁姆(Benjamin Bloom)、海瑞森(E. D. Hirsch, Jr.)、杜泽(Dinesh D'Souza)等,他们及其支持者在大众媒体上倡导自由教育,主张"回归"到以阅读那些一般被认为伟大和构成共同文化遗产的书籍为基础的课程上;"文化左翼"派的代表人物主要是若干教授和各种派别的批评者,他们认为考虑到美国学生在种族、经济地位、宗教、语言和性别等方面的差异性不断增长,我们有理由重新思考和重塑那些为白人男精英设置的博雅教育课程。[②]显然,"文化右翼"的观点很好理解,他们固守的是西方传统博雅教育。"文化左翼"则要求重构传统博雅教育内容,他们中的一些人坚持认为博雅教育应该包括"低"或"流行"文化和"高"文化。1988年,当斯坦福大学教师决定把该校西方文明核心课程扩大到包括那些来自非西方文明、少数文化和妇女的作品时,"文化右翼"和"文化左翼"之间的论争达到了高潮。教师、学生和教科书的作者都被卷入其中,他们必须决定被指定的人文学的课程究竟应该包括哪些内容,以及应该如何处理它们。

---

① Ballard E G. Philosophy and the Liberal Arts. Dordrecht: Kluwer Academic Publishers, 1989, 291-292.

② Witt M A, Brown C V, Dunbar R A, et al. The humanities: Cultural Roots and Continuities. Lexingdun: D. C. Heath & Company, 1999, 1-3.

历史事实证明：此次论辩引发并促使美国广大师生对传统博雅教育的批判性反思，他们提出了一些重要的问题。本节，笔者拟就其中比较突出的四个问题阐述之。

一、选择博雅教育内容的标准

谈及自己的著作被多次再版，美国高校博雅教育经典教材《文化与价值：人文学审视》的编著者卡宁汉姆和赖希曾议论道：从他们完成这部著作的手稿到2002年，虽然该著作历经多次再版，每版都经过了他们的修订、重写、增补，但是，他们的初衷从来都没有改变。他们不断在重复进行着他们在该著作第一版时所承诺的目标，即力求以编年史的方式，清晰地展示那些矗立在西方文化中的最重要、最关键的坐标。[①]于是，如何选择这些坐标便成为博雅教育者的首要任务。其中，由于历史上经典的文学艺术作品是博雅教育的重要内容，因此设立或取消经典或伟大作品的标准便成为一个核心问题。希腊语里的"标准"一词含有"杆""统治者"或"准则"之义。在大约公元前3世纪，它第一次被亚历山大图书馆的学者用来命名他们制作的希腊文学最好范本的一个清单。像有关评判希腊文学价值的标准一样，依据相同的标准，人们后来也为拉丁文学书籍制定了一个标准，包括《圣经》准则衡量下的那些书籍。然而，这是基于宗教教条而不是美学标准。标准的形成，或者说受教育的人们应该读的书目清单一直持续到中世纪、文艺复兴、欧洲（后来在美国）直至现代。随着时代变迁，包括在这些清单内的书籍也在不断变化着。整个19世纪，在西方标准下，各种希伯来文、希腊文和拉丁文著作在博雅教育里占据优势。只是到20世纪后期，以现代语言书写的著作（如英语）才被认可，而且，只是最近，不同语种的翻译作品才可能被接受。因此，人们争论的结果便是达成了一个基本共识，即从来没有一个稳定、不变的标准。每一代人都有权利重新为他们建立自己的标准。过去有些作品可以不再被关注，与此同时，我们也可以加进一些新的东西，并带着新的问题重读传统。

二、传统博雅教育的公正性

与欧洲一样，以艾布拉姆斯为代表的美国学界一致把19世纪人们所发明的新语词"人文学"的前身直接追溯到文艺复兴时期。他们认为文艺复兴时期的人文主义者满怀激情地热衷于研读拉丁文和希腊文世俗的文本，他们既把这种研究称为"人文学"（英文为"humanities"，用拉丁语来说就是"studia humanitatis"，

---

① Cunningham L, Reich J. Culture and Values: A Survey of the Humanities. Wandsworth: Cengage Learning, 2002, 1.

这样就集中于古代文献资料），也把他们给学生传授相关知识时所开设的课程称为"人文学"。所以，"人文学"也常被称为博雅教育。然而，这种聚焦于人的研究并不意味着"人是万物的尺度"。人文主义者认为个别人是上帝最好的创造物，他们像上帝一样，是一个制作者、一个行动者、一种创造力量。尽管如此，人类仍然是一种生物、凡人和不完善者。人文主义者对中世纪教育批评最多的是它集中于超出时间框架之外的智力上的"人"。人是历史的产物。对过去的仔细研究，尤其是对人类成就似乎达到最高峰的古希腊罗马文化的研究，能指导人们更好地生活在当下，面向未来。更进一步，对人文主义而言，人类自然的情感被认为是现实的。这种认识是演讲的心理基础。研究古代的文章、演讲模式不仅能激发心智，而且能唤起人们追求善的激情。通过卓有成效地学习有关古代文献的课程，人文主义者不仅帮助别人过一种道德生活，而且可以通过传递经典信息，使他们生活得更好。

然而，人们发现，尽管他们维护人类的基本尊严，文艺复兴时期的人文主义者坚信有些人比其他人更加"有人性"。根据他们的观点，学习博雅教育的人实际上获得了更多的"博爱"，不仅因为他们能够更具创造性地为他们自己着想和更全面地表现自己，而且因为他们对人获得了深刻理解。按理说，每个人都能获得这种博雅教育，但实际上，只有那些有足够财富、家庭支撑或足够的资助，并且有一定空闲的人才能获得它。更进一步，博雅教育的学习是少数人的期望、男人的特权。显然，20世纪后期人们能指出这点是难得的，因为欧洲人和美国人自称人文主义者，大多与文化精英主义相联系。因此，如果继续盲目延续博雅教育传统，阶级压迫和种族主义不可避免地会产生。所以，哈佛大学原校长科南特在《自由社会中的通识教育》这一报告的导言里明确声称：该报告里所提出的通识教育的目标与西方传统的博雅教育一样，其创新之处就在于这一目标被运用到了全民教育系统之中。①

三、学习博雅教育的意义

由于探究的对象是人，而人的世界覆盖面非常广阔，博雅教育的学习与探寻必然集中于人的世界文化，以及广泛的学科领域及其作品。西方当代学术界在很长时期内局限于希腊和罗马文学的研究。特别是现在人们生活在广泛的世界文化及广泛的学科领域和作品中，这些研究究竟与我们当下的关怀有多大关系？美国国家人文学基金会（The National Endowment for the Humanities）为人文学规定了一个

---

① Harvard University Committee. General Education in a Free Society: Report of the Harvard Committee. Boston: Harvard University Press, 1945, 4.

特别的研究领域清单：它包括但不限于历史、哲学、语言、语言学、文学、考古学、法学，以及艺术的历史和批评、伦理学、比较宗教和那些使用历史和哲学方法的社会科学领域。可见，20世纪后期美国人文学教育的领域更加扩大了，它既包括政治理论、国际关系等，也包括那些主要关涉品质和价值而不是方法学的其他科目。当代科学技术则不断把博雅教育的疆域拓展到电影、电视、计算机和电子媒介产品。在这种情况下，不少人提问学生还能学习人文学吗。像文艺复兴时期的人文主义者一样，他们不再确定人文学的学习将使人更好或更具有人性。然而，绝大多数人认为今天的"人文学学习是一个涉及个人成长和自我知识的过程，正像几百年以前一样。参与人文学意味着延伸和扩展人的思想、敏感和创造能力"[①]。其实，早在17世纪，欧洲的人文主义者与科学家就联合起来，反对既有权威的控制，为探寻人类精神自由而奋斗。这既意味着为一些基本问题寻找答案，诸如什么是善与恶，什么是上帝的本性，什么构成了好的生活和正义的社会，什么是美，什么是爱等，也有助于激发创造性的男人和女人为他们自己的时代，重新定义人文主义者精神。无论是文艺复兴时期还是之后，人文主义者学习人文学的一个重要目的是其所处的时代赋予的，他们不断随着时代的变化而赋予博雅教育以新的时代内涵。所以，当下的人文学者也应该继续为反对教条主义和狭隘的真理而斗争。他们的价值观应该体现出一个基本信奉，即个人在智力、道德和审美才能上可能取得的最完美发展。而博雅教育的学习有益于此，它将不仅为这些或另外的问题提供一个现成的答案，而且将为学生提供与那些曾经令他们深思的问题相接触的机会，帮助学生更尖锐和更具批判性地思考问题，提高他们做出恰当判断和辨别价值的能力。

四、文化和文化根

西方博雅教育生成演变的历史事实证明：人的本质属性是文化，与其说人是符号的动物，毋宁说人是文化的动物。博雅教育之所以是使人成之为人的学问，就是因为它能传承人类历史文化，了解并继承前人留下来的历史文化是人类想继续前进的第一步。西方传统博雅教育能在现当代的美国生根、发芽并茁壮成长，一个重要原因是人们对文化及文化根的热衷探究。不论观点如何对立，"文化右翼"和"文化左翼"均一致认为博雅教育学习是一种书本学习，对博雅教育作品的理解能改变人们的生活和观念，特别是能增强人们的文化认同感和归属感。20世纪后期，人们盛谈的语词"文化"或"文化根"是人们此次争论的热门话题。人们认为"最近

---

① Witt M A, Brown C V, Dunbar R A, et al. The Humanities: Cultural Roots and Continuities. Lexingdun: D. C. Heath & Company, 1999, 2.

第九章 回归基本：传承与扬弃

几年获得了许多意义的'文化'一词需要一些界定。我们都感到我们属于我们拥护或反对某种属于一定文化群的价值观，并且在教育过程中（广义讲，不局限于学校）我们也获得了个人文化。我们也把某些著作归为'通俗'或'高雅'文化"[1]。英语语境中"文化""农业"的词根源自拉丁语。在拉丁语里，动词"colere"、名词"cultura"的意思分别是："耕种或耕、犁（地）""土壤耕种"。可见，"文化"用于指述人类，隐喻着人特别是孩子的心智就像田地一样，必须被父母、教师及其他有影响力的社会成员开耕、施肥、种植和培育。当然，"文化"也适用于成人，它隐喻着学问和知识的获得不仅能为他们提供实际价值，而且能在智力、道德和美学才能方面促进他们心灵的成长。正是在这个意义上，人文学者在个人发展意义上把博雅教育与文化联系起来。

人类文明发展的历程充分证明，人类具有吸收和发展不同于他们文化的能力。文艺复兴时期的人文学者相信，这种文化最好通过希腊和拉丁文学的学习获得。今天，对大多数博雅教育者来说，任何有关人本主义领域的学习都能接近这个目标。除在个人意义上以外，博雅教育也在社会和社会学意义上关注文化。在人们的心智被开垦的过程中，人们所获得的不仅是个人发展，而是与人的心智相关联的一定的习惯、价值、信仰，以及思考方式、感情和表达等。于是，我们便有了西方文化、东方文化、非洲文化、拉丁美洲文化、美国文化、日本文化、美国黑人文化、意大利美国人文化、中西部文化、城市文化、乡村文化、年轻人文化、老年人文化、妇女文化、男人文化等。然而，博雅教育与人类学不同。人类学家看待文化时感兴趣的是它的语言、宗教、社会风俗、食物、衣服、道德和哲学信仰、政治、经济，以及文学、诗歌、故事、音乐和舞蹈等。博雅教育家也对上述所有内容感兴趣，但主要集中于某一已有的文化思想和艺术成就。因此，博雅教育的学习和研究能使我们同时获得个人文化和学到某种社会文化。读一部希腊悲剧或考察一件非洲雕刻，我们不仅能学到某种在时空上距离我们遥远的价值、信仰和美的观念，而且通过新的美学经验和对不熟悉观念的接触，我们能解放自己的思想。更重要的是，博雅教育的学习可以使我们追溯自己的文化根，有助于我们更好地理解其他文化。特别是对于美国人来说，这一点尤为重要，他们中的许多人同时具有不同的民族血统，受多种文化的影响。

综上所述，当代以美国为代表的西方博雅教育者并不是一味地因循守旧、全盘继承博雅教育传统，而是拒绝接受决定论和简单论的博雅教育思想、观点，坚持认

---

[1] Witt M A, Brown C V, Dunbar R A, et al. The Humanities: Cultural Roots and Continuities. Lexingdun: D. C. Heath & Company, 1993, 3.

为博雅教育具有历史性、文化性的观点，结合当代社会文化特点，同时依据人们的需要，不断为古老的西方博雅教育输入新的内容、赋予新的内涵。事实上，自古希腊人开始，西方博雅教育者就认识到了批判理性对于博雅教育的力量，理性思辨一直在西方博雅教育里占据着重要地位。博雅教育的历史可以被视作一场辩论的历史，人们不断辩论的核心问题主要涉及它的范围、内容。事实上，这是西方古老的博雅教育在今天依然具有强大生命力的一个重要原因。

第五节 多元一体

当代西方高等教育领域一些经典的人文学教材，基本上经历了多次重要的修订、再版的过程。这对于我们以特殊的方式走进人文学是非常必要的。诚如2007年加纳罗和阿特休勒在《艺术：让人成为人》前言里谈到该书的再版时所说："该书的版本次数已经到达第7版，这是因为人文学是有生命的存在，它会永远活下去。与此同时，作为我们日常生活中的一部分，人文学需要不断地生长和变化。"[①]西方博雅教育的历史事实也表明，传统总是在不断继承与变革中得以保存。作为全人类共同的文化遗产，在整个人类历史进程中，包含人文主义思想的，以古希腊罗马的人性学问或自由艺术、15世纪意大利人文教育和19世纪以来的人文学为代表的西方传统博雅教育也总是因为打上了不同时代、民族、国家、文化、个人等外在一系列的烙印而有所变化。本节，笔者拟从指称对象范围、内容、具体内涵三个方面比较集中和深入地探讨19世纪以来以美国为代表的西方博雅教育。

一、指称对象范围的扩大

"文化人"的概念源自两河文明，人们不仅很早就明确认识到前人文化遗产的价值，而且仅仅继承与弘扬那些有利于人类文明进步发展的优秀文化遗产。这就是说，后人并非继承在他之前的人所遗留下来的所有东西。例如，巴比伦人所仰慕学习的是苏美尔人的文化遗产，古希腊人学习的是包括两河流域、古埃及等在内的文明，古罗马人敬重继承的是古希腊文明。随着中世纪、文艺复兴时期的来临，阿拉伯世界崛起，起初古希腊罗马文化遗产是通过阿拉伯人传到以意大利为中心的欧洲的。然而，众所周知，中世纪后期，特别是文艺复兴时期，在以意大利为中心的古代文化复兴思潮中，人们复兴与继承发扬的基本上是古希腊罗马文化遗产。然

---

① Janaro R, Altshuler T. The Art of Being Human. New York: Pearson Education, Inc., 2005, 1.

而，17—18世纪两河文明被发现后，以歌德为代表的理性人文主义者尽管以古希腊罗马为中心，但是，他们所说的古代文化已经包括两河流域以及东方了。他们所使用的"世界"概念的范围已经由欧洲拓展到两河流域、美洲、亚洲。19世纪之后直到20世纪以来，网络使得地球仿佛变成了一个地球"村"。传统西方博雅教育、人文主义所追求的人类整体的思想基本实现。"全球一体化""星球""地球""宇宙"等术语、概念变得家喻户晓。博雅教育研究的领域延伸到那些西方以外的，包括东方、非洲在内的来自全球各个国家、民族的优秀传统文化创造。人们开创了许多新的领域，诸如人类学、民族学、民俗学、民间传说、比较宗教、艺术史和音乐史等。

博雅教育指称对象范围的不断扩大与博雅教育者自身的努力分不开。像文艺复兴时期以达·芬奇、歌德为代表的全才一样，20世纪以来的博雅教育者大多是博学全才。例如，怀特海既是数学家、哲学家、教育学家，又是自然科学家、社会学家。他一生的大部分时间在英国和美国大学讲学，著述丰富，探索和研究领域涉及人文科学、自然科学与社会科学等众多领域。他与罗素合著的《数学原理》将人类逻辑思维向前推进一步，其深刻教育思想在欧美教育界深远影响，与柏格森、杜威一起被认为是20世纪前半叶最重要的三位思辨哲学家。卡西尔亦在哲学、历史、文化、物理学、音乐、文学、宗教、神话、艺术、符号学、语言学和社会政治学等领域颇有建树，尤其是他在《人文科学的逻辑》里明确阐明了人类各个学科领域并不是相互孤立的，而是某一意义的人文活动的不同表达方式。即便是当代一些主要从事博雅教育实践教育的博雅教育者，大多也是全能的博学者。例如，卡宁汉姆和赖希，前者在哲学、神学、文学和博雅教育领域都获得过学位，后者则是一位训练有素的古典学者、音乐家和野外考古学家。二者合著的《文化与价值：人文学审视》是一部简明且权威的世界博雅教育教材，该著作被多次再版、重印，并被翻译成多种文字版本，在欧美学术界和教育界享有赞誉。该著作其实是一部人类文化发展的历史：从史前到当代，从西方到东方，兼及社会学、哲学、宗教、文学、戏剧、美术、雕塑、建筑、音乐、舞蹈等各种文化现象和成就，如论述完罗马之后，该书第5章论述的是印度和中国的古代文明，第19章论述的是印度、日本、中华民族文明，第20章论述的则是非洲的民族和文化。[1]而在由美国5所大学8位教师合著的著名教材《人文学：文化的根与持续性》的前言里，作者们明确指出："虽然本书依然反映了他们的思想，即希腊-罗马和耶稣-基督教传统构成了西方博雅教育的基础，但是，新增加的第1章、第2章美索不达米亚和埃及部分

---

[1] Cunningham L, Reich J. Culture and Values: A Survey of the Humanities. Wandsworth: Cengage Learning, 2002, 4.

突出了在更加遥远的古代文明中，这些传统有它们自己的根。某种程度上为了更加强调非西方文化对西方文化的影响，我们把中世纪部分扩展出包括新的第9章拜占庭伊斯兰，写完中世纪之后又增加了非洲文化。"①即便是在那些完全以艺术为研究对象和全书的基本内容的人文学著作里，贯穿全书始终的都是非西方艺术的文本实例和视觉艺术实例。而且，非西方的艺术资料成为主题讨论的一个有机部分，它们不再是孤立的部分或章节。②出现这种情况，并非作者单方面的行为，而是批评家和采用这些书籍"作为教材的人最常提出的要求"③。

二、内容广博

从两河文明和以柏拉图为代表的古希腊罗马的自由人教育、中世纪七艺到15世纪意大利人文教育，西方传统博雅教育都包括我们今天所说的人文科学和自然科学两方面的内容。19世纪，特别是19世纪后期之后，这种情形发生了变化，正如巴拉德所抱怨的，谈及自由艺术时，人们往往把它与自然科学相对。然而，从20世纪以来美国以"人文学""自由艺术"或博雅教育命名的文章、书籍所探讨的内容来看，它们大多比较广博，既涉及人文科学，也涉及自然科学。

进入21世纪以来，在有关包括自然科学在内的人文学或博雅教育著作或教材里，比较有代表性的是亚当斯的《西方人文学探析：西方的创造和文化》，全书共两卷。亚当斯几乎把一切人类优秀的文明成果都视作人文学研究的对象，按编年史体例，从史前史到21世纪初的2005年，在辽阔的全球文化范围内探讨西方博雅教育，具体内容既包括绘画、雕塑、建筑、音乐、戏剧、文学和历史，也包括哲学、心理学、宗教、神话、科学、医学、摄影、电影和舞蹈等。他在前言里进一步论证指出：人类彼此联系且成为一体，在所有这些领域，他探析作为它们时代和地区表现的人文学，并且认为只有通过探析一件艺术品、一段音乐、一个发明或发现的文本，一个人才能理解博雅教育在文明中的创造地位。一部人文学文本是有关人类成就的。这些成就是人类文化的组成部分，包括创造性的艺术、改变历史进程的发明、有世界意义的事件、科学发现、宗教信仰和神话，以及哲学观点。因此，本书探析的是西方文化中人类创造性的表达。④

---

① Witt M A, Brown C V, Dunbar R A, et al. The Humanities: Cultural Roots and Continuities. Lexingdun: D. C. Heath & Company, 1993, 1-4.
② Janaro R, Altshuler T. The Art of Being Human. New York: Pearson Education, Inc., 2005, 2.
③ Janaro R, Altshuler T. The Art of Being Human. New York: Pearson Education, Inc., 2005, 3.
④ Adams L S. Exploring the Humanities: Creativity and Culture. Upper Saddle River: Pearson Prentice Hall, 2005, 3-4.

第九章　回归基本：传承与扬弃

当然，尽管对象广博，包括自然科学领域，但是，纵观亚当斯的《西方人文学探析：西方的创造和文化》全书，相比较而言，文学艺术始终是该书的核心。他特别强调文学艺术在西方人文学里的重要性，并且总是从历史比较的视域对此展开论述。[1]事实上，大多数关于"自由艺术"或"人文学""博雅教育"的专题性论著以文学艺术为核心。在此类论著里，雅各布斯的《人文学：价值的演变》具有一定的代表性，全书从古希腊开始到20世纪按编年史体例叙述，研究对象是包括文学在内的艺术。雅各布斯长期在艺术领域从事交叉学科"英国的艺术"教学，从书中所举例子来看，他所说的"文学"指的是纯文学，不包括哲学、历史甚至宗教著作。全书分八个部分共19章，他从远古洞窟岩画开始谈及，内容主要涉及艺术的冲动、作品分析、历史或文化时期的主要艺术成就，以及艺术作品的形式因素和题材等。[2]该书的理论依据完全源自马丁和雅各布斯合著的《艺术人文学》。[3]两部博雅教育著作给我们提供的基本上是有关绘画、雕塑、建筑、文学、摄影、电影、音乐和舞蹈艺术作品的资料，对相关历史背景资料关注较少，美学理论是他们进行文本批评、评论的基础。因此，这两部明确以"人文学"命名的书看似好像艺术类书籍，然而，从该书前言里雅各布斯对其写作所做的说明，我们可以看到：基于每个时代和每个文化拥有不同的价值，而整个价值研究是复杂和超出本书范围的认识，他虽然聚焦于艺术领域，但是却以价值为基础对人类历史上一些杰出的艺术作品进行了个案分析，详细描述了艺术史上的每个重要时期，全面且深入地解析了各个时期艺术作品的风格及其所揭示的价值。价值被他用来对事物进行分类，如他区分的宗教价值、个人自由的价值等。而他的艺术考察所揭示的不仅是那些为大众和官方赞美的价值，而且包括那些"地下的"或非官方的，但普遍拥有的价值。他断言：艺术揭示价值，并且通过认真的艺术学习，人能变得对价值更加敏感。所以，考察艺术所为，是洞察更为广阔的价值领域"人文学"的手段。[4]纵观全书，雅各布斯提供了必要的历史细节，包括对政治、宗教和哲学背景的考察，而他在揭示艺术品价值时又广泛涉及文化、民俗、社会学、经济学、心理学等学科领域。

总之，19世纪以来，有关"自由艺术""人文学""博雅教育"的论著基本上继承了传统西方博雅教育内容广博的特点，并进一步补充了一些新兴的学科，诸如心

---

[1] Adams L S. Exploring the Humanities: Creativity and Culture. Upper Saddle River: Pearson Prentice Hall, 2005, 2.
[2] Jacobus L A. Humanities: The Evolution of Values. New York: McGraw-Hill Company, 1986, 321.
[3] Martin F D, Jacobus L A. The Humanities through the Arts. New York: McGraw-Hill Company, 2004, 125.
[4] Jacobus L A. Humanities: The Evolution of Values. New York: McGraw-Hill Company, 1986, 3.

理学、美学、社会学等内容。

三、具体内涵的拓展

20世纪以来,博雅教育的内涵也变得越来越复杂、丰富。在博雅教育正式产生的文艺复兴时期,人们基本上继承了以柏拉图为代表的传统古希腊博雅教育思想和教育理念、实践,聚焦于人,特别是自我的提升。随着两河文明的重现,以及随之带来的欧洲人寻根的文化热潮,文化人的观念深入人心,世界、全人类步入了博雅教育者的视野。如果说18世纪之前的博雅教育、博雅教育者主要聚焦于自己的伟大和尊严的话,那么,18世纪之后特别是19世纪以来,他们往往带着世界眼光,关注整个人类的命运和世界的普遍利益,反对战争渴望和平、希望世界恢复理性成为博雅教育者的追求。18世纪的博雅教育者已经开始公开地为宗教信仰自由、人类平等而辩护,19世纪的博雅教育者致力于把人类精神从工业增长和技术进步的威胁下拯救出来。而经历了两次世界大战的20世纪以来的博雅教育者则重申了文艺复兴时期,特别是17—18世纪人文主义者所倡导的理性人文主义思想,反对世俗人文主义、教条主义和狭隘的民族主义,以及个人偏激行为等。除把它作为比较重要的内容展开论述外,西方一些经典博雅教育教材里还另辟专章探讨了这些问题,如卡宁汉姆和赖希的《文化与价值:人文学审视》里第15—17章、第21章的标题分别是"巴洛克的世界""18世纪的洛可可和大革命""浪漫主义时期""两次世界大战"。[1]20世纪后期的"科学人文主义"(scientific humanism)则认为人应服从自然规律,反对把纯粹推理和揭示作为理解人的天性或生命艺术的方法,主张采用与客观现实相符的科学方法。科学人文主义者把人视作有生命的、最伟大复杂的世界的组成部分。

相比较之下,在博雅教育内涵拓展方面,20世纪以来贡献最大的人是卡西尔。我们知道,"人性"概念是博雅教育的要旨。卡西尔从功能上对此进行了一种全新的拓展,他认为如果有什么关于人的本性或本质的定义的话,那么,它只能被理解为一种功能性的定义,而不能是一种实体性的定义。卡西尔论证道:"人的突出特征,人与众不同的标志,既不是他的形而上学的本性也不是他的物理本性,而是人的劳作。正是这种劳作,正是这种人类活动的体系,规定和划定了'人性'的圆周。语言、神话、宗教、艺术、科学、历史,都是这个圆的组成部分和各个扇面。因此,一种'人的哲学'一定是这样一种哲学:它能使我们洞见这些人类活动各自的基本

---

[1] Cunningham L, Reich J. Culture and Values: A Survey of the Humanities. Wandsworth: Cengage Learning, 2002, 5.

第九章　回归基本：传承与扬弃

结构，同时又能使我们把这些活动理解为一个有机整体。"①这里，卡西尔重新诠释了"人性"概念。他一反传统西方博雅教育者从宗教或教育、伦理上认为人性是人的神性或受教育的人所具有的良好品行等观点，认为人区别于其他动物的本质属性是创造性，即人是一种能创造文化符号的存在。此界定从人类文化的深广意义上，进一步拓展并丰富了传统博雅教育关于人性的内涵。他突破了之前人们主要聚焦于个体人审查、探究自我、认识自我的局限性，把人的问题放到一个更大的平面图上去探索、认识。依他之见，不应当在人的个人生活中，而应在人的政治、文化、社会生活中，在广袤的整个人类历史文化长河中研究人和探究人的本质。

卡西尔把人视作以语言为核心的文化符号的创造者的思想对20世纪以来的博雅教育影响深远。许多博雅教育者继承了他的这种观点，重新审视传统博雅教育。例如，巴拉德对自由艺术进行了诠释。他认为人的存在本质上是语言性的，因为自由艺术是使用语言的艺术，人存在的所有模式必须通过这些艺术被表达出来，人的力量是其成长、变化、学习的能力。②亚当斯以文学艺术为核心的包括自然科学的博雅教育思想的基石也是卡西尔的"人是文化符号的动物"的观点。在《西方人文学探析：西方的创造和文化》的前言里，他探讨了"什么使我们成为人"这一传统博雅教育经典话题，认为某些重要的特征使人区别于其他生命形式，绝大多数特征是属于符号思想方面的，如抽象思考的能力和想象不在眼前事物的能力，以及包括构建语言和理论，发明新技术、故事、创造神话和制作艺术等，所有这些活动都通过使用隐喻语言而丰富。当我们说"世界是我们"，我们实际上并不是说"世界是我们"，而是说我们被包裹在一个我们享受和能控制的舒适空间里，这句话暗示的是我们非常成功和幸福。③

由以上论述可以看出：指称对象与内涵的拓展并没有从根本上改变西方传统博雅教育固有的性质，只是使它更加充实、丰富。认识自己、成就自己与认识世界、成为文化人，在当代博雅教育观念思想领域和教育实践领域并不相悖，而是相辅相成。因为博雅教育"是一种使人成为社会中见多识广、有责任心的人的教育。它在培养年轻人成为具有独特个性的、个体化的人的同时，致力于培养他们成为能适应社会公共生活的公民和共同文化遗产的继承者，并能与他人分享文化传统"④。文

---

① 〔德〕卡西尔：《人论》，甘阳译，上海译文出版社1985年版，第87页。

② Ballard E G. Philosophy and the Liberal Arts. The Netherlands: Kluwer Academic Publishers, 1989, 313.

③ Adams L S. Exploring the Humanities: Creativity and Culture. Upper Saddle River: Pearson Prentice Hall, 2005, 2.

④ Harvard University Committee. General Education in a Free Society: Report of the Harvard Committee. Boston: Harvard University Press, 1945, 2.

化人是西方古老博雅教育里的基本思想，卡西尔的"人是文化符号的动物"，以及人是个体，更是一种文化载体的存在的思想在当代深入人心。

小　结

19世纪后，特别是20世纪以来，美国比较全面、系统地继承并发扬了西方传统博雅教育，并逐渐引领西方现当代博雅教育的发展。回顾百余年来的历程，美国博雅教育并非一帆风顺，而是不断在反思、继承和变革中前行，其涉及内容、最终目标与源自两河流域、以柏拉图为代表的古希腊罗马人的自由艺术、七艺、文艺复兴时期的人文教育一脉相承。然而，美国博雅教育与时俱进，不断为古老的博雅教育输送新鲜的思想、观点，拓宽其河道，使其汹涌澎湃，勇往直前。这突出表现在美国博雅教育对传统博雅教育指称对象、范围及其整个内容的扩展上。这一切成绩的取得与人们的不懈追寻和探究密不可分。而且，正是基于对古老博雅教育书面文本选择的标准，教育对象及其目的的质疑、反思和探索，20世纪后期以来的美国博雅教育者，在继承西方传统博雅教育基本特质的基础上，锐意进取，把博雅教育与全球文化联系起来，突破了西方传统博雅教育一直以来的"自我""贵族性""书面文本""欧洲性"等界限，将古代的和现代的、过去的和现在的博雅教育融合在一起，创造出了一个"永恒的现在"的西方古老博雅教育形象。古老的博雅教育之所以在当代美国焕发着勃勃生机，正是源自人们不断地向它所输入的新鲜血液。

第十章　交叉与融合：四大学科群

　　从历史生成和发展演变的自然规律来看，19世纪特别是20世纪以来，流行于欧美的人文学，与两河文明的自由人教育、古希腊的通识教育和人性学问、古罗马的自由艺术和通识教育、中世纪的七艺，以及15世纪意大利的人文教育或人文学本质上一脉相承。人文学是与自然科学、人文科学、社会科学并列的四大学科群之一，而非人文科学或其中的一个组成部分。虽然在中国现当代语境中，人们常把"liberal arts"译作"博雅教育"，但是，从学科群角度审视，为还原历史事实、表述方便起见，本章，笔者还是尊重19世纪以来以美国为代表的当代西方博雅教育者惯用的做法，一律以"人文学"统称历史上众多类型的博雅教育，并采用总结式的论述方式，对之前已经论述过的许多问题点到为止，目的是把人文学与自然科学、人文科学和社会学并列，进一步探究它们之间的区别与联系，更深入地挖掘西方人文学或博雅教育的特质。

第一节　超学科群

20世纪以来，欧美社会之所以比较普遍地以"人文学"指称西方传统博雅教育，一个重要原因是基于学科分类的需要。本节，笔者拟以剖析关键词"humanities"为切入点，通过与其他学科的比较，进一步比较深入地阐释古老西方博雅教育的学科属性。

一、四大知识体系

尽管人文学作为与自然科学、人文科学、社会科学相对的一门知识，西方特别是美国中等或高等学校里也常设有人文学的专业或课程，但是，欧美很多词典里根本就没有"humanities"的词条，即使有也是附属在"humanity"[①]词条下。遍览欧美典籍，直接以"humanities"为题目或标题里出现"humanities"一词的论著很少。在一些直接以"humanities"为题的著作中，我们也绝少找到有关"humanities"的术语。涉及"humanities"，大部分人把它作为像"太阳"一样人人熟知的语词而直接拿来使用，从不考究它的来源及其边界。我们也许会推论：当人们使用它时，人们一定知道它的意指。然而，常常用"humane learning"（人学）代指"humanities"的美国历史学家蒙福德（Jones Howard Mumford）认为，人们不仅不知道它的所指，而且也无法界定它。他明确指出："事实上，我们完全不知道我们意指的是什么……我们相信我们不能界定它。"[②]诚如美国当代博雅教育家拉姆所说："对于一个沉思的观察者来说，'人文学'是呈现出种种似是而非现象的、令人迷惑的术语。"[③]蒙福德和拉姆的这些说法主要是针对20世纪中后期以来，遍及欧美特别是美国的有关"人文学"的著作基本上是高校教材而言的。这些教材的内容表现出了许多似是而非的特点，譬如看似世界文明史，其实不是；看似艺术史论，其实不是；看似教育史论，其实不是；看似文化史论，其实不是。之所以如此，是因为许多人文学论著里同时包括自然科学、人文科学、社会科学的内容。

即便如此，关于西方当代人文学，以下五点是当代西方学界的普遍共识：①它

[①] 该词一般被中译为"人""人类""人性""仁慈"等。
[②] 转引自：Jacobus L A. Humanities: The Evolution of Values. New York: McGraw-Hill Company, 1986, 34.
[③] Lamm R C, Cross N. The Humanities in Western Culture: A Search for Human Values. New York: McGraw-Hill Company, 1996, 78.

是包括许多学问或学科的学科群概念；②它源自古希腊罗马的自由艺术教育；③它与文艺复兴时期以来的人文教育密不可分；④它与自然科学不同；⑤它与教育实践活动分不开。而对于人文学与人文科学、社会科学是不是一回事，人们的意见存在分歧。一种占主导性的观点认为人文学与社会科学无关。诚如蒙福德打比方所指出的，也许"humanities"唯一可靠的定义是这样的：你知道马、牛是不同的，你知道科学、人文学是不同的，它们是你从大学课程里抽出自然科学、物理科学和社会科学后剩余的课程。①《新韦伯斯特英语语言字典》里的"Humanities"词条云：人文学是指除了通常所说的科学之外，还包括艺术、历史、文学和哲学在内的学问领域。②与此同时，这种占主导性的观点也认为人文学与人文科学本质上不是一回事。事实上，仅从人们为它们分别取的不同名字，如"humanities"（人文学）、"natural science"（自然科学）、"human science"（人文科学）、"social science"（社会科学），以及皮亚杰所用的法语"sciences de l'homme"（人文科学），狄尔泰、李凯尔特、卡西尔等所用的德语"geisteswissenschaften"（精神科学）或"kulturwissenschaften"（文化科学），而不使用"humanwissenschaft"（人文科学），特别是谈及人文科学时，人们一般都把它与自然科学相对，我们至少能断定它们并不是一回事。

二、产生时间

作为人类文明的产物，人文学、自然科学、人文科学、社会科学四大学科群都有一个历史生成的过程。就时间而言，若从现当代学科意义上来说，四大学科群存在着一个先后次序：人文学、自然科学、人文科学、社会科学。西方学界一般把人文学或博雅教育的正式起源或者追溯到以柏拉图为代表的古希腊的自由艺术教育，或者追溯到意大利的人文教育。无论是人们的认识还是实践活动都表明，早在19世纪以狄尔泰为代表的西方人开始从学科意义上对整个人类知识进行分类之前，自由艺术或人文教育已经是一个相对完整、统一的学科群概念。例如，"直到18世纪后期，音乐学（也）被视为是一种数学活动，属于'四艺'，以天文、几何和算术为伴。关于精神世界的知识与关于自然世界的知识之间的区隔，在近代早期甚至尚未被划分"③，它们都是自由艺术里的分支，隶属于自由艺术。虽然有关自然科学领域的具体实践的存在几乎与人类文明史一样久远，但是，现当代科学技术

---

① Jacobus L A. Humanities: The Evolution of Values. New York: McGraw-Hill Company, 1986, 31.
② The New Webster Encyclopedic Dictionary of the English Language. Chicago: Consolidated Book Publishers, 1980, 124.
③〔荷兰〕任博德：《人文学的历史：被遗忘的科学》，徐德林译，北京大学出版社2017年版，第46页。

实践意义上的自然科学出现得较晚。文艺复兴时期以书本为主的自然科学教育、"新文化模式"或"新世界体系"之说，以及伽利略"新科学"、培根"新工具"的出现都充分证明了这一点。事实上，文艺复兴时期以伽利略、哥白尼为代表的自然科学家才自觉地通过他们的科学实验力图"建构了一个新的世界体系"，此"新的世界体系"具体指称的就是现代学科意义上自然科学的崛起。①

类似自由艺术的、学科群概念下的人文科学、社会科学出现得更晚。18世纪后期，自然科学与包括哲学在内的博雅教育在知识和组织这两个方面逐渐发生分离，开始各自独立发展，于是就有了"两种文化"之说。部分西方学者把人类这两大门类知识划分为两种文化：一类是以复杂性研究为基础的自然科学；另一类是以文化研究为基础的人文科学。直到19世纪初，狄尔泰认为自然科学已经形成了一个相对独立的知识体系，人文科学还没有构成一个适当的整体，它们没有建立一个按照其依赖于其他真实及经验的关系安排个体真实的系统。②社会科学的起步最晚，它是处于两种文化之间的一个超学科或一个新的知识门类。18世纪欧洲的几次革命，特别是工业革命、法国大革命对于催生社会科学功不可没。18世纪中叶到19世纪中叶整整一个世纪中，"相对于自然科学来说，研究社会科学的重要性正在增加。在现代生活的巨大规模上，一种科学兴趣的转换正在发生"③。特别是在19世纪重建大学框架的过程中，社会科学获得了很大发展，主要表现形式是学科的不断分化，社会科学的一些分支学科应运而生。社会问题复杂多面、社会分工细密，加速了社会科学的分化与专门化，经济学、政治学、社会学、人类学、法学等主要学科已经逐步形成自己比较系统的特色，并最终发展为独立的学科。19世纪中叶到20世纪初，社会科学在马克思主义的影响下发生了重大转折。20世纪特别是20世纪下半叶以后，人文社会科学逐渐从地域角度获得了全球性的广泛传播，与此同时，20世纪也成为社会科学的世纪。

三、内容差异

人文学、自然科学、人文科学、社会科学四大学科群内所包含的具体学科存在着很大差异。自然科学与其他三个学科群的区别鲜明，这一点是毋庸置疑的。人文科学与社会科学的区别也比较明显，前者主要包括哲学、文学、历史、艺术、心理学、语言学等；后者主要包括法学、经济学、政治学、社会学、人类学等。与内容

---

① 《文艺复兴书信集》，李瑜译，学林出版社2002年版，第123页。
② 〔德〕韦尔海姆·狄尔泰：《人文科学导论》，赵稀方译，华夏出版社2004年版，第21页。
③ 〔德〕韦尔海姆·狄尔泰：《人文科学导论》，赵稀方译，华夏出版社2004年版，第4页。

第十章　交叉与融合：四大学科群

相对比较纯粹的自然科学、人文科学、社会科学三大学科群相比，人文学的内容比较复杂，它是真正兼有其他三大学科群里内容的"超学科群"（transdiscipliarity）。当代英语语境中的"transdiscipliarity"既不同于"interdiscipliarity"（跨学科），也不同于"multidiscipliarity"（多学科）。"interdiscipliarity"指的是不同知识领域相互整合后所创造的新的知识综合体，其中来自不同学科的要素以跨越传统学科的方式被整合，目的是致力于相互作用以解决一个共同的问题，而不是挑战学科的界限；"multidiscipliarity"指的是相邻的不同知识或学科的并存，它是一个有不同学科加入的累积的过程；"transdiscipliarity"指的是超越单一学科或学科群的范围学科之间的、跨越学科的和超越所有学科的研究。与"interdiscipliarity""multidiscipliarity"相比，"transdiscipliarity"被认为是更具批判性的概念，要求在学科观念上具有更强的灵活性并致力于生产超越学科思想的知识。很显然，若用当代这三个术语指称古老的西方博雅教育的话，那么，最合适的是"transdiscipliarity"。

　　相比较而言，两河文明自由人教育、古希腊罗马自由艺术、中世纪七艺，这三大超学科群内基本上包括自然科学和人文科学领域的学科，而基本上不包括社会科学领域的学科。意大利人文教育或人性学问、19世纪欧美自由艺术或人文学、美国通识教育，这三大学科群里的内容则随着具体历史时期、国家等的不同而不同：有的主要包括人文科学；有的主要包括人文科学、自然科学；有的主要包括人文科学、社会科学；有的主要包括人文科学、自然科学和社会科学；等等。例如，美国国会建立在1965年的国家人文学基金会把人文学定义为包括以下学科的超学科群："古典和现代语言、语言学、文学、历史、法学、哲学、考古学、艺术的历史、批评、理论和实践以及那些有人文内涵和使用人文主义方法的社会科学。"[1]1976年，联合国教科文组织制定了一个《国际教育标准分类》（International Standard Classification of Education，ISCED），其中人文学包括宗教及神学、外语及外国文化、现代古代语言及文学、区域研究、国语、方言及文学、其他人文学（翻译、语言学、比较文学、历史学、考古学、哲学、伦理学）。[2]20世纪后期，《新大英百科全书》里的"人文学"词条云："'人文学'是一种学科划分领域。'人文学'这个术语指学院以及艺术和科学研究院学科设置上的一种划分，尤其是作为大的、现代美国综合性大学的一个有机组成部分。"[3]

---

[1]　Grolier Academic Encyclopedia. New York: Grolier International, 1983, 34.
[2]　Oba J. The social sciences in OECD countries//A Kazancigil, D Makinson (Eds.), World Social Science Report 1999 (pp. 58-73). London: A Banson Production, 1999.
[3]　Gwinn R P, Norton P B. The New Encyclopedia Britannica. Vol.8. London: Encyclopedia Britannica, Inc., 1980, 129.

整体来看，以美国为代表的西方当代四大学科群内部所包括的各种学科发展的总趋势为：一方面，不断分化、专门化、专业化；另一方面，不断综合化和跨学科化。相比较而言，20世纪80年代以来，综合化的趋势更加明显，这就进一步凸显了超学科群人文学的当代价值。例如，《国际教育标准分类》把高等教育的学术领域划分为七大类共22个领域，主要包括教育、人文科学、艺术、社会科学、商学、法学、工学、制造、建设、农学、健康福利等。其中人文科学除包括艺术外，还包括宗教学、语言文化、文学、比较文学、地域研究、历史科学等。社会科学除包括商学、法学、行为科学外，还包括经济学、经济史学、政治学、人口学、文化人类学、民族学、未来学、心理学、历史地理学、和平与争端研究、人权学等。[1]

总之，当代西方在学科意义上以"人文学"指称西方传统所说的自由教育、自由艺术、七艺、人文教育、通识教育等，其根本目的就是把它与自然科学、社会科学、人文科学并列，从而构成了近代以来学科意义上的人类四大知识体系。总体来看，产生时间、具体内容是人文学与其他三大学科群之间比较明显的区别。

第二节 人文学的特质

一般来说，自然科学的研究对象是客观存在的自然界，它以探究自然现象、把握自然规律、造福人类为最高目的；人文科学的研究对象是各种人文事象，它以认识人类社会、文化现象，把握各种人类社会、文化发展规律为宗旨。诚如狄尔泰所说："自然科学是一种对规律的或普遍概念的联系进行的研究，它不研究文化价值，也不研究它的对象和文化价值的关系"，"文化科学采取的方法是历史方法"。[2]社会科学主要以当下现实社会生活中的各种实际问题为研究对象，诸如政治、经济、法律等，以服务于社会现实为目的。相对而言，人们不容易混淆自然科学与其他三大学科群，社会科学与人文科学、人文学的界限也比较好把握，最难以区别的是人文科学与人文学。人文学不是人文科学，从狄尔泰的《精神科学导论》里旨在通过描述把人文科学与自然科学区分开来就可以窥见一斑（因为他从未提西方传统博雅教育）。虽然就研究对象而言，近代以来的人文学也主要以人类历史文化为核心，但是，它却呈现出三个迥异于人文科学的特质。本节，笔者将——论述之。

---

[1] Oba J. The social sciences in OECD countries//A Kazancigil, D Makinson (Eds.), World Social Science Report 1999 (pp. 58-73). London: A Banson Production, 1999.

[2] 〔德〕韦尔海姆·狄尔泰：《人文科学导论》，赵稀方译，华夏出版社2004年版，第77、123页。

一、选择性与价值

以书面文本形式客观存在的人类文化是人文科学和人文学研究的重要内容。二者的区别在于人文学具有选择性,而人文科学则没有。例如,在研究人类发展的历史、哲学、文学等过程中,人文科学研究会比较全面、系统地对各种现象进行研究,而人文学则会只挑选那些在人类发展史上具有重要地位的,特别是优秀的古典文化或文学现象进行研究。阿诺德所说的"两种文化"里的一种其实指的就是人文学,因为他所指的不是所有的人类文化,而是那些优秀的人类文化。值得一提的是:西方语境中的"文化""文明"是两个既相互联系又相互区别的概念。前者通常指述的是人类活动的总和,主要包括寻求生存的手段和做法、政治经济和社会制度、价值观,以及信仰和艺术等;后者则指的是人们在复杂的政治、经济和社会结构中的生活方式,主要包括某些技术和艺术进步,以及一些共同的思维框架、行为模式和兴趣爱好等。文化通过人们的举止言语和工艺代代相传;文明则主要通过书写成文的东西来传递。"文化"一词也用来指某个文明创造性的、艺术性的和思想性的表达。西方博雅教育者所使用的"文化"概念一般同时包括上述两层意义,即文化是"人们想过、说过、做过的东西中最精彩的部分"[①]。正是在这个意义上,包括西方博雅教育者在内的西方人向来把古希腊罗马文化视作自己的文化传统和文化经典。古希腊人改进腓尼基人书写体系所创造出的字母表是全欧洲所有字母表的祖先。大约 1/3 的现代英文语词的源头是古希腊文,这对一种早在数千年前就开始使用的语言来说可算是一个非常惊人的数量。[②]20 世纪,英国学者阿克罗伊德认为:"古希腊的思想和信仰至今仍然影响着我们的思维和举止。"[③]历史事实充分证明:古希腊文化经典为西方各个历史时期的人们所师法研习,而且,在漫长的历史传承过程中逐渐被确立为一种衡量其他文化经典的标准。人们所说的"文化经典"或"古典"指的就是古希腊罗马流传下来的优秀文化或作品,而它们是构成西方博雅教育的重要内容。

正因为以古希腊罗马经典或古典文化为内容,所以,与人文科学相比,人文学更能为人们认识世界、认识自己提供一个标准或参照系、价值体系,其"目的是促使人们理解人类与其自身的关系,理解人类的内在期望和理想"[④]。斯坦伯格(Erwin

---

① Levine G, Thomas O. The Scientist vs. the Humanist. New York: W. W. Norton & Company, 1963, 38.
② Matthews R T, Platt F D. The Western Humanities. New York: McGraw-Hill Company, 2007, 29.
③ 〔英〕彼得·阿克罗伊德:《古代希腊》,冷杉、冷枞译,生活·读书·新知三联书店 2007 年版,第 1 页。
④ Harvard University Committee. General Education in a Free Society: Report of the Harvard Committee. Boston: Harvard University Press, 1945, 45.

Steinberg）把文学等同于以书为代表的一切书面文本，并在此意义上以"文学"指称"人文学"。他在《我是谁和你是谁》一文中提出以"文学透视法"审视世界，并认为：在"人是谁""我是谁""什么是生活"这三个相关的问题，文学能为我们提供视角。[1]斯坦伯格论述道：文学能提供他们想发现他们是谁的信息和视角……文学真正提供给人一个衡量他生存的世界和栖息于其中的人以及他自己的尺度，它可以为工程技术和科学专业学生提供一种视角，以帮助他们探究一些重要的关系，诸如人与上帝的关系、人与其他人的关系、人与他自己的关系、父母与孩子的关系、男人与女人的关系、人和自然世界的关系，以及包括浪漫爱情、功能和宗教的性质、个人的整体性、自由意愿和宿命论、值得尊敬的和因袭的、阶层区分、物质主义、民族主义、政治民主等。总之，斯坦伯格认为，文学具有能为学生提供生存视角的价值，因为即使意义不是文学的唯一维度，它肯定是文学最重要的维度，能帮助学生理解他的同类、他生存的世界和他自己。[2]美国当代许多博雅教育论著都直接以"价值"冠名，如美国经典博雅教育教材《人文学：价值的演变》。在该教材里，作者雅各布斯明确声称"人文学研究就是研究价值"[3]。人文学研究者对他们所描述的事物进行价值判断，其研究的结论通常被判断为"优"或"劣"，而非"正确"与"错误"。当然，毫无疑问，人文学所提供给西方人的价值标杆也源自古希腊罗马文化。于是，除指一般包括自由人教育在内的古希腊罗马经典文化外，西方语境中的"'古典'也指通过古希腊罗马的艺术和文学表现出来的一整套美学原理，即世称古典主义的学说体系。源于古希腊时代的古典主义第一阶段强调简朴而不尚繁复，重匀称或对称而轻不对称，尚节制而不尚过度。古典主义的核心是寻求完美，寻求理想形式——无论是表现在大理石建筑之神殿的比例上，或是表现在青铜铸像的人体解剖学标准上，或是表现在运用逻辑得出的哲学结论上。古希腊的古典主义表现在许多领域：戏剧、音乐、历史学、自然哲学、建筑、雕刻"[4]。

二、人文主义色彩

以古希腊罗马优秀文化传统为内核、能为人们提供价值尺度的博雅教育不是一般的知识体系，人文主义是它的标签。"人的潜在能力和创造能力是人文主义的

---

[1] Steinberg E R. Who am I and who are you?//G Levine, O Thomas (Eds.), The Scientist vs. the Humanist (pp. 129-135). New York: W. W. Norton & Company, 1963.

[2] Steinberg E R. Who am I and who are you?//G Levine, O Thomas (Eds.), The Scientist vs. the Humanist (pp. 129-135). New York: W. W. Norton & Company, 1963.

[3] Jacobus L A. Humanities: The Evolution of Values. New York: McGraw-Hill Company, 1986, 7.

[4] Matthews R T, Platt F D. The Western Humanities. New York: McGraw-Hill Company, 2007, 61.

核心主题。然而，人身上的这两种能力，以及塑造自己的能力是潜伏的，需要被唤醒，让它们表现出来，并且得以发展，而博雅教育是达到此目的手段。"①古老的西方传统的博雅教育历来十分重视教育在人成长过程中所发挥的巨大作用，倡导充分发挥个人才能的全面教育，其"教育的目的不是具体的任务或技术方面的训练，而是唤醒人们对人类生活的可能前景和认识，引发或者说培养青年男女的人性意识"②。诚如马修斯和普拉特所说：雅典的另一伟大创举，即人文主义流芳千古，成为西方有教养阶级修身养性的指南。雅典文化成为希腊化文明遵循的教育课程的核心；这个楷模为罗马所采用，并以人文主义传统的形式传到欧洲。对人文主义学问的研究与实践终于成为西方文明至高无上的光荣，对个人和整个社会影响深远。③正如《新不列颠百科全书》对人文学的释义：除单纯考虑到行政方便外，在较少实用且非明确的意义上，这个术语被用于知识领域。博雅教育被认为构成一种与其他截然不同的知识，即人文主义的。它关涉人的价值和人精神的表达——这在学科划分上指那些截然不同于科学的相近学科群。④《新不列颠百科全书》明确以是否"以人文主义方式进行研究"区别人文学与其他学科群，"人们经常争论把人文学定义为某种学科、科目的定义是不完善的。有的学科是如此确定，它所追寻和研究的方式与人文主义无关——所以语言研究经常在属于数学和科学而不是博雅教育的语言学领域进行"，"人文学是以人文主义方式进行研究——正如科学的历史和哲学是一种客观的研究"。⑤它"是训练美德和智慧的学科或追求美德和智慧的学科，是使人身心两方面倾向于变得美好的学科"⑥。因此，与其他学科相比，人文学不仅仅是向学生传授知识，也包括培养他们的美德和能力。基于"我们必须恪守纯粹的人文主义立场，把人类的义务界定为对个体自身以及对社会的义务"⑦的基本理念，《自由社会中的通识教育》这一报告把通识教育的培养目标确定为着重培养人的四种能力，即较强的思考能力、有效的交流能力、恰当的判断能力，以及辨别价值的能力。构成较强的思考能力的重要因素是想象力，这种能力指的是人不

---

① Bullock A. The Humanist Tradition in the West. London: Thames & Hudson Ltd., 1985, 45.
② Bullock A. The Humanist Tradition in the West. London: Thames & Hudson Ltd., 1985, 234.
③ Matthews R T, Platt F D. The Western Humanities. New York: McGraw-Hill Company, 2007, 82.
④ Gwinn R P, Norton P B. The New Encyclopædia Britannica. Vol.8. London: Encyclopædia Britannica, Inc., 1980, 23.
⑤ Gwinn R P, Norton P B. The New Encyclopædia Britannica. Vol.8. London: Encyclopædia Britannica, Inc., 1980, 24.
⑥ Kallendorf C W. Humanist Educational Treatises. Boston: Harvard University Press, 2001, 34.
⑦ Harvard University Committee. General Education in a Free Society: Report of the Harvard Committee. Boston: Harvard University Press, 1945, 59.

满足于观察事实，还致力于探究事物背后的意义；有效的交流能力指的是表达自己并被他人理解的能力；恰当的判断能力指的是学生将理论转化为实践的能力；辨别价值的能力指的是学生对不同种类的价值有明确的意识，并且理解它们之间的关系。而且，该报告明确把这种既追求知识也培养学生的美好品性的通识教育称为自由教育，指出其目的是培养人性完整的人、"好"人、"好"的公民和有用的人，而"人性"包括直觉、情感和智力。①

三、教育实践的理性品质

无论是从历史生成的过程还是从现状来看，四大学科群里与教育实践活动关系最密切的是人文学。从两河文明到文艺复兴时期，博雅教育的表现形式基本上是一种教育实践活动，它的目标是个别人，用亚里士多德的话说就是"把人教育为善良的人的个别教育"②。而且，博雅教育是一种具有教育实践的理性品质的特殊教育，它的终极目的不是职业训练，而是教育人，这种教育从小开始并贯穿人的一生，因而时间最长。古希腊这种教育实践的目的是传授做人的智慧，具体内容主要包括正义、节制、勇敢等。所以，与创制性的技艺不同，亚里士多德认为古希腊自由人教育所具备的是理性的实践品质。③以柏拉图自由人教育为例，怀特海也分析指出："在古代的学园中，哲学家们渴望传授智慧，而在今天的大学里，我们卑微的目的却是教授各种科目。从古人向往追求神圣的智慧，降低到现代人获得各个科目的书本知识，这标志着在漫长的时间里教育的失败。"④因此，怀特海认为博雅教育对于当代大学教育意义重大，"一所大学的理想与其说是知识，不如说是力量；大学的目标是把一个孩子的知识转变为成人的力量"⑤。事实上，16世纪中期所有的学者，包括科学家在内也都是在博雅教育的教育中成长起来的，他们一般能写出一手漂亮的拉丁文文章，但是他们的目的是研究自然现象，而不是对精神现象进行分析，他们并不为古代或近代的道德准则辩护。⑥19世纪后期以来，随着其他三大学科群

---

① Harvard University Committee. General Education in a Free Society: Report of the Harvard Committee. Boston: Harvard University Press, 1945, 50-56.

② 〔古希腊〕亚里士多德：《亚里士多德全集》第8卷，苗力田主编，中国人民大学出版社1992年版，第98页。

③ 〔古希腊〕亚里士多德：《亚里士多德全集》第8卷，苗力田主编，中国人民大学出版社1992年版，第134页。

④ 〔英〕怀特海：《教育的目的》，徐汝舟译，生活·读书·新知三联书店2002年版，第52页。

⑤ 〔英〕怀特海：《教育的目的》，徐汝舟译，生活·读书·新知三联书店2002年版，第42页。

⑥ 〔英〕丹尼斯·哈伊：《意大利文艺复兴的历史背景》，李玉成译，生活·读书·新知三联书店1988年版，第136页。

的相对出现、独立、发展，作为一种知识体系、以"人文学"命名的博雅教育也进一步发展，成为人们探讨和研究的对象，但它依然主要以教育实践活动的面目为博雅教育者所使用，从而被大众所知。

19世纪后期，布克哈特指出：希腊文化史的训练能够给任何人文主义者带来直接的益处，正因为这个原因，我们似乎应该对这项共同的人文教育给予应有的尊重。不论是文艺复兴时期还是19世纪末，最重要的教育工具就是古希腊语。[1]20世纪后期，一些权威类书里也都把人文学与教育联系在一起，认为"人文学传统教育的目的是对公民及其参与公共事务灌输那些被视作至关重要的素质"[2]。克莱直接把以美国为主的西方人所说的人文学等同于古希腊罗马的自由教育或自由艺术，并举例论证了它所具有的教育属性，使它明显区别于自然科学和社会科学。他说：对像西塞罗和昆体良这样的罗马人来说，人文学是指那些能培养演说家的艺术和科目。你可以终身学习古希腊语或哲学而不必是一个人文主义者；你可以以同样的热诚和专注献身于眼科或政治科学而被视作人文主义者。当代美国博雅教育者也从课程科目定义人文学，如芝加哥大学每名院长下有四个行政部门：生物科学、物理科学、社会科学和人文学。人文学只是包括语言和文学、艺术、比较语言学、哲学和一些属于人文学院院长管辖的历史部分。这逐渐成为一个普遍分类模式。在一个大学里，它有巨大的行政和预算优势，是大学和学院课程里的学科或研究领域，外在于自然和社会科学。[3]

由于古希腊罗马文化根深蒂固的渗透性和影响力，现当代西方世界人们一般所说的"教育"指的就是博雅教育。即使在今天，这个理想依然是西方教育的核心。[4]因此，当代人们常常把"素质教育"等同于博雅教育或通识教育。例如，美国明确标有"博雅教育"或"人文学"字眼的书籍基本上是针对青少年教育的高校教材，有些在扉页直接题有"为我们的孩子"等字样。[5]20世纪后期，美国教育学家琼斯认为，教育，尤其是民主社会中面向每个公民的教育应该是人文学者的基本关怀。不论"humanities"指称什么，它都是与教育非常有关的，以至于它主要的，也许是唯一的家园是在教育机构。相反，自然科学的主要家园是工业和政府，社会科学的主要家园是商业、政府和社会福利。如果学院和大学明天关闭的话，自然科学、社会

---

[1]〔瑞士〕雅各布·布克哈特：《希腊人和希腊文明》，王大庆译，上海人民出版社2008年版，第56-57页。

[2] Grolier Academic Encyclopedia. New York: Grolier International, 1983, 127.

[3] Crane R S. The Idea of the Humanities, and Other Essays Critical and Historical. Chicago: University of Chicago Press, 1967, 5.

[4] Matthews R T, Platt F D. The Western Humanities. New York: McGraw-Hill Company, 2007, 140.

[5] Benton J R, Diyanni R. Arts and Culture: An Introduction to the Humanities. New York: Pearson Education, 2002, 3.

科学可能受伤，却仍能过活。但是，在这种情况下，我们不清楚"人文学"能否存活，除非其到公共图书馆"避难"。公共图书馆似乎是典型的读书和教育过程中的精髓部分。伟大的人文学者的身份证明他们都是自觉的教育者。①

第三节 整体人文学

在广义的科学意义上，人文学与其他三大学科群在具体内容、探索方式等方面一直存在多方面的联系。本节，笔者拟通过对人文学与其他学科群在内容上的相互交叉与渗透，以及在探究方式上的相同或相似性的探讨阐述之。

一、界限模糊

源自两河文明的自由人教育具有强大的生命力，源远流长。从诞生之初到19世纪，博雅教育里都或多或少地包含着其他学科群里的内容，特别是自然科学。七艺里的"三科""四艺"所包括的课程分别属于文科、理科。文艺复兴时期自然科学的发展不仅使人们继承了古老博雅教育传统，以七艺为基础，倡导人文教育，而且进一步促进人们从理性方面思考、探究这一问题。19世纪后期以来，虽然一些人文学者以文学艺术为中心，但是，以美国博雅教育或通识教育、自由教育、人文学为代表，大多数博雅教育的具体内容跨越了四大学科群之间的界限，涉及众多领域。在具体教育实践过程中，人文学与其他三大学科群之间的界限并不明确。例如，当代英国人文学者布洛克认为与研究自然世界的自然科学相反，人文学是用人文主义观点来研究人的主观世界，并且，只有通过人文学的学习，人们才能了解关于目的和意义的内心世界或者说人类文化世界，即思想的、价值观的、信仰的、艺术的、语言的、象征的、神话的、制度的、历史的（包括科学史）的世界。②然而，关于人文学与人文科学、社会科学的界限，他并未论及。实际上，布洛克所说的人文学里已经包括了现在人们通常所说的人文科学里的一些内容，诸如历史、宗教、语言学、人类学等。

人文科学和社会科学之间的界限也不清晰。在狄尔泰的"精神科学"或"人文科学""文化科学"，李凯尔特的"历史的文化科学"，以及卡西尔的"文化科学"之后，西方世界人们对人文科学的概念及其与自然科学的界限并未明确。尤其是关

---

① Levine G, Thomas O. The Scientist vs. the Humanist. New York: W. W. Norton & Company, 1963, 156.
② Bullock A. The Humanist Tradition in the West. London: Thames & Hudson Ltd., 1985, 251-252.

于人文科学和社会科学的概念与研究范围，世界各国目前尚未形成统一的意见。由于人文社会科学是一个涵盖内容极为广泛的学科组合，关于它的划分，人们提出了许多方案和意见，其中既有一致的地方，也有不一致的地方，依国家及其历史发展阶段的不同而有所区别。例如，在英语和汉语语境中，人文科学和社会科学使用不同的名称。而在法语世界中，它们之间的区别不明显。西方很多国家也是如此，人文学和社会科学上基本没有什么区别。即便是使用不同的名称，它们之间的界限也不清晰，如在我国，人文科学和社会科学之间的界定并不十分严格。

二、宽阔的领域

固然，自然科学探讨的是自然界事物及人的自然属性，关涉的是自然世界；社会科学探讨的是社会及人的社会属性，关涉的是一定历史时期的社会文化；人文科学探讨的是人类历史及文化遗产，关涉的是人类文明的生成、建构与发展；人文学探讨的是人类表达形式，关涉的是人的精神世界、个人的价值等。正如拉姆所说："自然科学探索物质世界，社会科学探寻关于各种各样群体中人的行为与活动模式规律，艺术和人文学探寻内在的意义：探究人们在社会环境中进行活动和做出反应的过程中所拥有的人类的希望、恐惧、挚爱和欢乐。"[1]而一旦把它们运用到教育实践活动领域，即培养一个全面发展的完整人，则四大学科群之间的界限便不明显了。这是作为超学科群的人文学同时包括其他三大学科群里的一些内容的根本原因。以当代美国人所说的人文学为例，其内部所包括的学科数不胜数。21世纪初，美国经典博雅教育教材《艺术人文学》的编撰者马丁和雅各布斯对此解释道：中世纪时期，"自由艺术或博雅教育"这个词把关于人的学问从关于神的学问中区分开来。数学、科学、艺术和哲学是人文教育——它们是关于人的；神学及相关研究是神的学科——它们是关于神的。对我们而言，当今的博雅教育或人文学包含相当宽阔的领域，一切异于数学及其他"硬性"科学的人类创造研究都属于这个范畴，这主要是因为完全客观或科学的准则在博雅教育中并不居于统治地位。因此，除了诸如物理学、化学、生物学、数学以及工程学一类普遍推行严格、科学、客观的准则的学科外，大多数大学和学院的课程目录上会出现一系列归入博雅教育名下的课程。首先，诸如文学、视觉艺术、音乐、历史、哲学以及神学等一类学科几乎总是会被包括在博雅教育名单中；其次，心理学、人类学、社会学、政治学、经济学、商业管理以及教育学等一类的学科，也总是会全部或部分地被列入上述名单中。在

---

[1] Lamm R C, Cross N. The Humanities in Western Culture: A Search for Human Values. New York: McGraw-Hill Company, 1996, 3.

第二类学科中，科学标准的普及通常没有那么彻底。而且，与美国当代其他人文学著作相比，马丁和雅各布斯明确指出神学、哲学属于人文学，并认为：中世纪的人文教育科学研究的是人，而神学以及相关的研究，其对象却是神。但当代，神学是被置于人文学当中的。[①]

三、核心内容

自古以来，人文学内部各个学科之间的地位并非平等，特别是现当代以来，文学艺术逐渐成为人文学的核心内容，与之相关的学科，诸如文学、绘画、雕塑、音乐、电影等在博雅教育里的地位也比较高。例如，在他们所说的众多学科里，马丁和雅各布斯聚焦最多的是文学、艺术、历史、哲学、神学。尽管存在着先后、中心与边缘等的差异，但是，这些学科群里的所有学科都是其不可分割的组成成分或部分。例如，在拉姆所说的包括多种学科的"整体人文学"里，多种学科在人文学里相互独立、相互联系，只是博雅教育的组成成分而已。以哲学等学科为例，他解释道：严格意义上来说，尽管哲学不是"艺术"，但是，主要的哲学观念向来渗透在上述每一门学科里，因此，作为必不可少的一个方面，该书里交织贯穿着哲学思想。人文学的组成成分——哲学和艺术——不是作为各自独立的专门学科，而是作为相互联系着的人的创造力的表现形式被呈现出来的。[②]人文学里的其他学科亦如此。其实，与哲学一样，无论进行人文学研究，还是进行人文学教育，都不可避免地会关涉其他学科群里的一些学科。拉姆把此种"整体人文学"称为"交叉人文学"（interdisciplinary humanities），因为我们从以前文化里学到的任何东西都必然会使我们对一般意义上的文明有更全面的理解，尤其是对我们自己的文化，所以，对任何艺术或文化的理解，我们都不可避免地会牵涉到许多其他学科。21世纪，美国人文学者布莱贝格也明确解释道：当人们把各个历史时期的文化与其各种形式的文学、哲学观念的发展放在一起研究时，跨学科方法的运用就不可避免。他对9种不同艺术和人文学话题进行了研究，目的是揭示一个理解人类历史的深入视角。[③]

四、聚焦对象

跨学科方法在人文学领域里的运用，与人文学或博雅教育所聚焦的对象分不

---

① Martin F D, Jacobus L A. The Humanities through the Arts. New York: McGraw-Hill Company, 2004, 345.
② Lamm R C, Cross N. The Humanities in Western Culture: A Search for Human Values. New York: McGraw-Hill Company, 1996, 5-6.
③ Bleiberg E. Arts and Humanities through the Eras. Detroit: Gale Group, 2005, 1.

第十章　交叉与融合：四大学科群

开。如果说自然科学、人文科学、社会学分别聚焦于自然界、人类历史文化、社会的话，那么，人文学聚焦的具体对象则是人，准确地说是个人。拉姆和克劳斯引用爱因斯坦的话议论道：人可能会问宇宙的什么领域是最黑暗的、最难认识的领域，是宇宙本身吗？爱因斯坦曾经说过，关于宇宙的最不可思议的事实是，宇宙完全能为人理解。不，宇宙中最困扰人的是人自己。作为人类中的一员，你会问自己"我是谁""我是什么""为什么我在这里"。这些是人文学者坚持回答的问题，他们从生命的内部寻找答案、发现答案，人文学教会我们生活的意义。[1]即便是在人类精神文化生活丰富多彩的21世纪，人文学的学习也是必要的。因为"人们比以前更加需要和得到机会，以便充分发展他们的个性，确立自我意识，并根据他们的权利把自己当作真正的人来看待，而不仅仅是作为社会的对象，或者政治的工具"[2]。尤其是值得一提的是，19世纪中期之后，妇女对人文学教育的需求大大增加。他们中的许多人"为了探寻自己在社会生活中的地位，转而借鉴过去其他妇女成功的经验，阅读他们的著作、日记、书信、家史，以及他们争取妇女权利的斗争史，从人文学的学习中汲取力量，进而恢复了过去其他妇女所创造的东西"[3]。

于是，以文学艺术为中心的博雅教育及其研究本质上也是一种探究生命价值和生活意义的学问，其所做出的探究可表现为思想观念及知觉印象。思想观念是无形的理念，诸如友谊、美、真理和正义。它们作为概念和知觉的对象被表达出来。概念是无形的思想。我们用感官所察觉到的是知觉，如味道、颜色、香味等。文学艺术家用独一无二的风格样式表现思想观念，其间，他们按照自己的意愿对知觉印象，即感官的对象和材料进行布局，通过独特的方式表达概念，他们选择知觉，即感官明显觉察到的物体和材料。由于文学艺术家这种生动的、无可替代的创造力，19世纪爱尔兰作家王尔德断言："艺术是已知的世界上个人主义的最高典范。"[4]它不仅是人文学所关注的对象，也是构成人文学教育的重要内容。

五、探索与发现

正是在探索与发现个人思想、观念、感情、审美等意义上，人文学被视作与自

---

[1] Lamm R C, Cross N. The Humanities in Western Culture: A Search for Human Values. New York: McGraw-Hill Company, 1996, 3.
[2] Bullock A. The Humanist Tradition in the West. London: Thames & Hudson Ltd., 1985, 283.
[3] Bullock A. The Humanist Tradition in the West. London: Thames & Hudson Ltd., 1985, 282.
[4] Lamm R C, Cross N. The Humanities in Western Culture: A Search for Human Values. New York: McGraw-Hill Company, 1996, 4.

然科学一样的科学。一位研究莎士比亚的学者曾经谈到,莎士比亚在他的剧作中所做出的发现与科学家做出的那些发现具有同等重要的意义。他解释道:"莎士比亚对《罗密欧与朱丽叶》中的爱和恨、《李尔王》中的善与恶、《麦克白》中的谋杀与复仇的处理方式……如同在舞台上所展示的那样,人类境况的这些方面构成了艺术的真理,莎士比亚或其他任何艺术家所做出的发现能够为更好地理解艺术提供一个基础,即是这一观点的真实含义。从这一点上看,法国诗人和剧作家让·科克托说:'艺术是血肉生命之中的科学'。"[1]许多博雅教育者也认为现当代以文学艺术为核心的人文学或博雅教育本质上也是科学,正如自然科学家探索宇宙、自然界一样。"一种艺术的法则皆可转换成为任何其他一种艺术的法则……所有艺术共同的基础是探究,借助于感觉的知觉、情感、心灵和人的个性;它们的共同目标是直接对我们内心说话。"[2]19世纪德国教育家福禄培尔比较早地明确提出了"教育科学"的概念。[3]

总之,在宽广的知识领域、跨学科的广博内容、聚焦于认识人和教育人,以及探索和发现等方面,人文学又与自然科学、人文科学、社会科学存在着千丝万缕的联系。

第四节 被遮蔽的科学

19世纪后,英语世界和"人文主义"一起出现的"人文学"与历史上五种类型的西方传统博雅教育一脉相承,本质上可被视作历史上所产生的第六种博雅教育类型。它既是一种教育实践活动,也包括西方传统博雅教育里的基本内涵和思想。作为教育实践活动,以美国为代表的西方高校都设置有以此术语命名的学院或专业等,以及以此术语命名的众多博雅教育教材。事实上,古老而年轻的西方博雅教育或人文学始终与人类文明的历史进程并存。作为一种现当代学科意义上人类知识体系的分类,它与自然科学、人文科学、社会科学一样,正式出现在19世纪后。本节,笔者拟通过对西方语境中"人文学"所包含的西方传统博雅教育里的基本意

---

[1] Lamm R C, Cross N. The Humanities in Western Culture: A Search for Human Values. New York: McGraw-Hill Company, 1996, 4-5.

[2] Lamm R C, Cross N. The Humanities in Western Culture: A Search for Human Values. New York: McGraw-Hill Company, 1996, 6.

[3] 〔德〕福禄培尔:《人的教育》,孙祖复译,人民教育出版社2001年版,第6页。

义，以及中文语境中人们对此的接受分析，进一步阐述西方博雅教育的特质。

一、学问和知识

柏拉图曾议论道："我承认有一门关于学问的学问。除了在两样事物中确定一个是学问或知识，另一个不是学问和知识，它还能做些什么？""凡有对立面的事物必定从其对立面中产生，而不会从其他来源中产生。"[①]人们对博雅教育认识的历史也如此。自正式产生后，人们就相继把它与自然科学、人文科学、社会科学并提。19世纪随着社会科学的发展，人文学已经与自然科学、社会科学整合在一起，共同构成了现代美国校园中常见的大学文科课程。命名对于事物至关重要，因此，"人文学"一词的出现，充分证明了人们试图以新的思想观念重新认识、划分古老西方博雅教育的愿望。对此，亚里士多德和柏拉图都有大量专门的论述，如前者认为"事物依品种而题名，人能认知此品种便认识了这事物"[②]；后者则举例论证说："我们一定要更多地留意这些名称的命名，因为在赋予这些名称时，可能有某些超人的力量在起作用。"[③]柏拉图进一步阐释道：名称应该与事物自然本性相符。在命名的过程中，事物的本质要保持着，并在名称中显现。我们不会把任何非人的东西生下来的后代称作人，而只会把合乎自然本性生下来的人称作人，如阿伽门农的名字表现了他的本性。[④]因此，若依据柏拉图所说的审视"博雅教育"的命名，19世纪后人之所以普遍以"人文学"命名，并以"学问"或"学科"甚至"科学"识别博雅教育，主要基于两个方面的原因：一是它与其他"学问"或"学科""科学"不同；二是它与一般"学问"或"学科""科学"有着某些相同而普遍的性质。于是，我们看到了英语语境中四个不同的表述或名称，即"humanities""natural science""human science""the social sciences"。它们指述的都不是某门单一"学问"或"学科""科学"，而是一组或一群"学问"或"学科""科学"，其中只有"人文学"所包括的具体或单一"学问"或"学科""科学"最复杂，同时横跨其他三个或两个学科群里的内容。至于人文学在历史生成时间、内容、目的方面与其他三大学科群的区别也比较明显，特别是它以选择性、人文主义色彩和教育区别于人文科学，更表明了它作为人类一大知识领域而相对独立存在的地位和价值。

---

① 〔古希腊〕第欧根尼·拉尔修：《名哲言行录》上册，马永翔等译，吉林人民出版社2003年版，第158、55页。

② 〔古希腊〕亚里士多德：《形而上学》，吴寿彭译，商务印书馆1997年版，第45页。

③ 〔古希腊〕柏拉图：《柏拉图全集》第4卷，王晓朝译，人民出版社2003年，第77页。

④ 〔古希腊〕柏拉图：《柏拉图全集》第4卷，王晓朝译，人民出版社2003年，第72-74页。

然而，自以狄尔泰、卡西尔等为代表的"人文科学"说法比较普遍流行起，西方人文学的命运发生了比较大的变化，从东西方人们对它的接受态度上，我们可以窥见一斑。在西方文化中，由于能指的变化，即人们常常以"艺术""文学""文化""自由艺术""通识教育""博雅教育""自由教育"指称"人文学"，人文学被遮蔽或似乎隐退了。在中国，"humanities"常常被混同或隐含在"human science"名下，一个重要原因是翻译问题。近代以来，中国人特别是知识界的大多数学者对西方文化的了解基本上依靠翻译，翻译的质量直接决定着人们对问题的理解与接受程度。试想，若我们把19世纪以来英语语境中已经被知识界比较普遍认可的、为人们约定俗成的术语"humanities""human science"分别译作"人文学""人文科学"的话，可能就会避免许多误解、混淆。当代英国翻译家帕杰维斯认为翻译对"humanities"非常重要，他把"humanities"界定为"对意义的研究"，并以此区分其他三大学科群。①而在现代汉语语境中，人们常把源自两河文明的自由人教育、以柏拉图和西塞罗为代表的"liberal arts"，以及英语语境中人们对它比较常见的另外两种称呼，即"education in the liberal arts""liberal education"译作"自由艺术"或"自由教育""自由艺术教育""文雅学科""博雅教育"。至于19世纪以来人们对15世纪意大利"studia humanitatis""humanitas"的称呼，即"humanities"，汉语语境中的译法更杂乱，其中存在的最大问题是将其混同于"human science"。

二、人文教化

德国博雅教育者韦尔纳·耶格尔曾以柏拉图的《理想国》为核心，比较早地从哲学高度探讨了古希腊教育，尤其是以柏拉图为代表的人性教育问题，并且明确以"教化"称其教育。②若从古老西方博雅教育的特质来看，汉语语境中，人们把"humanites"译作"人文学"十分恰当。"人文"一词比较早地出自《易经·贲》，其云："天文也，文明以止；人文也，化成天下。观乎天文以察时变，观乎人文以化成天下。"王弼注云："刚柔交错而成文焉，天之文也……观天之文则时变可知也，观人之文则化成可为也。"③孔颖达疏云："贲，饰也……以文相饰是贲义也，相饰即有为……天之为体二，象刚柔，刚柔交错成文是天文也……物不以威武而以文

---

① Pajević M. Translation and poetic thinking. German Life and Letters, 2014, 67(1), 6-21.
② Jaeger W. Paideia: The Ideals of Greek Culture. Vol.3. New York: Oxford University Press, 1945, 2-5.
③〔清〕阮元：《十三经注疏（清嘉庆刊本）》，中华书局2009年版，第75页。本段下面所提及的注疏均出自此。

明，人之文也……用此文明之道载于人，是人之文德之教……人文欲广美天文人文之义，圣人用之以治于物也……观乎人文以化成天下者，言圣人察人文，则诗书礼乐之谓当法，此教而化成天下也。"《周易·同人》里有"文明以健，中正而应，君子正也""其德刚健而文明"之说。孔颖达疏云："是君子用文明为德也，谓文理通明也……若以威武而为健，邪僻而相应，则非君子之正也。"很显然，"人文"即"人之文德之教"，"教化"是"人文"概念里的核心内涵。圣人以《诗经》《尚书》《周礼》《仪礼》《乐经》教化的、具有良好文化道德品行的人即为"君子"。古代汉语和文化语境中的"人文""君子"概念及其基本所指内涵，与西方文化传统中博雅教育（或自由人教育、自由艺术、人文教育、人文学）里的相关内容基本相似。柏拉图曾以智者口吻询问希波克拉底："你难道就不会认定普罗泰戈拉的教导是这种性质的：你难道就不能像学习文法家、音乐家或体育教练的技术那样，并不把这些技术中的任何一种当作职业来学习，而只当作教育的一部分来学习，因为一个君子和自由人应当知道这些技术。"[①]

人文教化培养的"君子"与西方传统博雅教育培养的"自由人"相似。这也从另外一个视域让我们了解到人文学与自然科学、人文科学、社会科学是不同的，它是培养全面发展、品行良好的人的学问或学科群。这个意义上的人文学本质上指述的是一种教育实践活动，若把它作为研究的知识或学问、学科，则它是一门探究人之为人的学科群。诚如拉姆所说："每一个人都能够过一种更有意义的生活，这就是探究人文学的充足理由"，"我们关注人文学研究，基于这样一种信念，即生活的质量能够得以提高，而且这种高质量的丰富生活面向所有的人"。[②]人文学研究固然能使我们更完整地从总体上理解世界文明、中国文明，尤其是更全面地理解我们自己的文化，然而，我们探究它绝不仅仅是为了获取过去时代的事实，还力图理解那些时代的人的文化——他们的问题、答案以及价值，以便我们更好地生活。所以，人文学研究有别于人文科学研究。

总之，致力于教化人、培养爱思考和追求美德的自由人的人文学，从根本上说是一门具有相对独立知识体系的、有机整体的科学。由于它的存在，"学校成为真正的文明教化的场所，其文明教化的任务与学习理解的任务相互交织在一起，不可分离，其基本宗旨就是要给予年轻人任何文明都需要倚重的工具"[③]。

[①]《古希腊罗马哲学》，北京大学哲学系外国哲学史教研室编译，商务印书馆1961年版，第127页。

[②] Bleiberg E. Arts and Humanities through the Eras. Detroit: Gale Group, 2005, 135.

[③] Harvard University Committee. General Education in a Free Society: Report of the Harvard Committee. Boston: Harvard University Press, 1945, 27.

第五节　全球人文学教育

教育品质是人文学与人文科学最大的区别。诚如以古希腊罗马哲学家为代表的古代博雅教育者一样，当代西方以美国为代表的一批西方博雅教育者从未停止过对"人是什么""我是谁"的发问。21世纪是一个多元化和全球化的时代，人类从没有像今天这样联系紧密。面对可见世界中的统一性和多样性，博雅教育者认识到我们是一个人，但我们也是许多人。于是，像文艺复兴时期的欧洲人一样，随着"自然科学""世界""文化遗产""全球"等概念的深入人心，各个历史时期，人们对西方古老博雅教育的重构突出体现在所指学科、内容的拓展方面。本节，笔者拟以美国经典博雅教育教材为切入点，聚焦于人们比较普遍谈论的四个话题，对当代美国博雅教育者关于"全球人文学"（global humanities）的思想和实践展开探讨。

一、世界文化

当代美国人在重建博雅教育话语体系时的一个突出特征是对待其他文化持有海纳百川的博大胸襟。除古希腊罗马文化之外，世界其他文化对西方传统文化的生成、建构有着重要影响。这是美国当代博雅教育者的共识，也是他们撰写的相关教材和论著里的基本思想。其基本观点有二：其一，希腊-罗马和犹太教-基督教传统构成了美国文化，特别是博雅教育的基础。例如，马修斯和普拉特在《西方人文学》里，通过对大量历史事实的分析指出"犹太教-基督教传统与希腊罗马古典理想的富有成效的互动，丰富和改造了西方人文学"[1]。其二，在充分考虑到几千年来，世界文化之间不可避免地会相互影响的前提下，除希腊-罗马和犹太教-基督教传统外，当代美国许多博雅教育者开始更全面地理解其他不同文化传统对博雅教育的影响，包括美国本土文化、远东、阿拉伯和北欧，甚至遥远的东方文化。例如，除著有《西方人文主义传统》外，费洛还著有《人文学的坐标》[2]，后者的体例框架就像一部人类文明史。除西方文明外，该书还涉及美索不达米亚两河文明、古埃及、古印度、中国、土耳其帝国等文明；从时间上来看，该书涉及从远古的两河文明到全球化信息时代的21世纪。该书的整个体例采用编年史，依次按历史时期进行叙述、分析，全书的关键词是"文明""历史""课本"。然而，诚如他在书名里

---

[1] Matthews R T, Platt F D. The Western Humanities. New York: McGraw-Hill Company, 2007, 145.
[2] Fiero G K. Landmarks in Humanities. New York: McGraw-Hill Company, 2006, 196-221.

第十章 交叉与融合：四大学科群

所标明的，费洛总是围绕着人的价值的主题，选择一些最能代表某个历史时期的话题展开深入谈论。例如，文艺复兴时期是该书的重点部分，他将这一时期命名为整个西方博雅教育的"重生"时期，又将其细分为"转变：中世纪到文艺复兴""艺术转变""意大利文艺复兴""文艺复兴人文主义""彼得拉克：人文主义之父"等11节，并列有关键词和文艺复兴时期的时间表，其中，不少节里又专门辟有"观念和问题"，如"柏拉图学术""爱比恐惧是否是更好的"等。总之，人类或世界文明、优秀文化遗产是美国当代博雅教育类教材里的内容。这也是无论是从体例安排还是从内容结构来看，绝大多数当代美国自由艺术或博雅教育类书籍好像是世界文明史或文化遗产史、文学或艺术史的一个重要原因。

学习其他文化的目的在于从别人身上认识到人性，同时反观自身。马丁和雅各布斯曾以弗恩特斯的"人类以及他们的文明在孤立中死亡，却在同另一种文化、信仰或种族的男女交融过程中诞生或重生。如果我们没有在别人身上认识到人性，我们同样不会在自己身上认识到它"这段话，论述了其他文化对于西方博雅教育的价值。[1]事实上，这是美国当代学者、学生在人类文明发展史过程中阐述、学习西方博雅教育，并于20世纪90年代末明确提出"全球人文学""整体人文学"观点的重要原因。拉姆和克劳斯曾以美国为例指出：目前非西方移民的大量涌入，一方面迫切需要强化西方文化遗产的研究，另一方面更重要的是要研究另外一些文化渗入的、目前被称作"全球人文学"的内容，因为全球化综合思考被视作20世纪后期最引人瞩目的人的一种现实能力。更进一步，他们认为不论祖籍是哪里或最近生活在哪里，绝大多数学生在对西方遗产有了更好的理解后，都能从学习其他文化中获益匪浅。这也是他们编写教材的目的，即让学生从中学习到整个人类的文化遗产——从美索不达米亚、古埃及、古希腊和古罗马到现在。"遍及本书的过去成就不能被视作博物馆里的陈列物，而应当被视作人们对令人困惑的生活的不朽反映的活的证据。今天，这些成就已经成为我们试图使世界有意义的一个基本部分。"[2]

二、个人向人类转向

既然不是单一而是多元的世界文化共同建构了博雅教育，那么，人类便成为当代西方博雅教育者孜孜以求的对象。人们开始明确地把传统博雅教育探究

---

[1] Martin F D, Jacobus L A. The Humanities through the Arts. New York: McGraw-Hill Company, 2004, 5.

[2] Lamm R C, Cross N. The Humanities in Western Culture: A Search for Human Values. New York: McGraw-Hill Company, 1996, 1-3.

的对象——自我或个人,转移到了人或人类。他们不再只关注认识自我,而是强调认识全人类。诚如卡宁汉姆和赖希所说:"要形容当代的情况,有一个关键性的词是很贴切的,即'多元化':由即时交流和不断进步的科技所产生的影响、思想和运动的一种多样性……在现实世界中,统一性和多样性会令人产生一些奇异的困惑:我们是一个人,但我们也是许多人。"[1]当代美国一些著名高校的博雅教育教材的体例安排、内容充分说明了这一点。在美国经典博雅教育教材《西方文化中的人文学:寻求人的价值》第10版前言里,作者拉姆解释道:40年前,当由众多作者撰写的该书第一次呈现在人们面前时,它的书名叫"寻找个人自由"。这个名字一直使用到了第7版。到第8版时,他们把"寻找个人自由"更名为"探究人的价值",因为他们编写的是"整体人文学教育"或"全球人文学",目的是揭示人的价值。[2]

因此,与一般书籍不同,当代美国博雅教育类书聚焦的不是某个历史时期某个或某些民族、国家文学或艺术、文化等的发展情况,而是人们创造的作品所体现出来的核心价值。就像拉姆在书的标题里明确标明其所探究的是人的价值,许多博雅教育者以此作为编撰博雅教育著作或教材的理据。例如,马丁和雅各布斯在合著的、被美国40个州的260多所大学采用的博雅教育教材《艺术人文学》里论证道:价值在人文学和科学这两个领域中的功能不同,这就显示了两者之间的差别。所谓价值,是指我们所在乎的某种东西、某种有意义的东西。对人文学者而言,科学论断与价值论断中"是什么"和"该是什么"之间的区别通常并不明显,这主要是因为科学的方法对他们的研究并不具有决定性作用。大多数科学家和人文学者同意这一点:我们必须做出价值判断,而科学往往为我们做出可靠的决定提供了重要信息。需要一种对人类感情及相关价值观的探索:不光是我们个人的感情和价值观,还有其他人的感情和价值观。需要一种能提升我们对自我、他人以及这个世界的敏感度的研究。所谓"敏感",指的是用敏锐的目光去洞察事物。要做到敏感,也就是要察觉并相信万物之间存在种种差别。"敏感"就是能够意识到价值的某些方面并不是客观指标所能够衡量的。做一个敏感的人就要尊重博雅教育,其原因之一在于,人文学能够帮助我们对种种价值变得更加敏感,对那些我们身为独立的个人所

---

[1] Cunningham L, Reich J. Culture and Values: A Survey of the Humanities. Wandsworth: Cengage Learning, 2010, 234.

[2] Lamm R C, Cross N. The Humanities in Western Culture: A Search for Human Values. New York: McGraw-Hill Company, 1996, 3.

重视的事变得更加敏感。①这里，马丁和雅各布斯论述了价值判断对于人文学的意义，它是人文学与自然科学重要的区别。他们还指出，人文学所探究的"价值"不仅仅包括自我，还包括他人以及世界。

三、多学科的书面文本学习

从人的全面教育出发，与西方传统博雅教育者一样，美国当代博雅教育者往往突破学科之间的界限，会通人文学、人文科学、自然科学，如他们论证道："不应该在人文与科学之间做严格划分。艺术家创造的艺术形式是对社会价值进行阐释。历史学家、哲学家、神学家则是对社会价值进行反思，而非揭示。他们的工作是对这些价值进行描述和阐释，厘清价值间的因果关系，对价值优劣做出判断。和艺术家一样，他们也是旨在阐述价值。但他们用的是分析方法，而非艺术展示的方法。"②可见，人文与科学都旨在探究或揭示社会价值，二者的差异只是形式不同而已。因此，当代美国博雅教育者所说的"整体人文学"有一个显著特点，即多学科。畅销当代美国的一些高校博雅教育教材的主要内容涉及众多学科，主要包括文学、绘画、音乐、雕塑、摄影、建筑、电影、哲学、科学、技术、经济和政治。许多博雅教育者专门论述了博雅教育多学科的性质。例如，哲学、神学、文学、艺术等是人文学里的代表性学科，它们各自在人文教育中发挥着不同的作用。马丁和雅各布斯认为：包括文学在内的艺术以感觉为主，人文学中的其他学科则以概念为主。艺术揭示过去文化中的价值规范；哲学中很多关于价值现象的认识来自艺术家；艺术品更有力地揭示出神学家的终极价值。并且，艺术是感觉先行，其他学科却是思考先行。从根本上说，其他的人文教育学科都是在反思价值，而非展示价值——后者正是艺术所做的事情。因此，对于其他人文学学科来说，概念是比感觉更为重要的东西。③而多学科、多种学习形式的融入，有助于人们更好地学习自由艺术，如哲学和宗教或多或少体现了有系统组织的价值和信仰，一个哲学策略也许是艺术的，一个剧或塑像也许打开了新的哲学维度。文化历史的研究，如关于某一时期地方盛行的价值和信仰，更加有助于把多学科的博雅教育捆绑在一起。

尽管对这些学科知识的学习依靠的不是实验而是书面文本，但是，对人类优秀书面文化遗产的学习始终贯穿并融会着学生对其他学科知识的学习。例如，学生在

---

① Martin F D, Jacobus L A. The Humanities through the Arts. New York: McGraw-Hill Company, 2004, 3.
② Platt E W. The Western Humanities. New York: McGraw-Hill Company, 2007, 241.
③ Martin F D, Jacobus L A. The Humanities through the Arts. New York: McGraw-Hill Company, 2004, 439-456.

科学、技术、经济和政治重要发展的语境中学习文学作品。由于每个艺术家会对他们所处的时代做出自然反应，大多数此类书籍里的每一单元以对各个历史时期社会、科学、宗教和哲学总的概要为开端，并在每章辟出相对独立的单元，专门探讨能代表某个时期的文本。这些文本不仅包括历史上涉及众多学科的文献资料，而且包括大量的艺术作品、文化遗产，不少论著中还附有各个历史时期一些重要的博雅教育论著的"原文"，如论及文艺复兴时期的人文教育时，费洛的书中分别附有德拉米兰多拉、皮科、卡斯蒂廖内的"人的尊严""自由意志和人类完美""圆满的人"等论述。①事实上，并不是在任何单一学科或范围内，而是在整个人类历史文明发展进程中展开论述，尤其是聚焦于那些对人类自身心灵世界、精神世界发生重要影响的事件、个人、文学、建筑、艺术品和其他文化遗产，是美国博雅教育论著的共同特点。因为物质化语言符号文本是传承人类历史的基本载体，所以，正如任何时代的西方传统博雅教育一样，以读书识字为基本目的的广义的文学是此类书籍的主要内容。随着时代的变迁，这一点不仅亘古不变，而且人们还不断将许多新型的视觉图像语言符号形式补充了进去。特别是进入21世纪以来，为了更全面深入地理解当代社会、文化，除传统上以文学艺术为代表的书面文本形式，以及以建筑为代表的其他物质文化遗产外，美国当代博雅教育里还不断增加了对舞蹈、戏剧、电影、电视等众多图像语言形式的学习。

值得一提的是，无论涉及什么学科，无论采用什么样的形式，美国博雅教育教材里所选择的基本内容都具有历史性和普遍性特征。例如，费洛明确指出了他选择内容的两个标准：一是采用那些以作品形式出现的原始资料，它们提供了人类发明和智慧的第一手证据；二是这些原始资料的选择基于它们的作者、它们的美和它们承载的价值，简单来说，这些原始资料本身都是它们那个时代伟大的作品，某种意义上说，是所有时代伟大的作品。它们具有普遍性，被一代代传承下来。这些的作品也是某个具体时代、地点的标志性例子，它们提供了对它们所产生社会观念和价值的洞见。②

四、洞悉多种文化

虽然在包括多学科的整个人类文明进程中以多种类型的文化遗产为论述对象，但是，美国当代博雅教育或人文学类教材或书籍始终围绕着一个中心，即文学艺术作品。美国当代很多学校的博雅教育专业或课程，以及博雅教育著作或教

---

① Fiero G K. Landmarks in Humanities. New York: McGraw-Hill Company, 2006, 45.

② Fiero G K. Landmarks in Humanities. New York: McGraw-Hill Company, 2006, 3.

第十章　交叉与融合：四大学科群

材甚至直接以文学艺术命名，如马丁和雅各布斯合著的《艺术人文学》、布莱贝格主编的《穿越时空的艺术与人文学》、加纳罗和阿特休勒合著的《做人的艺术》，以及本顿和狄燕妮合著的《艺术人文学》。最后一部虽然把艺术与文化并提，并且主要依照古埃及—爱琴文化和古希腊的兴起—希腊-罗马世界—犹太教和基督教的兴起—拜占庭和伊斯兰文明—印度文明—早期中国和日本文明—美洲文明—中世纪早期和后期—意大利文艺复兴—北方文艺复兴—巴洛克时代—十八世纪—浪漫主义和现实主义—中国和日本文明—俄国文明—焦虑时代—现代非洲和拉丁美洲—富裕时代—多元化的当代生活的顺序撰写，但依然聚焦于剖析各个时代最具代表性的文学艺术作品。而加纳罗和阿特休勒则直接把艺术等同于人文学，他们的著作中仅书名里包含"艺术"，但整体框架和内容谈论的却是人文学，三大部分的标题"人文学之于我们""人文学科""人文学的主题"充分说明了这一点。这两种体例安排在美国博雅教育教材中都具有普遍性。至于为什么博雅教育以文学艺术为核心甚至直接把博雅教育等同于艺术，许多博雅教育者有专论，其主要观点包括以下四点。

（一）揭示人类活动的创造性

博雅教育者关注人的价值、信仰、审美和情感，认为艺术作品（文学、绘画、音乐或其他）集中体现了这些价值和信仰的创造性表达，艺术家赋予原材料以形状和形式，于是，完成了的作品就负载着艺术家个人才能的烙印，也显示了他那个时代文化和传统的影响。杰出的作品都曾经是人类伟大思想智慧的成果，并且深深地影响了当时乃至后代许多人。启迪并教诲了许多代人的作品，已经演变成人类的共同财富，不仅丰富了人类的精神世界，而且自身也得到了丰富，成为历史上优秀的经典作品。它们能扩展人的思想。尤其是"富有我们所需要的'诗意'。正是通过'诗意'，即对于通常事物的富有想象力的理解，人们的思想才会最深刻、最根本地联系在一起"[1]。因此，马丁和雅各布斯认为，博雅教育是一种富于创造性的活动和研究，与数学以及诸种自然科学相比，在博雅教育中，严格的事实和科学的准则通常是不能占据主导地位的。之所以选择文学艺术品作为博雅教育研究或学习的主要对象，是因为艺术能揭示价值或者使价值更加朗朗可见。随着我们对艺术的理解不断加深，我们对价值的理解也必然会加深，因为那正是艺

---

[1] Harvard University Committee. General Education in a Free Society: Report of the Harvard Committee. Boston: Harvard University Press, 1945, 87.

术所要表现的东西。① "价值多种多样，品格方面的主要有人性、慈善、勇气、自我控制、公平竞争；认知方面的主要有对真理的热爱、对各种学术成果的尊重；审美方面的主要有高雅的品味、对美好事物的鉴赏能力。"②

（二）帮助人们理解学习或研究对象的价值

品位是一种筛选价值的活动。那些已经确定喜欢或不喜欢某种艺术的人为他们所做的选择辩护，以此来表达其品位。我们研究人文学或博雅教育所强调的一点是：商业上的成功并非判定艺术是否优秀的首要因素。艺术作品的长期成功取决于它们阐释人类经验的能力。这种阐释必须足够成熟，能经得起反复检验。而文学批评能帮助我们提高这种阐释能力，它"也是博雅教育里的一门学科，因为它的研究通常都是以价值为对象（那些在艺术品中展示出来的价值，而并没有遵循严格客观的科学准则）。好的批评有助于人们理解艺术，帮助人们更敏锐地感知那些被揭示的价值。这种更深入的理解拉近了我们和艺术家之间的距离。如此，我们又进一步地为艺术家提供了支持，使他们对自己的工作更加自信。艺术家展示价值，其他博雅教育者研究价值。这并不意味着艺术家不必对价值进行研究，而重在说明，在那些吸引我们沉醉其间的艺术品中，对价值的研究总是从属于展示工作的"③。

（三）使我们能面对面与他人交流

当代美国博雅教育者认为，我们既要研究我们和文学艺术作品之间的关系，又要研究他人赋予这些艺术品的价值。在这个过程中，我们将探究自己的价值。由于价值是某种有意义的东西，同艺术价值的揭示者打交道，会大大充实我们的生活。更重要的是，艺术并不局限于生活中美丽的、令人愉快的那一面，同样包括阴暗的、丑陋的、让人痛苦的、悲剧性的事物，这些能帮助我们更好地理解艺术，并同生活的阴暗面做斗争。文学艺术使我们能面对面与他人交流④，培养我们交流思想的能力。诚如在谈到以文学艺术品为核心的博雅教育在人类认识过程中的作用时，亚当斯所指出的："我们学习博雅教育，因为它们教我们关于我们的历史。我们从自身所取得的伟大成就和失败中学习到的东西能帮助我们面对生活中的压力，成为我

---

① Martin F D, Jacobus L A. The Humanities through the Arts. New York: McGraw-Hill Company, 2004, 445.
② Harvard University Committee. General Education in a Free Society: Report of the Harvard Committee. Boston: Harvard University Press, 1945, 56.
③ Martin F D, Jacobus L A. The Humanities through the Arts. New York: McGraw-Hill Company, 2004, 439.
④ Martin F D, Jacobus L A. The Humanities through the Arts. New York: McGraw-Hill Company, 2004, 7.

们洞察世界、塑造未来的方式。在不断全球化的时代,我们应理解我们自己文明的历史和它的创造性产品,这一点是很重要的。只有以此为基础,我们才有可能洞悉其他文化的意义。"[1]

(四)满足人们的审美需要

与人类对食物、衣物和器物等基本物质需求,以及语言、思考、交流等基本精神需要一样,人类审美意识也萌发得很早。以苏美尔人为代表的早期两河流域人类的社会文化生活表明,自人们开始探究人类的起源、追问生命的价值和意义以来,他们就不断在发现、追寻、创造美的事物。审美是历朝历代人们不断探索并满足的基本需要。包括音乐、美术、舞蹈、影视等在内的广义的文学艺术作品,尤其是历史上那些代代流传、经久不衰的经典作品,则是美的化身。这是以美国为代表的博雅教育教材都以文学艺术为核心的一个重要原因。从这个意义上说,博雅教育本质上也是一种美的教育。虽然认为人文学由若干个特定学科组成,但是,加纳罗和阿特休勒把艺术、音乐、文学、戏剧、神话、哲学、舞台剧、电影和电视作为人文学的核心组成部分,并明确声称:博雅教育能给人们提供美的满足。因为迄今为止这些学科都创造出了永恒的优秀作品。这些作品能带给人们审美愉悦。[2]哈佛大学委员会发布的报告《自由社会中的通识教育》里更是明确指出:博雅教育不仅指向道德价值,而且也指向审美价值。[3]

总之,正是因为人文学和艺术独特地、明确地直面个人及其生存状态,能帮助并满足人们自我发现、寻求个人生活意义的渴望,所以,与过去时代一样,当代社会人文学依然是我们教育和生活中一个必不可少的部分。只不过在全球化、多元化的 21 世纪,这种古老的西方博雅教育或人文学正在逐渐演变成一门立足于书面文本、以文学艺术为核心、面向全人类与世界文化的、跨学科的"全球人文学",其价值是很大的。因为"对其他各国各民族的思想文化的学习与深入了解,能触动人们的情感和想象力。一般教育通常倾向于给学生灌输知识,传授技术和方法,而这种人文学教育的重心是关注人的主观情感方面。这一点对于让年轻人具备自信,以及与其他人建立良好的关系来说是十分重要的"[4]。

---

[1] Adams L S. Exploring the Humanities: Creativity and Culture. Upper Saddle River: Pearson Prentice Hall, 2005, 2.

[2] Janaro R, Altshuler T. The Art of Being Human. New York: Pearson Education, Inc., 2005, 1-3.

[3] Harvard University Committee. General Education in a Free Society: Report of the Harvard Committee. Boston: Harvard University Press, 1945, 54.

[4] Bullock A. The Humanist Tradition in the West. London: Thames & Hudson Ltd., 1985, 281-282.

小　结

以"人文学"命名之，从学科意义上为具有多元文化身份的它寻找归属之地，更加深入地探究它与自然科学、人文科学和社会学之间的关系及其特质，确立其在各级各类学校中的地位，是当代以美国为中心的西方世界对待人类古老的博雅教育的态度。"探究所看到的东西"被称为"人"[①]。从这个意义上说，西方博雅教育思想和实践与人类共存亡。博雅教育思想及其实践所贯穿的认识论领域并未事先被规定：在人类历史上，任何哲学、政治和道德的选择，任何种类的经验科学，任何对人种族、遗传、生理的研究，任何对感觉、想象或激情的心理学分析，"都从未碰见过像人的某物：因为人并不存在（生命、语言和劳动也一样不存在）；并且，作为某种紧迫的理性主义、某个未被解决的问题、某个实际关切之结果，当人们决定把人（不管愿意与否，并凭着或多或少的成功）当作科学对象的一员时（在这些对象中，也许仍未能证明对人加以排列是完全可能的）"[②]，西方博雅教育并不出现。只有当人在西方文化中既把自己构建为必定会被思考的，又把自己构建为将被认识的时，西方博雅教育才出现。

[①] Plato. Cratylus. Loeb Classical Library Plato Ⅲ. Boston: Harvard University Press, 1925, 42.
[②] 〔法〕米歇尔·福柯：《词与物——人文科学考古学》，莫伟民译，上海三联书店 2001 年版，第 450 页。

结　　语

"在任何情况下，处于每个年龄段的人都会对十分遥远的历史时代有一种十分新鲜、不同的看法，例如，事实可能是，修昔底德所记载的史事的巨大意义只有在从现在开始的一百年时间里才会被认识到。"[①]与用僵硬的认识论的假设回答问题相反，本书用整个人类优秀文化的传承历史过程来询问并回答哲学家的问题："什么是西方博雅教育"。这里所说的"西方博雅教育"，不只是一个符号化的名称，而是人们对一个几乎贯穿人类整个文明史的真实社会历史现象的命名。的确，正如"哲学""文化"这一类被人们广泛理解的概念一样，要想给"西方博雅教育"下一个准确的定义很难，因为它拒绝被限制在一个抽象的概念里。事实上，只有当我们用心研读它的历史，并探究它的发生、发展时，它全部的内容和意义才会变得渐渐清晰起来。由于使用历史上的语词谈论社会历史现象，我们应该用历史眼光透视西方博雅教育思想及其实践。尽管在描述分析过程中，我们既要努力还原历史真实，竭力使用一些古代、近代概念，诸如"自由人""泥板屋""自由人教育""自由教育""自由艺术""通识教育""七艺""人性的学问""人文教育"等，以及现当代概念"人文学"，特别是使用当代中国学者把"liberal arts""general education""humanities"依次译作的"博雅教育""通识教育""人文学"等概念，但是，它们中没有一个可以真正涵盖或解说人类历史上的西方博雅教育思想及其实践。它们中的一些概念会出现在许多历史时期里，有的甚至在每个历史时期都会出现（如自由人教育），然而，除非我们把以上这些概念放在一起审视，否则，每一个概念或者只可以用来定义某一个特定历史时期的现象，或者只可以用来定义西方博雅教育某一个方面的内容，而不能用来统摄整个西方博雅教育思想及其实践。其实，学

[①] 〔瑞士〕雅各布·布克哈特：《希腊人和希腊文明》，王大庆译，上海人民出版社2008年版，第53页。

者活动和学问，以及教育实践活动的本质正是基于所有方面原初的整体——这个整体在古老遥远的两河流域被呈现出来，历经古希腊时期的培育与建构、古罗马世界的传承、中世纪文艺复兴时期的积淀与重构，以及现当代欧美特别是美国人的解构与再构，生生不息，绵延不绝……

后　　记

　　本书撰写历经 14 年多，涉及笔者先后主持完成的众多项目，主要包括广东省"211 工程"三期重点学科建设项目"人文学中心建设——比较文化视野的文学通化研究"的子项目"人文学研究"、广东省高等学校人才引进项目"人文学通论"、广东省普通高校人文社会科学基础类研究重大培育项目"国外'龙学'文献整理与研究"、广东外语外贸大学外国文学文化研究中心项目"柏拉图人文学思想研究"、美国哈町大学国际合作项目"西方当代自由艺术"，以及广东省哲学社会科学"十二五"规划年度学科共建项目"西方人文学研究"。

　　古老而年轻的西方博雅教育贯穿整个西方乃至世界文明史，经籍深富，辞理遐亘，正法宏深，妙理难寻，皓如江海，郁若昆邓，虽任力耕耨，白首穷经，辞所不载，亦不可胜数矣。

王毓红记于羊城正心斋